KB049971

ON BEING HUMAN

ON BEING HUMAN
Why Mind Matters

ON
BEING
HUMAN

무엇이 인간을
만드는가

인간을 완성하는
12가지 요소

제롬 케이건 — 지음

김성훈 — 옮김

책세상

미셸 드 몽테뉴는 불과 서른여덟의 나이에 하던 일을 그만두고 자기 성城으로 들어가 에세이를 쓰기 시작했고, 그 에세이는 400년 넘게 지난 오늘날까지도 널리 읽힌다. 그로부터 21년 뒤인 1582년에 사망할 때까지 그가 거짓말쟁이에서 식인 풍습에 이르기까지 다양한 주제를 망라해 쓴 에세이들은 《수상록Les Essais》이라는 세 권의 수필집으로 남았다. 2013년 3월 어느 추운 토요일에 이 에세이집을 다시 꺼내 읽다가 이번 세기에 대해 나도 그와 비슷한 책을 써보면 어떨까 하는 생각이 들었고, 그 생각을 실천에 옮기기로 결심했다. 몽테뉴와 비교하면 나이도 많고 성도 없지만, 최대한 가식적이지 않게, 그리고 애매하지 않게 써볼 마음으로 시작했다. 책을 쓰기 시작한 지 52년 만에 처음으로 각주로부터 자유로워지기로 했다. 그 대신 책 끝부분에 참고문헌을 덧붙일 생각이다.

이 책은 여유로운 저녁 시간에 읽는 것이 제일 좋겠다. 와인 한 잔 곁에 두고 읽을 수 있으면 금상첨화다. 은퇴한 한 심리학자의 여러 생각을 담은 글이라고 보아주었으면 한다. 이제 이 심리학자는 오하이오주립대학교에 처음 교수 자리가 나서 임신한 아내와 함께 뉴헤이븐을 떠나던 1954년 여름의 비행기 안에서는 상상조차 못했던, 뚱뚱한 무임승객의 처지가 되고 말았다.

기억하지도 못할 만큼 글을 고치고 또 고친 뒤에야 구조의 윤곽이 드러났다. '무언가를 안다는 것은 대체 무슨 의미일까?' 이것은 몽테뉴의 뇌리를 사로잡았던 질문, '내가 아는 것은 무엇인가?'를 보완하는 아주 중요한 주제다. 앎의 주체가 인간인 경우에는 이 질문이 특히 중요하다. 존재하지 않는 것에 단어나 수학적 개념과 추론을 덧붙이고, 감각의 산물에 논리적 연역을 가하는 존재는 호모 사피엔스뿐이기 때문이다. 1~2장에서는 인간의 지식이 어떤 사건의 물리적 특성에 대한 표상(나는 이것을 스키마schema라 부르고, 다른 이들은 이미지image라 부른다)을 단어와 결합해 수많은 네트워크를 형성한다는 이야기를 담았다. 이 네트워크의 연결 패턴은 아침부터 잠자리에 드는 시간까지 대가족 구성원들 사이에서 이루어지는 접촉 패턴이 수시로 변하듯 환경에 따라 변한다.

알츠하이머병을 늙음, 기억력, 뇌라는 단어만으로 이해하는 사람은 다양한 기억력 장애, 환자의 뇌 속에 들어 있는 아밀로이드 반의 밀도 등에 대한 스키마를 이해하는 전문가와 분명히 구별되어야 한다. 사람들이 설문이나 인터뷰에 응할 때 사용하는 단어만을 자료로 확보한 사회과학자는 그 정보제공자가 가지고 있다고 주장하는 지식의 심도와 의미를 확실히 알 수 없다.

사람들이 자신의 감정, 믿음 혹은 과거의 삶에 대해 얘기하는 것을 실제 경험을 충실히 재현하는 것으로 받아들이는 사회과학자가 너무도 많다. 여론조사원이 "요즘 어떻게 지내셨어요?"라고 물을 때 대부분 "잘 지내요"라고 답한다고 해서 모두 같은 의미라고 할 수는 없다. 몬트리올에서 행복한 결혼 생활을 하고 있는 백인 변호사, 애틀랜타에서 양로원 건강보조원으로 일하며 연봉 2만 5000달러(약 3000만 원)로 자식을 키우는 흑인 비혼모, 그리고 볼리비아의 시골에 사는 문맹 소작인이 똑같이 잘 지낸다고 말해도 그 의미는 모두 다르다.

심리학 학술지에 실리는 논문 제목 중에는 의미가 애매모호한 것이 많다. 제목에 쓰인 추상적인 단어가 모든 독자에게 똑같은 네트워크를 활성화하지 못하기 때문이다. 심리학 논문 제목에 자주 등장하는 '조절', '스트레스', '학대' 등의 용어가 애매모호한 이유는 이런 단어에 반응해서 활성화하는 네트워크가 각각 다르기 때문이다. 반면 신경과학 학술지 논문에 등장하는 디폴트 네트워크*, 등쪽 경로, 도파민 같은 용어들은 사람마다 모두 비슷하게 이해한다. 사람들이 대체로 공감하는 네트워크와 연결되어 있기 때문이다. 1~2장에서는 이런 개념들과 그것이 암시하는 결론에 대해 얘기한다.

어떤 과정을 가리킬 때 그 맥락은 무시하고 추상적인 단어 하나만 사용하는 사회과학자들의 습관 때문에 지속적으로 발전하

---

* 인간이 아무런 인지 활동을 하지 않을 때 더 활성화되는 뇌의 특정 회로.

는 데 방해를 받는다. 각각의 배경에 따라 질문, 사건, 설명에 반응해서 나타날 수 있는 수많은 후보군 중에서 특정한 인식, 감정, 생각 혹은 행동이 하나만 선택되기 때문이다. 대학교의 창문 없는 방, MRI 기계의 좁은 튜브, 집의 거실, PC방, 공항 대기실 등 서로 다른 배경에서 친구나 낯선 사람이 대학생들에게 가장 큰 걱정거리가 뭔지 물어보면 서로 다른 답변이 나온다.

한 사람의 사회계층, 문화, 역사적 시대를 특징짓는 배경은 그 사람의 성격 특성, 능력, 가치관, 그리고 사건 해석 방식에 강력한 영향을 미친다. 어떤 사회든 가난한 사람들 사이에서 신체질병과 정신질환이 더 빈번하게 발생한다는 사실에서 이런 주장을 확인할 수 있다. 과학자가 증거를 만들기 위해 선택하는 절차에 따른 세부사항 역시 이런 배경에서 부분적으로 작용한다. 한 번 봐서는 현상의 일부만 드러날 뿐이다. 한 여성이 어두운 골목길에서 한 무리의 청소년과 맞닥뜨렸을 때 어떤 느낌이 들었는지 설명한 내용, 그리고 실험실에서 그 여성에게 그날의 사건을 다시 떠올려보라고 해서 측정한 뇌 활동 패턴은 둘 다 그날 밤 그 골목에서 그 여성이 느꼈던 공포에 대한 증거이기는 하지만, 서로 다른 증거다.

대부분의 행동과 언어 기술은 여러 조건이 어우러져 나타난 결과일 수 있기 때문에, 과학자는 똑같은 결과를 낳을 수 있는 인과적 사건을 구분하기 위해 다양한 측정 패턴을 수집해야만 한다. 사회과학자들은 어떤 패턴에서 단일 조건이 결과에 어떻게 기여하는지 증명하기를 좋아한다. 어린 시절 왕따를 당했을 때 나타나는 결과는 희생자가 소수 집단에 속하는지 다수 집단에 속하는

지, 가난한 가정에서 자랐는지 부유한 가정에서 자랐는지, 지나치게 수줍은 성격인지 대담한 성격인지, 혹은 책벌레인지, 학업성취도가 낮은 학생인지, 공손한 성격인지, 우두머리 행세를 하는 사람인지, 그리고 이런 자료가 설문지에서 얻은 것인지, 행동을 관찰해서 얻은 것인지, 뇌를 측정해서 얻은 것인지에 따라 달라지는 경향이 있다.

역사적 사건에 따라 형성된 맥락 때문에 사회이동의 용이성, 행동의 주요 수혜자로서 개인과 공동체의 균형, 불행의 원천 등이 바뀌었다. 3~4장에서는 맥락이 사람의 행동, 감정, 신념에 미치는 영향, 특히 사회계층 범주를 특징짓는 배경의 영향에 대해 자세히 살펴본다.

사람의 심리적 속성을 설명할 때 유전자와 뇌를 강조하면서 생각은 배제한 채 설명하는 방식이 주를 이룬 현상을 또 다른 주제로 다룬다. 자연과학자들은 생각이 인간의 행동에 자율적으로 영향을 미친다고 인정하기를 주저했다. 유전자나 뇌 회로와 달리 생각은 실체가 없고, 시각화할 수도 없으며, 주된 연구 대상인 쥐에는 존재하지 않기 때문이다. 뇌의 활동에서 생겨나는 생각이 뇌와는 어느 정도 독립적인 부분적 자율성을 갖는 것이 사실이라면, 과학자들은 동물 모형을 이용해 인간의 욕구와 걱정을 밝히는 관행에 의문을 제기할 수밖에 없을 것이다. 예를 들면 좁은 관 속에 구속된 쥐의 반응을 방금 직장을 잃어버린 세 자녀를 둔 비혼모의 반응과 동일시할 수도 없을 것이다. 또한 조명이 밝게 켜진 골목으로 들어가지 않으려는 쥐의 상태가 코앞으로 다가온 시험 때문

에 불안해 불면증에 걸린 청소년의 상태와 비슷하리라 가정할 수
도 없을 것이다. 따라서 제약회사에서 내놓은 어떤 약이 밝은 골
목을 피해 다니는 쥐에게 긍정적인 효과를 나타냈다고 해서 사람
에게도 불안을 감소시켜주는 효과가 있을 거라 주장하지는 못할
것이다.

　자연과학자들은 물질적 존재야말로 자연에서 일어나는 모든 사
건의 근원이라는 신념을 갖고 있다. 그렇기에 자연과학에서는 생
각을 신경세포, 회로, 분자의 활동 패턴으로 예측하며, 설명할 수
있는 부대附帶현상으로 취급하기 쉽다. 그런데 이러한 전제는 물리
학자, 화학자, 생물학자 들이 인정하는 한 가지 가능성을 부정하
고 있다. 즉 창발創發 과정이 자신의 기반 사건으로부터는 예측 불
가능한 속성을 가질 가능성이다. 물로 이루어진 안개의 속성이 수
소와 산소 분자 속에는 들어 있지 않다. 인슐린의 속성을 그 기반
인 아미노산으로 설명할 수는 없다. 따라서 심장이 두근거리는 이
유를 해석할 때, 심박동수 증가를 야기한 뇌의 프로필에서는 발견
할 수 없는 속성이 있다고 주장하는 것은 완벽하게 합리적이다.

　사람의 이타심에 대한 설명 가운데 최근 인기를 끄는 것은 유
물론적 관점에서 비롯되었다. 생물학자와 그와 비슷한 사고방식
을 가진 사회과학자는 낯선 사람에게 친절한 행동을 베푼 후에 뒤
따라오는 것은 '나는 정말 좋은 사람이야'라는 만족감밖에 없을
때가 많다는 사실을 인정하지 않는다. 이타주의자도 낯선 사람에
게 돈, 먹을 것, 혈액 등을 나누어주는 대가로 무언가 손에 들어오
는 구체적인 이득을 얻는 것이 분명하다고 고집한다. 자선 행위에

대한 유물론적 설명은 자연과학자 사이에서 폭넓은 환영을 받는다. 과학자들은 먹을 것 혹은 섹스 등의 물질적 보상을 받았을 때 반응하는 뇌 회로는 꼬집어 말할 수 있지만, 자기가 좋은 사람이라는 것을 스스로 확인했을 때 반응하는 회로는 찾지 못하기 때문이다.

자연과학자들은 전자현미경, 우주망원경, 선형가속기linear accelerator 같은 기계를 찬양한다. 이런 것들을 이용하면 가상의 존재를 지각 가능한 존재, 즉 실질적인 존재로 만들 수 있기 때문이다. 학술지 《사이언스》는 2014년에 있었던 기념비적인 사건으로, 우주탐사선 로제타호의 탐사 로봇 필레가 10년간 우주를 64억 킬로미터나 여행한 끝에 '67P 혜성'에 착륙한 일을 꼽았다. 하지만 이런 과업을 가능하게 만든 과학자와 기술자 들의 생각에 대해서는 언급하지 않았다. 이런 생각을 기계로 밝힐 수는 없다.

5~6장에서는 유전자와 뇌에 대해 살펴본다. 과학자들이 이 물질적 존재들에 대해 알아낸 수많은 흥미진진한 사실들을 요약하고자 했다. 이런 지식들이 쌓이면서 간단했던 예전 관점들이 훨씬 더 복잡해진 것은 사실이지만, 여전히 일부 과학자는 관찰 가능한 모든 결과에 선행하는 사건의 연쇄성을 무시할 수 있는 결정론적인 힘을 유전자와 뇌의 상태에 부여한다. 하지만 대부분의 특성을 이해하려면 특정한 삶의 역사와 현재까지 경험한 유전자와 뇌의 패턴을 결합해야 한다.

그 때문에 뇌의 활성을 기술하는 어휘는 행위, 생각, 느낌을 기술하는 단어들을 대체할 수 없다. 신경과학자들은 사람이 아가리를 벌리고 있는 뱀의 사진을 보고 눈길을 돌릴 때, 지난 일을 떠올리며 향수에 젖을 때, 혹은 그날 하루 일과를 계획할 때의 뇌 프로필을 기술할 어휘를 아직 발명하지 못했기 때문에 심리학자들이 쓰는 단어를 빌려다 뇌 패턴에 적용하기로 결정했다. 이렇게 해도 그 의미가 변하지 않기를 바라면서 말이다. 하지만 안타깝게도 뇌 자체는 두려워하지도 향수에 젖지도 못하며, 계획을 세우거나 해독하거나 계산을 하지도 못한다. 미래의 과학자들은 사람이 심리적 과정에 참여했을 때 신경세포와 신경회로에서 일어나는 일을 적절히 기술할 수 있는 어휘를 발명해야 할 것이다.

　뒤이어 나오는 7~12장에서는 사람에 대해 중점적으로 다룬다. 가족의 역할, 어린 시절 특성들이 시간의 흐름 속에서 보존되는 정도, 교육의 기능, 예측의 중요성, 신체적 느낌의 해석, 그리고 도덕성의 의미 등을 살펴본다. 생각이 인과적 힘*을 갖고 있다는 개념을 신경과학자들이 묵살해버리는 바람에 심리학자들은 사람이 가족, 계층, 민족 집단, 종교, 국가와 자신을 동일시할 때 동반되는 대리 감정을 연구하는 데 거리를 뒀다. 한 청소년이 자기 할아버지가 냉혹한 살인자였다는 사실을 알고 일주일 후에 우울한 감정에 휩싸인 것을 설명할 때는 얼굴 한번 본 적 없는 할아버지와 맺어진 유전적 관계에 대한 해석이 반드시 포함되어야 한다. 이슬람교 종파인 시아파와 수니파의 갈등이나 우크라이나 동부

* 적당한 조건 아래서 한 사물이 다른 사물에 변화가 생기게 하는 능력.

지역 키예프 거주민 사이의 갈등은 종교나 국적에 대한 정서적 일체감이 부채질한 것이다.

아이의 가족 경험과 장래특성의 관계에 대한 연구들은 대부분 부모의 방임, 성적 학대, 가혹한 처벌, 스킨십 결여 등 관찰 가능한 사건만을 강조하지, 그런 경험을 아이가 어떻게 해석하는지는 강조하지 않는다. 이런 해석은 예상에 의해 좌우된다. 식민지 시대 대부분의 미국 어린이는 어른 말을 듣지 않으면 가혹한 처벌을 받을 거라고 예상했다. 그래서 매를 맞고, 옷장에 갇히며, 며칠간 놀지 못하게 하는 벌을 받아도 요즘 아이들이 같은 경험을 했을 때보다는 훨씬 덜 나쁜 것으로 해석했다.

심리학자 중에는 동일시와 해석은 측정하기가 너무 어려워 평가하지 못했다고 변명하는 사람이 많다. 반면 자연과학자들은 측정이 어렵다는 핑계로 중요한 과정을 연구하지 않는 경우가 별로 없다. 물리학자들은 일단 힉스입자Higgs boson가 실제로 존재하는지 아닌지 결정해야겠다고 마음먹고는 정부를 설득해 강입자強粒子 충돌기를 건설할 90억 달러의 자금을 받아내기도 했다.

12장의 주제는 도덕성으로 잡았다. 좋은 것과 나쁜 것에 대한 관심은 호모 사피엔스를 정의하는 결정적인 특성의 하나이기 때문이다. 사물, 사람, 경험을 놓고 좋은 것, 나쁜 것, 좋지도 나쁘지도 않은 것으로 굳이 나누는 존재는 인간밖에 없다. 아동과 성인은 상황에 상관없이 반드시 존중되어야 할 도덕적 원리를 갈망하지만, 사실 사람에게는 이것이 쉽지 않은 일이다. 상황이 중요하기 때문이다. 몽테뉴는 이런 진실을 이해하고 있었다.

따라서 여기서는 사회의 도덕률을 따르는 것이라 정의되는 도덕적 행동과 자신의 양심에 충실한 도덕적인 사람을 구분해서 살펴본다. 에드워드 스노든이 자신의 행동에 대해 변호한 것을 보면 의미가 서로 다른 두 가지 도덕의 차이가 잘 드러난다. 사람은 의문의 여지 없이 분명 옳고 존중받아 마땅한 어떤 도덕적 요구가 존재한다고 믿는다. 그런데 이는 지난 세기에 일어났던 역사적 사건들 때문에 좌절되고 말았다. 그래서 산업화된 민주 사회의 수많은 구성원에게 영향을 미친 문제점들을 이해하고 싶은 사람이 많아졌다. 그 원인은 무엇일까? 이것을 치유할 방법은 무엇일까? 이런 문제점들이 외로움, 고삐 풀린 자본주의, 지나친 스트레스, 반항적인 이민자들 때문에 생겼다고 잘못 진단하면 불안을 만들어내는 더 큰 원인을 알아보지 못할 수도 있다.

내가 얻은 결론과 추측을 독자들이 평가할 때 내 경험을 안다는 게 도움이 될지도 모르겠다. 나는 1929년 뉴욕에서 남쪽으로 30킬로미터쯤 떨어진 인구 3만 명 정도인 뉴저지 한 작은 마을의 불가지론 유대인 가정에서 태어났다. 이 지역은 1930년대의 경제 침체가 할퀴고 간 상처가 최근에야 치유되기 시작한 곳이다. 그래서인지 항상 약자들과 나를 동일시했다. 나는 메이저리그 야구팀 다저스가 브루클린에 자리 잡았을 때는 그들을 응원했다. 스스로 통제할 수 없는 조건과 맞서 싸우는 희생자들의 입장에 공감했고, 권위를 누리는 자가 오만한 모습을 보이면 짜증이 났다. 그런 권위를 가진 자들이 하는 말이라면 자동으로 회의적인 눈길로 바라

보는 것이 아마도 나를 정의하는 중요한 특징 중 하나가 아닐까
싶다.

전공을 결정해야 했던 1950년, 어린이의 가족 경험을 더욱 깊
이 이해하면 어떤 현명한 방안이 자동으로 도출되고 이를 부모가
받아들이기만 한다면 범죄, 증오, 고통이 사라진 유토피아적인 사
회가 만들어지지 않을까 하는 기발한 믿음 때문에 생화학이 아닌
발달심리학을 선택했다. 그런 환상이 깨지고 거기에 지난 세기의
역사적 사건들이 결합되면서 우리 종이 미래에 처할 상태에 대해
반갑지 않은 비관주의가 생겨났다. 지금의 내가 40년 전만큼만
낙관적일 수 있다면 얼마나 좋을까 하는 생각을 한다. 자연과학자
들이 우주의 기원과 생명의 등장은 우연한 사건이었으며 약 40억
년 후에 적색거성赤色巨星이 지구의 물을 다 증발시켜버려서 생명
도 함께 사라질 거라고 선언하는 바람에 자기도취에서 벗어나 더
겸손해져야 할 필요가 생겼다.

생물학에서 지금까지 풀리지 않은 중요한 미스터리 네 가지는
다음과 같은 문제에 초점이 맞춰져 있다. 바로 동물의 다양한 해
부학적·생리학적 특성을 이끌어낸 조건, 자손이 생물학적 부모를
닮는 이유를 설명해줄 과정, 세포의 구체적인 기능, 생물종이 지
금처럼 전 세계적으로 분포되어 있는 이유 등이다.

심리학의 주요 수수께끼도 생물학자들의 이 네 가지 미스터리
와 비슷하다. 어떤 환경 조건이 한 개인의 평생에 걸친 변화를 이
끌어내는가? 심리적 속성 중에 보존될 가능성이 큰 것은 무엇이
고, 변화하거나 소실될 가능성이 큰 것은 무엇인가? 어떻게 뇌의

활동으로부터 심리적인 결과가 나오는가? 사회에 대한 적응에서 나타나는 편차를 설명해줄 요인은 무엇인가?

몽테뉴가 지은 《수상록》의 원제는 《에세Les Essais》다. 에세는 '시도'를 의미한다. 독자들은 이제 내가 어떤 편견을 가진 사람인지 알고 있으니 대단히 복잡한 개념을 밝혀보려는 시도가 과연 그 안에 일말의 진실을 담아내는지 더욱 잘 판단할 것이다. 나는 두 가지 기준으로 열두 가지 주제를 선별했다. 각각의 주제가 재미있으면서도 전문 지식 없이 복잡한 현상을 올바로 이해하기를 바라는 독자들도 쉽게 알 수 있는 내용으로 채워지기를 바랐다. 과학자들은 사건을 인지할 수 있게 해주는 과정에 매우 큰 관심을 갖지만 대부분의 독자는 이 영역에서 이루어지는 포괄적인 논의를 이해할 수 있는 배경지식을 갖추지 못했다. 하지만 단어의 의미, 사회계층의 영향력, 뇌와 정신의 관계, 가족의 역할 등은 폭넓은 호기심을 불러일으키는 내용들이고, 지나치게 전문적인 용어들을 사용하지 않아도 충분히 논의할 수 있다.

예전에는 후원단체와 정부기관의 지원이 사회과학에 더 우호적이었다. 하지만 점차 멋진 성과를 올리는 물리학과 생물학 쪽으로 쏠리고 있다. 언론 역시 유전자가 행동에 기여하는 부분에 더 흥미를 느끼면서, 그런 행동을 유발한 경험적 조건에 대해서는 관

---

* Louis Victor de Broglie(1892~1987). 프랑스의 이론물리학자. 입자로 여겨져온 전자가 파동성을 지닌다는 점을 수학적으로 증명해서 물질파 이론을 제창해 1929년 노벨 물리학상을 받았다.

심이 시들하다. 마음에서 일어나는 사건들은 뇌가 있어야 가능한 것이기는 하지만 어느 정도의 독립성을 갖기 마련이다. 유전자와 뇌에 사용하는 것과는 다른 어휘가 따로 필요하다는 사실이 이 책을 통해 양쪽 진영 모두를 설득할 수 있기를 바란다. 끓는 물 속에 손이 들어갔을 때 뇌에서 나타나는 반응도 마찬가지로 피부 표면과 접촉하는 가열된 물 분자의 물리학과는 독립적인 자율성을 가지고 있다. 겨울 밤 조용한 방에 앉아 베토벤의 〈교향곡 제9번〉에 귀를 기울이거나 텔레비전 화면에서 포로가 고문받는 장면을 바라보거나 단풍이 절정을 맞이한 가을 숲 속을 걸을 때 찾아드는 느낌과 생각을 이해하려면, 뇌가 제공해줄 수 없는 증거 그리고 신경세포와 신경회로를 기술하는 것과는 다른 문장이 필요하다.

부디 이 글이 생각과 느낌이 언젠가는 뇌를 측정함으로써 모든 것이 설명될 안개나 유령 같은 현상이 아님을, 정신의 힘에 의문을 품는 사람들을 설득할 수 있기를 바란다. 나는 물리학자 루이 빅토르 드브로이*의 관점에 동의한다. 그는 이렇게 적었다.

"겉으로는 양립 불가능해 보이는 두 개념이 사실은 각각 진리의 한 측면을 표현하는 것일 수도 있다. … 이 둘은 직접적으로 충돌하지 않으면서 각자 사실을 표상하는지도 모른다."

여러 글에 조언을 아끼지 않은 로버트 케이건과 찰스 넬슨, 그리고 완벽한 편집, 논리적 모순을 족집게처럼 찾아내는 능력으로 큰 도움을 준 로빈 뒤블랑에게 고마운 마음을 전한다.

제롬 케이건

차례

두 가지 현실에서 움직이는 종은 인간밖에 없다. 동물과 우리가 공유하는 현실은 사물, 움직임, 장소, 냄새, 소리, 맛, 느낌 등 겉으로 드러나는 특성에 대한 표상으로 이루어져 있다. 맛은 쿠키에서 가장 두드러진 특성이다. 그리고 날아다니는 행동은 새에서 가장 두드러진 특성이다. 내가 스키마라고 부르는 이런 표상들은 인간이 머릿속에서 어떤 사건을 재창조하려 할 때 만들어지는 이미지의 토대다. 방금 만난 사람의 얼굴에 대한 스키마에는 눈, 코, 입의 공간적 배열과 피부 색깔, 머리카락 색깔 등은 담겨 있지만 귀의 형태나 눈썹의 길이 같은 것은 대부분 생략되어 있다. 나는 비행기의 소리, 사포의 질감, 좀약 냄새, 아침에 내가 하는 행동, 그리고 문자를 씹혔을 때의 느낌, 배고픔, 그리고 하루 일을 마치고 마시는 와인 첫 잔의 느낌 등에 대한 스키마를 갖고 있다.

　스키마는 전혀 애쓰지 않아도 만들어진다. 대부분의 성인은 200장의 사진을 보면서 각각의 스키마를 불과 몇 초 만에 만들어

넬 수 있다. 과테말라의 외딴 마을에 사는 열한 살 난 어린이는 토스터기, 망원경, 골프채 등 평생 한 번도 본 적 없는 물건의 사진을 보고도 그 스키마를 적어도 이틀 동안은 유지했다. 이는 뇌가 상당히 많은 사건의 스키마를 만들어내고 유지할 수 있다는 것을 암시한다.

자주 접하는 사물과 사건은 각각의 현상에 흔히 동반되는 특성들을 담고 있는 원형 스키마가 된다. 생후 6개월 된 아기는 엄마 얼굴의 원형 스키마를 획득해서 다른 여성과 구분할 수 있다. 우리 집 뜰에 있는 소나무에 대한 원형 스키마는 그 나무의 독특한 형태, 높이, 그리고 근처 가문비나무와 구분 지어주는 고유의 위치 등으로 구성되어 있다. 원형 스키마 속에 포함된 특성은 경험에 따라 달라질 수 있다. 부모의 얼굴에 대한 성인의 스키마에는 유아 시절 스키마에는 없던 특성들이 담길 수 있다.

어떤 사물이나 행동이 특정 환경에서만 전형적으로 나타난다면 그 환경의 특성도 원형 스키마의 일부다. 이를테면 욕실에서는 양치질을 하고, 비행기를 타면 안전벨트를 매고, 부엌에서는 요리를 하는 등이 그런 사례에 해당한다. 근처 헬스클럽에서 사용하는 러닝머신에 대한 내 원형 스키마에는 그 러닝머신이 있는 실내 공간의 특성도 함께 담겨 있다. 환경이 스키마의 한 요소라면 그 환경 속 일부 사물에 생긴 작은 변화는 눈치채지 못할 수도 있다. 예를 들면 대부분의 사람은 부엌 싱크대의 수도꼭지가 살짝 달라진 것을 눈치채지 못한다.

스키마 덕분에 우리는 익숙한 사건들을 빨리 알아보고, 익숙하지 않은 사건을 감지하고, 추상적인 개념도 쉽게 이해할 수 있다. 닐스 보어는 구형의 물방울이 땅콩 모양으로 변하는 그림을 그려본 경험이 중성자를 충돌시켰을 때 우라늄 원자에서 어떻게 핵분열이 일어나는지 이해하는 데 도움이 됐다고 한다. 보어는 전자의 스키마를 태양 주위를 도는 행성의 모습으로 묘사했지만, 이것을 베르너 하이젠베르크가 스키마로 표현하기에는 너무 어려운 수학 연산으로 대체해놓는 바람에 그의 물리학자 동료들은 좌절감을 맛보아야 했다.

단어, 또 다른 현실

인간만 가지고 있는 두 번째 현실은 단어로 구성되어 있다. 이런 단어 중에 스키마가 표상하는 실재를 기술하는 것은 일부에 불과하다. 인류 최초의 종은 두 나무 사이의 거리, 일출과 일몰의 시간 간격, 손가락이 손 위에 배열된 상태 등에 대한 스키마를 가지고 있었다. 현대 인류는 사물들 사이의 거리, 사건 사이의 시간 간격, 그리고 배열 속에 들어 있는 사물의 숫자 등을 기술하는 특별한 단어들을 발명했다.

인간의 언어는 크게 세 범주를 포함하고 있다. 첫 번째 범주는 사람, 사물, 사건, 의도, 느낌 등이 좋은지, 즐거운지, 적절한지 혹은 나쁜지, 불쾌한지, 부적절한지 평가할 때 사용한다. 두 번째 범주는 관찰 가능한 사물, 사건, 또는 그 물리적 특성에 붙여준 이름으로 구성된다. 이런 단어들은 대부분 스키마와 연계되어 있다. 어맨다 홀랜드는 영어를 배우는 네 살 어린이들이 사물의 색이나 질감에 이름을 붙이는 새로운 단어보다는 사물 전체를 지명하는 새로운 단어를 더 쉽게 기억한다는 것을 밝혀냈다. 이 원칙은 다른 언어를 학습하는 어린이에게도 그대로 적용된다. 즉 어린이는 어른이 어떤 사물을 바라보며 새로운 단어를 입 밖으로 소리 내어 말하면 그 단어가 그 존재 전체를 가리키는 것으로 생각하도록 하는 생물학적 성향이 있는 듯하다. 어린아이는 아보카도라는 단어가 특정한 모양, 크기, 색을 가진 사물에 붙인 이름이라는 것은 잘 기억하지만, '꺼끌꺼끌하다'나 '청록색이다'라는 말을 처음 들을 때 파인애플이 '꺼끌꺼끌하다'거나 튤립이 '청록색'이라는 사실은 잊어버리기 쉽다. 꺼끌꺼끌함이나 청록색은 사물이 아니라 특성이기 때문이다.

세 번째 범주에는 지식, 진리, 복원력, 정의, 숫자, 시간과 같이 특정한 물리적 특성을 갖지 않는 추상적인 개념이 들어간다. 네덜란드 동부 네이메헌에 있는 막스플랑크 연구소의 연구진은 시간이라는 단어가 서로 다른 스키마를 활성화하기 때문에 표준 중국어 사용자와 영어 사용자에게 다른 의미를 갖는다는 사실을 발견했다. 중국어 사용자의 경우 시간이 수동적인 사람을 향해 다가가는 것이라고 인식하는 반면, 영어 사용자는 사람이 수동적인 시간을 관통해 움직인다고 인식한다.

숫자는 사물이나 사건의 개별적 특성에 포함되지 않는 속성을 가리킨다. 카드 두 벌을 바라보면서 카드가 104장 있다고 하든, 두 벌 있다고 하든, 한 무더기 있다고 하든 다 맞는 말이다. 시간이나 숫자는 성스럽다거나 신성하다처럼 자연적 사건에 내재적으로 존재하는 속성이 아니라 인간이 편의를 위해 발명한 단어다. 침팬지들이 바나나밭으로 걸어 들어가 바나나를 따먹고 집으로 돌아오는 것은 순차적으로 일어나는 자연적 사건이다. 이를 침팬지 여섯 마리가 집을 떠나 다른 곳에서 8분을 보내고 왔다고 표현할 수도 있다. 수가 자연의 언어라고 믿는 과학자들과 수는 어떤 현상을 기술하는 정신적 발명품이라고 주장하는 과학자들의 논쟁에서 나는 후자의 손을 들어주고 싶다.

자연과학자들은 사회과학을 의심스러운 눈길로 바라본다. 인지, 기억, 조절, 스트레스, 감정, 건강 등 사회과학의 개념 중 상당수가 머릿속으로 상상하거나, 더 나아가 사진 촬영이 가능한 단일 특성 집합과 연결되어 있지 않기 때문이다. 《사이콜로지컬 사이언스Psychological Science》 2014년 7월호에 발표된 논문 초록에 사용된 단어 가운데 언중이 합의한 공통의 스키마와 연관된 단어는 1퍼센트에 불과했다. 그 초록 중 한 편을 들여다보면 '부정적 감정', '혐오 민감성', '스트레스', '불편' 같은 말이 나온다. 이 용어 중 읽는 사람에게 똑같은 스키마를 떠올리게 하는 것은 하나도 없다. 부정적 감정은 공포, 걱정, 분노, 질투, 슬픔 등 다양한 감정을 가리킬 수 있다. 혐오 민감성은 파티를 싫어하는 것을 의미할 수도 있고, 비행이나 먼지를 싫어하는 것을 의미할 수도 있다. 스트레스는 질병, 가난, 실직, 사회적 거부, 사랑하는 사람의 죽음, 집을 부순 돌풍 등 온갖 것을 의미할 수 있다.

반면 주요 신경과학 학술지 중 하나인 《뉴런》의 2014년 7월호 논문 초록에 사용된 단어 가운데 5퍼센트에는 '신경교세포', '슈

반세포', '사이신경세포' 같은 말이 포함되어 있었다. 이런 단어는 모든 독자에게 비슷한 스키마를 떠올리게 한다. 프랑스의 생물학자 장 로스탕Jean Rostand은 추상적인 단어의 애매한 의미를 촌철살인의 한 문장으로 표현했다.

"찾아왔다가도 사라지는 것이 이론이지만, 개구리는 그대로 남아 있다."

로스탕이 한 이 말의 의미는 단어는 시간이 지나면서 다른 현상을 지칭해서 그 의미가 바뀔 수 있지만 현상 자체는 변함없이 남는다는 것이다. 2015년에 사용하는 '종'과 '유전자'의 의미는 1930년에 생물학자들이 이해하던 의미와 같지 않다.

언어의 간략한 역사

구어spoken language(입말)는 인류와 유사한 최초의 종이 사물, 행위, 느낌에 대한 스키마를 창조하고 오랜 시간이 지난 뒤에야 처음 등장했다. 그리고 문자 언어는 호모 사피엔스가 진화하고 9만 년 넘게 지난 후인 약 8000년 전에야 처음 등장했다. 따라서 단어는 수백만 년이나 된 재주에 덧붙여진 부속물로 보인다.

언어가 탄생하기까지, 인간은 먼저 모음과 자음을 발음할 수 있는 혀, 후두의 해부학적 구조와 후두로 신경을 투사하는 뇌를 물려받아야 했다. 이런 해부학적 사실로 인간의 아기는 옹알이를 하는데 원숭이 새끼는 그러지 않는 이유를 설명할 수 있다. 인간은 또한 사람의 입에서 나오는 소리 중에 사건을 표상하려는 의도가 담긴 것이 있음을 추론할 능력을 갖추어야 했다.

　이런 속성들이 먼저 등장한 후에야 인간은 언어를 발명해서 타인에게 그들이 필요로 하거나 알고 싶어 하는 사실을 알려주고, 그들이 따라야 할 의무를 알려주고, 그들이 피해야 할 위험을 알려줄 수 있었다. 꿀벌이 각기 다른 냄새를 풍기고 이를 감지하는 능력을 이용해 집단 구성원들을 하나로 결속하듯이, 사람도 구어로 소통함으로써 공동체의 구성원들을 결속해서 더욱 긴밀한 집단을 만들어낼 수 있었다.

단어의 특별함

영화 〈오즈의 마법사〉를 스무 번째 보는 아기는 도로시가 막대기에 걸린 허수아비를 풀어주는 모습을 보며 그 물체가 이제 곧 움직일 거라 예상한다. 반면 다섯 살짜리 아이는 '춤추는 허수아비'를 보리라 기대한다. 춤추는 허수아비는 언어의 상징적 실제에 해당한다. 이것은 스키마를 의미론적 형태로 새겨 넣는데, 이 의미론적 형태는 사건의 물리적 특성에 대한 정보는 거의 또는 전혀 전달하지 않을 때가 많다. 내가 연구하는 공간의 스키마에 붙여준 이름, 즉 '서재'에는 그 방의 물리적 세부사항에 대한 내용이 담겨 있지 않다. 언어의 주목적은 정보를 최대한 효율적으로 공유하는 것이기 때문이다. 내 아내는 내가 어디에 있는지, 어디에 있었는지, 어디에 있을지만 알고 싶어하지, 내 머릿속에 들어 있는 원형 스키마에는 신경 쓰지 않는다.

　'제롬 케이건'의 행동, 신념, 감정, 유전자, 뇌, 내장, 근육, 면역계는 적지 않은 변화를 겪었음에도 그 이름을 가진 '나'라는 사람의 법적 상태와 다양한 역할을 지명하는 단어들은 지난 60년 동안 변하지 않았다. 단어는 변화하는 사건들을 정지화면의 형태로 바꾸어놓아 마치 아무것도 변하지 않은 듯한 믿음을 불러일으킨다. 메소포타미아 사람들도 삶, 자유, 행복, 올바른, 잘못된, 공평한, 불공평한 등에 해당하는 단어를 가지고 있었지만, 그렇다고 이런 단어들이 가리키는 현상이 그때부터 지금까지 변하지 않았다는 의미는 아니다.

단어는 사건들을 디지털화해서 서로 다른 종류의 것들이 담겨 있는 통 속에 분류해넣음으로써 경험을 왜곡한다. 언론도 마찬가지지만 대부분의 사람이 아프리카계 미국인을 단일 집단으로 지칭해버리는 바람에 가족이 여러 세대에 걸쳐 미국에서 살았던 아프리카계 미국인과 카리브해나 아프리카에서 최근 이주해온 사람을 구분하지 못한다. 하버드대학교의 메리 워터스는 이 두 집단의 구성원들은 사는 지역도 다르고, 교육 경험과 업무 경험도 다른 경우가 많다고 지적한다. 따라서 이 두 집단에 구분되는 이름을 부여할 필요가 있다. 캘리포니아대학교의 조녀선 스쿨러는 스키마를 통해 기억하는 사람에 비해 단어만을 이용해서 얼굴이나 물체를 기억하는 사람은 나중에 이런 사건들을 인식해야 할 때가 오면 문제를 겪는다고 보고했다. 단어는 중요한 특성을 가리키지는 못하기 때문이다. 예를 들어 내가 만약 이웃집 앞에 세워져 있는 신형 테슬라 자동차를 정확한 형태를 담은 스키마를 만들어내지 않고 그냥 자동차라고만 표상하면 나중에 신형 렉서스나 캐딜락과 구분하려 할 때 어려움을 겪을 수도 있는 것이다.

남자아이들이 어떤 꼬마를 괴롭히기는 했지만 신체적으로는 어떤 해도 입히지 않은 장면을 목격한 사람이 있는데, 그로부터 한 달 후에 그 사람에게 당시 남자아이들 중에 꼬마를 때린 아이가 있었는지 물어봤다고 생각해보자. 그 목격자가 그 장면을 '공격'으로 기억하고 있었다면 그는 '공격'과 '때리는 행동'의 강력한 연관 때문에 그렇다고 대답할 가능성이 높다. 하지만 그 목격자가 의미론적 라벨을 붙여놓았든 그렇지 않았든, 이 사건을 하나의 스키마로 기억하고 있었다면 이런 오류가 발생할 가능성이 낮다. 미래의 계획을 세울 때 통상적으로 스키마를 활성화하지 않는 사람은 그리 유쾌하지 못한 경험을 했던 과거의 유사 사건들을 고려하지 못할 때가 많다. 이를테면 예전에 세 번이나 추수감사절 전날 차를 가지고 나섰다가 길이 막혀 짜증이 나는 경험을 해놓고도, 그 사건의 스키마를 떠올리지 못하고 차를 가지고 가는 것이 편하다는 생각에 또다시 추수감사절 전날 차를 몰고 집을 나서는 사람은 또다시 짜증나는 경험을 할 위험이 높다.

미세해부학에서 볼 때, 좌뇌와 우뇌가 서로 다르다는 것도 스키마보다 언어가 서로 다른 종류의 연관에서 비대칭이 더 많이 발생하는 이유인지 모른다. 언어에 가장 중요하게 기여하는 신경세포 집단은 좌뇌에 있고, 사건의 특성들을 분석하기를 좋아한다. 반면 우뇌의 신경세포들은 전체적인 패턴을 처리하도록 설계되어 있다. 이는 스키마에서 좀 더 특징적으로 나타난다. 좌뇌의 언어 영역은 형태가 다른 사물들이 공유하는 단일 특성을 감지하도록 설계되어 있다. 예를 들면 방울뱀과 검은과부거미는 위험하다는 속성을 공유한다. 따라서 방울뱀이라는 단어를 읽으면 검은과부거미의 스키마가 떠오르는 경향이 있다. 반면 방울뱀의 사진을 본다고 해서 거미의 스키마나 단어가 떠오를 가능성은 크지 않다.

대부분의 철학자는 단어의 의미에 기여하는 스키마를 무시한다. 예를 들어 '알다'라는 동사는 확실성의 연속체로 파악되기보다는 '그렇다' 아니면 '아니다'라는 이분법으로 개념화될 때가 많다. 철학자나 사화과학자는 단어의 의미를 자연종으로 취급할 때가 너무도 많다. 마치 '좋은', '도덕적인', '진리' 같은 단어의 속성이 나무 밑에서 자라는 부드러운 초록색 이끼의 속성처럼 발견할 수 있다는 듯이 말이다. 일부 심리학자가 여러 동물원을 찾아다니며 그곳 직원들에게 다양한 종에 속하는 동물들의 성격 특성을 평가해달라고 부탁하는 것이 전혀 문제없다고 생각했던 이유도 이런 전제로 설명될 수 있다. 성격 특성은 인간에게만 적용할 수 있도록 발명된 것인데 말이다. 그럼 직원들은 마치 이런 단어들이 '고기를 먹다', '낮잠을 자다', '꼬리가 있다' 같은 고정된 의미를 갖기라도 한 것처럼 사자와 표범을 대상으로 호기심과 자신감 같은 항목을 기꺼이 평가해주었다.

나중에 커서 제2언어를 습득한 사람은 감정 단어와 연관된 느낌의 스키마가 활성화될 가능성이 낮다. 그래서 이런 사람들은 모국어를 사용할 때보다 제2언어를 사용할 때 "당신을 사랑합니다"라는 말을 더 쉽게 꺼낸다. 이런 단어에 감정이 실리지 않기 때문이다. 사건을 새로운 이름으로 지명해서 '오명을 지우는' 전략도 유효하다. '비숙련 노동자'는 이제 '입문 노동자'로, '창녀'는 '성매매 종사자'로, '고문'은 '선진 심문'이라는 이름으로 불린다. 어쩌면 나중에는 '강간'이 '과장된 성적 지배'로, '부모의 방임'은 '만성 무관심'으로 대체될지도 모른다.

　단어는 날아가는 새, 밀어닥치는 감정, 꼬리를 물고 이어지는 생각, 와인 병을 따는 사람의 동작처럼 변화 중인 사건을 기술하는 데는 취약하다. 하지만 단어에는 어떤 행동을 취해야 적절할지 몰라 불확실한 느낌을 희석해주는 힘이 있다. 메시지에 '스팸'이라는 딱지가 붙으면 그 메시지를 열어서 읽어보아야 할지 확신이 들지 않던 문제가 해결된다. 성전환 수술을 받은 사람은 성별을 밝히라는 공문서를 보면 마음이 불편해진다. 호주 고등법원에서는 성별을 묻는 칸에 '불특정'이라고 쓸 수 있게 판결을 내려 이런 불확실성을 해소해주었다.

　작가 호세 오르테가 이 가세트Jose Ortega y Gasset는 단어가 사용되면, 그 단어가 아마도 관찰 가능한 사건의 이름일 거라 가정하는 인간의 성향을 염려했다. 그는 이렇게 적었다.

　"개념을 만들어내는 순간 실재는 방을 떠나고 만다."

　알프레드 노스 화이트헤드는 이 진리를 다른 말로 표현했다.

　"언어는 엄격한 개념이 마치 실제 경험을 표상하기라도 하는 것처럼 그것을 우리에게 떠넘긴다."

단어의 발명

전 세계적으로 6000가지 정도의 언어가 있는데, 이 언어들은 여러 사건을 서로 다른 의미론적 범주로 분류한다. 영어에서는 생쥐

mice와 쥐rat에 각각 다른 단어를 발명해서 이름을 붙였다. 하지만 태국에서는 두 종이 크기 차이가 있다는 것은 인식하지만, 두 종을 모두 한 단어로 지칭한다. 고대 그리스인들은 육체적 고통과 정신적 괴로움을 구분했다. 반면 로마인들은 '돌로dolor'라는 한 단어만 발명해서 그것으로 두 경험을 모두 표현했다.

영어 동사 중에는 흔히 이루어지는 행위의 변형된 형태를 기술하는 것이 거의 없다. 예를 들어 영어에서 '먹는다'는 의미로 사용되는 'eat'이라는 동사는 견과류, 사과, 아이스캔디를 먹을 때 모두 사용된다. 반면 호주에서는 이런 음식을 먹을 때 입과 치아의 행동이 서로 다른 것을 포착하기 위해 세 개의 다른 동사를 발명해냈다. 리하이대학교의 바버라 몰트는 영어, 네덜란드어, 스페인어, 일본어를 사용하는 화자들에게 서른여섯 가지 서로 다른 동작을 시연해 보이는 여성에 대해 기술해보라고 요청했다. 그러자 모든 화자가 빠른 동작과 느린 동작을 구분하는 단어를 가지고 있었지만 일부 언어는 제자리에서 깡충깡충 뛰는 동작과 앞으로 깡충깡충 뛰는 동작을 서로 다른 단어로 구분하지 않았다.

피지 사람들은 사람이 소유하는 물체를 기술할 때와 사람의 신체 일부를 기술할 때 다른 단어를 사용한다. 반면 영어 사용자는 '메리의 컵Mary's cup'과 '메리의 팔Mary's arm'이라고 말할 때 이런 차이를 무시한다. 영어는 사물의 종류, 그리고 그것을 담고 있는 수용자의 유형을 무시한다. 반면 마야 인디언 언어 중 하나인 첼탈Tzeltal어의 화자들은 어떤 사물과 수용자의 조합을 담아내는 여섯 가지 서로 다른 방식을 가지고 있다. 그래서 이 언어에서는 '물이 양동이에 들어 있다', '물이 컵에 들어 있다', '물이 땅에 들어 있다', '거미가 양동이에 들어 있다', '거미가 컵에 들어 있다', '거미가 땅에 들어 있다' 같은 문장이 모두 다른 방식으로 표현된다.

하나의 언어공동체에 소속된 심리학자들도 일부 단어는 일반 대중이나 자연과학자들에게 낯선 방식으로 사용한다. 한 예로 심리학자들은 느낌이나 감정을 기술할 때 긍정적 또는 부정적이라는 형용사를 즐겨 사용한다. 반면 대부분의 사람은 선물을 받을 때면 긍정적이 아니라 행복하다는 말을 사용하고, 친구의 사망 소식을 들으면 부정적이 아니라 슬프다는 말을 사용한다. 화학자가 신경세포 집단을 흥분시키거나 침묵시키는 분자를 기술하면서 긍정적 또는 부정적이라는 단어를 이용했다가는 연구 지원금이 끊겼을 것이다.

'보상'도 즐겨 사용되는 심리학 용어의 하나다. 이것은 동물이 경험하려고 노력하는 사건에 대단히 폭넓게 적용된다. 어떤 저명한 심리학자들은 보상을 '뇌 속의 가치체계'라고 적는다. 이 문구는 암컷과의 교미를 준비하는 수컷 생쥐, 눈을 특정 방향으로 움직이면 포도주스 세 방울을 먹을 수 있을 거라 기대하는 실험실 원숭이, 시험 성적이 좋아서 선생님의 칭찬을 기대하는 어린 학생, 첫날밤을 치를 기대에 들떠 있는 두 남녀, 수치를 꼼꼼히 들여다보면서 특정 실험 결과가 나오리라 기대하는 과학자, 과속 운전을 하다 단속에 걸렸지만 딱지를 떼지 않고 그냥 경고만 듣고 끝나리라 예상하는 운전자 모두 뇌 프로필이 비슷하리라는 암시를 담고 있다. 하지만 이런 다양한 생명체가 이처럼 다양한 사건에 모두 똑같은 방식으로 반응했을 가능성은 크지 않다.

공동체가 좀처럼 보기 힘든 사건을 기술할 단어를 굳이 발명할 가능성은 낮다. 이런 단어는 거의 아무런 정보도 전달하지 않기 때문이다. 일례로 제자리에서 깡충깡충 뛰는 사람을 기술하는 단어를 따로 발명할 필요는 없다. 반면 사람이나 동물이 천천히 혹은 빨리 움직이는 모습은 늘 보이기 마련인데, 여기에 사용되는 영단어 'walk걷다', 'shuffle발을 끌며 느릿느릿 걷다', 'jog터벅터벅 느리게 달리다', 'run뛰어가다' 등은 운동의 종류에 대해 중요한 정보를 전달하고, 따라서 그 단어를 통해 행동 주체의 심리적 상태를 미루어 짐작할 수 있다. 사람들이 단어를 발명하고 사용하는 데는 다 이유가 있다. 사람들은 화자와 청자 모두 관심이 있는 사실이나 개념을 소통하려고 단어를 발명한다.

네트워크

한 사건과 연관된 스키마와 단어의 집합은 하나의 네트워크를 형성한다. 네트워크 구성원의 연관 강도는 그 구성원들이 공유하는 특성의 숫자와 두드러짐의 정도에 따라 다양하게 나타난다. 공유하는 특성이란 형태(공, 사과, 자갈은 둥글다), 크기(동전, 완두콩, 인형 신발은 작다), 기능(비누, 물, 수건, 싱크대는 사물을 깨끗이 씻을 때 사용된다), 일반적인 위치(갈매기, 모래, 파도는 바닷가 근처에서 보인다), 동작의 종류(느린 동작, 매끄러운 동작, 우아한 동작), 말할 때 나오는 소리(peach[piːtʃ]-복숭아, preach[priːtʃ]-설교하다, teach[tiːtʃ]-가르치다), 상반되는 관계(위와 아래, 선과 악), 현저한 결과를 몰고 오는 상황(태풍이나 지진), 의미론적 범주(동물, 자연적인, 제조된, 흔한) 같은 것을 말한다.

복숭아peach의 네트워크에는 물리적 속성(달다, 매끄럽다, 둥글다), 일반적인 기능(먹을 수 있다), 위치(나무에 달려 있다, 식료품 가게에 있다, 부엌에 있다), 범주(음식), 그리고 소리가 비슷한 단어들(preach[priːtʃ], beach[biːtʃ], each[iːtʃ], teach[tiːtʃ], reach[riːtʃ], leach[liːtʃ]) 등의 스키마와 단어가 담겨 있다. 여성의 네트워크는 적어도 미국에서는 엄마의 네트워크와 강력하게 연관되어 있고, 이것은 다시 아이, 음식, 요리, 부엌, 싱크대, 비누, 청결, 선함, 매력적 등의 네트워크를 연상시킨다. 이런 네트워크가 다시 여성이라는 네트워크를 연상시키면서 한 바퀴를 마감한다.

외젠 들라크루아의 그림 〈민중을 이끄는 자유의 여신〉을 보면, 가슴을 드러낸 여성이 왼손에는 장총을, 오른손에는 프랑스 대혁명의 삼색기를 들고 있다. 이 그림에 익숙한 프랑스인이라면 한편에는 여성의 네트워크, 다른 한편에는 자유, 성스러움, 프랑스, 반란의 네트워크가 서로 연결되어 있을 것이다. 하지만 미국인, 독일인, 일본인은 이런 연관 네트워크를 가졌을 가능성이 낮다. 중세 유럽 사람들은 여성, 초록색, 차가움, 질투가 강력한 연관관계를 맺고 있다고 생각했다. 그들은 초록색을 차가운 색으로 여기고, 여성은 냉담하고 질투가 많은 존재로 여겼기 때문이다.

현대의 유럽인들은 노란색과 삼각형이 연관관계를 맺고 있고, 빨간색과 동그라미도 그만큼 강력한 연관관계를 맺고 있다고 생각한다. 노란 물체와 삼각형 모양이 빨간색에 둥근 형태를 띤 물체보다 드물다는 사실을 바탕으로 해석하기도 한다. 따라서 '드물다'는 용어와 '흔하다'는 용어가 노란색이 삼각형과 맺어지고, 빨간색이 동그라미와 맺어지는 이유를 설명할 연결고리라는 것이다. 각각 여러 개의 바큇살이 달린 바퀴 두 개의 이미지가 두 네트워크의 연관을 시각적 은유로 보여준다. 여기서는 연관이 한쪽 바퀴에서 나온 바큇살이 다른 바퀴의 바큇살에 닿는 것으로 표현된다.

지난 50년 동안 유전학자들이 수많은 중요한 발전을 이루었는데, 이는 1953년에 데옥시리보핵산, 즉 DNA의 구조를 발견했기에 가능한 일이었다. 나는 앞으로 여성, 아버지, 좋은, 흙, 음식 등 자주 사용되는 개념과 연관된 네트워크 구조의 범위가 발견되면 그 뒤로 그만큼이나 중요한 발전이 뒤따르리라 생각한다. 이 과제를 수행하기 위해서는 각각 네트워크의 일부인 스키마와 단어 사이에 이루어지는 연관의 강도를 측정해보아야 한다. 아직은 적절한 측정 방법이 개발되지 않았기 때문에 이 문제를 연구하는 심리학자가 너무 적다.

대부분의 사람은 자기가 사용하는 언어에서 아무 단어나 쌍으로 잡아도 그 쌍이 공유하는 특성을 적어도 한 가지는 감지할 수 있다. 좋은-나쁜good-bad, 활발한-활기 없는active-passive, 강한-약한 strong-weak, 남성-여성male-female과 같이 서로 반대되는 기본적인 단어 쌍이 겉으로는 완전히 별개로 보이는 단어의 쌍을 하나로 묶는 연결고리를 제공하기 때문이다. 예를 들어보자. 아스피린과 백신은 좋다good. 눈보라와 운동선수는 활발하다active. 아기와 빗방울은 약하다weak. 바다와 여왕벌은 여성이다female. 마법 의식은 이런 종류의 연관관계를 바탕으로 이루어진다. 남성의 마음을 사로잡고 싶었던 고대 이집트의 한 여성은 밀랍과 남자의 마음은 둘 다 부드럽게 녹아내릴 수 있다는 가정 아래 남자의 모양으로 빚은 밀랍 조각상을 녹였다.

18세기 유럽에서는 교육 수준과 사회적 지위가 높은 부모들이 대부분 자식들에게 가운데 이름 이니셜을 지어주었기 때문에 가운데 이름 이니셜을 높은 사회적 지위를 의미하는 것으로 연관 지었다. 현대의 아일랜드 대학생들도 그와 똑같은 믿음을 갖고 있다. 반면 미국이 세워지고 첫 세기 동안 미국의 부모는 자식에게 가운데 이름을 지어주는 경우가 드물었다. 조지 워싱턴, 존 애덤스, 토머스 제퍼슨 같은 미국의 위인들은 모두 가운데 이름이 없다. 하지만 남북전쟁 이후에는 이런 관습에 변화가 찾아왔고, 요즘에는 미국에서 태어나는 아이들의 거의 99퍼센트가 가운데 이름을 받는다.

대부분의 현대 남성은 고대 그리스인과 중국인의 전통을 따라 홀수는 남성성과 짝수는 여성성과 연관 짓는다. 이런 현상을 해명할 합의된 설명은 나와 있지 않지만, 1과 2라는 숫자가 홀수와 짝수라는 개념의 원형이라 가정한다면 두 가지 해석을 할 수 있다. 하나는 계급 서열에서 1등인 사람은 2등인 사람을 지배하며, 전통적으로 남성은 여성을 지배해왔다는 사실에 바탕을 둔 해석이다. 오직 하나의 신만 존재하며, 신은 흔히 남성의 모습으로 그려진다. 두 번째 해석은 조금 더 사변적인데, 고통을 야기하는 것은 단일 품목으로 이루어진 경우가 많은 반면(칼, 핀, 바늘) 즐거움을 안

겨주는 물체 중에는 쌍으로 구성된 것이 많다는 사실에 바탕을 둔 해석이다(키스를 하는 입술 한 쌍, 젖을 주는 가슴 한 쌍, 포옹하는 팔 한 쌍). 남성은 여성보다 타인을 해치는 경향이 더 크고, 여성은 타인을 감싸 안는 경향이 더 크다.

미국 초등학교 교사는 대부분 여성이기 때문에 아이들이 학업을 여성성과 연관 지어 생각하곤 한다. 이런 무의식적인 연관이 미치는 영향 한 가지는 남성 정체성을 확신하지 못하는 어린 남학생들이 학교 과제에 성실하게 임하는 것이 자신의 성 정체성을 위협한다고 느낄 수 있다는 사실이다. 이는 심리학자들이 독일 어린이를 대상으로 확인한 바 있다. 그 결과 남학생들은 과제에 대한 성실성이 떨어졌다.

소리의 형태

뇌는 점상點狀 사건과 점진적 사건의 차이에 놀라울 정도로 민감하다. 점상의 소리는 지속 시간이 짧고, 음이 높고(높은 진동수), 증가 시간이 빠르다(강도의 절정에 신속하게 도달). 비명, 경고음, 그리고 아무런 의미 없는 단어인 '키키'는 점상이다. 반면 점진적인 소리는 지속 시간이 길고, 음이 낮고, 증가 시간이 느리게 나타난다. 자장가, 속삭임, 그리고 아무런 의미 없는 단어인 '부바'는 점진적이다. 사물의 형태는 윤곽의 변화 속도에 따라서 점상일 수도 있고, 점진적일 수도 있다. 각진 형태는 점상이고, 곡선의 형태는 점진적이다. '키키' 같은 점상의 소리를 들려주며 그와 어울리는 단어를 고르라고 하면 아동과 성인 모두 뾰족한 나무 울타리 같은 점상의 형태를 고른다. 반면 점진적인 소리가 나는 '부바' 같은 단어를 들려주며 짝을 골라보라고 하면 공같이 윤곽이 점진적으로 변화하는 물체를 고른다. 자장가, 애무, 꽃향기, 비단의 감촉처럼 사람이 즐거운 것이라 판단되는 경험은 점진성을 특징으로 한다. 반면 신맛, 매캐한 냄새, 따가운 바늘같이 불쾌하다고 판단되는 경험은 점상의 특성을 가지고 있다.

흔히들 '바보푸', '비바포', '보피파' 등의 의미 없는 3음절 단어에서 첫째 음절 음이 둘째 음절보다 낮으면 음이 올라가는 이런 소리를 유쾌한 소리로 판단하고, 이 소리를 강아지, 아기, 하늘 사진과 짝짓는다. 하지만 '타토쿠', '디다고', '도디가'처럼 첫째 음절이 둘째 음절보다 음이 높으면 음이 내려가는 이 소리들을 으르렁거리는 늑대, 뱀, 슬픈 얼굴 등의 사진과 짝짓는다. 미국 남자아이 이름에서 특히 인기가 많은 두 음절 이름인 제이콥, 윌리엄, 이든, 마이클에서 첫째 음절이 둘째 음절보다 높은 것은 우연이 아닐지도 모른다.* 반면 여자 이름으로 인기가 많은 네 개 중 소피아와 올리비아는 첫째 음절이 둘째 음절보다 음이 낮아서 올라가는 소리로 들린다. 인기 많은 세 가지 자동차 이름인 쉐보레, 렉서스, 마쓰다는 자주 사용되는 남자 이름의 소리 패턴을 닮은 반면 아잘레아, 베고니아, 카멜리아, 카네이션 등 인기 많은 꽃 이름은 여자 이름의 소리 패턴을 따른다.

---

* 한글 표기법에서는 세 음절로 나오지만 영어에서는 두 음절로 발음된다.

배경이 만드는 차이

배경은 사건이나 문장이 어떤 네트워크를 활성화할지에 영향을 미친다. 만약 T. S. 엘리엇의 전기를 읽다가 그의 시 〈황무지〉에 나오는 시구인 "너에게 한 줌의 먼지 속 공포를 보여주리라"를 기억한다면 제1차 세계대전, 바바라 터크먼*, 세르비아, 영화 〈톰과 비브〉**, 그리고 제1차 세계대전 참전용사인 내 아버지를 표상하는 네트워크가 활성화될 공산이 크다. 반면 엘리엇을 아는 존 메이너드 케인스의 전기를 읽다가 똑같은 시구가 기억났다면 전쟁 배상금, 독일, 아돌프 히틀러, 제2차 세계대전, 마셜 플랜 등을 포함하는 네트워크가 활성화됐을 것이다. 그리고 쥐에서 일어나는 공포의 조건화에 관한 강의를 듣고 난 이후에 그 시구를 기억했다면 다른 네트워크 집단이 활성화됐을 것이다.

내가 가지고 있는 여성에 대한 네트워크는 하나가 아니다. 길을 가다 매력적인 여성을 봤을 때, 여성 대통령에 대한 글을 읽었을 때, 어린아이를 돌보는 여성에 대해 생각했을 때, 연극 〈맥베스〉를 볼 때, 전문직 여성의 경쟁력에 관해 이야기하는 라디오 프로그램을 들었을 때 서로 다른 확률로 활성화되는 몇 개의 관련 네트워크가 있다. 한 사건에 의해 활성화될 준비가 되어 있는 네트워크들은 뷔페식으로 다양하게 마련된 식사인 스모가스보드를

* Barbara Tuchman(1912~1988). 역사책 저술로 두 번이나 퓰리처상을 수상한 미국의 역사가.
** T. S. 엘리엇과 그의 부인 비비안 헤이우드를 모티브로 한 영화로, 중간에 비비안이 시 〈황무지〉를 낭송하면서 히스테리를 부리는 장면이 나온다.

닮아서 모든 항목이 잠재적으로 가용한 상태다. 사람이 파도의 물마루에 반사된 빛의 무늬를 인식하는 방식을 두 번째 비유로 들수 있다. 바라보는 사람이 서 있는 위치에 따라 인식되는 무늬가 달라지기 때문이다.

뇌에서 단어의 위치를 찾아낼 수 있을까?

각각의 단어가 사람의 뇌 속에 하나씩 집을 가졌다는 개념에 끌리는 학자들도 더러 있지만, 한 사람의 어휘 속에 들어 있는 대부분의 단어는 서로 다른 장소에 위치한 서로 다른 수많은 네트워크에 속해 있다고 가정하는 것이 더 타당하다. 자극을 주는 사건이 일어나는 순간에 활성화될, 경우에 따라서는 그 순간에 조립될 네트워크를 결정하는 것은 이 단어들이 등장하는 문장과 배경이다. 영단어 'train'은 여행에 대해 기술하는 문장과 여성의 웨딩드레스에 대해 기술하는 문장에서 서로 다른 네트워크를 일깨운다.*** '여성'이라는 간단해 보이는 단어를 생각해보자. 여성 중에는 여성의 유전체, 난소, 자궁을 가지고 태어나고도 임신을 할 수 없는 사람이 있다. 그리고 여성의 유전체를 가지고 있음에도 남성의 성기를 가지고 태어나 그것을 여성의 성기로 바꾸는 사람도 있다. 또 여성의 유전체를 가지고 태어났음에도 외과 의사를 찾아가 남자처럼 보이도록 여성 성기를 제거하고 남성 호르몬을 처방해달라고 부

*** 'train'은 '기차'라는 뜻도 있지만 '바닥에 끌리는 긴 드레스의 옷자락'을 의미하기도 한다.

탁하는 사람도 있다. 이런 사실들을 알고 있는 사람의 머릿속에는 '여성'이라는 단어에 해당하는 네트워크가 하나는 아니다.

사람들은 자신이 한 번도 생각해보지 않았던 질문에 반드시 대답해야 하는 경우가 오면 새로운 네트워크를 만들어내거나 예전의 네트워크를 변형하는 경우가 종종 있다. 예를 들어 심리학자가 "지난 10년 동안 얼마나 혼란스러우셨습니까? 10점을 만점으로 환산해서 자신의 느낌을 점수로 말해주세요"라고 물으면 대부분의 사람은 그때까지 이런 질문에 대해 한 번도 생각해본 적이 없음에도 어떻게든 대답할 것이다. 그 질문이 제시되기 전에는 존재하지 않았던 '혼란스럽다'라는 단어의 네트워크가 그 대답을 할 때까지 머릿속에서 일어나는 사건들을 통해 새롭게 만들어질 수 있다.

유럽 문화 평론가 앨런 로젠탈Alan Rosenthal은 국가의 이름이 역사에 따라 변화하는 네트워크를 형성한다는 사실을 떠올려준다. 현대의 프랑스에 대한 네트워크는 문화, 예술, 로맨스, 와인, 여성 등과 강력한 연관관계를 나타내지만, 중세 시대만 해도 그렇지 않았다. 반면 독일에 대한 네트워크는 자동차, 기계, 프로이센 장군, 전쟁 등 남성적인 개념과 더 강력하게 연관되어 있다. 프로이트의 이드, 자아, 초자아는 충동성, 집행 과정, 감정조절이라는 현재의 개념으로 바뀌었다.

초기 인류도 시간 개념에 대한 네트워크가 있었는데, 그것은 현대에 이해하는 내용과는 달랐다. 현대 과학을 접해보지 못한 근대 이전 사회의 언어는 예전에 발생했던 특정 사건(옥수수를 심고 지금까지 보름달이 두 번 떴다)이나 미래에 일어날 것으로 예상되는 사건 (나무에 이파리가 다시 돋을 때 옥수수를 심을 것이다)의 간격에 대해 이야기했다. 이집트인들은 모래시계와 같은 원리로 사람이 공공 우물에서 물을 뜰 수 있는 시간 간격을 측정하는 물시계를 사용했다. 시간이라는 단어의 네트워크에 시곗바늘이 만들어내는 공간적 패턴의 스키마가 포함된 것은 13세기에 기계식 시계가 발명되고 난 뒤의 일이었다.

'월'과 '연'이라는 시간 단위는 자연적인 시간 간격(달과 태양의 주기)에 해당하지만 초, 분, 시간, 주는 임의적인 시간 단위다. '주'라는 용어는 기원전 2350년 아카드의 왕 사르곤 1세의 결정에서 기원했다. 그는 7일이라는 간격을 시간의 기본 단위로 이름 붙이기로 했다. 아카드에게 정복된 수메르인이 밤하늘에 보이는 행성으로 상징되는 일곱 신을 섬겼기 때문이다. 만약 수메르인이 여덟 신을 섬겼다면 일주일이 8일이 되었을지도 모를 일이다. 프랑스 대혁명 이후에 권력을 장악한 시민은 10일짜리 1주와 140분짜리 1시간을 만들어내기도 했다.

동굴 속 한 구멍 안에 나란히 모아놓은 염소 발굽, 점토 그릇, 화살촉, 하얀 돌의 집합을 4라는 숫자로 지명할 수 있다는 개념을 떠올리기는 쉽지 않다. 인류의 역사에서 집합론이 상대적으로 늦게 발명된 이유도 바로 이것 때문이다. '시간'과 '수'라는 단어는 '사악함', '신성함' 같은 단어들처럼 추상적인 개념이기 때문에 역사를 통틀어 다른 네트워크에 속해 있었다. 시인 커밍스는 다음과 같은 글에서 추상적인 단어와 스키마를 구분했다.

"삶은 문단이 아니다. / 그리고 내가 생각하기에 죽음은 삽입구가 아니다."

의미론적 원형과 스키마 원형

한 공동체 안에서 대부분의 화자가 가진 네트워크의 여러 특성을 보유하는 단어를 의미론적 원형이라고 부른다. 애틀랜타 중부에 사는 미국인들 사이에서는 '울새'라는 단어가 새에 대한 의미론적 원형이다. 울새가 흔하기도 하고 작은 크기, 날고 노래하는 능력, 겨울 철새인 점 등 새의 대부분의 특성을 갖추었기 때문이다. 반면 바닷가 근처에 사는 노르웨이 거주민들에게는 '갈매기'라는 단어가 새의 의미론적 원형이다.

하지만 새의 원형 스키마는 의미론적 원형과 다를 수 있다. 내가 가지고 있는 새에 대한 원형 스키마는 울새가 아니라 울새, 굴뚝새, 갈매기, 참새, 까마귀에서 두드러지게 드러나는 평균적 특성이다. 《의미가 사라진 마음Minds without Meaning》에서 제리 포더Jerry Fodor와 제논 필리신Zenon Pylyshyn은 원형 스키마와 의미론적 원형을 구분할 것을 강조했다. 이들은 '삼각형인 상태'는 서로 연결된 세 개의 선으로 경계 지어지는 모든 도형에 적용되기 때문에 삼각형에 대한 일반적인 원형 스키마와는 다르다고 지적한다. 삼각형의 원형 스키마는 변의 길이가 모두 같은 정삼각형이다.

각 과학 분야의 구성원은 자기 분야의 이상적인 구성원에 대한 의미론적 원형을 가지고 있고, 어쩌면 그 이상적인 구성원의 얼굴에 대한 원형 스키마도 보유하고 있을지 모른다. 아마도 물리학자들 사이에서는 알베르트 아인슈타인이라는 이름과 함께 그의 독특한 얼굴 스키마가 따라오는 경우가 흔할 것이다. 생물학에서는 프랜시스 크릭과 제임스 왓슨이 자기네 DNA 분자 모형을 바라보는 모습이 그런 역할을 할지도 모르겠다. 한 과학 분야에서 그 원형과 비슷한 연구를 진행하는 구성원은 그런 이상향에서 벗어난 연구를 진행하는 사람보다 더 많은 존경을 받고, 더 많은 상을 받는다.

단어의 특별한 속성

단어의 일차적인 용도는 정보를 전하는 것이다. 생각의 기능은 경험을 이해하는 것이다. 그리고 이런 이해를 전하는 것은 이차적인 일이다. 특히 이런 이해가 다른 사람과 공유하고 싶지 않은 자신에 대한 통찰이거나 적절한 어휘가 결여된 스키마로 채워진 생각이라면 더욱 그렇다. 나는 아무런 인적도 조명도 없는 해변에 서서 보름달 빛이 가득한, 구름 한 점 없는 밤하늘의 은하수를 바라보고 있을 때 밀려오는 생각과 느낌을 전달할 단어를 알지 못한다.

수많은 단어, 특히 사물을 가리키는 명사는 용어의 계층구조의 일부다. 모든 강아지는 개라는 범주에 속하고, 모든 개는 포유류라는 항목에, 포유류는 동물에, 동물은 생명이란 범주에 속한다. 한 언어 공동체의 구성원은 이 계층구조 중 한 가지 요소를 가장 기본적인 용어로 고른다. 대부분의 언어에서는 개가 선택된다.

사회과학자들과 일반 대중은 심리적 특성을 기술할 때 사용하는 기본 수준 용어에서 차이를 보이는 경우가 많다. 일반 대중은 계층구조에서 낮은 위치에 속하는 단어를 선호한다. 대부분의 미국인은 이런 식으로 말할 것이다.

"메리는 어릴 때 아버지한테 따끔하게 혼날까 봐 무서워했다."

하지만 계층구조에서 높은 위치에 속하는 단어를 선호하는 심리학자들은 스트레스를 기본 수준의 용어로 사용한다.

"메리는 어릴 때 스트레스를 경험했다."

이 문장에서는 스트레스의 원인과 질, 그리고 스트레스에 동반되는 느낌이 무시되었다. 자주 사용되지 않는 단어들은 여러 의미를 가질 여지가 있기 때문에 영어 사용자들은 스트레스의 의미보다는 무서워한다는 의미에 의견이 일치할 때가 더 많다.

어린아이들은 개, 고양이, 소가 상자, 전화기, 가구와 다르다는 것은 알지만, 그렇다고 아이들이 포유류와 인공물의 뜻을 이해한다는 것은 아니다. 어른이 팔다리와 몸통에 작은 전구를 달고 행복한 모습이나 두려워하는 자세를 취하면 전구 빛이 움직이면서 무늬가 만들어진다. 그 모습을 촬영해서 어린아이에게 보여주면 뇌에서 서로 다른 활성 프로필이 나타난다. 이 연구를 진행했던 심리학자들은 이것을 보고 어린아이가 행복과 두려움을 구분한다고 결론 내렸다. 하지만 어린아이의 뇌는 그저 어른이 기뻐서 두 팔을 벌릴 때 만들어지는 빛 무늬와 두려움에 휩싸여 팔을 몸가까이 접었을 때 만들어지는 빛 무늬의 물리적 차이에 반응하는 것일 가능성이 더 크다. "하늘은 왜 파래요?"라고 물어보는 네 살배기 아이는 인식론학자로 대성할 싹을 보이는 것이 아니다. 발달

심리학자들은 행동이나 뇌의 활성 패턴을 바탕으로 어린아이에게 추상 능력이 있다고 설명하고 싶은 유혹을 느끼지만, 많은 경우 이런 것들은 물리적 특성의 변화에 대한 반응에 불과하다.

온전한 시력을 가진 다른 모든 척추동물의 뇌와 마찬가지로 어린아이의 뇌는 변화를 지향하게 만드는 회로를 활성화해서 한 사건의 방향, 밀도, 윤곽의 움직임 등에서 일어나는 변화를 감지한다. 어린아이가 동그라미 두 개와 네 개를 바라보며 그 배열의 차이를 감지한다는 사실 때문에 어린아이가 숫자를 이해한다고 생각하거나, 걸음마 아기가 방에 걸린 그림에서 윤곽이 다른 방향으로 뻗어 있는 것을 인식한다고 해서 그 아기가 기하학을 이해한다고 생각하는 심리학자는 더 간단하고 덜 추상적으로 설명할 수 있는 관찰 내용에 수학자의 어휘를 이용할 뿐이다. "저건 뭐야, 엄마?"라고 말하는 세 살배기 아이가 언어학자의 의문문 개념을 이해하는 것은 아니다.

추상적 단어의 매력

사회과학자는 서로 다른 사건 집합을 기술하기 위해 외향성, 마음 이론, 효용, 회복탄력성 같은 추상적인 개념을 발명하는 습관이 있는데, 이는 특수성을 선호하는 생물학자들의 습관과 대비되는 부분이다. 심리학자들도 생물학자들처럼 세부적인 부분에 관심을 기울이면 도움이 될 것이다. 한 유전자는 특정 조직의 특정 세포에서 발현되고, 한 신경세포는 제한된 범위의 사건에만 반응하며, 배아에서 팔다리는 특정 시기에 형성되기 시작한다. 생명체에서 일어나는 과정은 특정 맥락과 시기로 제한되어 있다. 심리학도 하나의 생명과학이기 때문에 이런 원리를 염두에 두면 도움이 될 것이다.

한 개인이 모든 상황에 대비하는 속성으로 사회 불안을 가정하는 대신, 한 청소년이 낯선 사람 네 명과 30분 동안 정치적 의견을 나누며 말하고 미소 지을 때 손과 다리에 작은 움직임이 일어나는 빈도의 변화를 같은 청소년이 집에서 가족들과 함께 있을 때와 비교해서 코드화하면 유용할 것이다. 심리학자들은 지금 의미론의 사다리 높은 곳에 매달려 있다. 그런데 이제는 특정 맥락에서 특정 사건을 관찰할 수 있는 낮은 자리로 내려올 때가 되었다.

하버드대학교의 리처드 맥널리Richard McNally와 암스테르담대학교의 안젤리크 크래머Angelique Cramer는 다양한 행동, 느낌, 신념의 실제 관계를 연구해야 하며, 이런 현상들을 그저 이론적이고 추상적인 사례라고 보아 넘겨서는 안 된다고 충고한다. 한 예로 정신적 외상을 받은 희생자들 중에는 과다각성된 상태가 지속되면서 잠들지 못해 불면증이 생기는 사람이 있다. 이렇게 잠이 부족해지면 피로감이 생길 가능성이 커지고, 피로감이 무감정 상태로 이어지며, 그럼 당사자는 이를 우울증으로 해석한다. 요즘 정신과 의사들은 불면증, 과다각성, 피로감, 무감정, 우울증 등이 외상후스트레스장애라는 가상의 상태에서 비롯된 산물이라고 믿는데, 이런 믿음보다는 앞에 제시한 사건의 연쇄로 설명하는 것이 사실을 더욱 충실하게 반영한다고 할 수 있다.

작가, 시인, 정치인으로 성공을 거둔 사람들은 스키마를 활성화하는 단어를 즐겨 사용한다. 퍼듀대학교의 신시아 엠리치Cynthia Emrich와 동료들은 조지 워싱턴에서 로널드 레이건에 이르기까지 각각의 미국 대통령이 했던 취임 연설과 다른 주요 연설 한 편을 분석해서 아주 매력적인 연구 결과를 얻었다. 이들은 각각의 연설에서 스키마와 강력하거나 약하게 연관이 있는 단어들의 숫자를 계산해보았다. 다음에 나오는 단어 쌍 중에서 첫 번째 단어는 두 번째 단어보다 스키마와 더욱 확고하게 연관된 단어다. 'sweat땀'와 'work일', 'heart가슴'와 'commitment헌신', 'path길'와 'alternative대안', 'rock바위처럼 든든한 사람'과 'dependable믿을 수 있는 사람'. 학생들은 프랭클린 루스벨트, 린든 존슨, 에이브러햄 링컨, 앤드루 잭슨 등과 같이 연설할 때 스키마를 불러일으키는 단어를 많이 구사하는 대통령을 더욱 카리스마가 있다고 판단했고, 역사가들은 더 많은 영감을 불어넣는다고 평가했다. 1863년 11월 19일 링컨의 게티스버그 연설 내용에 들어간 네 개의 동사 'brought forth실현하다', 'conceived마음에 품다', 'endure견디다', 'perish비명횡사하다'는 스키마를 불러일으키는 단어다.

반면 지미 카터, 워런 하딩, 율리시스 S. 그랜트, 윌리엄 하워드 태프트 등의 연설 내용에는 스키마와 연관된 단어들이 적었고, 이들은 카리스마와 능력이 부족한 지도자로 평가받았다. 특히 버락 오바마가 2013년 1월에 했던 두 번째 취임 연설에는 스키마가 빈약했다. 그는 '인생 최악의 위험', '건국이념에 대한 충성', '공동의 노력과 공동의 목적' 등에 대해 이야기했다. 그가 실용적이고 합리적이고 지적인 지도자로는 인정받지만 카리스마 넘치는 지도자로는 인정받지 못하는 것도 이상한 일은 아니다. 오바마의 추상적인 문장을 프랭클린 루스벨트가 대공황이 한창이던 1933년 3월에 한 첫 취임 연설에서 뽑은 다음 여섯 문장과 비교해보자. '사람을 마비시키는 공포', '후퇴를 전진으로 바꾸어놓다', '부도덕한 금융업자들의 관행은 여론 재판에 기소된 상태다', '말라비틀어진 이파리만 남은 산업체', '광란의 이윤 추구', 그리고 유명한 문구인 '우리가 두려워해야 할 것은 오직 하나, 두려움 그 자체뿐입니다'.

의미의 유형

이제 '의미'라는 단어의 정의에 대해 생각해볼 때가 됐다. 학자들 사이에서 한 단어의 의미에 대한 의견이 일치하지 않을 때 취할 수 있는 가장 현명한 전략은, 한 가지 정의에 매달리기보다는 그 용어가 가리키는 현상에 집중하는 것이다. 두 번째 사건이 일어나리라는 신호를 신뢰성 있게 전달하는 사건은 모두 의미를 갖고 있다. 초콜릿 케이크가 놓여 있는 모습은 달콤한 맛에 대한 예상이 뒤따를 때 의미를 갖는다. 적어도 네 가지 서로 다른 종류의 현상을 통해 이런 간단한 기준을 살펴볼 수 있다.

첫째는 일반적으로 같은 시간 또는 같은 장소에서 함께 일어난다는 이유만으로 한 스키마가 자동적으로 두 번째 스키마를 촉발하는 경우다. 초콜릿 케이크를 보면 단맛이 떠오르는 것이 그런 사례다. 아무런 특별한 교육을 받지 않고, 정신적인 노력을 하지 않아도 이런 연상은 자동으로 이루어진다. 서던캘리포니아대학교의 안토니오 다마지오Antonio Damasio는 반복해서 눈으로는 바이올린을 보고 귀로는 그 독특한 음향을 듣다 보면, 그 두 사건 사이에 연결 관계가 만들어진다고 지적한다. 그 결과 바이올린의 사진만 봐도 바이올린 연주자의 손동작이 표상되는 운동피질의 뇌 영역을 비롯해 바이올린 소리에 정상적으로 반응하는 뇌 영역들이 활성화된다.

두 번째는 교육을 받아야 알 수 있는 의미다. 우리는 왼쪽을 가리키는 주차장 화살표가 왼쪽으로 돌아가라는 의미고, 빨간 트럭이 시끄러운 사이렌 소리를 내며 달려가면 어딘가에 불이 났다는 의미라는 것을 배워야 안다. 언어학자들은 화살표와 사이렌의 의미를 나타내기 위해 '신호'라는 단어를 발명했다.

세 번째와 네 번째 의미는 의미론적 의미라고 불린다. 단어는 연관을 담고 있다. 이 연관은 단어와 스키마 사이에 존재할 수도 있고(예를 들면 아이는 특정 형태를 가진 물체를 '포크'라고 부른다는 것을 배운다), 두 단어 사이에 존재할 수도 있다('포크'와 '나이프'라는 용어의 연결 관계). 이 논의의 나머지 부분은 바로 이 의미론적 의미에 국한해서 이야기해볼 것이다. 여기에는 두 가지 중요한 사실이 있다. 일반적으로 의미를 전달하는 주체는 단일 단어가 아닌 문장이라는 사실과 문장의 의미는 언어 공동체의 구성원이 그것을 어떻게 해석하느냐에 달려 있다는 사실이다.

철학자 W. V. 콰인Quine은 "미혼남은 결혼하지 않은 남성이다"라는 문장을 이용해, 모든 정의는 필연적으로 언어 공동체의 구성원들이 어떻게 이해하느냐에 따라 그 의미가 좌우되는 특정 사건

을 수반한다고 주장했다. '결혼하지 않은'과 '미혼남'이라는 단어
는 두 사람의 합법적인 결혼계약을 요구하는 사회에서는 아주 구
체적의 의미를 갖는다. 배우자도, 결혼계약도 없이 사는 남자를
지칭하는 네트워크가 활성화되지 않으면 이 문장을 이해하기는
불가능하다.

생식생물학에서 이루어진 기술의 발전 덕분에 그 스키마, 따라
서 엄마라는 용어를 담고 있는 네트워크의 의미도 변화하고 있다.
여성의 유전자는 대부분 난자의 세포핵 속에 자리 잡지만, 얼마
안 되는 37개 정도의 유전자는 세포핵 바깥에 자리 잡은 미토콘
드리아라는 구조물 속에 들어 있다. 난자의 미토콘드리아에 해로
운 유전자가 들어 있는 여성의 경우, 그 유전자가 자식에게 유전
될 수 있기 때문에 유전자의 대부분을 차지하는 세포핵 속 유전자
는 그대로 보존하면서 미토콘드리아 유전자만 제거할 수 있으면
좋다고 한다. 이에 과학자들은 한 암컷 원숭이의 난자에서 세포핵
을 빼낸 다음, 다른 암컷의 난자에서 세포핵을 제거하고 그 핵을
첫 번째 원숭이의 세포핵으로 바꿔치기하는 데 성공했다. 그럼 이
난자는 미토콘드리아 유전자는 두 번째 원숭이의 것이지만, 세포
핵 유전자는 첫 번째 암컷의 것이다. 그다음에는 이 난자를 정자
와 수정시킨 뒤 첫 번째 암컷의 자궁에 다시 이식해서 아기 원숭
이로 자라게 한다.

미국 FDA에서는 엄마가 미토콘드리아에 위험한 유전자를 가지
고 있는 경우에 한해 이런 조작을 승인할 것을 고려하고 있다. 행
여 이런 기술이 결국 의료 관행으로 굳어질 경우(최근 영국에서는 이

런 치료법을 승인했다), 이런 시술로 태어난 아이는 엄마가 둘이라고 해야 옳을 것이다. 만약 수정란을 세 번째 대리모의 자궁에 이식해서 달을 채운 후에 아이를 낳아 세포핵 유전자를 제공한 여성에게 아기를 넘겨준다면, 그 아기는 세 명의 엄마를 두는 것이다.

체화이론가

의미론적 의미를 발생시키는 과정과 관련해서는 활발한 논의가 이루어지고 있다. 대다수의 사회과학자는 대부분의 의미가 단어와 사건의 학습된 연관에서 기원한다고 주장한다. 짐작건대 "일기예보에서 비를 예측한다"라는 문장의 의미를 이해할 수 있는 이유는 일기예보, 비, 예측이라는 단어와 한편으로는 그에 해당하는 스키마 집합의 연관을 획득했기 때문일 것이다.

체화이론가라고 불리는 집단은 이와 다른 관점을 선호한다. 특히 동사의 의미에 대한 관점이 다르다. 이들은 사람은 어떤 행위를 시뮬레이션하는 관련 운동회로가 활성될 때 그 행위동사의 의미를 자동으로 추론한다고 주장한다. 여기서는 스키마가 하는 역할이 없다. "메리가 컵을 움켜쥐었다"라는 문장을 읽을 때는 움켜쥐는 동작을 담당하는 운동회로의 활성화가 그 문장에 의미를 부여한다. 벤저민 베르겐Benjamin Bergen은 《말보다 큰 메시지Louder Than Words》라는 책에 체화의 개념을 뒷받침하는 증거들을 요약해 놓았다.

하버드대학교의 알폰소 카라마차Alfonso Caramazza는 강력한 형태의 체화에 대해서는 회의적이다. 처음부터 팔 없이 태어난 성인도 '움켜쥐다grab', '던지다throw' 같은 단어를 이해하는 데 어려움이 없기 때문이다. 트렌트대학교의 류바 파페오Liuba Papeo는 근위축성측삭경화증, 즉 루게릭병으로 운동 조절 능력이 심각하게 상실된 환자도 행위동사의 의미를 이해하고, 말로 운동행위를 요청했을 때 수행할 수 있다는 사실을 발견했다. 노스이스턴대학교의 아이리스 베렌트Iris Berent가 동료들과 함께 발견한 바에 따르면, 운동피질에서 입 주변 근육을 통제하는 영역을 일시적으로 잠잠하게 만들었을 때도 성인들은 '블리프', '브디프', '르비프' 같은 무의미한 단어들을 올바르게 인지할 수 있음을 발견했다. 이런 관찰 내용들은 강력한 버전의 체화이론과 모순된다.

체화이론가들은 문장이 소리로 말하는 배경의 힘을 충분히 인정하지 않는다. 네덜란드 네이메헌에 있는 막스플랑크연구소의 야나 바스나코바Jana Basnakova와 동료들은 한 문장이 의도하는 의미가 풍자적이거나 반어적일 때, 혹은 다른 누군가의 걱정을 덜어주려는 것일 때는 맥락이 특히 중요하다고 지적한다. 한 부모가 청소년 딸에게 "너 정말 멋지게 차려입었구나"라고 말했다고 해보자. 이때의 상황이 딸이 남자친구와 데이트를 가려고 새 옷을 빼입은 경우냐, 아니면 저녁 식탁에 지저분한 청바지와 찢어진 블라우스를 입고 앉은 경우냐에 따라 이 말의 의미는 달라진다.

한 연구에서는 성인들에게 똑같은 문장으로 끝나는 대화를 들려주되, 그보다 앞서 나오는 문장에 따라 마지막 문장이 유용한 정보가 되게 하거나, 아니면 간접적인 의미를 추론해야 하게 만들어봤다. 예를 들어 한 선생님이 학생에게 "훌륭한 발표를 하기는 쉽지 않지"라고 말하면서 대화가 끝났다고 해보자. 만약 그 학생이 선생님에게 수많은 청중 앞에서 발표하는 것이 어려운 일이냐고 물어본 경우라면, 이 마지막 문장은 유용한 정보 역할을 한다. 하지만 그 학생이 발표를 하긴 했는데 자기가 발표를 제대로 한 것인지 자신이 없어서 "제 발표가 어땠어요?"라고 물어본 것이라면, 선생님이 대답한 "훌륭한 발표를 하기는 쉽지 않지"라는 마지막 문장은 학생의 불안을 가라앉혀줄 목적으로 한 말이 된다. 이런 맥락에서는 학생이 대화 속에 의도된 의미를 추론해야만 한다. 이런 간접적인 발언에 의해 활성화되는 뇌 영역은 전전두엽피질에 있다. 하지만 체화이론가들은 전전두엽피질이 의미 파악과 관련해서는 별로 중요한 역할을 하지 못한다고 여긴다.

행위 단어가 들어간 문장의 의미를 파악하려면 운동회로의 활성화가 필요한 경우가 가끔 있지만, 스키마가 기여하는 부분에 대한 이론을 고려하는 것이 여러모로 도움이 된다. "소년이 컵을 움켜쥐었다"라는 글을 읽을 때 스키마가 활성화된다고 가정하면, 연구자는 매끄러움, 속도, 방향 같은 행위의 속성에 대한 이론을 세울 수 있다. 현재로서는 뇌의 운동회로를 측정한다고 해도 이런 속성을 감지할 수 없다. 흔히 그렇듯이 이런 의견 불일치는 결국 한 현상을 기술하는 최고의 방법이 무엇이냐 하는 문제로 귀결된다. 손녀의 강아지는 강아지라고 기술하는 것이 가장 좋을까? 아니면 가축화된 늑대? 척추동물? 포유류? 갯과 동물? 아니면 그냥 반려동물? 뭐라고 기술하는 것이 제일 좋을까?

문장은 의미가 발생하는 장소다

앞에서 의미를 전달하는 주체가 단일 단어가 아니라 문장이라고 한 주장은 쉽게 명증할 수 있다. 검색해서 가져올 특정 네트워크를 선택하는 것이 문장이기 때문이다. 예를 들어 영단어 'cell'의 의미는 이 단어가 동물에 관한 문장에 나타나느냐, 감옥에 관한 문장에 나타나느냐에 달려 있다('세포'와 '감방'이라는 두 가지 의미가 있다). 'fork'라는 단어도 레스토랑(식기 '포크')에서 쓰이는 의미와 자동차와 관련해서 사용할 때(부품 '포크')의 의미가 다르다.

영어 문장에 등장하는 대부분의 동사는 주어가 무엇인지 알아야 그 의미를 정확히 이해할 수 있다. 이야기를 듣는 사람은 떨어지는 것이 비인지 공인지, 움직이는 것이 구름인지 쥐인지, 열리는 것이 창인지 입인지 알아야 'fall', 'move', 'open'이라는 동사의 정확한 의미를 파악할 수 있다.

동사의 목적어도 마찬가지다. 화자가 의도한 의미를 이해하려면 사람이 조절하는 것이 성욕인지, 주의인지, 신경을 통한 운동인지 알아야 한다. 일부 사회과학자는 대부분의 동사의 의미가 그 파트너 명사에 달려 있다는 것을 이해하지 못한다.

반면 경제학자들은 "인간은 비용보다 보상이 더 큰 행동을 선택한다"와 같은 문장을 좋아한다. 이 문장의 의미는 보상이 음식이고 비용은 그 음식을 획득하는 데 필요한 육체적 노력이냐, 아니면 보상이 일류 대학교 교수직에 임명되는 것이고 그 비용은 여러 해 동안 사람들과 어울리지도 않고 좋아하는 취미활동도 끊은 채 열심히 공부만 하는 것이냐에 따라 달라진다.

세계적인 영장류학자 마이클 토마셀로는 "유인원이 인과적 순서를 안다"라고 말했다. 여기서의 '안다'는 스키마를 가리키는 것이기 때문에 "36의 제곱근이 6이라는 것을 안다"라는 문장에 나온 '안다'와 같은 말이 아니다. 또한 한 과학자 집단에서는 수컷 새와 암컷 새의 행동을 기술할 때 '분리하다'라는 동사를 이용했다. 그리고 효모 세포들에 대해 '협조적'이라고 했다. '분리하다'와 '협조하다'는 사람이 주체일 때와 동물이 주체일 때 의미가 아주 달라진다.

철학자들은 '존재하다'라는 동사를 즐겨 사용하는데, 그때 이런 속성을 가진 존재가 무엇인지, 그 존재가 존재하는 시간이 언제고 장소가 어디인지 구체적으로 지적하지 않는다. 그 존재는 빅뱅 같은 '개념'인가, 눈송이 같은 '관찰 가능한 사건'인가? 독자들은 그 개념이나 대상이 무엇을 위해 존재하는지도 듣지 못한다. 쿼크는 젖먹이 아이를 위해 존재하는가, 아니면 과학자, 지렁이, 투구게를 위해 존재하는가? 아니면 이 모든 범주의 일부나 전부를 위해 존재하는가? '신은 존재한다', '기후온난화는 존재한다', '쿼크는 존재한다', '0이라는 수는 존재한다' 등의 문장 속에 들어 있는 동사 '존재한다'는 오늘날 지구상에 살고 있는 72억 명에게 모두 똑같은 의미로 다가가지 않는다.

미국과 프랑스에서 일어난 혁명에 흥분한 일부 18세기 유럽인은 정부의 강압에서 자유로워지기를 바라는 시민에게 적용되었던 자유의 전통적 의미를 성적인 관계를 추구할 수 있는 자유로 확장했다. 모든 시민이 군주의 부당한 대우로부터 자유로워질 도덕적 권리를 갖는다면, 자기와 생각이 비슷한 사람이면 누구라도 파트너 삼아 사랑을 나누고 싶어 하는 사람들에게도 똑같은 자유를 부여하는 것이 마땅하다고 주장한 것이다. 이렇게 확장된 의미의 자유를 진리라 믿었던 소설가 메리 울스턴크래프트, 시인 퍼시 셸리, 그리고 울스턴크래프트의 딸 메리 고드윈 세 사람은 결국 큰 불행을 맞이하고 말았다. 이 교양 있는 작가들은 그러지 말아야 한다는 것을 알았어야 했다. 이들은 그 동사가 '사랑하다'가 아니라 '매장하다', '죽이다', '해부하다' 같은 동사였다면 절대로 그와 비슷한 자유방임적 태도를 취하지 않았을 것이다. 루이스 캐럴은 자기가 좋아하는 의미만 골라 쓰려는 인간의 경향을 깨닫고, 험프티 덤프티*를 통해 이런 말을 했다.

"내가 어떤 단어를 쓰면, 그 단어는 내가 고른 의미만을 의미하는 거야."

《이타주의는 존재하는가?Does Altruism Exist》의 저자이자 진화생물학자 데이비드 슬론 윌슨은 이타적인 행위의 주체와 대상을 구체적으로 명시하지 않음으로써 철학자들의 오류를 똑같이 따라 한다. 그는 이타주의자-수용자 쌍이 벌집에 사는 일벌과 여왕벌이든, 시에라리온의 한 병원에서 환자들을 돌보는 미국 대학생이든, 대기 중 이산화탄소 오염 수준을 낮추기 위해 차 대신 자전거로 통근하는 사람이든 상관없이 이타주의라는 용어의 의미는 변하지

---

* 루이스 캐럴의 동화 《거울 나라의 앨리스》에 등장하는 달걀 캐릭터. 자만심과 권위 의식에 사로잡혀 현실을 직시하지 못하는 구제 불능의 캐릭터다.

않는다고 가정했다.

철학자 고트로브 프레게는 단어의 감각적 의미와 지시적 의미를 구분했다. 전자는 한 개념을 전달할 때 화자가 활성화하는 네트워크를 말하고, 후자는 화자가 지명하려고 의도한 사건을 가리킨다. "나는 메릴 스트립에 대해 생각했다"라는 문장과 "나는 〈소피의 선택〉이라는 영화에 나오는 스타에 대해 생각했다"라는 문장은 똑같은 지시적 의미를 갖지만 감각적 의미는 살짝 다르다. 제임스 조이스가 1939년에 출판한 소설 《피네간의 경야》가 인기를 끌지 못했던 이유는 독자들에게 똑같은 감각적 의미와 지시적 의미를 만들어내지 못하는 "a commodious vicus of recirculation 회환回還의 넓은 순환도로" 같은 문구를 너무 많이 썼기 때문이다.

문장이 지칭하는 사건이 존재하지 않더라도 그 문장은 분명 의미를 가질 수 있다. 우리는 '에덴동산의 뱀이 이브를 유혹해 선악과에서 사과를 따 먹게 했다'라는 문장의 의미를 이해한다. 뱀, 사과, 에덴동산, 이브, 선악과 등에 해당하는 비슷한 스키마와 의미론적 네트워크를 가지고 있기 때문이다. 하지만 영단어 '마녀'와 마야 원주민 키체족의 언어 중 그와 뜻이 비슷한 말은 서로 다른 의미를 갖고 있다. 이 단어들이 서로 다른 스키마와 연결되어 있기 때문이다.

현대 독자들 중에 《오즈의 마법사》의 저자 라이먼 프랭크 바움이 오즈라는 도시에 대해 기술할 때 그가 1893년 시카고 세계박람회에서 보았던 전등이 켜진 거대한 빌딩의 스키마를 이용했으리라고 추측할 사람은 아마 거의 없을 것이다. 또한 지금으로서는 미국 헌법의 기틀을 잡은 사람들이 1787년 자유, 정의, 일반 복지에 대해 쓸 때 정확히 무슨 생각을 했을지 알아내기 어렵다. 당시만 해도 노예와 여성 모두 투표를 할 수 없었기 때문이다.

화자와 청자가 가끔은 한 단어를 두고 서로 다른 네트워크를 활성화하기 때문에 화자가 의도했던 감각적 의미를 오해하는 경우가 많다. 똑같은 문장을 두고 화자와 청자가 서로 다른 스키마를 활성화할 때 이런 오해가 일어날 가능성이 가장 크다. 배우자나 연인이 피곤하다거나 짜증난다거나 슬프다고 말할 때 그 안에 의도된 의미가 무엇인지 알려면 시간이 필요하다. 일본인은 영단어 anxiety불안, shame수치심, fear두려움를 살짝 다르게 이해한다. 서리대학교의 에리카 헤퍼는 여러 연구자의 도움을 받아 18개국 1704명에게 모국어에서 향수의 느낌을 가장 잘 기술해주는 단어를 꼽아 서른다섯 가지 속성의 중요성을 평가해달라고 요청했다. 놀랄 일도 아니지만 카메룬, 우간다, 그리고 몇몇 동아시아 국가 사람이 꼽은 중요한 속성은 영어 사용자가 꼽은 속성과 차이를 보였다.

"이 색깔들 중 어느 것이 마음에 드세요?"라는 질문에 영어 사용자와 나미비아 사막지대에 사는 힘바족의 언어를 사용하는 사람이 대답한 것을 보면, 문장을 해석할 때 청자가 활성화하는 네트워크의 중요성을 알 수 있다. 영어 사용자는 파란색을 선호했는데, 이는 그들이 이 문장을 기분 좋은 일을 불러일으키는 색깔을 골라야 한다는 의미로 해석했고, 파란색은 불쾌한 경험을 불러일으키는 경우가 가장 적었기 때문이다. 하지만 힘바족 사이에서는 파란색이 가장 꺼리는 색깔이었다. 이들은 사람을 기분 좋게 만드는 물리적 특성을 가진 색을 고르라는 의미로 이 문장을 해석했기 때문이다. 이들은 빨간색, 오렌지색, 초록색 등 채도가 높은 색을 기분 좋은 색깔이라고 생각했다.

"이상적인 사회의 특성은 무엇인가?"라는 질문을 던졌을 때 미국과 벨기에의 대학생들은 '이상적'이라는 단어를 서로 다르게 이해한다. 미국인은 공동체의 이해관계보다는 개인의 이해관계를 우선시하는 경쟁적 개인주의를 선호한다. 반면 벨기에인은 다른 유럽인과 마찬가지로 개인의 지위를 강화하는 것만큼이나 공동체의 조화도 중요시하는 덜 경쟁적인 개인주의를 선호한다. 이런 차이에 덧붙여 분노와 수치심이라는 개념의 네트워크에도 차이가 있다. 미국인은 분노를 드러내는 것은 수용할 만하다고 느끼는 반면, 수치심은 드러내서는 안 된다고 여기는 경우가 많다. 하지만 벨기에 사람들은 수치심을 드러내는 것이 더 수용할 만하다고 여긴다. 분노는 바람직하지 않은 반면, 수치심은 가까운 인간관계라는 개념과 연결되어 있기 때문이다. 그 결과 이 두 사회의 구성원들은 수치심이나 분노라는 단어가 들어 있는 문장을 살짝 다른 방식으로 해석한다.

영어에서 '자유'는 각 개인이 어떤 행동을 취할지 선택할 수 있음을 선언하는 문장뿐만 아니라, 개인의 행위에 대한 정부의 통제를 최소화해야 한다는 것을 기술하는 문장에도 등장한다. 하지만 러시아어에서는 이 두 가지 의미를 구분해서 'svoboda'와 'volya'라고 쓰는데, 양쪽 모두 개인에게 적용된다. 그런데 러시아어에는 영어에 없는 'mir'라는 또 다른 단어가 있다. 이것은 개인으로 이루어진 공동체의 자유를 일컫는 단어다. 아마 러시아가 19세기 말까지만 해도 봉건제 사회였기 때문에 이런 용어가 생겼을 것이다. 링컨의 노예해방 선언에 대해 알게 된 농장 노예와 이스라엘에 새로운 국가를 건설했던 당시의 유대인들은 'mir'라는 단어가 담고 있는 것과 비슷한 느낌을 받았을지도 모르겠다. 그 느낌을 꼬집어 지칭할 단어는 없었겠지만 말이다.

연관의 특이성

과학자들은 사람들이 뇌졸중, 사고, 감염 등으로 어떤 뇌 영역에 손상을 입었을 때 손실되는 연관성에서 극도의 특이점을 보이는 것에 깜짝 놀랐다. 손상 부위에 따라 연관성을 떠올릴 때의 어려움이 대단히 선별적으로 나타나는 것이다. 텔아비브대학교의 한 연구팀은 1부터 9까지의 한 자리 숫자를 외울 수 있고, 두 자리 숫자 덧셈도 할 수 있지만, 두 자리 숫자의 이름을 말하지는 못하는 한 환자에 대해 기록했다. 이 사람은 '일', '이', '삼'이라고 말할 수 있고, 31과 42를 더할 수도 있었지만, 이 숫자를 보고 '삼십일', '사십이'라고 말할 수는 없었다.

　다른 부위에 손상을 입은 환자들은 일부 한정된 사물의 색을 말하지 못한다. 로체스터대학교의 연구진은 좌뇌의 측두엽과 후두엽에 손상을 입은 한 50세 남성에 대해 연구했는데, 이 남성은 자동차와 공구의 색을 말하는 데는 아무 어려움도 없었지만 일부 과일과 채소의 정확한 색깔 이름을 떠올리는 데는 어려움을 느꼈다. 특정 과일과 채소에 해당하는 네트워크와 그 색깔 이름 때문에 네트워크의 연결이 뇌졸중 때문에 약해진 것으로 보인다. 그도 그럴 것이 색은 도구나 자동차가 아니라 과일과 채소에서 두드러지는 특성이기 때문이다. 레몬과 라임은 형태와 크기가 비슷해 우리는 각각의 독특한 색깔을 이용해서 둘을 구분한다. 이런 관찰 내용이 암시하는 바는 적용할 대상을 박탈당한 빨간색 같은 단어는 여러 네트워크에 속해 있고, 이런 단어들이 뇌에 표상될 때 그것과 연결된 대상이 담긴다는 것이다.

나이 든 사람들은 종종 친구나 유명인사의 얼굴은 떠오르는데 그 이름을 기억하지 못할 때가 있다. 사람의 스키마와 그 사람 이름의 연결 관계가 일시적으로 약해진 것이다. 스키마를 떠올리는 것보다 단어를 떠올리는 것이 좀 더 취약하다. 흔히 '기억이 날 듯 말 듯하다'라는 상태에 빠진 사람들은 오드리 헵번의 얼굴 스키마는 잘 떠올리면서 영화 〈마이 페어 레이디〉에서 일라이자 둘리틀 역을 맡았던 여배우(오드리 헵번)의 이름은 기억하지 못한다.

대학 졸업반 학생들은 1학년 때 강의를 들었던 건물이나 캠퍼스의 위치는 잘 기억하면서 그 강의를 담당한 교수나 교과서, 그 강의에서 들었던 내용은 잘 기억하지 못할 때가 많다. 단어보다 스키마가 더 확실하게 보존된다는 것은 놀랄 일이 아니다. 인간의 뇌는 언어의 도움 없이도 사건이나 장소의 물리적 특성을 잘 기억하던 종의 뇌에서 진화해왔기 때문이다.

성별 연관

만약 화자의 언어가 특정 명사의 성별을 지칭하는 경우에는 어떤 대상에 대한 화자의 연관 네트워크가 바뀔 수 있다. 이는 이탈리아인, 프랑스인, 독일인, 세르비아인에게 해당하는 얘기다. 이탈리아어의 단어들 중 여성형 단어는 보통 'a'나 'ione'이라는 모음으로 끝나고, 남성형 명사는 'o'나 'ore'로 끝난다. 이런 언어를 배우는 아이는 지명된 대상이 남성의 속성이나 여성의 속성을 갖지 않은 경우에도 남성형 네트워크나 여성형 네트워크와의 연관성을 습득한다. 예를 들면 독일어에서는 여성형 명사 앞에 'die'가 붙고, 남성형 명사 앞에는 'der'가 붙는다. 그래서 벌에 해당하는 독일 단어에는 앞에 여성형인 'die'가 오고, 펭귄을 의미하는 용어 앞에는 남성형 'der'가 온다. 벌이 남자를 닮아 침으로 사람을 아프게 만들 수 있고, 펭귄은 여자를 닮아 온화하고 사람을 해치지 않는다는 데 동의할지 알 수 없지만, 독일 아이들의 벌에 대한 네트워크에는 여성적인 속성이, 펭귄에 대한 네트워크에는 남성적인 속성이 침투해 있다.

세르비아 학생들에게 악기에 대한 단어들을 배우도록 했다. 그 단어들에는 성별을 나타내는 표시가 들어 있었다. 나중에 학생들에게 각각의 악기에 대해 묘사해보라고 했다. 남성형 표시가 붙은 악기들은 더 크고, 거칠고, 날카롭고, 관통하는 소리를 더욱 잘 내는 것으로 묘사한 반면, 여성형 표시가 붙은 악기들은 더 부드럽고, 조용하고, 온화한 소리를 내는 것으로 묘사했다.

이런 사실을 고려하면 독일인, 이탈리아인, 프랑스인은 영어 사

용자들보다 성에 대한 고정관념이 좀 더 분명할 것이라는 추측을
할 수 있다. 독일 여성은 신중하고, 이탈리아 엄마는 자식을 과잉
보호하며, 프랑스 여성은 성적으로 매력 있다는 것 등이 여성에
관한 고정관념의 사례다. 독일 남자 하면 군장교, 이탈리아 남자
하면 제비족, 프랑스 남자 하면 예술가를 떠올리는 것 역시 남성
에 관한 고정관념이다. 적어도 내가 보기에는 영국, 캐나다, 호주,
미국의 영어 사용자 사회에서는 남성과 여성에 대한 고정관념이
이렇게까지 분명히 드러나지 않는다. 옛날 영어에는 성에 대한 문
법적 표시가 있었지만, 15세기에 등장한 현대 영어에는 그런 표시
가 지워졌다. 15세기 영국이 전 세계에서 남녀 관계가 평등한 국
가 중 하나였다는 것이 단순한 우연만은 아닐지도 모른다. 성차별
형태의 호칭으로 결혼한 여자의 성 앞에 붙이는 '미시즈Mrs.'와 결
혼 안 한 여자의 성 앞에 붙이는 '미스Miss'를 결혼 여부와 상관없
이 여성의 이름이나 성 앞에 붙여 부르는 '미즈Ms'로 처음 대체한
곳도 영어권 국가들이었다.

반면 15세기 중국은 성차별 사회였다. 스탠퍼드대학교의 찰스
에트너는 여성에 대한 언어적 표식이 담겨 있는 중국어 단어 중
적어도 20퍼센트는 바람직하지 못한 속성을 지칭한다고 지적했
다. 예를 들면 추함, 질투, 해악, 사악함 등이다. 반면 남성의 형태
소를 포함하는 단어들 중에는 불쾌한 특성을 지칭하는 것이 없다.

보편성
모든 인간은 언제 어디서 살았건 같은 사건에 노출되거나 같은 사

건에 대해 생각해본 적이 있기 때문에, 모든 사회에서 그런 사건
을 가리키는 이름이 필연적으로 쓰였다. 소수 예외가 있기는 하지
만 모든 언어는 남자-여자, 해-달, 아버지-어머니, 나-너, 생각하
다-원하다, 느끼다-알다, 좋다-나쁘다, 크다-작다, 앞에-뒤에, 말
하다-하다, 1과 2를 비롯해 다양한 종류의 동작, 순서, 그리고 사
건의 반복에 대해 이름을 붙였다. 이런 단어들은 사용 빈도가 높
기 때문에 한 언어에서 빠지거나 다른 용어로 대체될 가능성이 거
의 없다. 반면 사용 빈도가 떨어지는 단어, 예를 들어 전형적이지
않은 성격 특성이나 희귀한 식물을 일컫는 단어는 사회 변화를 거
치는 동안 다른 단어로 대체될 가능성이 더 크다. '동성애자'라는
단어는 '게이'라는 단어로 대체되었고, '마리화나'는 '위드weed'로
대체되었다. '쿨cool'은 미국에서 1960년대에 시작된 사회 변화에
쉽게 동요하지 않던 사람들을 가리키는 용도로 사용되었다.

대조

사람은 자기가 속한 사회에서 중요하다고 여기는 경험을 통해 나
타나는 두 가지 측면을 구분하고 싶을 때 단어를 발명한다. 빠른
움직임과 느린 움직임, 남자와 여자, 생각과 행위라는 대조가 보
편적으로 존재하는 이유가 바로 이것이다. 반면 어떤 대조는 특정
시대, 특정 사회 안에서만 국소적으로 존재한다. 이를테면 노예
대 자유, 동성애자 대 이성애자, 시골 대 도시, 유전자 대 경험 등
이다. 오리건대학교의 심리학 연구진은 수많은 선진국에서 사용
되는 로맨스어를 배제하고 아프리카, 남미, 동남아시아, 호주, 북

극 지역에서 사용되는 12개 언어에서 인간의 특성에 대해 기술할 때 사용되는 용어들을 살펴보았다. 대부분의 단어는 좋음이나 나쁨, 강함이나 무력함에 대한 네트워크에 속하는 행동, 성격, 동기, 감정을 가리켰다. 이것은 또한 로맨스어에도 해당하는 이야기다. 그 예를 들어보면 영단어 good좋은, respectful공손한, useful유용한, beautiful아름다운, strong강한, young젊은, alive살아 있는와 대조되는 bad나쁜, disobedient반항적인, useless쓸모없는, ugly추한, weak약한, old늙은, dead죽어 있는 등이 있다. 이런 단어들은 공동체 내의 다른 구성원과 상호작용할 때 무엇을 예상해야 할지 각각의 사람에게 정보를 제공하는 기능을 한다. 사람들은 어떤 물체, 사람 혹은 상황이 기쁨, 안전, 친절의 원천이 되어줄지, 아니면 고통, 위험, 거부의 원천이 되어줄지 알고 싶어 한다.

시선을 위로 치켜뜨거나 아래로 내리깔 때 만들어지는 운동 스키마와 이런 시선에 의해 인식되는 대상은 좋음 혹은 나쁨의 네트워크와 연관된 용어의 의미론적 네트워크의 일부다. 기분 좋은 느낌과 그 감정의 이름은 위로 치켜뜨는 시선의 스키마와 'up위, 들뜬'이라는 단어와 우선적으로 연결된다. 불쾌한 느낌과 그 감정의 이름은 아래로 내리까는 시선의 스키마와 'down아래, 가라앉는'이라는 단어와 연결된다. 행복과 자부심은 'up'이다. 슬픔과 수치심은 'down'이다. 해, 달, 별은 '위'와 '좋음'의 네트워크와 긴밀히 연결되어 있다. 진창mud, 물웅덩이puddle, 바위rock는 '아래'와 '나쁨'의 네트워크와 더 긴밀하게 얽혀 있다.

반의어

대조되는 네트워크에 대해 이렇게 논의하다 보면 정교한 반의어를 만들 필요성이 생긴다. 반의어가 유용한 이유는 대조되는 단어 쌍에 들어 있는 구성원들의 의미를 분명하게 해주기 때문이다. 논픽션이라는 단어는 픽션의 의미를 제약해준다. '참'의 의미는 '거짓'이라는 단어가 추가됨으로써 그 애매모호함을 일부 떨쳐낼 수 있다. 사람들이 예술, 성격 같은 용어의 의미를 확실하게 파악하지 못하는 이유는 이런 단어들은 분명한 반의어가 없기 때문이다.

모든 언어에서 가장 자주 등장하는 반의어는 사회에서 중요하게 여기는 속성에 대해 서로 반대되는 가치를 일컫는 것들이다. 모든 언어는 좋다-나쁘다, 많다-적다, 부자-가난, 크다-작다, 밝다-어둡다, 정지-운동 등의 반의어를 포함하고 있다. 고대 그리스인은 하나-다수, 홀수-짝수, 오른쪽-왼쪽, 정지-운동, 곧바르다-휘어지다, 밝다-어둡다, 정사각형-직사각형, 좋다-나쁘다를 가장 중요한 대조라 믿었다. 현대의 스웨덴 사람들은 중앙-지방, 구어-문어 등의 반의어 쌍을 특히 좋아한다. 영국 기자들은 공-사의 대조를 좋아한다. 중국에서 사용하는 반의어 '음양'은 빛, 열, 강인함, 속도, 그리고 두 사람의 관계에도 적용된다. 일본인은 '내외'라는 반의어 쌍을 강조한다. 한 사람이 속으로 하는 생각과 공개적으로 드러나는 행동에서 나타나는 차이에 특히 관심이 많기 때문이다. 힌디어 사용자들은 '검소하다-사치스럽다', '일차적-이차적'이라는 반의어를 즐겨 사용한다.

현대의 미국인은 노년층 증가, 소득 불평등, 정부의 규모와 개입 수준에 대해 걱정이 많다. 그래서 젊은-늙은, 혜택을 받은-혜택을 받지 못한, 진보-보수 등의 반의어가 인기가 많다. 자유-노예, 북-남, 도시-시골 등의 반의어는 2015년 현재보다는 1815년에 더 자주 사용됐다.

중세 유럽인은 순수-불결이라는 반의어 쌍에 집착했다. 자신의 육욕을 억누르기 위해 자발적으로 거세한 사제는 순수했다. 반면 타인에 의해 징벌로 거세를 당한 사람은 불결했다. 피에르 아벨라르의 운명이 그랬다. 중세 웨일스와 아일랜드의 수도승들은 반의어에 근거해서 처벌을 정했다. 그래서 게으름에 대한 처벌은 노동이었고, 방랑죄에 대한 처벌은 감금이었다.

반의어 쌍의 구성원이 한 문장에 동시에 나타날 경우에는 일반적으로 좀 더 바람직한 속성을 가진 단어가 먼저 나온다. 대부분의 미국인은 한 표현 안에 반의어 쌍이 동시에 나타나는 경우에는 '나쁘다'보다는 '좋다'를, '가난하다'보다는 '부자다'를, '키가 작다'보다는 '키가 크다'를, '없다'보다는 '있다'를, '틀리다'보다는 '옳다'를, '꺼지다'보다는 '켜지다'를, '아니다'보다는 '맞다'를, '가늘다'보다는 '굵다'를, '어둡다'보다는 '밝다'를, '슬프다'보다는 '행복하다'를, '왼쪽'보다는 '오른쪽'을 먼저 말하는 것을 좋아한다. 지금까지 알려진 모든 언어에서 '오른쪽'이라는 단어가 손이나 방향을 가리킬 경우에는 바람직한 함축적 의미를 띤다. 반면 '왼쪽'이라는 단어는 전체 언어 중 90퍼센트 이상에서 덜 바람직한 의미를 담고 있다. 더 바람직한 속성을 나타내는 단어는 단독으로 등장할 때 더욱 자주 나온다. 구글 엔그램 뷰어는

1800~2000년에 영어로 쓰인 520만 권의 책에서 단어의 출현 빈도 변화를 추적해보았다. 2세기 동안 좋다, 강하다, 부자, 빠르다, 공정하다, 사랑하다 같은 단어가 나쁘다, 약하다, 가난, 느리다, 불공정하다, 미워하다 같은 단어보다 많이 등장했다. 버몬트대학교의 피터 도즈와 동료들은 열 개의 서로 다른 언어를 대상으로 조사한 결과, 책이나 신문, 미디어에 기분 좋은 함축적 의미를 갖는 단어가 불쾌한 의미를 담은 단어보다 더 많이 등장한다는 것을 확인했다.

어떤 대상도 반의어 쌍에 들어 있는 대조되는 속성을 동시에 띨 수는 없음을 모든 언어가 인정한다. 어린아이들은 물체 이름이 하나밖에 없다고 가정한다. 1957년 당시 세 살이던 내 딸을 한 대학생이 돌봐주었는데, 어느 날 저녁 그 대학생이 이런 이야기를 들려주었다. 딸이 그 학생에게 나중에 어른이 되면 뭐가 되고 싶으냐고 물어서 학생이 엄마이자 의사가 될 거라고 대답했다고 한다. 그런데 딸은 남자 의사밖에 본 적이 없었기 때문에 이 대답에 혼란스러워하면서, "엄마하고 의사가 동시에 될 수는 없잖아요"라고 고집을 부렸다고 한다.

화자가 의미론적 모순을 얼마나 쉽게 알아차릴 수 있는가 하는 것은 언어마다 다양하게 나타난다. 행위자나 배경을 구체적으로 명시하지 않는 추상적인 용어가 많은 언어는 모순을 감지하기가 더 쉽다. 영어는 표준 중국어보다 추상적인 단어가 더 많다. 영어 화자는 "메리는 공격적이야", "빌은 다정해", "맥스는 성실해", "앨리스는 두려워하고 있어" 등 동기나 맥락을 불분명한 상태로 남겨두는 문장에서 공격적인, 다정한, 성실한, 두려워하는 같은 용어를 사용한다. 반면 표준 중국어 사용자들은 "페이는 동생이 갖고 노는 장난감을 빼앗아", "페이는 가까운 친구가 아프면 음식을 가져다줘", "페이는 시험 볼 때마다 열심히 공부해", "페이는 비행기 타는 것을 두려워해"라고 말하며 구체적인 행위를 기술한다.

표준 중국어와 영어를 모두 능숙하게 구사하는 사람은 영어로 말할 때보다 표준 중국어로 말할 때 성격의 특성을 좀 더 자세히 구분한다. 표준 중국어에서는 부모에게 고함을 치는 것, 낯선 사람을 때리는 것, 친구를 모욕하는 것을 다 구분해서 표현할 수 있다. 반면 영어 사용자는 한 사건이 어떤 추상적인 범주에 속하는지 정하는 문제에 더 중점을 둔다. 그래서 영어 사용자들은 앞에 나온 세 가지 행위를 모두 '공격적'이란 말로 표현하고, 그 행동들에 나타나는 중요한 차이를 무시해버린다. 한 친구를 공격적이라고 기술한 영어 사용자는 똑같은 사람을 친절하다고 기술하는 데 주저할 것이다. 그렇게 말하면 그 친구가 모순되는 성격을 가지고 있다는 암시가 되기 때문이다. 반면 표준 중국어 사용자는 누군가가 친구들을 괴롭히기는 하지만 그래도 돈은 잘 빌려준다고 말해도 모순을 느끼지 않는다. '공격적이다', '친절하다' 같은 추상적인 단어를 사용하지 않기 때문이다.

비유

아주 다른 사건을 표현하는 네트워크를 담은 문장에는 일반적으로 비유하려는 의도가 들어 있다. "인생은 여행이다", "분노는 물

끓는 주전자다" 같은 문장이 그 예다. 어린이가 사물의 이름과 그 사물이 속하는 범주를 어떻게 학습하는지 설명하기는 상대적으로 쉽다. 하지만 열두 살 어린이가 "결혼은 꽃밭이다", "행복은 위up 다" 같은 은유를 이해하는 능력을 어떻게 발달시키는지 이해하기는 훨씬 어렵다.

대부분의 비유는 간단한 원리를 따른다. 구체적인 사물이나 사건을 일컫는 단어의 두드러진 특징은 그와 비슷하게 두드러지는 여러 특성을 갖춘 추상적인 용어의 한 측면에 불과하다. 예를 들어 사랑은 기쁨, 영속성, 취약함, 절망, 추구, 강력한 느낌, 불합리 등의 속성을 가진 추상적인 개념이다. 여기서 한 화자가 어떤 구체적인 용어인 선택해서 비유에 사용할 것인지는 사랑의 여러 특성 가운데 그가 강조하고 싶은 것이 무엇이냐에 달렸다. 따라서 "사랑은 크리스털 유리잔이다", "사랑은 광기다", "사랑은 보물이다" 등과 같이 다양하게 말할 수 있다. 결혼 역시 여러 속성을 갖춘 추상적인 용어다. 결혼의 비유에 사용하려고 고른 구체적인 용어인 "결혼은 지브롤터 암벽이다", "결혼은 꿀을 숨겨둔 은닉처다" 등은 그 다양한 속성 중 한 가지를 두드러지게 만든다.

비유에 쓰이는 구체적인 용어는 신체 부위, 질병, 동물, 음식, 운동의 종류, 색깔, 공간의 특성 등 흔히 시각화될 수 있고 스키마로 표현될 수 있는 것들이다. 추상적인 용어는 대부분 감정, 도덕적 신념, 생각, 사회, 시간, 삶, 죽음, 인간관계 등을 가리킨다. 이 각각의 용어는 몇 가지 두드러진 특성을 갖고 있다. 비유 중에는 공간의 일부 속성을 담고 있는 것이 많다. 이 네트워크는 뚜렷한 스키마와 연결되어 있기 때문이다. 행복은 위, 슬픔은 아래로 바라보는 비유는 모든 언어에서 발견된다. 공간적 특성은 시간의 속성을 기술할 때도 사용된다. "Tomorrow is just around the corner모퉁이만 돌면 내일이다", "It was a big day굉장한 날이었어", "Seize the moment in front of you네 앞에 있는 순간을 붙잡아" 등이 그 예다. 공간적 특성은 기분(높다-낮다)이나 성격 유형(열린 성격-닫힌 성격)을 기술할 때도 사용되고, 행동을 기술할 때도 사용된다. "He grasped the idea그는 그 개념을 이해했다"*, "Mary ran with the opportunity메리는 그 기회를 활용하기 시작했다"** 를 예로 들 수 있다.

어떤 비유의 의미는 언어에 따라 달라지기도 한다. 노란색은 영국에서는 겁쟁이의 비유로 사용되지만, 중국에서는 부유함, 네덜란드에서는 질투의 비유로 사용된다. 17세기 학자들은 인간의 본성을 기계에 비유했다. 사람 몸에 들어 있는 각각의 장기가 결정론적인 기능을 갖고 있다는 사실을 표현하고 싶었기 때문이다. 20세기의 작가들은 인간의 폭력적인 역량을 강조하려고 기계의 비유를 고릴라의 비유로 대체했다. 캔자스대학교의 심리학자들은 정신병 치료제를 개발하는 약물 제조업체들은 자기네 제품에 사용할 비유를 선택할 때 심사숙고한다고 지적했다. 우울증 치료를 목적으로 만들어진 약물 광고에는 'lift들어올리다, 기분이 좋아지다'와 'lighten밝아지다, 가벼워지다'이라는 동사를 이용한다. 우울증 환자의

---

* '움켜쥔다'는 의미의 'grasp'을 '이해하다, 파악하다'라는 의미로 사용했다.

** '함께 달린다'는 의미의 'run with'를 '받아들여 사용하기 시작하다'라는 의미로 사용했다.

기분은 아래로 가라앉고, 어둡기 때문이다.

단어와 사건의 불일치

작가 줄리아 블랙번Julia Blackburn은 말이 얼마나 못 믿을 것인지를 잘 포착해서 이렇게 말했다.

"나는 말을 불신할 때가 많다. 줄을 휙 하고 잡아당기면 이 작고 거친 소리들이 어깨로 서로 밀치며 마음속 어두운 대륙에서 쏟아져나온다. 우리가 생각하고, 느끼고, 아는 것들에 형상을 불어넣는 소리들이다. 하지만 말은 핵심을 쉽게 놓쳐버린다. 말은 엉뚱한 방향으로 흘러가버리거나, 타고난 속성상 어떤 특정 형태로 못 박는 순간 사라져버리는 존재에 명확한 형태를 불어넣을 수 있다고 고집을 부리기도 한다."

과학자들의 의무는 행동, 느낌, 추론, 신념, 경험, 생물학 사이의 관계를 발견하는 것이지, 이런 현상을 기술한다고 주장하는 단어들의 관계를 발견하는 것이 아니다. 2000~2010년 동안 10월부터 5월 사이 미국 중서부 북쪽 지역에서 측정된 평균 기온과 평균 적설량의 관계를 알고 싶어 하는 연구자가 있다고 가정해보자. 그런데 이들이 증거를 확보할 수 있는 유일한 출처는 10년 동안 해당 월에 사람들이 손을 따뜻하게 하려고 구입한 털장갑과 눈을 치우려고 구입한 삽의 숫자밖에 없다. 이들 측정치의 관계를 과학자가 실제로 알고 싶어 하는 관계의 대용물로 삼기는 아무래도 부족하다. 말로 보고하는 내용을 바탕으로 사람의 행동, 느낌, 의도를 추론하려는 습관은 침팬지의 몸짓, 새의 노랫소리, 꿀벌의 춤만 보고 이 동물들의 내적 상태에 대해 결론을 이끌어내려는 것과 비슷하다.

작은 마을에 사는 한 소년의 이야기가 적절한 비유가 될 것 같다. 이 마을에는 교회가 하나밖에 없었는데, 소년은 매일 정오마다 교회 종을 울리는 사람은 정오가 된 걸 대체 어떻게 아는지 궁금해졌다. 그래서 어느 날 교회 꼭대기로 올라가 종지기에게 정확한 시간을 어떻게 아냐고 물어보았다. 그러자 종지기가 매일 아침 식사를 마친 뒤 마을로 내려가 시계 제작공의 창가에 걸린 시계를 보고 자기 시계를 맞춰 온다고 했다. 소년은 이번에는 시계 제작공을 찾아가서 시계의 시간을 어떻게 정확히 맞추는지 물어보았다. 그러자 시계 제작공은 "난 항상 정오에 울리는 교회 종소리에 내 시계를 맞춘단다"라고 대답했다.

70여 년 전 어느 날 저녁, 내가 속해 있던 보이스카우트의 한 장난꾸러기 리더가 우리가 피워놓은 모닥불 옆에 앉아 있던 남학생 중 한 명에게 "가서 연기 거르는 체 좀 갖다줄래?"라고 말했다. 그러자 소년은 리더가 있지도 않는 물건을 갖고 오라고 하지는 않았을 거라 생각하고 한 번도 보지 못한, 존재하지 않는 물건을 찾으러 갔다. 나는 일부 사회과학자가 이 가엾은 보이스카우트 대원처럼 자연에는 존재하지도 않는 추상적인 의미론적 개념의 사례를 찾으려 한다는 사실을 모르는 것은 아닐까 의심스럽다.

말은 우리를 깨우치고 안심시키며, 우리에게 정보를 제공해줄 수 있지만, 잘못된 정보를 제공하고 처음 마주하는 경험적 실체 속에 존재하지도 않는 불확실성을 만들어낼 수도 있다. 우리의 과제는 일어났거나 일어날 상당한 가능성을 지닌 사건에 대해 기술하는 단어와 문장을 자연적 산물과 상상의 경계를 넘지 않는 의미론적 발명과 가려내는 일이다. 그렇다고 이로운 결과와 강력한 이론 개념을 만들어낼 수 있는 상상력의 힘을 무시하려는 건 아니다. 그저 매끄러운 말의 세상과 거친 사건의 세계에 존재하는 심오한 차이를 인정하자는 것뿐이다.

아이들이 처음 습득하는 지식은 스키마의 형태를 띤다. 앞에서 이 야기했지만 스키마란 사건의 두드러진 특성이 보존된 패턴이다. 세 살배기 아이들도 불이 붙은 화로는 뜨겁고, 얼음은 차갑고, 불꽃이 종이를 태운다는 것을 안다. 아이들도 이런 사건들을 직접 경험해보았기 때문이다. 물이 담긴 잔에 반쯤 잠겨 있는 연필은 물에 들어가는 지점에서 마치 휘어진 듯한 스키마를 만들어낸다. 큰 개와 작은 개가 무작위로 움직이면서도 서로 붙어 다니는 경우에는 큰 개가 작은 개를 쫓아다니는 스키마를 만들어낸다.

　스키마에는 사건의 기원이나 그 사건이 속한 상징적 범주에 대한 지식이 담길 필요가 없다. 갓 태어난 아기는 사람이 말하는 것과 새가 노래하는 것의 차이를 감지할 수 있지만, 사람이 내는 소리가 말이라는 것은 알지 못한다. 스키마에 들어 있는 지식 중 일부는 의식으로 올라오지 않는다. 대부분의 미국인은 자신이아들은 딸에 비해 단음절 이름을 가질 가능성이 크고, 공직에 입후보한 남자 후보는 얼굴이 넓고 턱이 두드러질 가능성이 크다는 사실이 반영된 스키마를 획득했다는 것을 인식하지 못한다.

추상화에 대한 특별한 지식이 없는 사람이라고 해도, 화가가 그린 그림과 어린아이나 침팬지가 그와 비슷하게 그려낸 그림을 구분해보라고 하면 그냥 무작위로 찍는 경우보다는 잘 알아맞힌다. 하지만 어느 쪽이 화가가 그린 그림이고, 어느 쪽이 아이나 침팬지가 그린 그림인지 어떻게 판단했냐고 물어보면 대부분은 대답하지 못한다. 보스턴칼리지의 엘렌 위너와 동료들은 이 사람들은 현대미술 작품에서 보았던 패턴의 스키마에 의존해서 그림들을 구분하는지도 모른다고 주장한다.

모든 종은 자기가 인식할 수 있는 특성과 자기가 만들어낼 수 있는 스키마에 한계를 짓는 생물학적 특성을 물려받는다. 쥐, 벌, 박쥐는 사람이 알지 못하는 사건을 감지할 수 있다. 아이들이 동물원에서 열대 조류 전시관을 방문했을 때 만들어내는 스키마는 새가 그들을 바라보며 만들어내는 스키마와는 다르다.

전자현미경이나 허블우주망원경 같은 우아한 기계는 인간의 감각으로는 얻을 수 없는 정보를 제공해주지만, 이런 기계는 관찰자를 현상과 떼어놓고 가끔은 사람이 인식할 수 있는 내용과는 맞지 않는 정보를 제공하기도 한다. 하버드대학교의 제프 리치먼에 따르면, 과학자 혼자 쥐의 뇌 피질을 전자현미경을 가지고 밀리미터 단위로 꼼꼼히 촬영해 그 엄청난 이미지를 하드디스크로 옮기는 데 아주 많은 시간이 걸릴 것이라고 한다. 반면 기계는 이 일을 좀 더 신속하게 처리할 수는 있지만, 사람이 저지르지 않는 몇 가지 실수를 저지른다는 것이 문제다.

지식을 보태주는 네 가지 원천

사람은 무언가를 인식할 때 네 가지 원천을 거쳐 지식을 축적한다. 일반적으로 생후 2년 정도면 추론 능력이 생긴다. 덕분에 아이는 부모가 고통스러워하는지, 행복해하는지 추측할 수 있다. 두 살배기 아이는 어른이 물건을 떨어뜨릴 때 도와달라는 표현을 분명하게 하지 않아도 그 물건을 자발적으로 집어 든다. 그리고 낯선 사람이 양손에 무언가를 들고 있으면 도움이 필요하다고 추론해서 자발적으로 문을 열어준다. 놀이방에서 놀던 만 3세의 남자아이 둘을 보았던 기억이 난다. 그 방에는 배트맨옷이 하나밖에 없었다. 그 옷을 먼저 집어 든 아이는 다른 아이도 옷을 탐낼 것이라고 추론해서 이렇게 놀렸다. "나 미워하고 싶으면 그래도 돼." 또한 아이들은 익숙한 문장에 익숙하지 않은 단어가 등장했을 때 그 의미를 추론할 수 있다. 엄마가 "저기 좀 봐. 꽃에 곰팡이가 있어"라고 말할 때 세 살배기 아이는 익숙하지 않은 단어인 곰팡이가 꽃 위에 피어 있는 독특한 하얀 점이라고 추론한다.

　두 번째로, 대부분의 지식은 어느 정도 선행지식을 필요로 한다. 나는 물속에서 자발적으로 움직이는 물체는 살아 있는 것이고, 살아 있는 것은 깨끗한 물을 필요로 한다는 것을 배웠다. 따라서 더러운 물이 고인 작은 웅덩이에서 작은 물체가 움직이는 것을 보면 나는 그 물체가 살아 있을 리 없다고 추론한다. 여러 해 전에 파리 공원 분수대 밑에 고인 심하게 오염된 물에서 작은 물체가 움직이는 것을 보고 이런 추론을 한 적이 있다. 그리고 잠시 후 한 꼬마가 리모컨으로 장난감 잠수함을 조종하는 것을 보고 이 추론이 옳음을 확인했다.

버트런드 러셀은 영역에 상관없이 모두 적용되는 일반적인 추론 규칙이 몇 가지 존재한다고 믿었다. 하지만 그의 동료였던 알프레드 노스 화이트헤드는 생각이 달랐다. 그는 모든 추론의 타당성은 자기가 속한 체계에 따라 달라진다고 믿었다.

문장이나 수학 방정식에서 논리적으로 옳은 결론을 추론하거나 옳지 않은 것을 찾아내는 일은 지식의 원천 세 번째 과정에 해당한다. 피터 힉스는 실험 증거 없이 자기 이름을 붙인 '힉스입자'라는 소립자의 존재를 미리 상정했는데, 결국 2013년에 가서야 물리학자들에 의해 그 입자가 발견된 것이 전형적인 사례다. 아마 빅뱅 직후에는 전자에 질량이 없었다는 글을 읽었던 성인 대부분은 이 진술이 표준 모형이라는 방정식 집합을 수학적으로 모순이 없게 만들어야 할 필요성 때문에 나온 것임을 모르지 않을까 싶다. 우주가 탄생한 첫 순간에 정말로 전자가 질량이 없었는지 확인할 방법은 없다. 미래의 물리학자들이 창조의 순간에 전자가 실제로 질량을 갖고 있었다고 가정하는 좀 더 강력한 방정식을 발명할 가능성은 남아 있다.

예룬 판 동언Jerone van Dongen은 젊은 시절의 아인슈타인은 수학적 모형은 관찰에 기반하고, 관찰과 모순이 없어야 한다고 믿었다는 것을 지적한다. 1915년 일반상대성이론 방정식으로 성공을 거둔 후 노년의 아인슈타인은 직관에서 비롯된 모순 없는 수학 방정식이 진리로 안내해줄 더 나은 지침이라는 쪽으로 생각이 기울기 시작했다. 그 무엇도 빛의 속도보다 빠르게 움직일 수 없다는 아인슈타인의 가정은 그 방정식을 탄생시킨 가정에서 나온 것이다. 아인슈타인이 세운 전제를 위반하는 입자는 아직까지 발견되지 않았지만, 그렇다고 그런 입자가 영원히 관찰되지 않으리라는 보장은 없다.

자연에 대한 수학적 기술을 바라보는 방식에는 두 가지가 있다. 어떤 물리학자들은 일련의 관찰을 설명하고 예측하는 수학 방정식에서 암시하는 설명을 묻지도 않고 믿는다. 이런 사람들은 방정식이 반직관적이거나 상상하기 어려운 사건을 상정하더라도 개의치 않는다. 예를 들어 어떤 이론가는 137억 년 전의 작은 에너지 덩어리가 눈 깜짝할 사이에 현재의 거대한 우주로 팽창했다고 믿는다. 그 이유는 간단하다. 알려진 사건들을 설명해주는 수학이 성립하기 위해서는 그런 개념을 요구하기 때문이다.

두 물리학자가 우주의 온도를 측정한 후에 그 온도(절대 0도에서 몇 도 위)가 암시하는 에너지는 빅뱅에서 남은 에너지의 잔재라고 결론 내렸다는 글을 읽은 기억이 있다. 이 과감한 주장은 기나긴 시간 동안 우주가 새로운 에너지 원천이 개입하는 일 없이 균일한 속도로 냉각됐다는 가정에서 나온 것이었다. 이런 주장이 직관에 어긋난다고 여긴 나는 노벨물리학상 수상자에게 이 주장이 의심스럽다는 의견을 표시했다. 그러자 그는 마치 나를 어리석은 질문을 던지는 다섯 살짜리 꼬마처럼 대했다. 그는 수학으로 자료를 설명할 수 있다면 그것은 정당한 설명이며, 그것으로 끝이라 생각하는 것 같았다.

불행히도 헤지펀드와 투자은행 트레이더들은 숄스와 블랙이 발명한 수학 공식이 심각한 손실을 확실히 막아주리라 믿었다. 이 공식은 트레이더들에게 파생상품의 최적 가격을 알려줄 의도로 만들어진 것이었다. 트레이더들은 이 방정식이 주식 가격의 연속적인 변화를 적절히 반영하지 못하며, 더 심각하게는 금융 손실의 가능성을 너무 낮게 잡았다는 사실을 깨닫지 못했다.

캘리포니아공과대학교의 유전학자 이자벨 피터와 에릭 데이비슨 같은 생물학자들은 자연현상에 대한 수학 기술의 타당성에 관심이 많고, 한 영역에 대해 이미 알려진 내용을 위반하는 방정식에는 의구심을 갖는다. 신체 부위의 형성이 연속적인 과정으로 일어난다고 가정하는 방정식은 상당히 많은 증거를 설명할 수 있지만, 각각의 조직이 질적으로 구분되는 세포 유형을 담고 있다는 분명한 사실과 모순을 일으켰다. 입술에는 치아 세포가 없고, 망막에는 각막에서 유래한 세포가 없다. 이는 이런 방정식이 자연에서 일어나는 신체 형성 과정을 정당하게 기술할 가능성이 별로 없다는 것을 암시한다.

은퇴한 영국의 철학자 앤터니 플루는 말년까지 열렬한 무신론자였다. 그는 물리학자가 설명하는 우주의 기원이 논리적으로 일관성이 있는지 검사해보았다. 그러고는 설명에 논리적 일관성이 부족하다는 사실을 발견한 그는, 신의 존재를 상정하는 것이 물리학자의 설명을 받아들이는 것보다 결코 비논리적이지 않다는 결론을 내렸다. 생물학자이자 미국국립보건원 원장인 프랜시스 콜린스는 자신이 전능한 신을 믿는다는 사실과 과학적 사실 사이에서 아무런 논리적 모순을 느끼지 않는다. 조명이라고는 찾아볼 수 없는 바닷가에 서서 구름 한 점 없는 밤하늘의 은하수를 바라보며 저 별들 속의 에너지는 어디서 왔을까 궁금해하노라면, 나도 플루와 콜린스가 어떻게 그런 믿음을 가졌는지 이해할 것 같은 기분이 든다.

아인슈타인의 일반상대성이론과 양자역학을 하나로 통합할 목적으로 만들어진 방정식의 집합 끈이론은 10 뒤로 0이 500개나 따라붙을 정도로 어마어마하게 많은 우주가 존재한다고 예측한다. 각각의 우주는 고유의 독특한 법칙을 따르지만 거기서 어떤 현상이 일어나는지 관찰할 수는 없다. 서로 다른 법칙을 따르는 다중의 우주가 존재한다고 믿는 물리학자들도 있는 마당에 초자연적인 존재가 우주를 창조했다고 믿는 사람이 있다고 놀랄 이유는 없다.

나는 최근 배아가 정상적으로 발달하기 위해서는 유전자 발현과 수많은 분자의 농도 기울기가 시간적, 공간적으로 조화되어야 한다는 글을 읽었다. 이런 일련의 사건이 얼마나 복잡한지 생각하니 압도당하는 기분이 들었고, 이런 현상에 대해 저자가 느끼는 신비감에 충분히 공감이 갔다. 나는 수억 년 동안 일어난 우연한 사건들에 자연 선택이 작용한 결과로 이런 일련의 사건이 일어났다는 주장을 기꺼이 받아들여 맹신할 용의가 있다. 하지만 솔직히 고백하자면 그 말을 믿느니 침팬지가 마구잡이로 키보드를 두드리다 우연히 셰익스피어의 소네트가 타자되었다고 상상하는 편이 더 쉬울 것 같다.

유럽과 북미의 과학자와 수학자 대다수는 무언가 확실히 알지 못할 때 감정이 배제된, 이성적이고 논리적으로 모순이 없는 분석을 통해 최적의 판단이 무엇인지 밝힐 수 있다는 확고한 믿음을 갖고 있다. 1950년대 냉전시대에 미국의 장군들은 소련이 핵공격을 할 의도가 있는지 확실치 않아 골치가 아팠다. 그래서 이들은 수학자와 사회과학자들을 고용해 논리적인 의사결정 트리를 만들게 해서 가능한 시나리오를 파악해 불확실성을 줄이려 했다.

하지만 논리적 분석은 2007년 경기 침체도 예상하지 못하고, 9·11 세계무역센터 테러, 아랍의 봄, 테러조직 IS의 등장, 유럽의 출산율 저하도 예측하지 못했다. 현상을 설명할 때 기존에 알려진 사실에 논리를 적용한 경우보다 느낌과 비합리적인 믿음에 기대는 것이 더 나았던 경우도 많았지만, 미래의 결과에 확률을 배정하는 논리적 분석의 힘에 대한 믿음은 여전히 강력하다.

과학계의 리더들은 서른 살 이하의 연구자 가운데 중요한 발견을 할 가능성이 높은 사람을 찾아내 지원하려는데, 그런 사람이 대체 누구인지 예측할 수 없어서 난처해한다. 그래서 전문가들은 새로운 예측 기구를 고집스럽게 계속 발명한다. 중요한 발견이 이루어질 확률은 젊은 과학자가 이후 30년 동안 만날 연구실, 동료, 제자가 누구냐에 따라 달라지기 때문에 예측할 수 없을 가능성이 다분한데도 말이다. 젊은 과학자가 연구를 시작한 초기에는 이런 사실들을 알아낼 방법이 없다. 미국에서는 2015년 현재 매일 32명 정도가 자살하는 것으로 파악된다. 하지만 이 숫자는 전체 인구에 비하면 아주 낮은 비율이기 때문에 누가 자살할지 예측하는 건 불가능하다. 특정 기관이나 조직에서 세포분열이 일어나는 동안 돌연변이가 나타날 확률도 이와 같은 예측 불가능성이 지배한다. 일부 현상은 지금까지 알려진 절차적 방법으로는 애초부터 예측이 불가능한 경우도 있다. 이런 사실을 인정할 수 없었던 아인슈타인은 양자역학을 불완전한 이론이라고 비난했다.

핵무기를 잔뜩 쌓아놓은 국가의 지도자들은 세 가지 추론의 오류를 저질렀다. 결정이론 학자들은 이런 추론 오류가 바람직하지 못한 결과를 낳을 거라고 주장했지만, 세상 사람들에게는 오히려 이 오류가 다행스러운 일이었다. 이들이 저지른 오류는 현 상태 유지를 옹호한 것, 과거의 결정을 정당화한 것, 잠재적인 적에게는 핵폭탄을 떨어뜨리지 않기로 한 사전 의결을 지지하는 증거에 힘을 보탰던 것이다. 반면 너무 똑똑해서 이런 오류를 잘도 피해 다녔던 은행 간부와 투자자들은 오히려 2007년 경제 침체를 불러왔다. 아무리 훌륭한 의사결정 규칙도 구체적인 상황을 뛰어넘기는 힘들다. 특정한 역사적 순간에 특정한 문제에 적용되는 규칙만 존재할 뿐이다.

사회 문제를 이해하기 위해 애쓰는 대부분의 과학자는 수치화할 수 있는 조건에 특별한 인과적 힘을 부여한다. 예를 들어 어떤 이론가는 사고나 질병에 의해 장애가 발생한 생명의 가치를 환산할 때는 실현되지 못한 생산 노동 햇수를 기준으로 삼아야 한다고 주장한다. 그 사람이 받는 고통의 수준은 그다지 고려할 만한 기준이 되지 못한다. 감정 상태에 수치화하기 어렵기 때문이다.

사람의 스트레스 회복탄력성 수준을 수치로 나타낸 버지니아 코먼웰스대학교의 두 정신의학과 의사는 자신이 속한 사회계층이나 문화가 다른 사람들이 보이는 스트레스 반응뿐만 아니라 스트레스 자체의 정확한 본질도 무시해버렸다. 물리학자와 수학자 들은 어떤 숫자를 접시, 연필, 자갈처럼 근본적인 실체로 취급한다. 플랑크상수, 원주율 π, 1/137 비율 혹은 0.007299가 그 세 가지 사례다.

네 번째 지식의 원천은 어떤 행동, 의도, 가치관이 좀 더 윤리적이고 공정하며, 이상향에 가깝다고 느끼는 직관이다. 이런 직관에는 어떤 느낌이 동반될 때가 많다. 부모가 자녀를 사랑해야 한다는 믿음, 자연적으로 나타나는 형태를 바꾸는 것은 위험하다는 믿음, 모든 생명은 소중하다는 믿음, 정부의 감시로부터 자유로울 권리가 있다는 믿음, 정부가 나서서 가난한 사람들을 도와야 한다는 믿음 등은 어떤 지각이나 추론, 혹은 논리에서 기원한 것이 아니다. 현대의 미국인 중 상당수는 뇌가 정신질환의 주요한 원인일 가능성이 높고, 개인이나 정부가 결정을 내릴 때는 사람의 행복을 우선해야 하며, 모든 사람이 똑같은 존엄성을 갖고, 타인에게 해를 입히지 않는 한 모든 가치체계는 존중받을 권리가 있으며, 자유방임적 자본주의가 경제를 꾸리는 가장 좋은 방법이라는 직관을 갖고 있다.

권위 있는 사람의 진술

누군가의 직관에 대한 믿음은 존경받는 권위자의 진술에 부분적으로 좌우된다. 다섯 번째 지식의 원천은 일반적으로 직접적인 경험도 추론도 연역도 불가능한 사건을 지칭하는 문장 속에 담겨 있다. 지구상에 나타난 최초의 생명체는 세포핵이 없는 단세포였고, 빨간색과 초록색을 지각하는 능력이 파란색을 감지하는 능력보다 더 늦게 진화했으리라는 내 믿음이 그런 두 사례에 해당한다. 기원전 400년부터 기원후 200년에까지 600년 동안 고대 그리스와 중국의 학자들이 자연의 본질에 대해 썼던 글을 보면, 같은 현상을 두고도 서로 아주 다르면서도 똑같이 일관된 관점을 만들어낸 사례를 엿볼 수 있다.

그리스인은 보이지는 않지만 대단히 안정적인 몇 개의 원소가 우리가 인지하는 현상의 근본 토대라고 생각했다. 반면 중국인은 음과 양의 힘의 균형으로 그와 똑같은 사건들을 설명할 수 있다고 생각했다. 그리스인은 눈송이를 구성하는 별개의 요소들을 알고 싶어 한 반면, 중국인은 눈송이를 형성하게 해준 과정을 이해하기를 원했다. 그리스인의 관점은 확실성을 약속해준다. 반면 중국인의 관점은 서로 다른 에너지 사이에서 항상 변화하는 균형에 내재된 본질적인 불확실성을 받아들인다. 현대의 물리학자들은 두 개념을 결합한다. 이들은 쿼크 같은 기본 입자의 존재를 상정한다는 면에서는 그리스인의 관점을 지지한다. 하지만 입자들이 자신의 속성을 현실화하기 위해 필요한 보손이라는 힘의 존재를 상정한다는 면에서는 중국인의 관점을 지지한다. 힉스장은 보손이다.

증거의 원천

권위자가 진술하는 내용의 의미와 그에 따른 정당성은 그 진술의 밑바탕이 되는 증거에 크게 좌우된다. 양자역학의 새로운 관찰 내용과 개념들이 인과관계, 입자, 확실성 같은 단어를 이해하던 기존의 방식에 의문을 제기했던 1920년대에는 이런 급진적으로 보이는 아이디어가 필요했다. 이런 사건들에 자극을 받아 물리학자 퍼시 브리지먼은 1927년에 《근대 물리학의 논리》라는 영향력 있는 책을 써서 모든 과학 개념은 그 개념의 증거를 만들어낸 절차에 의해 정의되어야 한다고 주장했다. 수전 파르바흐가 2013년에 쓴 발생신경과학 교과서의 1장은 신경과학자들이 결론을 도출하기 위해 사용하는 방법에 대해 기술했다. 이 연구자들은 모든 결론의 정당성은 그런 관찰이 이루어진 방법에 달려 있음을 이해했기 때문이다.

설문지 답변에만 의존해서 연구하는 사회과학자들에게 사람들이 자기가 믿고 느끼고 한다고 말하는 내용과 그들이 실제로 믿고 느끼고 하는 내용에는 상관관계가 별로 없을 때가 많다는 것을 설득하기는 참 어렵다. 2011년에 24개국 성인을 대상으로 실시한 여론조사에서는 깜짝 놀랄 만한 결과가 나왔다. 한국, 독일, 프랑스, 미국 등 국내총생산GDP 규모가 큰 나라에 비해 GDP 규모가 상대적으로 작고 가난한 사람이 많은 인도네시아, 인도, 멕시코 등에서 "아주 행복하다"고 답한 성인의 비율이 훨씬 높았던 것이다. 이 서로 다른 사회에서는 '아주 행복하다'라는 말을 다르게 정의할 가능성이 크다.

코넬대학교의 치왕Qi Wang은 《시간과 문화 속의 자서전적 자아 The Autobiographical Self in Time and Culture》라는 책에서 2개 국어를 사용하는 중국 출신 미국인에게 자신의 성격 특성을 기술해보라고 하면, 영어로 대답할 때와 중국어로 대답할 때 다른 속성을 골라 얘기한다고 지적했다. 그렇다고 이 사람들이 두 가지 성격을 가졌다는 의미는 아니다. 여기에는 중국어의 경우 사회적 관계를 일컫는 용어가 더 많다는 것도 한몫했다.

심리학자 대니얼 샥터는 성인이 과거의 기억에 대해 말할 때 저지르는 흔한 오류 세 가지를 이야기한다. 많은 사람이 실제로 일어났던 일과 유사한 사건을 떠올리고, 결코 일어난 적이 없는 사건을 상상하고, 옛날 기억에 그 후에 일어났던 사건을 포함하는 오류를 저지른다. 뉴올리언스대학교의 칼 웜스Carl Weems는 2005년 허리케인 카트리나로 정신적인 상처를 입은 기억에 대해 애기했던 청소년들이 2008년 허리케인 구스타브 때는 별탈 없이 넘어간 경우, 카트리나가 발생한 지 4년이 지난 후에는 그에 대한 아픈 기억을 떠올리지 못하는 경우가 많다는 사실을 발견했다.

숫자는 알 수 없지만 어릴 때 부모 중 한쪽이 자신을 심하게, 또는 친절하게 대했다고 확신하는 사람이 있다. 두 믿음 중 어느 쪽을 선택할 것인가 하는 문제는 그 사람이 자신의 현재 성격과 상황을 설명하기 위해 구축한 이야기에 부분적으로 좌우된다. 나는 20~25세인 많은 사람을 만나 어린 시절에 대해 인터뷰를 해본 적이 있다. 이때 응답자들이 어린아이였을 때 반년마다 그 가정을 방문했던 관찰자의 이야기를 함께 들을 수 있었다. 자신의 삶에 만족해하던 사람 중 일부는 내게 친절한 부모님을 두었다고 얘기했지만, 관찰자의 보고를 보면 이들은 심한 벌을 주는 가혹한 부모 밑에서 자란 것으로 드러났다. 이 젊은이들은 자기 부모가 분명히 친절했다고 판단한 것이 아닌가 하는 생각이 들었다. 만약 그렇지 않았다면 지금처럼 행복할 수 없었을 것이기 때문이다. 자신은 불행하지만 애정이 아주 많은 부모를 두었다고 말하는 몇몇은 부모 중 한쪽이나 양쪽 모두 애정이 없었던 것으로 보고됐다. 영단어 'know알다'와 'believe믿다'는 경험으로 안 지식과 다른 사람의 진술을 바탕으로 생긴 믿음의 차이를 잘 담아낸다. 나는 손이 두 개라는 것을 '안다' 그리고 내 창자 속에 수조 마리의 세균이 살고 있다는 것을 '믿는다'.

75퍼센트에 가까운 미국인은 대형 통신회사의 경제학이나 재정 상태에 대해 거의 혹은 전혀 아는 것이 없음에도, 여론조사원들이 컴캐스트와 타임워너의 합병이 통신요금과 더 나은 프로그램 접속에 영향을 주리라고 생각하냐고 묻자 아주 확신에 찬 의견을 제시했다. 전화나 웹을 기반으로 하는 설문조사 방식을 비판하는 조지 빔이 "정말로 어떤 일이 일어나는지 알고 싶다면 아예 사람들한테 물어보지 마라!"라고 경고한 이유도 알 만하다.

빔의 회의적인 시선을 뒷받침하는 내용이 있다. 네 살배기 아이가 그린 그림을 보여주며 그 그림이 유명한 화가가 그린 추상화라고 믿게 만들면 사람들은 그 그림에서 심오한 비유적 의미가 느껴진다고 말한다. 이런 이야기를 들으니 나는 여러 해 전에 보았던 짧은 무성영화가 떠올랐다. 그 영화에서는 한 남자가 비계 위

에 올라서서 몇 미터 아래 있는 대형 캔버스에 아무렇게나 페인트
를 쏟아붓고 있었다. 그 남자는 비계에서 내려와 캔버스로 걸어가
서는 몇 분 동안 페인트를 문질러 바르고, 캔버스를 열두 개의 작
은 조각으로 자른 후 해변에 갖다놓았다. 그리고 몇 분 뒤 작은 비
행기가 착륙하더니 정장을 차려입은 한 남자가 비행기에서 내렸
다. 그 남자는 화가와 인사를 나눈 뒤 열두 장의 캔버스를 유심히
살펴보고는 그중 하나를 고른 후에 화가에게 수표를 건네주고 다
시 떠났다. 비행기가 떠난 뒤 그 화가는 남은 열한 장의 캔버스를
바닷물에 처넣었다.

지구의 나이는 모든 진술의 정당성이 증거의 속성에 달려 있다
는 원리를 설득력 있게 보여주는 사례다. 현대의 물리학자들은 지
구의 나이가 45억 년이라고 말한다. 19세기에 가장 존경받은 과
학자였다고 할 수 있는 켈빈 경은 지구의 나이를 훨씬 젊다고 결
론 내렸다. 처음 기원한 후로 지구의 내부가 냉각된 속도를 부정
확하게 추정했기 때문이다. 화석 증거를 이용해 연구한 과학자들
은 가축화된 개가 늑대로부터 진화한 것이 약 1만 2000년 전이었
다고 결론 내렸다. 반면 유전자를 증거로 이용한 유전학자들은 개
가 약 3만 년 전에 등장했다고 주장한다. 이런 추정치는 그 차이
가 작지 않다.

플로리다대학교의 린다 바토슈크는 증거의 속성을 살짝만 바
꿔도 결론에 큰 영향을 미칠 수 있음을 보여주는 설득력 있는 사
례를 제시했다. 사람의 혀에는 음식의 다양한 감각질에 민감하게
반응하는 서로 다른 종류의 미뢰가 들어 있다. 단맛을 느끼는 미

뢰가 더 많은 사람은 단맛 미뢰가 적은 사람보다 콜라 같은 음식을 더 달게 경험할 것으로 추측할 수 있다. 그런데 심리학자가 누군가에게 콜라를 한 모금 맛보고 나서 그 단맛의 정도를 "달지 않다"를 의미하는 1점에서 "아주 달다"를 의미하는 7점 사이의 점수로 매겨보라고 하면 이런 직관이 틀린 것으로 나온다. 하지만 이절차에 살짝만 변화를 주면 원래의 직관이 다시 옳은 것으로 밝혀진다. 이번에는 사람들에게 어떤 신호음의 크기를 단맛의 강도에 맞춰 조정해보라고 하면 단맛 미뢰가 더 많은 사람은 적은 사람보다 더 큰 소리를 선택한다. 그렇다면 "단맛을 느끼는 미뢰가 더 많은 사람은 그렇지 않은 사람보다 더 달콤한 감각을 경험하는가?"라는 질문에 대한 대답은 "그것은 증거가 무엇인가에 달려 있다"가 된다.

편견과 관련된 결론들도 똑같은 원리를 따른다. 많은 미국인이 공격성이라고 하면 '검정' 또는 '아프리카인'이라는 단어를 자동으로 연상한다는 것을 발견한 심리학자들은 이들 스스로 편견이 심하다는 사실을 강하게 부정함에도 이들이 흑인에 대해 편견을 갖고 있다고 주장했다. 그런데 '검정'이나 아프리카계 미국인의 사진을 보고 이런 자동 연상을 하는 수백만의 백인 미국인이 버락 오바마에게 투표했다. 그것도 두 번씩이나 말이다. 자동 연상, 의식적 생각, 행동은 편견이 있는 믿음에 대한 결론을 내릴 때 각각 다른 증거 원천으로 작용한다. '독일인'이라는 단어를 듣고 자동으로 연상되는 것은 '나치', '잔혹성', '대량학살' 등이다. 하지만 내가 아는 수많은 독일인에 대한 나의 믿음과 그들과 함께할 때

나의 행동을 보면 그런 심한 편견이 전혀 없다. 20세인 수백만 명에게 물어보면 '할아버지'라는 단어나 노인의 사진을 보고 '건망증이 있는', '힘이 없는', '피곤한', '아픈' 등의 단어를 자동으로 연상하지만, 이 사람들이 자기 할아버지한테도 이런 편견이 섞인 태도를 보일 가능성은 크지 않다. 이런 사실들이 암시하는 바는 "맥스는 히스패닉계 사람들에게 안 좋은 편견이 있다"라는 문장의 의미와 진정한 가치는 "단맛 미뢰가 더 많은 사람은 단맛의 감각을 더욱 강렬하게 경험한다"라는 진술과 마찬가지로 증거에 좌우된다는 것이다.

이런 주장은 쥐가 느낄 공포나 불안 상태에 대한 결론에도 그대로 적용된다. 수많은 연구자가 조명이 켜진 곳이나 넓은 공간의 한가운데 자리를 피하는 쥐를 보며 이것이 그 쥐가 불안을 느끼는 것이라 가정했지만, 선더랜드대학교의 한 영국 과학자는 그런 가정을 뒷받침해주지 않는다고 주장한다. 잠시만 생각해보면 어떤 물체나 장소를 피하는 동물이나 사람이 불안을 느낀다고 가정하는 것이 잠재적인 오류를 안고 있음이 드러난다. 나는 매운 음식, 대도시, 칵테일파티, 컨트리음악을 피한다. 그런 것들을 좋아하지 않기 때문이다. 하지만 그런 상황을 경험한다고 해서 불안을 느끼지는 않는다. 쥐나 사람은 불쾌한 신체 감각을 유발하는 장소를 피하지만, 그런 상태가 불안을 느끼는 상태와 항상 같은 의미는 아니다. 불안은 뱀에 물린다거나, 비행기 사고가 난다거나, 암에 걸리는 등 한 번도 일어나지 않았던 사건이 예상될 때 생기는 경우가 많다.

사람이 혐오스러운 사건을 예상하거나 겪을 때 손가락과 손에서 땀 분비가 증가하거나(피부전도반응) 갑작스러운 소리에 눈을 지나치게 깜박거리는 반사반응(강화된 놀람 반응)이 일어나는 것이 불안을 느낌을 보여주는 믿을 만한 신호라는 주장에 많은 사람이 동의하는데, 여기에도 앞에 나온 것과 비슷한 회의적인 시각을 적용할 수 있다. 증거들이 항상 이런 전제를 뒷받침해주지는 않는다. 혐오스러운 사건을 예상할 때 불안을 느낀다는 사람들은 피부전도반응이나 강화된 놀람 반응이 일반적인 사람보다 더 크게 나타나지 않는다. 대부분의 성인은 이산화탄소가 많이 들어 있는 공기를 호흡하거나 손을 90초 동안 아주 차가운 물에 담갔을 때 불안을 느낀다고 하지만, 커다란 소리에 눈을 지나치게 깜빡이는 반응을 보이지 않는다. 반면 애너그램 문제를 풀려고 끙끙대는 사람이 오히려 강화된 놀람 반응을 나타낸다.

다양한 정신질환 치료법의 효과에 관한 연구는 환자의 구두 보고에 의존하는 것이 일반적이다. 버몬트대학교의 매튜 프라이스는 치료 효과에 대한 환자의 낙관적인 생각이 이런 판단에 영향을 준다는 것을 상기시킨다. 대부분의 환자는 자신이 선택한 치료가 순전히 시간 낭비였다는 말을 하기를 꺼린다. 프라이스는 치료가 도움이 되리라 기대했던 외상후스트레스장애가 있는 참전 용사들이 여섯 번의 치료 후에 증상이 훨씬 좋아졌음을 알아냈다. 하지만 이들은 스트레스 호르몬인 코르티솔의 분비가 감소했음을 밝히는 데는 실패했다. 이는 이들의 발견이 환자가 구두로 보고한 것처럼 성공적이지 못했는지도 모른다는 추측을 하게 한다. 이 논의에서 말하고자 하는 핵심은 생물학적·행동학적·언어적 보고의 측정치는 불안과 공포라는 용어에 서로 다른 의미를 부여한다는 것이다.

합의된 이론이 아직 도출되지 않은 신생 학문 분야의 경우, 다중의 의미를 갖는 용어가 많다. 각각의 용어가 서로 다른 단어와 스키마의 네트워크에 속해 있기 때문이다. 사회과학 분야에서 광범위하게 합의된 이론을 갖는 분야는 없다. 사정이 그렇다 보니 모든 연구자가 받아들이는 하나의 의미를 갖는 개념이 거의 없다. 이런 상황에서는 증거의 원천이 용어의 의미를 결정한다. 닐스 보어는 관찰로부터 결론을 이끌어낼 때는 연구자가 사용한 절차가 항상 참가자 역할을 한다는 것을 처음으로 깨달은 과학자로 알려져 있다.

심리학 교과서에 나오는 인간의 특성에 관한 수많은 사실이 설문조사에 구두로 답한 내용을 증거로 삼았음을 알아야 한다. 만일 일상적인 환경에서 아동과 성인을 관찰한 내용을 기반으로 결론을 이끌어냈다면 이런 교과서에는 근본적으로 다른 내용이 담겼을 확률이 크다. 션 보지크Sean Wojcik와 그 동료들은 이런 주장을 뒷받침한다. 이들은 정치적으로 보수적인 미국인은 자신이 진보주의자들보다 행복하다고 말하는 것을 발견했다. 하지만 놀랍게도 사진 속에서 더 활짝 미소를 짓고, 글 속에 행복하고 낙관적인 기분을 암시하는 단어를 더 많이 쓴 쪽은 진보주의자들이었다. 연구진은 유용한 충고를 덧붙이며 논문을 마무리했다.

"어떤 방법론이든 하나에만 전적으로 의존했을 경우에는 누가 누구보다 행복한 이유뿐만 아니라, 행복하다는 의미 자체도 지나치게 단순화해서 설명할 가능성이 크다."

증거의 원천은 고정된 곡률을 가진 렌즈에 각각 비교할 수 있다. 관찰자는 렌즈를 정교하게 연마해서 더 잘 보이게 만들 수는 있겠지만, 각각의 렌즈로 볼 수 있는 사물의 범위에는 한계가 있다. 과학자들과 그들이 이해하고 싶어 하는 현상 사이를 작은 구멍이 여러 개 뚫린 커튼이 가로막고 있다. 과학자들은 이 작은 구멍을 통해서만 현상을 관찰할 수 있다. 하나의 증거 원천에만 의존하는 것은 이 가운데 한 구멍을 통해서만 현상을 관찰하는 것에 비유할 수 있고, 이래서는 현상을 이해하겠다는 욕심을 제대로 충족할 수 없다.

내가 주관적으로 불안을 전혀 느끼지 않을 경우, 생물학적인 행동을 조사하는 연구자가 내 주장을 부정할 수는 없다. 내 뇌를 검사해서 내가 불안을 느낀다고 결론 내리는 과학자는 불안의 정의를 나와는 다르게 받아들이는 것이다. 물론 뇌를 측정한 내용이 더 나은 예측 변수일 가능성도 있고, 이론에서 불안 상태를 반영한다고 말하는 결과를 내 주관적인 보고보다 더 잘 설명할 수도 있다. 하지만 이 두 증거 원천은 불안에 다른 의미를 부여한다. 연구 분야를 막론하고 어느 증거 원천이 다른 모든 원천보다 우선하는 특권을 가지는 것은 아니다.

뇌를 통한 증거가 더 신뢰할 만한가?

신경과학자들은 심리 상태에 대한 결론을 이끌어낼 때 뇌 활성 측정으로 나온 증거가 더 신뢰할 만하다고 대중과 연구비 지원 기관을 설득하고 싶을 것이다. 솔직히 고백하자면 징장Jing Jiang이 이끄는 과학 연구팀이 쓴 논문을 읽고 깜짝 놀란 적이 있다. 그 논문에서는 뇌를 측정하면 정치나 사업 분야에서 가장 능력 있는 지도자를 뽑는 데 유용할지도 모른다고 주장했다. 이런 과감한 주장이 나온 배경은 인위적인 맥락에서, 한 가지 이상의 해석이 가능한 관찰 내용 탓이었다. 두 학생에게는 추종자의 역할을 주고, 한 학생에게는 그 두 학생의 지도자 역할을 배정한 다음 정해진 주제에 대해 대화를 나누게 하자 세 사람의 언어 처리와 관련된 뇌 영역의 활성에서 지도자와 추종자 사이에 어느 정도 동기화가 일어났다. 반면 두 추종자 중 한 명이 이야기할 때는 동기화가 일어나지 않았다.

이 관찰을 통해 지도자 역할과 잠재적 능력과는 아무런 상관도 없다는 빤한 설명이 가능하다. 추종자 역할을 맡은 학생은 다른 추종자보다는 지도자 역할을 맡은 학생의 말에 좀 더 주의를 기울일 것이라 예상할 수 있다. 이는 지도자로 배정받은 사람의 잠재적 카리스마와는 상관없는 문제다. 이렇게 해석해도 한 사람은 말을 하고 다른 사람들은 그 이야기를 듣고 있을 때 흔히 활성화되는 뇌 영역이 상응하는 이유를 설명할 수 있다.

젊은 사람들이 가끔 충동적인 판단을 내리는 이유에 대한 대중적인 설명도 심리적 과정을 뇌의 패턴으로 대체하려는 시도를 보여주는 또 다른 사례다. 16세 남자 청소년의 표본을 추출해서 물어보면, 그중 90퍼센트 정도는 강간하거나 경쟁자를 칼로 찌르거나 여성의 지갑을 훔치거나 차에 불을 지르고 싶은 욕구를 억누를 능력이 있다고 주장할 것이다. 이 소년들을 그런 상황에 처하게 한 뒤에 관찰해보면 이런 주장을 확인할 수 있다.

그럼에도 일부 과학자들은 청소년은 뇌가 완전히 성숙하지 않았기 때문에 반사회적 행동을 억제하는 데 어려움을 느낀다고 주장한다(일부 배심원들은 여기에 동의한다). 이런 주장을 하는 과학자들은 똑같이 뇌가 성숙하지 못한 청소년이라도 지배적인 인종 집단에 속한 부유한 집안의 청소년보다 소수 집단의 가난한 청소년들 사이에서 폭력적인 범죄가 훨씬 흔하다는 사실을 간과한다. 지난 10년 동안 미국에서 일어난 살인사건의 대부분은 남부 지방에 사는 15~25세의 흑인 남성이 저질렀다. 이 청소년들의 뇌가 다른 지역의 잘사는 집에서 자란 같은 나이의 청소년들보다 덜 성숙했다는 증거는 어디에도 없다. 이런 사실은 심리학적 기준을 생물학적 기준으로 대체하고, 후자가 전자보다 특권을 갖는다는 주장에 담긴 내재적인 위험을 설득력 있게 보여준다.

판사와 배심원들은 처벌 수위를 결정할 때 피고인의 뇌가 온전한지 여부를 중요하게 고려해야 한다는 주장에 가끔 설득당하곤 한다. 예를 들면 심각한 범죄를 저지른 청소년에게 선고를 내릴 때, 과학자들이 청소년의 전두엽이 20대 중반까지는 완전히 성숙해지지 않는다고 증언하면 처벌 수위를 기꺼이 낮춰준다. 전두엽이 충동적인 행동을 억제하는 데 중요하게 작용하는 영역이기 때문이다.

전두엽이 성숙되지 않은 경우, 이 부위 시냅스의 가지치기가 불완전하다. 가지치기 수준은 이 피질 부위 회백질의 두께로 측정할 수 있다. 앨버타대학교의 과학자들이 진행한 한 연구에서는 이런 믿음에 의문을 제기했다. 이들이 조사해보니 일반적으로 5세에서 32세까지 긴 기간에 피질의 두께가 점점 얇아지는 경향이 있는 것은 사실이지만 10세 아동 중에 일부 30세 성인보다 피질의 두께가 얇은 경우도 많았고, 12~18세의 청소년들은 전두엽의 두께가 비슷한 수준으로 나타났다. 1800년 전에 태어났던 대부분의 청소년은 가지치기가 불완전한 전두엽을 가졌음에도 가족을 부양하기 위해 노동을 했다는 점을 떠올려보자. 인간의 역사를 보면 대부분의 강간, 살인, 강도는 20~40세의 남성이 저질렀다. 아마도 이들은 대부분 전두엽이 성숙되어 있었을 것이다.

일부 배심원은 전문가가 성인 범죄자의 뇌 스캔 영상에서 비정상적인 부분이 보인다고 증언하면 그 사람에게 약한 처벌을 선고하는 경우가 있다. 본인이나 과학자들도 그 비정상적인 부분이 어떻게 범죄 행동으로 이어지는지 이해하지 못하는데도 말이다. 뇌에 이상이 있는 사람도 대부분은 범죄를 저지르지 않고, 대부분의 범죄자는 뇌에 비정상적인 부분이 없다. 24세 여성 J. F.는 남자친구의 아파트에서 아기를 낳은 후 곧이어 그 아기를 질식시켜 죽였다. J. F.는 법적으로 정신이 온전하고 지적 능력에도 문제가 없다고 판단되었지만, 뇌를 측정해보니 충동적인 행동을 조절하는 데 기여하는 전두엽의 한 장소에서 회백질의 양이 평균보다 적은 것으로 나타났다.

하지만 이와 똑같은 뇌를 가진 대부분의 성인은 사람을 죽이지 않는다. 또한 법을 잘 지키며 사는 70세 이상 대부분도 이 부위의 회백질이 그 정도는 손실되어 있다. 따라서 우리는 이렇게 물어야 한다. J. F.는 자기 아기를 죽이고 싶은 충동을 통제할 수 있었을까? 아니면 어떤 생물학적인 상태 때문에 자신의 행동을 억제할 수 없었을까? 그 해답은 알 수 없지만, 변호사들이 자기 고객이 저지른 범죄가 온전히 그 고객의 책임은 아니라고 주장하기 위해 뇌에 대한 정보를 점점 더 많이 활용할 것이라는 점은 분명히 말할 수 있다.

과학의 특권적 지위

모든 사실이 언젠가는 다시 수정될 수 있다는 것은 다 아는 사실이지만, 그럼에도 과학자의 선언에서 비롯된 지식은 현대 과학에서 특권적 지위를 누린다. 뇌질환을 일으킬 수 있는 감염성 단백질의 발견이 그런 사례다. 이런 개념은 과학자들 사이에서 강력한 저항을 불러일으켰다. DNA나 RNA를 함유하는 형태만이 감염성을 가질 수 있다는 기본 원리와 충돌했기 때문이다. 하지만 스탠리 프루시너는 전문가들의 도움을 받아 가혹한 비판을 견뎌냈고, 결국에는 유전자, 식생활, 환경적 사건이 정상적인 뇌 단백질을 비정상적인 형태의 단백질로 바꿔놓을 수 있다는 사실로 대부분의 생물학자와 노벨상위원회를 설득하는 데 성공했다. 이렇게 변형된 단백질을 '프리온'이라고 하는데, 이것은 정상적인 단백질을 점점 더 비정상적인 단백질로 바꾸어놓을 수 있고, 결국에는 독성 플라크로 합쳐져 소에게서는 광우병, 사람에게서는 크로이츠

펠트-야콥병을 일으킬 수 있다.

앞에서 생각이나 느낌이 뇌에서 어떻게 표상되는지 상상하기 어렵기 때문에 자연과학자들은 정신 현상에 대한 사회과학자들의 진술을 회의적인 시각으로 바라본다고 지적한 바 있다. 어느 여름날 오후에 바닷가 옆에 혼자 앉아 있다가 왜 물이 위로 솟구쳐 오르지 않는 걸까 궁금해하는 것을 깨닫고 깜짝 놀란 적이 있다. 물과 지구 사이의 중력이 바다가 하늘로 솟구쳐 오르지 않는 이유를 설명해준다는 것을 알고 있었다. 심지어 나는 이 힘을 설명하는 뉴턴의 방정식도 기억했다. 하지만 '중력'에 대한 스키마를 가지고 있지 않기 때문에 바다가 제자리를 지키는 이유를 완전히 이해하지 못한다는 불편한 느낌을 받는다. 또한 물리학자들이 설명하는 물이 끓는 이유를 더 확실히 이해한다. 가열된 주전자 안에서 서로 충돌하는 물 분자에 대한 스키마를 가지고 있기 때문이다. 크고 무거운 공을 트램펄린 위에 올려놓으면 트램펄린 표면이 휘는 것처럼 커다란 물체가 자기 주변의 공간을 휘게 만든다는 스키마는 일반상대성이론으로 지구가 태양 주위를 도는 이유를 설명한 아인슈타인의 말을 이해하는 데 도움을 준다.

믿음을 뒷받침해줄 스키마를 끌어올 수 없는 사람은 권위자의 주장에 휘둘릴 가능성이 특히 크다. 권위자로부터 몸 상태를 생물학적으로 측정해보니 전날 밤 푹 잤음을 보여주는 결과가 나왔다고 들은 학생이 전날 밤 제대로 자지 못했다는 얘기를 들은 학생보다 인지검사 성적이 좋게 나왔다. 잠을 얼마나 잘 잤는지 학생 본인이 기억하는 부분은 성적에 아무런 영향도 미치지 않았다. 이런 관찰 내용은 권위자가 사람들의 머릿속에 진실이 아닌 사실을 심어주기가 얼마나 쉬운지 보여준다.

지난 세기 중반 이후 대부분의 미국인은 언어와 사회적 행동에 심각한 장애를 보이는 아동을 돌보지 못하고 지냈다. 그 결과 이들은 쌀쌀맞고 냉담한 태도를 가진 어머니가 이런 비정상적인 행동을 만들어낼 수 있다고 한 전문가의 말을 기꺼이 믿었다. 심지어는 17세기에 이탈리아에서 스트라디바리가 만든 바이올린이 그 어떤 새로운 바이올린보다 뛰어난 소리를 낸다는 믿음에도 의문이 제기되었다. 유명한 솔로 바이올린 연주자 열 명에게 눈을 가린 후에 스트라디바리 바이올린과 새로 만든 바이올린을 연주해보게 했더니 새 바이올린의 소리를 더 마음에 들어 했다.

사회과학자들은 실험 참가자들에게 평소 생활환경과는 다른 실험실 환경에서 낯선 사람들과 게임을 하도록 요청할 때가 많다. 영화 〈뷰티풀 마인드〉의 중심 인물이자 노벨경제학상 수상자이기도 한 존 내시는 다중 참가자 게임에 참여한 사람이 차용할 수 있는 최적의 전략을 예측해주는 대단히 우아한 논리적 모형을 발명했다. 하지만 내시의 모형은 네 가지 비현실적인 가정을 포함했다. 모든 참가자가 자신의 동기를 올바르게 평가할 수 있을 것, 동등한 협상 능력을 가질 것, 다른 모든 참가자의 선호도를 알고 있을 것, 서로 소통이 불가능할 것, 이렇게 네 가지다. 성공적인 자산관리자, 쿼터백 풋볼 선수, 포커 도박사, 정치인 중에 내시의 기준을 충족시키는 사람은 없다.

연구자나 대중이 믿고 싶어 하는 내용을 뒷받침하는 설명들이 심리학과 정신의학에서 널리 퍼져 있다. 1910~1960년 특히 미국과 영국에서 프로이트 이론의 인기는 '어린 시절 가족 경험이 삶에 중요한 영향을 미친다'는 대중의 믿음을 뒷받침하는 근거가 얼마나 매력적인지 잘 보여준다. 교육 수준이 높은 대다수의 정신의학 의사와 심리학자가 신경증 증상의 원인에 대해 왜 지그문트 프로이트의 설명을 믿는지 나는 이해할 수가 없다. 이 개념을 뒷받침해주는 증거가 없는데도 말이다.

지난 세기가 시작될 무렵 프로이트의 가설은 수많은 중산층 미국인에게 매력적으로 다가갔다. 이들은 어린 시절의 경험이 중요하다고 믿었고, 또 성적 욕망으로 찾아오는 어느 정도의 죄책감, 수치심, 불안을 극복해야 하는 상황이었기 때문이다. 아스티 허스트베트는 프로이트가 장 마르탱 샤르코와 공동 연구차 파리에 체류한 경험이 '성적 아이디어와 느낌을 억압하는 것이 히스테리 증상을 만들어낸다'는 결론에 도달하도록 도왔다고 지적한다. 피티에-살페트리에병원에서 샤르코의 지도 아래 관찰하던 히스테리 환자들 중에는 대놓고 성에 대해 자주 이야기하는 사람이 많았다. 이들은 젊었을 때 여러 번 유혹과 강간을 당했던 사람들이기 때문이다.

더군다나 자동차, 라디오, 여권 신장, 제1차 세계대전, 영화 그리고 더 빨라진 삶의 속도 때문에 그 원인을 꼬집어 말하기 힘들지만, 왠지 뭔가 불확실하다는 기분이 생겨났다. 그래서 상당수의 미국인과 유럽인은 그런 긴장감을 설명해주는 전문가들의 말에 귀를 기울였다. 프로이트의 설명에 무릎을 쳤던 수백만 명이 어린 시절의 부적절한 사회화가 야기한 성적 충동의 억압이 자기가 그런 느낌을 갖는 이유라 기꺼이 믿었다. 카를 융은 프로이트가 19세기 말 유럽 사회의 중산층이 가졌던 일시적인 성적 태도를 인간의 본성에 관한 심오한 진리로 잘못 해석했음을 깨달았다.

자신의 마음에 드는 개념이 진리라고 입증해주는 설명에 사람들이 매력을 느낀 것은 신생 심리학 분야의 짧은 역사 때문에 빚어진 결과였다. 처음 등장한 심리학자 중 상당수는 인간의 지각을 이해하고 싶어서 생리학을 전공한 19세기 학자들이었다. 정신과 도덕성을 둘러싼 철학 문제에 끌린 젊은 학자들이 곧 이 새로운 학문 분야로 합류했다. 프로이트의 이론이 인기를 끄는 바람에 이 두 집단의 힘이 일시적으로 철학파 쪽으로 쏠렸다.

심지어 성숙된 학문 분야의 전문가들조차 동료의 진술이 인기 있는 개념을 지지하는 경우에는 그 진술을 쉽게 믿어버린다. 언론에서는 2014년 봄에 남극기지의 과학자들이 고도로 특화된 망원경으로 하늘을 관찰하다가 빅뱅 이후로 우주가 확장을 시작하고 눈 깜짝할 사이에 만들어진 중력파의 흔적을 발견했다고 보도했다. 많은 물리학자가 이 주장을 사실로 받아들였지만, 나중에 그 증거를 검토해본 몇몇 회의적인 물리학자는 이 관찰 내용이 우리 은하의 자기장에 의해 성간먼지가 흩어지면서 만들어진 결과라고 설명하는 것이 더 낫다고 주장했다. 지금은 이런 주장에 합의하고 있다.

1880~1920년경 정확한 수는 알 수 없지만 상당히 많은 중년 남성이 지금 돈으로 10달러 정도 하는 허리띠를 사서 차고 다녔

다. 피부에 약한 전기 자극을 준다는 허리띠였다. 이 허리띠는 나무 실린더에 식초에 담갔던 아연과 구리로 만든 철사를 감아놓은 것이었다. 남성들은 발기불능이 청소년기에 자위를 너무 많이 해서 생긴다고 믿었고, 신체 중 특히 성기에 전기 자극을 주면 발기부전을 치료하는 데 필요한 에너지가 공급된다는 광고를 그대로 믿었다.

정신질환

대중은 정신과 의사들이 어떤 증거를 보고 자폐증이 유행병처럼 널리 퍼졌다고 선언했는지 모른다. 자폐증이라는 단어는 약 70년 전에 언어와 사회적 행동에서 심각한 장애를 보이는 아동 질환을 기술하기 위해 발명됐다. 미국의 자폐증 유병률은 70년 전만 해도 1000명당 한 명꼴이었다가 2014년에는 66명당 한 명꼴로 늘어났다. 한 세기도 지나기 전에 자폐증 환자가 열 배 넘게 증가한 것이 사실이라면 실로 큰 걱정거리다. 하지만 걱정할 필요 없다. 자폐증에 유행은 없다. 자폐증 유병률이 급증한 이유는 의사들이 자폐증 진단 기준을 바꿨기 때문이다. 현재 자폐 스펙트럼에 속하는 것으로 진단받은 어린이 대부분이 예전에는 뇌 손상 환자로 분류되었다. 뇌 손상은 유전적 돌연변이, 임신 기간 어머니의 감염, 면역 반응, 출산 시 발생한 문제 등을 비롯해 다양한 원인으로 일어난다. 의사와 과학자들은 이제 서로 다른 형태의 뇌 손상을 야기하는 이 다양한 원인을 '자폐 스펙트럼'이라는 포괄적인 범주로 묶어 분류한다. 만약 의사들이 늘 피곤하다고 불평하는 사람들을 모두 피로 스펙트럼이라는 항목으로 분류했다면 언론에서는 아마도 피로가 유행병처럼 번진다는 기사를 냈을 것이다.

미국정신의학회에서는 2013년에 다섯 번째 정신질환 매뉴얼을 발표했다. 이 매뉴얼의 정당성을 믿을지 말지는 그것을 작성한 사람의 지혜를 얼마나 신뢰하느냐에 달려 있다. 대부분의 신체질환과 달리 정신질환 중에는 그 기원을 따져서 정의된 것이 거의 없다. 오히려 각각의 정신질환은 흔히 볼 수 없는 행동이나 기분을 보고하는 개인을 치료했던 혹은 일부 사례에서는 그런 개인을 연구했던 전문가의 의견을 바탕으로 정의된다. 안타까운 일이지만 최신 매뉴얼에 나오는 질병의 범주 중 확실한 과학적 사실로 뒷받침되는 것은 절반도 안 된다. 대부분의 범주는 전문가의 의견을 밑바탕으로 하는데, 이런 의견에 모든 사람이 동의하는 것은 아니다. 그 결과 현재까지의 기나긴 정신질환 목록의 정당성을 비판하는 책들이 쏟아져 나오고 있다.

예를 들어보자. 이 매뉴얼에서는 만성 도박을 정신질환으로 분류하지만, 매일 동이 트기 전에 일어나 수백만 달러어치의 증권을 사고파는 투자회사 남녀 종사자들은 이 분류에서 제외된다. 이들도 도박을 하며, 이들 가운데 온라인으로 혹은 도박장을 찾아가 포커를 즐기는 사람들과 마찬가지로 증권 매매 활동에서 짜릿함과 중독성을 느끼는 사람이 많다. 만약 업무의 일부로 도박을 하는 것은 정신병을 나타내는 신호가 아니고, 재미를 위해 도박하는 것은 정신병이라 해보자. 같은 원리로 정신과 의사들은 가족을 부양하기 위해 돈을 많이 받는 성매매업자의 길을 택한 사람은 건강하다고 진단하지만, 섹스를 즐기기 위해 파트너를 자주 바꾸는 사람은 정신질환자로 진단해야 옳을 것이다. 이런 추론에는 분명 비논리적인 부분이 있다.

수많은 정상적인 상태를 정신질환 목록에 추가한 것에 불만을 느낀 정신과 의사 앨런 프랜시스는 《정신병을 만드는 사람들》이라는 책에서 현재의 정신의학과 매뉴얼은 정상적인 사람을 정신질환자로 내몬다고 적었다. 또한 진단 인플레이션을 촉발해서 결국 정신질환 치료제를 남용하는 과잉 진료로 이어지고, 의도하지 않았던 해로운 결과를 낳을 것이라 했다. 불안장애, 우울증, 약물남용 장애로 진단받은 미국인 두 명 중 한 명은 아무런 치료 없이도 3년 안에 고통이 줄어들어 평소 상태로 돌아온다는 사실이 프랜시스의 주장을 뒷받침한다. 이 사실이 암시하는 바는 실직이나 인간관계 실패, 혹은 만성 질환 등으로 일시적으로 걱정이나 슬픔에 휩싸이거나 지나친 음주에 빠지는 것은 흔히 볼 수 있는 인간적인 반응이며, 이는 꼭 비정상적인 유전자를 갖는다거나 뇌에 손상을 입었다거나 어린 시절에 정신적 외상을 입었다는 신호는 아니라는 것이다.

1920년대에 몇 명 안 되는 젖먹이 아기를 연구했던 한 소아과 의사가 아기가 젖을 먹고 난 다음에 위가 빌 때까지는 약 4시간이 걸린다는 사실을 발견했다. 근거가 빈약한 이 정보가 수천 명의 미국 소아과 의사에게 전파됐고, 이들은 새로 어머니가 된 수백만 명에게 아기에게 젖을 물릴 때는 사이사이에 4시간을 기다리라고 충고했다. 이 충고를 받아들이면서 의사에게 이런 처방을 뒷받침하는 증거를 요구하지 않았던 어머니는 내가 배고프다고 보채는 소리에 귀를 닫기 위해 상당한 의지가 필요했을 것이다.

늘어난 과학자들

지난 세기 동안 과학자 수가 폭발적으로 증가하면서 덩달아 연구 범위가 세분화된 전문 분야가 대단히 많이 생겨났다. 각 영역에서 연구하는 과학자들은 그 영역에서 어떤 결론이 참이고, 어떤 결론이 거짓인지 결정할 권리는 자신들에게 있다고 주장했다. 이를테면 입자물리학, 분자유전학, 신경과학 같은 특수 분야의 구성원들은 자기가 속한 집단의 다른 구성원의 주장에는 기꺼이 귀를 기울였지만, 보통 다른 특수 분야의 과학자들이 하는 주장은 무시해버렸다. 다방면에 두루 지식을 갖춘 박식가의 시대가 저물고 만 것이다. 그 결과 한 분야에서 대부분의 사람이 가진 믿음을 변화시키기 위해서는 그 분야의 내부 사람들이 제시하는 설득력 있는 논거가 필요해졌다. 그렇게 외부인의 관점에 무관심해지면서 개혁의 속도는 느려지고 말았다. 과학자의 수도 적고, 과학적 사실도 적었던 시절에는 한 분야의 학자가 좋은 개념과 새로운 관찰 내용을 가지면, 다른 분야에 영향을 미칠 수 있었다. 이반 파블로프는 생리학자였고, 그레고어 멘델과 요하네스 케플러는 성직자였고, 카를 포퍼와 W. V. 콰인은 철학자였다. 그런데 이 네 사람 모두 자연과학과 사회과학에 지대한 영향을 미쳤다.

　당연한 얘기지만 과학자의 수가 늘면서 발표되는 논문 수도 폭발적으로 증가했다. 이런 문제를 다룬 글이 2013년 10월 4일 자

《사이언스》에 실렸다. 이 글에서는 1880년에 발표된 모든 과학 논문을 한 권의 책으로 엮으면 약 100페이지가 나올 것이라고 지적했다. 하지만 2015년에 발표된 논문을 모두 엮으려면 그보다 더 두꺼운 책으로 16권 넘게 필요할 것이다. 15분마다 과학 문헌에 논문이 한 페이지씩 더해졌기 때문이다. 2012년 미국 학술지에는 300만 편에 가까운 논문이 발표됐다.

기술 문헌의 폭발적인 증가가 수많은 논문의 질을 갉아먹는 데는 적어도 세 가지 이유가 있다. 첫째, 모든 학술지에 제출되는 논문을 꼼꼼히 다 검토하기가 어렵다. 둘째, 승진을 간절히 원하고, 그러기 위해서는 짧은 시간 안에 많은 논문을 발표하는 것이 필수 조건임을 아는 젊은 연구자들이 자신의 기준을 낮추고 싶은 유혹을 느낀다. 마지막으로, 최근 영리를 추구하는 학술지 출판사들이 등장하면서 자기네 학술지에 논문 한 편을 발표하는 데 500~2000달러 정도의 돈을 받는다. 이런 회사들은 돈을 벌고 싶은 욕심 때문에 결함이 있는 연구 내용도 꼼꼼히 검토하지 않고 받아준다. 일부 전문가는 이 영리를 목적으로 학술지에 발표되는 내용 중 적어도 절반 정도는 재현할 수 없는 것으로 추정한다. 따라서 거기서 유도된 결론도 믿기 어렵다.

한 생물학자는 명백한 오류가 있는 암치료법에 대한 가짜 논문을 원고 평가가 부적절하게 이루어지는 304곳의 학술지에 제출했다가 논문 검토가 정말 너무도 허술하게 이루어진다는 사실을 알아냈다. 편집자 가운데 절반 이상이 심각한 결함이 있는 논문을 받아주었다. 이 슬픈 사실은 과학자, 과학기자 그리고 대중은 다

른 과학자가 정당성을 입증해주기 전까지는 논문 검토가 부적절
하게 이루어지는 것으로 밝혀진 학술지에 발표된 결론을 회의적
인 시각으로 바라보아야 한다는 것을 의미한다.

만능 해결사는 없다

사회과학자들은 복잡한 결과를 설명할 하나의 원인을 찾아내고
싶어 한다. 과학에서 확실한 진리 중 하나는 현상이 복잡할수록
그런 현상을 만들어내는 데 필요한 조건의 숫자도 많아진다는 것
이다. 유전학자들은 대부분의 신체적·심리적 특성이 형성되는 데
는 여러 유전자와 결정적인 경험이 결합된 패턴이 필요하다는 것
을 인정한다. 그럼에도 심리학자 중에는 어린이집 다니기, 애착의
안정성, 학대, 방임, 친구 관계의 부족, 괴롭힘, 이혼, 엄마의 우울
증 등 아이의 성별, 사회계층, 인종, 재능, 문화와는 상관없이 바람
직하지 않은 심리적 특성이나 생물학적 상태를 유발할 확률을 높
이는 단일 조건을 찾아내려는 사람이 많다.

　노버트 위너의 어린 시절을 보면, 커서 생활에 적응하는 데 문
제를 일으킬 위험 요소로 심리학자들이 생각하는 조건이 적어도
여섯 가지는 있었다. 그는 행동이 어설프고, 근시안적이고, 사회
생활도 서툴고, 친구도 없고, 자기 회의가 가득하고, 심지어 자신
을 어린애 취급하고 그에게 너무 많은 것을 요구하는 아버지와 함
께 살았다. 하지만 이런 개별 특성들은 그보다 더 큰 패턴 속에 들
어 있는 요소에 불과했다. 그 패턴에 포함된 다른 요소들로는 비
범한 수학적 재능, 선도적인 유럽의 수학자와 철학자의 가르침,

아들의 경력에 도움이 될 능력 있는 친구를 많이 거느린 하버드대
학교 교수 아버지, 그리고 1920년대에 성년이 된 것 등이 있었다.
1920년대는 전화와 전기 사용이 확산되던 시기였는데, 때마침 거
기에 뒤따르는 문제점들을 위너가 발견한 수학으로 해결할 수 있
었다. 그 결과 그는 MIT에서 존경받는 교수가 되었고, 행복한 결
혼 생활을 했으며, 어린 시절의 여섯 가지 악조건에도 불구하고
대단히 생산적인 삶을 누렸다.

   가난하게 보낸 어린 시절과 사이토카인이라는 단백질 수치가
높아서 일으키는 만성 염증 발생에는 강력한 상관관계가 있다. 이
런 만성 염증 상태에서는 당뇨, 심장마비, 뇌졸중 등의 심각한 대
사성 질환이 발생할 위험이 커진다. 대부분의 과학자들은 가난하
게 자랄 때 받은 스트레스가 성인이 되어 생리학적인 문제를 일
으키는 큰 원인이라는 데 의견을 같이한다. 하지만 부적절한 식생
활, 다수의 감염성 질환, 적절한 의학 치료의 결여, 다니는 학교의
질, 또래집단의 반사회적 가치관, 운동 부족, 스트레스를 주는 태
아기 사건들, 부모의 사회화 관습 등 가난과 관련된 패턴 중 어떤
것이 염증을 만들어내는지는 알지 못한다.

   심리학적 결과와 생물학적 결과의 대부분은 여러 인과적 연쇄
에 따른 결과물이다. 따라서 이해와 예측을 향상하기 위해서는 똑
같은 결과를 가져오는 각각의 인과관계를 밝혀내야 한다. 슬프게
도 다양한 인과관계를 밝혀내려고 노력하는 사회과학자는 거의
없다. 반면 종양학자들은 똑같은 형태의 암을 만들어내는 서로 다
른 유전적 이상을 찾아내려고 노력한다.

사람들은 괴롭힘을 당했던 경험이 다른 조건과는 상관없이 바람직하지 않은 결과로 이어진다고 흔히 가정하지만, 이는 다른 아이를 괴롭히는 아이들이 어떤 식으로든 또래집단과 달리 튀는 면이 있는 아이를 희생자로 고른다는 사실을 무시한 것이다. 괴롭힘을 당하는 아이는 키가 작거나 얼굴이 못생겼거나 너무 소심하거나 너무 잘난 척하거나 종교나 인종이 소수 집단에 속하거나 가난하게 살거나 학교 성적이 나쁘거나 해서 무언가 튀는 면이 있다. 꼭 괴롭힘을 당한 경험이 없다고 해도 이런 속성들은 모두 훗날 심리적인 문제에 기여할 수 있는 것들이다.

35개국의 어린이에 대해 연구한 덴마크 과학자들이 발견한 바에 따르면, 괴롭힘을 많이 당하는 어린이 중에는 가난한 집안 출신이 많았지만 반 친구 대부분이 부유한 집안 출신인 학교에 다닌다는 사실을 발견했다. 따라서 자신이 상대적으로 불리한 상황이라는 인식에서 오는 느낌이 훗날의 성격을 결정하는 데 중요한 인자가 될지도 모른다. 인종적으로 다수 집단 출신에 성적도 좋은 인기 많은 아이가 괴롭힘을 당하는 경우는 드물다. 이런 아이는 괴롭힘의 희생자가 되더라도 결과가 양호하게 나오지 않을까 싶다. 20세기 초반에 유럽이나 미국에서 가족끼리 서로 힘이 되어주는 중산층 가정에서 태어난 상당수의 유대인은 어린 시절에 유대인이라는 이유로 가혹한 괴롭힘을 경험하는 경우가 잦았지만 부적응 특성이 생기지 않았다. 괴롭힘을 당하고 나면 필연적으로 이런 부적응 특성이 발생하리라고 추정되었는데도 말이다.

현대의 아프리카계 미국인 남성에게서 살인, 투옥, 실업, 학업 실패, 가정위탁 등의 현상이 유독 자주 일어나는 게 단일 조건 때문일 가능성은 크지 않다. 이런 현상이 일어나려면 경제적 불이익, 백인의 편견에 대한 인식, 대가족 구성원들이 포함된 공동체에서 떨어져나와 도심지로 이사하는 것, 마약을 구하기 쉬운 환경, 부적절한 학교, 대학 졸업자에 비해 떨어지는 기술력, 제조업 일자리 상실, 그리고 사회 다수파의 가치관을 받아들이기를 거부하며 발현되는 분노 같은 조건이 결합되어야 한다. 이런 요인들 중 단독으로는 어느 하나 위에서 기술한 프로필을 만들어내기가 어렵다.

부모의 학대는 젊은이들 사이에서 범죄 행위가 일어나는 이유를 설명할 때 자주 등장한다. 가난, 이혼, 낮은 교육 수준, 여러 명의 자식 부양 등의 조건에 해당하는 부모는 좌절감을 느꼈을 때 아이를 가혹하게 처벌하거나 학대할 확률이 높다. 이런 가정에서 자란 어린이는 도둑질을 하거나 조직폭력배에 가담하거나 다른 반사회적 행위에 참여할 위험이 높다. 하지만 가난과 관련된 다른 조건들, 특히나 부적절한 식생활, 많은 감염, 질적으로 떨어지는 학교 출석, 낮은 학업성취도 등은 어린이가 학대를 받지 않은 경우라 해도 훗날 반사회적 행동을 하는 데 크게 기여할 수 있다. 존제이칼리지의 캐시 위덤Cathy Widom과 크리스티나 매시Christina Massey는 이런 주장을 확인해주고 있다. 어린 시절에 앞에 나온 위험한 조건들을 상당수 경험했지만 육체적으로는 학대를 당하지 않은 성인이 범죄를 저질러 체포될 확률도 학대를 받았던 사람과 비슷했다.

한 사회에서 일어난 역사적 변화 역시 한 가지 조건 때문에 일어나는 경우는 드물다. 1980년에 중국 시민의 경제력과 기술 수준은 러시아와 인도보다 한참 뒤처져 있었다. 하지만 2014년에는 중국 GDP와 젊은이들의 기술 수준이 러시아와 인도를 뛰어넘었다. 마오쩌둥이 권력에서 물러난 뒤 중국이 사회적 특성을 독특하게 조합해 활용했기 때문이다. 이런 사회적 특성에 해당하는 것으로는 가족 외부의 권위자를 존중하는 문화, 높은 사회적 지위를 향한 강력한 열망, 계급제도의 부재, 가장 오랫동안 지속되어온 문명이라는 자부심, 사회적 이동 수단으로서 교육을 강조하는 분위기, 공동체의 조화에 대한 관심, 그리고 저렴한 노동 비용 때문에 미국과 유럽 기업들이 중국으로 업무를 위탁했다는 사실 등이 있다. 어떤 하나의 조건 때문이 아니라 이런 요소들이 모두 조합되어야 지난 35년간 중국 사회에서 일어난 극적인 변화를 설명할 수 있다.

큰 패턴 속의 한 조건이 특정 결과로 이어질 수 있음을 입증하고자 하는 연구자들도 그 조건이 사회계층, 인종, 성별 혹은 이 세 가지 모두와 연관되어 있을 때가 많음을 인정한다. 이들은 통계 기술을 이용하면 서로 연관된 속성들의 영향을 제거할 수 있으며, 관심 있는 단일 조건의 영향력만 남길 수 있음을 안다. 최근 '생후 2년 동안 어린이집에 다닌 어린이는 열 살이 됐을 때 IQ가 낮을 위험이 높다'는 연구 결과가 큰 관심을 모으는데, 이에 대해 한번 생각해보자. 어린이의 IQ는 사회계층과 항상 연관되어 있기 때문에 연구자들은 통계 절차를 이용해 이런 영향을 제거한다. 이들은 제일 먼저 사회계층과 IQ 사이에 얼마나 큰 관계가 있는지 계산한 다음, 사회계층의 영향을 제거한 후에 어린이집에 다니는 것과 IQ 점수의 관계를 계산한다. 그렇게 해서 유의미한 상관관계가 나오면 심리학자는 어린이집에 다니는 것만으로도 훗날 지능에 영향을 미칠 수 있다는 결론을 내린다.

이 결론에는 두 가지 잠재적 오류가 들어 있다. 경제적으로 어려운 가정 출신의 어린이는 부유한 가정 출신보다 질적으로 떨어지는 어린이집에 다닐 확률이 높을 뿐 아니라, 아예 어린이집에 다녀본 적이 없다고 해도 IQ가 낮을 가능성이 크다. 이런 사실들을 고려해도 경제적으로 어려운 가정에서 자랐다는 사실과 하루 종일 질이 떨어지는 어린이집에 있었다는 사실이 결합되어 열 살에 IQ가 낮아지는 결과를 낳았을 가능성은 열려 있다. 하지만 어린이집의 질적 수준, 어린이집에서 보낸 시간, 그리고 가족의 사회계층과 상관없이 어린이집에 다녔다는 사실만으로 IQ에 큰 영향을 미칠 가능성은 별로 없다.

이런 통계 기술에서 한 가지 문제점은 원인이 되는 각각의 조건과 결과 사이에 선형적인 관계가 성립한다고 가정한다는 점이다. 두 측정치 간에 선형적인 관계가 존재할 경우에는 한 측정치가 증가할 때 나머지 측정도 그에 비례해서 항상 증가한다. 18세에 이를 때까지 한 사람의 몸무게와 키의 관계는 선형적이다. 즉 몸무게가 5파운드씩 늘어날 때마다 그에 비례해서 키도 큰다. 하지만 키 성장이 멈추고 나면 이런 선형적인 관계가 사라진다. 심리학에서는 예측 변수와 결과 측정치의 관계가 선형적인 경우가 드물기 때문에 이런 통계 기술을 적용하는 것이 타당한가 하는 의문이 든다. 다음 사례를 한번 살펴보자.

여섯 살 때의 IQ로 성인이 되었을 때 달성할 정규교육을 받은 햇수를 예측할 수 있다는 것을 입증하고 싶은 과학자들은 가족의 연소득이 예측 변수 및 결과와 관련이 있다는 사실을 안다. 따라서 연구자들은 통계 기술을 이용해 가족의 수입이 미치는 영향을 제거한다. 하지만 가족의 수입과 자식이 달성할 교육 햇수의 관계는 선형적이지 않다. 도시에 사는 미국인 가정에서는 연수입이 1만 달러 많아졌다고 해도, 즉 2만 달러의 연수입이 3만 달러로 올라간다고 해도 10만 달러를 벌던 가정이 똑같은 액수만큼 연수입이 올라간 경우보다 예측 변수와 결과에 미치는 영향이 작다. 가난한 가족의 경우 1만 달러를 더 번다고 해도 부유한 가족에 비해 교육환경이 더 좋은 동네로 이사 가서 아이가 IQ를 높일 기회를 만들어줄 여력이 부족하기 때문이다. 그 결과 가족의 수입이라는 변수를 제거하고 아동기의 IQ가 교육 햇수에 기여하는 양을 평가하기 위해 디자인된 통계를 조작해 연수입이 1만 달러 증가한 가난한 가정 출신이 성인이 되었을 때 그들이 실제보다 더 많은 교육을 받으리라 잘못 예측할지 모른다.

과학자들이 결과에 대단히 중요한 영향을 미치는 조건이 기여하는 부분을 통계학을 이용해 제거하려 들면 잘못된 결론에 도달하기 쉽다. 식물이 자라기 위해서는 비, 따뜻한 기온, 햇빛이 필요하다. 햇빛이 식물의 성장에 미치는 영향을 밝히기 위해 비와 기온이 기여하는 조건을 제거하려는 생물학자는 없다. 아주 춥고 비도 거의 내리지 않는 곳에서 자랄 수 있는 식물은 없기 때문이다.

생활만족도와 거주 장소의 관계에 흥미를 느낀 두 사회과학자가 수입, 연령, 성별, 인종, 교육 연수, 취업 실태 등의 기여를 제거하기 위해 130만 명의 미국인 표본에서 그 문제 많은 통계 기법을 이용했다. 여기서 제거된 여섯 가지 조건은 생활만족도에 중요하게 영향을 끼치는 것이기 때문에 이들의 분석에서는 가장 행복한 미국인은 루이지애나에 살고 있고, 덜 행복한 사람들은 뉴욕에 산다는 결과가 나왔다. 상식에 어긋나는 결과였다. 루이지애나보다는 뉴욕에 살고 싶다는 미국인이 더 많을 뿐만 아니라, 루이지애나 거주자들은 미국에서 가장 행복을 못 느끼는 사람에 속한다는 갤럽 여론조사가 있었기 때문이다.

대부분의 심리적 결과는 조건들의 패턴이 만들어낸 산물이고, 그 패턴 속의 조건들은 모두 빠져서는 안 될 필수 요소다. 괴롭힘을 당한 경험이나 어린이집에 다녔던 경험이 훗날 성격 특성에 기여하는 경우는 그 각각의 경험이 적어도 아이의 성별, 사회계층, 인종, 문화적 배경을 포함하는 패턴의 일부로 작용할 때뿐이다. 사회과학자는 "괴롭힘을 당했던 경험이 우울증 발달에 10퍼센트가량 영향을 준다"라고 하기보다는 먼저 우울증이 찾아오리라 예측되는 조건들의 패턴을 발견해야 한다. 이런 전략을 시행하면 연구자들은 다음과 같은 결론을 이끌어낼 것이다.

"가난한 소수 집단 가정 출신으로 청소년기 초에 만성적으로 괴롭힘을 당했던 소녀 가운데 25퍼센트는 성인기에 재발성 우울증이 발생했다. 반면 가난한 소수 집단 가정 출신으로 괴롭힘을 당하지 않았던 소녀들 중에는 5퍼센트만, 그리고 다수 인종 집단에 속하는 부유한 가정 출신으로 괴롭힘을 당했던 소녀들 중에는 1퍼센트에서만 재발성 우울증이 발생했다."

이 진술이 앞에 나온 진술보다 훨씬 유용한 정보를 담고 있다.

사회적 조건이나 생물학적 특성, 심리적 결과의 상관관계 중 90퍼센트 이상은 0.40미만이고, 대부분은 그보다 작은 값이라는 것도 중요한 점이다. 캐나다의 두 심리학자는 0.40미만의 유의미한 상관관계는 보통 점수가 분포의 상위 또는 하위 10~15퍼센트에 해당하는 참가자들 때문에 나타난다는 것을 입증해, 60년 동안 자료를 분석한 내용을 확인해주었다. 예를 들면 스탠퍼드대학교의 두 심리학자는 엄마가 어린아이에게 직접 말을 거는 경우가 많을수록 아이의 어휘도 늘어난다고 보고했다. 하지만 이런 관계는 아이를 향한 대화를 가장 많이 혹은 가장 적게 경험한 아이들에게만 해당된다. 아주 높은 어휘력 점수를 받았으며 어머니와 잦은 대화를 나누었던 아동은 10퍼센트에 불과했고, 그와 정반대의 프로필을 갖는 아동 또한 10퍼센트에 불과했다. 나머지 80퍼센트에서는 두 측정치의 상관관계가 나타나지 않았다.

한 방으로 모든 것을 해결하는 만능의 결과는 만능의 원인만큼이나 드물 수밖에 없다. 대부분의 구두 보고나 행동은 서로 다른 인과적 연쇄에서 빚어진 결과일 수 있기 때문이다. 그런데도 대부분의 사회과학 연구는 단 하나의 측정치에 의존해서 예측을 확인한다. 일례로 발달심리학자들은 유아가 특정 사건을 바라보는 총 시간만을 근거로 삼아 인과관계에 대한 이해나 또 다른 목표에 대한 자각에 관해 과감한 결론을 이끌어낸다. 이런 결론이 나오려면 각각의 사건을 바라보는 시간의 차이를 결정하는 요인은 기대치 위반밖에 없다는 가정이 필요하다. 하지만 유아가 사건을 바라보는 시간은 사건이 가진 물리적 특성, 제시되는 사건의 순서를 기억하는 유아의 능력, 그리고 아이가 가진 기대에서 심각하게 벗어나는 사건은 기대에서 적당히 벗어나는 사건보다 아이의 시선을 끌지 못한다는 사실에 영향을 받는다.

로마대학교의 막달레나 보치아Maddalena Boccia와 동료들은 결과의 패턴을 조사해야 할 필요성을 보여주는 매력적인 사례를 제시했다. '해마 곁 장소영역'이라는 뇌 부위는 하나 이상의 사물이나 동물, 사람이 포함된 장면을 바라보거나 상상할 때면 항상 활성화된다. 보치아는 이탈리아 대학생들에게 지도에 나와 있는 다양한 도시의 위치, 자신이 다니는 대학 캠퍼스의 다양한 건물의 위치, 그리고 다양한 시간을 가리키는 시곗바늘의 위치 등을 상상해보라고 했다. 그랬더니 이 세 종류의 장면 모두 주요 뇌 부위를 똑같이 활성화했다. 결국 별개인 아홉 뇌 부위의 활성화 패턴을 조사하고 나서야 비로소 이 세 유형의 장면에 대한 뇌 반응의 차이를 포착할 수 있었다.

의사들은 항상 진단명을 결정하기 전에 몇몇 종류의 정보를 꼭 확인해본다. 경제학자들은 어떤 결론을 내리기 전에 취업률, GDP, 통화량, 물가상승률, 수출입 균형 등을 평가해본다. 기후학자들은 미래의 해수면 높이에 대해 진술하기 전에 얼음 두께, 바닷물의 온도, 대기 중 이산화탄소 농도 등의 변화를 측정해본다.

그러니 사회과학자들이 중요한 결론을 이끌어낼 때 한 가지 측정 치만으로 충분하다고 가정하는 것이 이상할 수밖에 없다.

수수께끼 풀기

대부분의 생물학자는 자신이 이해하지 못하는 수수께끼 같은 현 상을 장기 연구의 대상으로 선택한다. 40여 년 전에 피터와 로즈 메리 그랜트 부부도 세 가지 수수께끼를 풀기를 바라는 마음으로 갈라파고스제도를 찾아갔다. 핀치finch가 새로운 종種으로 분한 조 건은 무엇이었을까? 먹이를 차지하기 위한 경쟁이 핀치가 진화 하는 데 영향을 미칠까? 일부 종이 다른 종에 비해 부리의 모양 등 한 가지 특성 안에서 더 많은 변이가 나타난 이유는 무엇일까? 40년 동안의 노력을 통해 그들이 배운 것은 가뭄이나 심한 비가 내리는 우기같이 기후에서 비롯되는 예측 불가능한 사건이 이 세 가지 수수께끼를 푸는 데 모두 도움이 된다는 것이었다.

1941년 프랑스의 생화학자 자크 모노는 세균 군집의 성장에 영 향을 미치는 요인들에 호기심을 느끼다가 이해할 수 없는 무언가 를 눈치챘다. 그는 공급하는 먹이에 한 종류의 당분만 들어 있으 면 세균 군집의 성장 속도가 선형적으로 나온다는 것을 알고 있었 다. 그런데 그가 서로 다른 두 종류의 당분을 세균에게 먹이자 성 장 속도가 잠시 주춤했다가 예상했던 선형적 성장이 일어났다. 그 리고 성장 속도가 수수께끼처럼 소강상태를 보이는 이유를 끈질 기게 추적한 결과 그에게 노벨상을 안겨준 발견을 할 수 있었다.

반면 심리학자 중에는 수수께끼 같은 관찰 내용을 입증하는 일보다는 자기가 좋아하는 개념의 정당성을 입증하는 일에 관심이 더 많은 사람이 있다. 예를 들어 우울증이 발생하는 빈도는 사람마다 제각각이다. 생물학자들의 경우 이런 다양성에 초점을 맞춰 다양성에 기여하는 모든 조건을 밝혀내려 한다. 하지만 심리학자들은 외로움 같은 하나의 특정한 원인을 골라 우울증을 일으키는 조건을 입증하려 드는 경우가 많다. 이런 전략은 우울증에 빠진 사람이 외로움과 우울증보다 시간적으로 앞선 다른 어떤 생물학적 요인이나 인생사를 경험했을 가능성을 무시해버리는 것이다. 가까운 친구도 없고, 가난한 환경에서 자랐으며, 고등학교를 중퇴했고, 좋은 일자리도 얻을 수 없는 과체중의 매력 없는 여성은 대사성 질환에 걸리기 쉽다. 이것은 다시 우울증을 일으킬 수 있다. 이 여성이 심리학자를 찾아가 외롭다고 말할 수도 있지만, 이런 외로운 느낌은 이 여성의 기분이 침울한 주요 원인이 아닐 수도 있다.

심리학계에서 일류 학술지로 인정받는 《사이콜로지컬 사이언스》 2015년 2월호에 나온 다수의 논문은 '불충분한 포옹' 같은 특정 조건이 천식, 심장마비, 감기 같은 질병의 발생 위험을 높인다는 것을 증명하려 했다. 생물학자들이었다면 포옹이 부족한 것이 감기를 유발한다는 판단을 내리기 전에 이 각각의 질병에 대한 감수성이 다르게 나오는 것을 이상하다 여겨서 이런 감수성에 영향을 주는 여러 조건을 먼저 조사해보았을 것이다.

가난한 가정에서 자란 아이가 부유한 가정에서 자란 아이와 비교했을 때 인지적 재능에서 커다란 차이를 보이는 수수께끼를 푸는 것이 시급한 문제라는 데는 대부분의 사회과학자가 동의한다. 하지만 나는 이 수수께끼를 풀기 위해 몇 년에 걸쳐 집 안과 집 밖에서 어린이들의 경험을 동영상으로 촬영한다는 심리학자 얘기를 들어본 적이 없다. 자신이 매력을 느끼는 개념의 유용성을 입증하기 원하는 심리학자는 칼 포퍼의 충고를 좀 더 진지하게 받아들여 자신이 좋아하는 개념의 허위를 증명하는 데 더 많은 시간을 쏟아야 할 것이다.

대중은 과학자들이 단언하는 수많은 이야기를 기꺼이 받아들이려 한다. 그 이야기 중 일부가 자신의 확고한 신념과 모순되더라도 말이다. 일례로 일부 신경과학자는 모든 생각, 느낌, 행동이 한 사람의 유전자, 그리고 그 사람의 뇌에 저장된 과거의 기억에 따라 결정되기 때문에 자유의지란 착각에 불과하다고 선언했다. 과학에 종사하지 않는 대부분의 사람에게 이런 주장은 직관에 반하는 말도 안 되는 이야기지만, 그럼에도 그중 일부는 이 진술을 기꺼이 진리로 받아들인다.

인간의 이타심에 대한 생물학자의 설명은 병원에 몸져누운 친구에게 병문안을 가고 재난이 닥친 곳에 재해의연금을 보내는 이유는 그렇게 행동하는 것이 도덕적으로 옳은 일이기 때문이라는 대중의 신념과 어긋난다. 진화생물학자는 인간이 이타적으로 행동하는 이유는 사람들이 똑같은 유전자를 일부 공유하기 때문이라고 주장한다. 벌이나 개미 같은 사회적 곤충들도 이런 이유 때문에 유전적 친척에게 이로운 방식으로 행동하는 것이라고 말이다. 사람들이 타인보다는 자신과 공유하는 유전자가 더 많은 가족

에게 좀 더 이타적으로 행동하도록 편향된 이유도 이 유전자 때문
일 것이다. 이런 설명은 사람들이 입양한 아이를 위해 기꺼이 자
신을 희생하고, 자기네 동네로 이사해 들어온 아픈 사람에게 음
식을 갖다주고, 얼굴 한번 본 적 없는 낯선 사람을 위해 헌혈을
한다는 사실과는 맞지 않다.

　최근에는 사회적 곤충에게서 '이타심'을 만들어내는 유전자 중
다수가 근래 새로 등장한 DNA 서열임이 밝혀졌다. 이는 인간의
이타심에 기여하는 유전자가 무엇이든 일벌에서 이타심을 중재하
는 것과 같은 유전자일 가능성은 희박하다는 의미다. 이타심이 유
전적 기반을 가지고 있다고 주장하는 사람들은 동물과 달리 인간
은 타인을 위해 자선 행위를 하기로 결정할 때 공동의 유전자보다
는 공동의 신념에 더욱 큰 가치를 부여한다는 사실을 깨닫지 못
한다. 세네갈의 수도 다카르에 사는 흑인 이슬람교 신자는 런던에
사는 백인 이슬람교 신자보다 다카르에 사는 흑인 기독교 신자와
공유하는 유전자가 더 많다. 하지만 이 다카르의 이슬람교 신자는
런던에 사는 이슬람교 신자에게 이타주의를 보일 가능성이 더 크
지 않을까 싶다. 이들은 같은 종교적 신념을 공유하기 때문이다.

사실만으로는 부족하다

우리는 대체 무엇을 해야 할까? 모든 사실을 확신하지 못할 때도
개인과 정부는 어떻게든 결정을 내려야 한다. 바다의 온도 상승,
소득과 건강의 격차, 은행과 기업, 국방부의 컴퓨터를 해킹하겠
다는 위협, 음식, 물, 공기의 오염에 정부는 대체 어떻게 대응해야

할까? 일례로 플라스틱에 만성적으로 노출되었을 때 일어날 수 있는 건강의 위험성에 대해 생각해보자. 이제 전 세계에서 플라스틱으로 만든 컵, 접시, 용기, 랩 등이 보급되지 않은 곳은 거의 없다. 90퍼센트가 넘는 미국인의 소변에서 플라스틱 제품을 만들 때 사용되는 비스페놀에이라는 화학물질이 검출된다. 이 화학물질의 분자는 뇌에 들어 있는 에스트로겐 수용체에 영향을 미쳐서 남자 태아의 뇌를 여성화할 수 있다. 임신한 어미 쥐에게 여러 날에 걸쳐 비스페놀에이를 다양한 용량으로 투여하면 그 어미에게서 태어난 새끼는 여러 비정상적인 행동을 보인다. 더군다나 소량의 비스페놀에이에 노출되고 난 다음에는 암컷 쥐의 난소가 될 세포 속 유전자가 비정상적인 방식으로 바뀌었다.

이런 사실들은 분명한 의문점을 제시한다. 플라스틱 속에 들어 있는 비스페놀에이는 의회에서 이 분자가 들어간 플라스틱 제품을 모두 사용 금지해야 할 정도로 인간에게 충분히 해로운 것일까? 지금까지는 과학자와 미국 식품의약국 모두 그런 주장을 할 정도로 확신을 하지 못하고 있다. 독성이 입증되었는데도 제때 금지되지 않은 화학물질의 사례가 몇 건 나와 있는데도 말이다. 대부분의 경우 사실만으로는 부족하고, 거기에 대중의 정서가 보태져야 법적 행동이 이루어진다. 간접흡연에 대한 대중의 우려가 커지자 결국 지방자치단체에서 건물 내부에서의 흡연을 금지시켰다. 간접흡연의 위험을 말해주는 증거가 비스페놀에이의 유해성을 말해주는 증거보다 설득력이 떨어지는데도 말이다. 이렇게 증거만으로는 충분하지 않을 때가 많으며, 이럴 때는 대중의 태도가 더 중요하다. 사실, 이성, 직관 그리고 공동체의 정서가 합쳐져야 비로소 대부분의 사회 구성원이 행동에 나설 설득력 있는 이유로 받아들일 만한 신념이 결정되는 것이다.

친구의 미소든 문 손잡이든 사람을 주목하게 만드는 사건은 어떤 배경 속에서 일어난다. 과학자들이 한 현상의 개별 특성을 조사하다 보면 그런 특성들은 배경에 따라 달라질 수 있다는 사실을 잊을 때가 많다. 대부분의 사람은 이런 진실을 이해한다. 여성은 같은 남성이 가게 점원으로서 미소 지을 때와 파티에서 만나서 미소 지을 때, 두 미소를 다르게 해석한다. 공항, 백화점, 친구네 집에서 연 파티 혹은 가족과의 저녁 식사 등 각각의 배경은 자동적으로 거기서 예상되는 사건들을 떠올려주고, 제한된 범위 안에서 반응을 준비하게 만든다.

당연한 얘기지만 뇌에는 모든 사건의 배경을 인식하는 회로가 들어 있다. 사람에게 한 사물의 모양에만 주의를 기울이라고 지시해도, 그 사람의 뇌는 자동적으로 배경 속에 담긴 특성들을 인식한다. 실험실, 집, 학교, 운동장, 마을, 도시 등은 물리적 특성, 익숙함, 사람들의 유형과 숫자, 그 안에서 예상되는 행동 등에서 차이가 있다. 따라서 어떤 사건, 이를테면 오랜 시간 침묵이 흐르거나 시끄러운 사이렌 소리가 났을 때, 그에 대한 사람의 반응은 사건이 등장한 배경에 따라 달라진다. 또래에게 화가 났을 경우 교외 지역보다는 도심 빈민가 지역이 공격적인 행동으로 이어질 가능성이 더 높다. 청소년은 미니애폴리스에 있을 경우보다는 세인트피터즈버그에 있을 때 신체적으로 공격받을 확률이 더 높다. 사람의 목숨을 앗아가는 자동차 사고가 일어날 확률은 매사추세츠보다 몬태나가 세 배나 높다.

예술비평가 아서 단토는 미술관에서 앤디 워홀이 1964년에 전시한 시뮬레이션 작품 〈브릴로 상자〉를 보는 순간 어떤 사물을 예술 작품으로 분류할지 결정하는 것은 그 사물이 등장한 배경임을 처음으로 깨달았다. 브릴로 상자, 금속, 나무, 타이어 더미, 세라믹 변기 등도 박물관 회랑에 전시되면 예술 작품이 되는 것이다. 똑같은 사물이 철물점에 전시되어 있으면 예술적 속성을 잃게 마련이다.

앞 장에서 과학자들이 행동이나 생물학적 특성에 대해 관찰할 때 사용하는 절차는 항상 배경의 일부가 된다고 지적한 바 있다. 모든 과학 분야에서는 한 연구자가 제시한 증거를 또 다른 연구자가 확인하는 데 실패하는 경우가 많은데, 이는 대부분 서로 약간 다른 절차를 거치기 때문이다. 신경과학자들이 뇌 활동을 측정할 때 실험 참가자들은 낯선 실내에서 아무 소리도 못 내고 움직이지도 못한다. 이런 특이한 배경에서 측정한 뇌의 패턴과 심리 상태의 관계를 똑같은 사람이 집, 직장, 휴가지에 있을 때 재현해보려고 하면 실패할 수 있다.

한 연구진은 남자들을 시끄러운 스캐너의 좁은 관 속에 꼼짝도 못하게 눕혀 놓은 상태에서 그 배우자나 애인으로 하여금 성기를 자극하게 해서 뇌의 활동을 기록하면, 그 사람들이 자기 집 침대에서 똑같은 자극을 받았을 때 만들어지는 것과 비슷한 패턴이 나오리라 가정했다. 미시간주립대학교의 티모시 플레스칵Timothy Pleskac과 동료들은 이 연구자들에게 사람들이 실험실에서 나타내는 반응은 그들이 익숙한 맥락에 있을 때 보여주는 반응과 항상 일치하지는 않는다고 일깨워주었다. 생물학자들은 세포를 몸 밖의 배양접시에서 관찰한 내용과 동물이나 사람의 몸속에서 관찰한 내용이 항상 일치하지는 않는다는 것을 알았다.

어떤 행동의 의미는 그 행동이 일어나는 문화적 배경에 따라 달라지는 경우가 많다. 뉴기니아에서는 사춘기 전의 남자 청소년들이 자기보다 나이가 많은 남자 청소년들에게 구강성교를 해준다. 이런 행동이 나중에 아이의 아빠가 되는 데 필요한 씨를 제공해준다고 믿기 때문이다. 이들은 동성연애자도 아니고, 성 정체성 장애를 겪는 것도 아니다.

돈을 훔치기 위해 낯선 사람을 칼로 찔렀던 16세기 프랑스의 노상강도, 권력의 자리에 오르면 자신의 남자 형제들과 하렘에 있는 임신한 그 첩들을 살해했던 17세기 오스만제국의 술탄, 전투에서 러시아 병사를 총으로 쏘았던 나폴레옹 군대의 병사, 그리고 자신의 종교적 신념을 위해 자살폭탄을 감행해 스무 명의 시아파를 죽인 이라크 수니파 교도는 모두 폭력적인 행동을 저질렀다.

하지만 이렇듯 각각의 배경을 갖고 등장한 살인자들은 살인을 저지른 이유가 모두 다르다. 이런 행위를 모두 똑같은 범주로 분류해야 하는지는 단정할 수 없다.

사람을 실험 참가자로 두고 연구를 진행하는 연구자의 신체적인 매력, 목소리, 대화 방식이 실험 참가자들의 행동이나 생리학에 영향을 미칠 수 있다는 것도 그리 놀랄 일은 아니다. 하지만 검사를 진행하는 사람의 성별이 쥐의 행동에 영향을 미친다면 정말 놀랄 일이 아닐 수 없다. 맥길대학교의 한 연구진은 고통스러운 상황에 놓인 쥐가 한 발치 정도 떨어진 곳에 여자가 앉아 있을 때보다 남자가 앉아 있을 때 고통의 징후(대부분 발을 핥고 얼굴을 찡그린다)를 덜 보이는 것을 발견했다. 쥐가 남자의 땀 속에 들어 있는 후각적인 신호를 감지해 통증의 한계치가 높아진 것이다.

쥐의 어미는 새끼 중에 암컷과 수컷이 섞여 있으면 대부분 암컷 새끼보다는 수컷 새끼를 더 자주 핥아준다. 이렇게 핥는 행동의 차이를 보이려면 어미가 수컷 새끼와 암컷 새끼의 냄새 차이를 감지할 수 있어야 한다. 베일러대학교의 과학자들이 이를 조작해서 둥지에 수컷 또는 암컷만 들어 있게 했더니 수컷 새끼 핥기를 선호하던 어미의 성향이 사라졌다. 이런 배경에서는 어미가 양쪽 성별의 냄새 차이를 구분할 수 없었던 것이다.

사회심리학자 스탠리 밀그램은 1960년대에 일련의 실험을 수행한 바 있다. 이 실험은 모르는 사람이 학습 과제를 하다 실수를 저지를 때마다 대단히 고통스러운 전기 충격을 주라고 권위자가 명령했을 때 일반적인 미국인이 그 명령을 따른다는 것을 보여주기 위해 설계된 것이었다. 그런데 사실 그 모르는 사람은 실제로 전기 충격을 받는 것이 아니라 충격을 받는 척 연기하라고 연구자들이 고용한 공모자였다. 밀그램은 이 배경이 나치 포로수용소 간수들의 행동을 시뮬레이션하는 것이라고 생각했다.

대부분의 실험 참가자는 고통스러운 충격이라 생각하는 자극을 공모자에게 가했고, 그 공모자는 그때마다 고통스러운 비명을 질렀지만, 여기서는 배경의 특성이 중요하게 작용했다. 실험 참가자들은 그 공모자가 다른 방에 따로 앉아 있고(연기자가 내는 비명은 들을 수 있었지만), 권위자에 해당하는 실험자가 실험 참가자와 함께 같은 방에 들어와 있을 때 가장 강한 전기 충격을 가했다. 반면 공모자가 자기 옆에 앉아 있고, 실험자가 다른 방에서 지시를 내리는 경우에는 강한 충격을 가하는 경우가 줄어들었다.

그보다 더 중요한 부분은 대부분의 실험 참가자가 자신이 실험에 참여하는 것이 과학 발전에 기여하는 것이고, 따라서 예일대학교를 대표하던 실험자들이 설마 자기에게 그 공모자에게 해를 끼치는 일을 시키지는 않으리라 믿었다는 것이다. 실험 참가자들이 자신이 지시받은 내용을 기꺼이 수행한 이유도 바로 그것 때문이다. 무고한 사람들을 가스로 독살하고, 총으로 쏘고, 화장하라는 명령을 받았던 나치 포로수용소의 간수들은 이런 믿음을 갖고 있지 않았다. 따라서 밀그램의 연구 결과로는 독일의 간수와 장교들이 그런 식으로 행동한 이유를 설명하지 못한다.

문제를 제시할 때 사용하는 언어는 실험 참가자의 도덕적 판단에 영향을 줄 수 있다. 한 연구에서는 도덕적 딜레마에 관한 글을 모국어(대부분의 경우 영어)나 커서 배운 제2언어로 읽어보게 했다. 그다음에는 어떤 행동을 취하는 것이 옳은지 판단하게 했다. 이 딜레마는 인도에 서서 철길을 바라보고 있는 사람에 대해 기술한다. 그 사람의 눈에 기차가 달려 들어오는 것이 보인다. 아무런 조치도 취하지 않는다면 철길에 서 있는 다섯 명이 기차에 치어 죽을 것이 불 보듯 뻔하다. 하지만 옆에 있는 한 사람을 밀어 기차를 멈춘다면, 한 사람을 희생해서 네 명의 목숨을 구할 수 있다.

이 딜레마를 모국어가 아닌 제2언어로 제시한 경우에는 모국어로 제시한 경우보다 실험 참가자들이 실용주의적 대안을 선택하는 경우가 많았다. 이에 대해 설명할 수 있는 한 가지는 어린 시절 모국어를 배우는 동안에는 타인에게 해를 끼치는 일에 대한 죄책감이나 불편한 마음이 자동적으로 연관되는데, 커서 배운 언어에는 이런 부분이 빠졌다는 것이다. 성인이 제2언어로 사랑을 맹세하거나 고백할 때도 이와 비슷하게 말에 감정이 동반되지 않는 경우가 많다.

일상적인 행동이 일반적인 배경 바깥에서 일어나는 경우에는 종종 윤리 위반으로 분류될 때가 있다. 소변을 보고, 대변을 보고, 성행위를 나누는 모습을 비전형적인 장소, 이를테면 낯선 사람들이 모여 있는 공원 같은 곳에서 보여주는 것은 대부분이 역겨운 행동으로 분류하는 심각한 일탈 행위다. 내가 생각하기에 만약 빌 클린턴 대통령이 모니카 르윈스키와의 구강성교를 대통령 집무실이 아니라 호텔에서 했다면 대중의 분노도 그리 크지는 않았을 것 같다. 자신의 뉴욕 호텔방에서 객실 청소부에게 구강성교를 요구했던 도미니크 스트로스 칸이 만약 상류층 전용 사창가에서 똑같은 여성에게 똑같은 요구를 했다면 그 사건을 기사로 내야겠다고 생각한 기자는 거의 없었을 것이다.

배경과 자살

자살을 하는 확률은 배경에 영향을 받는다. 파란 불빛이 뇌 영역을 선별적으로 활성화한다는 사실을 알고 있던 오사카대학의 한 연구진은 일본의 철도회사를 설득해서 일부 기차역에 파란색 램프를 설치하도록 했다. 그랬더니 13년 동안 이 기차역에서 일어난 자살 횟수가 파란 램프를 설치하지 않았을 때보다 적었다. 하지만 기차역은 특별한 배경이다. 자살은 일반적으로 봄에 제일 많이 일어난다. 봄은 파란색 주파수를 담고 있는 햇빛이 비치는 시간이 증가하는 계절이다. 빈대학교의 벤저민 비소키Benjamin Vyssoki와 동료들은 40년 동안 호주에서 일어난 자살 횟수와 사람이 자살을 저지를 때 햇살이 비쳤을 확률에 작지만 유의미한 관련이 있다는 것을 발견했다. 이 부분은 우울해진 사람이 느끼는 무감정 상태와 햇살 좋은 날에 어울릴 만한 기분이 서로 조화를 이루지 않는 점을 근거로 설명이 이루어진다. 따뜻한 햇살이 우울한 사람으로 하여금 자신에게 인생을 즐길 능력이 없음을 일깨워준다는 것이다.

시골에서 가족과 함께 살고 있는 젊은 중국 여성들은 같은 인구통계 집단에 속하지만 도시로 이사한 여성에 비해 자살률이 높다. 도시라는 배경이 이런 여성들을 죄책감을 일으키는 부모의 압박, 지배적인 남편과의 불행한 결혼 생활, 히스테릭한 시어머니,

고립된 지역에서 가난하게 사는 비참한 생활로부터 자유롭게 만들어준 것이다. 도시에 사는 사람은 자살을 시도하기도 더 어렵다. 시골 여성들이 자살할 때 사용하는 독성 강한 농약을 도시에서는 구하기가 어렵기 때문이다.

미국의 일부 지역은 자살을 시도할 가능성에 영향을 미치는 배경을 품고 있다. 미국에서 일어나는 자살 중 적어도 절반은 45세 이상의 백인 남성에 의한 것임을 미국인이라면 잘 알고 있다. 인구밀도가 낮고, 겨울이 길고, 상당수의 남성이 총기를 소유하는 와이오밍, 알래스카, 몬태나 등의 서부 시골이, 도시이고 인구밀도가 높고, 겨울이 온화하고, 총기를 소지한 남성의 비율이 낮은 뉴욕, 뉴저지, 매사추세츠 같은 도심지보다 자살률이 두 배나 높다.

배경의 역사적 변화

1964년에 태어난 미셸 오바마는 여러 재능을 발전시킬 잠재력이 있었고, 그녀의 부모는 딸이 많은 것을 성취할 수 있도록 힘을 북돋워주었다. 하지만 이 두 가지 이점이 꽃을 피우기 위해서는 그녀의 재능이 강화되고 활용될 수 있는 배경이 필요했다. 미셸 오바마의 어린 시절은 시민권법이 제정되고, 미국 안에서 인종과 관련해 좀 더 관대한 분위기가 퍼지던 시기였다. 이런 조건들 덕분에 그녀는 1980년대 초반 인종차별이 없는 시카고의 통합형 영재학교에 다닐 수 있었다. 1980년대는 일류 대학교에서 소수 집단에 속하는 학생들을 좀 더 끌어들이려고 노력하던 시기였다. 이렇듯 미셸 오바마가 경험했던 배경의 역사적 변화가 없었더라면 그녀가 프린스턴대학교에 입학하고, 나중에는 하버드 법대에 다니다가 버락 오바마를 만나고, 미국 최초의 아프리카계 미국인 퍼스트레이디가 됐을 가능성은 훨씬 낮았을 것이다.

오늘날의 젊은 생물학자들이 취업할 전망이 우울한 것을 보면 역사적 시대가 얼마나 강력한 힘을 발휘하는지 확인할 수 있다. 제2차 세계대전이 끝날 무렵의 과학자 수는 약 50만 명이었다. 반면 2014년에는 700만 명이 넘었다. 1950년대에 대학을 졸업하고 생물학을 전공하려고 대학원에 진학한 사람은 거의 대부분 만족스러운 일자리를 찾을 수 있었다. 하지만 2014년에 그때와 똑같은 실력과 동기를 가지고 똑같은 경력을 선택한 졸업생은 자신의 미래에 대한 확신이 훨씬 떨어졌다. 대학과 제약회사에서 고용할 수 있는 수보다 훨씬 많은 생물학 박사가 배출되었기 때문이다.

인터넷과 텔레비전이 발달한 덕분에 친구도 없고 학교 성적도 신통하지 않은 청소년들이 오랜 시간 침실에 틀어박혀 있기가 더 쉬워졌다. 일본에서는 이런 현상을 '히키코모리 증후군'이라고 부른다. 한 세기 전만 해도 성적이 좋지 않고, 친구도 없는 젊은이가 이런 행동을 선택하는 경우는 적었다. 침실에 틀어박혀서 할 것이 없었기 때문이다. 1900년이었다면 이런 젊은이 중 상당수는 아마도 건설적인 취미나 특별한 재능을 발전시켰을 것이다.

경제학자 데이비드 콜랜더와 물리학자 롤랜드 쿠퍼스는 사회과학자들에게 새로운 발명, 제도, 법은 사람들이 접하는 맥락을 바꾸어놓음으로써 사람들의 인생 경로에 영향을 미친다는 사실을 인정해야 한다고 요구한다. 15세기 서부 유럽은 대단히 독특한 상황에 처해 있었다. 국가, 거대 지주, 도시 상인, 장인, 교회가 사회 구성원이 따라야 할 규칙을 결정할 권력을 손에 넣기 위해 경쟁했기 때문이다. 다른 어디에서도 다섯 개의 개별 집단이 특권을 얻기 위해 경쟁하는 곳은 없었다. 이때 이루어진 경쟁이 그 후의 시기 동안 유럽에서 일어난 지적 발전의 촉매제 역할을 해줬는지도 모른다.

18세기 영국에서는 소상인의 수가 많아지고 사회이동이 증가하면서 개인주의 풍조가 강화되고, 계몽주의를 정의하는 세 가지 개념이 등장했다. 즉 과학적 사실에 바탕을 둔 이성이 신념을, 평등이 불평등을 대체하고, 개인의 자유가 공동에 대한 책임보다 더 중요시됐다. 그 후로 250년 동안 일어난 사건들이 물질의 진보, 거대 기업, 가치관의 다양성, 지리적 이동, 더욱 강력해진 중앙정부, 기술 발전, 연중무휴 슈퍼마켓, 그리고 가족이 아닌 사람들과 긴밀한 관계를 맺어야 할 필요성을 낮춰주었다.

청소년들 사이에서 증가하는 범죄조직, 살인, 마약 등에 대해 설명할 때 이런 행동에 기여하는 변화된 상황, 특히나 제한된 노동 분담, 약물과 총기류 접근의 용이성, 폭력적인 영화와 비디오 게임, 일부 반사회적 행동에 관대한 태도, 피해 있을 안전한 장소의 부재 등을 무시하는 경우가 너무도 많다. 대부분의 청소년이 가족 부양을 돕기 위해 노동을 하던 옛날에는 이런 조건들이 없었다. 앞 장에서 청소년들의 반사회적 행동을 그들의 미성숙한 뇌로 설명할 수 있다는 과학자들의 주장에 대해 지적한 바 있다. 나는 16~21세의 청소년들에게서 강도, 강간, 살인이 빈발하는 데는 뇌의 구조보다 현대사회의 배경들이 더 크게 기여한다고 생각한다.

인터넷이 발달하기 전에는 불가능했던 새로운 연구 관행 덕분에 사회과학자들은 한 번도 직접 만나본 적이 없는 실험 참가자들을 모을 수 있었다. 심리학자들은 아마존에 적은 비용을 지불하고 아마존 50만 명의 직원에게 인터넷으로 설문 조사를 한다. 이 연구자들은 자기가 이 사람들의 심리적 특성이나 업무를 수행하는 배경에 대해서 모른다는 사실을 괘념치 않는 듯 보인다. 에라스무스대학교의 가브리엘레 파올라치Gabriele Paolacci와 미시간대학교의 제시 챈들러Jesse Chandler는 이렇게 고용된 사람들은 대부분이 30대이고, 백인이나 아시아계 미국인 또는 인도인이며고, 대학을 졸업했고, 정치적으로 진보적인 관점을 가졌으며, 종교적인 면은 덜하지만 평균적인 사람들보다 걱정이 많다고 지적한다. 이런 비전형적인 집단에서 나오는 증거는 좀 더 대표성 있는 성인 표본에서 나온 관찰 내용과 다를지도 모른다.

젊은 사회과학자들은 이런 방법을 활용할 가능성이 대단히 높다. 승진을 위해서는 발표 논문의 수를 늘려야 하는데, 실험 참가자들을 이렇게 빌려서 쓰면 연구하기가 쉬워지기 때문이다. 자금이 받쳐주는 사람들은 한술 더 뜬다. 이들은 영리 회사에 비용을 지불하고 분석을 맡기고, 또 다른 회사에는 논문을 쓰게 한다. 이런 경우 심리학자는 얼굴도 모르는 사람들이 컴퓨터 앞에서 답변한 설문조사 내용으로 평가할 가설만 생각해내면 된다. 이런 설문조사는 이론적으로 별 의미가 없는 경우가 대단히 많다. 그럼 나머지는 이 가설이나 결론에는 관심도 없는 고용된 사람들이 알아서 처리해준다.

한 생물학자는 연구에 필요한 값비싼 장비를 구입할 자금이 없는 대학의 자연과학자와 장비를 확보한 또 다른 대학의 연구자가 접촉할 수 있게 해주는 상업적 장치를 만들고 있다. 그럼 전자는 돈을 주고 후자의 보조 인력에게 실험을 맡길 수 있다. 나는 다윈, 파스퇴르, 퀴리 부부, 플랑크, 매클린톡, 허블, 레비몬탈치니, 모노 같은 사람이 이런 새로운 과학 연구 방식에 대해 들었다면 눈물을 흘리지 않았을까 싶다. 현재 의문이 제기되는 질문에 관심이 많은 노련한 연구자는 실험을 하다가 조금 비정상적인 부분을 눈치채고 뜻밖의 큰 발견을 하는 경우가 종종 있다. 요즘에는 지적 능력을 갖추고 한 문제에 큰 관심을 가진 사람이 해야 할 일을 연구에 무관심한 고용인에게 맡겨버리는 위험한 경향이 있는데, 복잡한 기계를 운용할 보조 인력을 멀리 떨어진 실험실에 빌려주려는 계획 역시 이런 경향의 일부다. 다윈이 비글호 여행을 직접 가지 않고, 고용한 학생 세 명을 대신 보내서 관찰한 내용을 일지로 적어 돌아올 때 가져오라고 했다고 상상해보라.

어떤 발명은 건강에 영향을 미친다. 전구는 사람들이 밤늦게까지 깨어 있을 수 있게 해서 인체의 리듬에 변화를 주었다. 이렇게 낮과 밤의 자연스러운 리듬이 깨지는 것은 우울증과 비만을 유발한다. 전기제품이 폭발적으로 등장하기 전에 태어났던 세대들은 즐거움을 누리기 위해서는 어느 정도의 기다림이 필요했고, 그 즐거움을 개인이 항상 통제할 수 있는 것도 아니었다. 현대인들은 필요할 때마다 즉각적으로 즐거움을 제공해주는 장치를 갖고 있다. 시간과 장소를 가리지 않고 언제 어디서나 쾌락을 맛보는 데 익숙해진 사람들이 점점 더 참을성이 없어지는 것은 이런 즉시성 때문인지도 모른다. 부디 현재의 세대들이 절정으로 물든 석양의 아이폰 사진보다는 그와 똑같은 장면이 서서히 찾아왔다가 다시 서서히 흩어져가는 걸 30분 정도 바라보는 쪽을 더 좋아했으면 하는 마음이다.

사법적인 결정 역시 그 결정이 이루어지는 배경의 역사적 변화로부터 자유롭지 않다. 미국 항소법원의 판사 리처드 포스너는 지난 25년 동안 사건 담당 건수가 늘어나면서 과로에 시달린 연방판사들이 서기에게 자신이 40년 전에 이 사건을 맡았다면 사건에 대한 의견을 어떻게 작성했을지 대신 적어보라고 요청하는 일이 많아졌다고 걱정한다. 서기들은 법적 문장을 문자 그대로 분석한 내용에 의지하는 경향이 있기 때문이다. 총기에 관한 결정에서 그 사례를 볼 수 있다. 수정헌법 2조에서는 국가는 자신의 안보를 방어하기 위해 민병대를 필요로 하기 때문에 총기 소유의 권리를 제한해서는 안 된다고 명시하고 있다. 1876년 대법원은 이 말이 모든 시민이 무기를 소유할 권리가 있음을 의미하지는 않는다고 결론 내렸다. 이 결정이 내려진 때는 인터넷으로 다양한 무기를 주문하는 것이 불가능하고, 폭력 범죄 비율이 더 낮고, 마약을 두고 세력 다툼을 벌이는 조직폭력배가 존재하지 않던 시절이었다. 총기에 관한 사건을 배정받은 서기는 그런 법이 만들어질 당시의 사회적 맥락은 무시하고 수정헌법 2조에 적힌 말을 문자 그대로 해석해서 판단을 내리는 경향이 나이 든 판사들보다 더 강하다.

심리학자 에릭 에릭슨이 1950년대에 쓴 정체성의 개념에 대한 글들은 미국에서 유럽 이민자 부모 밑에서 태어나 자신이 정신적으로 어느 범주에 속하는지 고민하던 1세대 젊은이들에게 큰 공감을 불러일으켰다. 나는 미국인일까? 아니면 폴란드인, 유대인, 아일랜드인, 이탈리아인, 독일인, 스웨덴인일까? 제2차 세계대전이 끝날 무렵 군복무를 마치고 돌아온 블루칼라 가족 출신의 남성 다수는 아버지가 하던 사업으로 다시 돌아가야 할지, 아니면 제대군인원호법의 지원을 받아 다른 직업 교육을 받을지 결정해야 했다. 더 나아가 방위산업체 공장에서 일하던 수많은 여성은 그대로 직장에 남을지, 아니면 전통적인 여성의 역할로 돌아갈지 선택해야 하는 상황을 마주했다. 에릭슨이 자신의 영향력 있는 저서 《유년기와 사회》에서 자신의 정체성에 집착하던 것이 이런 독자들의 공감을 일으켰다. 만약 에릭슨이 이 책을 1950년이 아니라 1900년이나 2015년에 썼더라면 그 정도의 관심을 받지는 못했을 것이다.

역사적 사건들은 현재 사람들이 불안의 위험에 대해 집착하게 만드는 데도 기여했다. 인류의 역사 대부분에서 사람들은 자신이 상실, 실패, 해악, 질병에 대처해야 한다는 사실을 잘 알고 있었다. 하지만 프로이트의 글과 지난 세기에 일어났던 사건들 때문에 불안에 대한 개념이 정복 가능한 피할 수 없는 감정에서 반드시 피해야 할 위험한 상태로 바뀌었다. 13~60세의 사람들은 해를 입을까봐 두려워하는 경우보다 성적으로 흥분하는 경우가 훨씬 많음에도, 쥐의 뇌가 성적 행동보다 쥐의 공포를 키운다는 연구가 훨씬 많은 이유도 바로 이런 새로운 믿음 때문이다.

미국인 중에는 어린이의 불안이 특히나 해롭다고 믿는 사람이 너무 많다. 아이들은 이런 감정에 대처하는 데 큰 어려움을 겪는다고 가정하기 때문이다. 그래서 부모와 교사는 아이를 이런 위험으로부터 보호해야 한다는 의무감을 느낀다. 올가 울투르가셰바 Olga Ulturgasheva가 시베리아 북동쪽의 에벤족 사람들을 관찰한 내용을 읽어보면 신선한 느낌을 받을 수 있을 것이다. 에벤족은 북극권에서 순록을 치며 사는 사람들이다. 불안이 필연적으로 생길 수밖에 없는 감정임을 받아들이는 에벤족 어른들은 아이들에게 크히넴Khinem을 가르친다. 크히넴은 모든 역경에 대한 회복탄력적인 반응을 의미한다.

2004년 스리랑카에 쓰나미가 덮친 후 미국의 심리학자와 정신과 의사들은 외상후스트레스장애로 수많은 사람이 고통받을 것이라고 예상하고 그들을 도우러 비행기에 몸을 실었다. 하지만 막상 가보니 대부분의 사람이 침착함을 유지하고 있었다. 이들은 산다는 것은 곧 고통이니 품위를 잃지 말고 재앙을 견뎌내라는 부처의 가르침을 따랐다. 대중에게 걱정되는 바람직하지 못한 결과에 대해 경고하는 전문가의 숫자가 훨씬 적었던 1940년 이전에는 미국 사람들 사이에서도 이와 비슷한 철학을 흔히 볼 수 있었다.

아시아와 유럽의 차이
아시아인은 전통적으로 사물을 그 배경과 분리하지 않으려 했다.

2000년 전에 글을 남긴 중국의 철학자들은 맥락이 음기와 양기의 힘의 균형에 영향을 미친다고 주장했다. 한 젊은 남자가 여성과 같이 있을 때는 그 남자의 양기가 지배한다. 이 남자가 나이 많은 전문가의 강의에 귀를 기울일 때는 음기가 지배한다. 중국에서 말하는 인간의 정의에는 항상 구체적인 배경이 포함돼 있다. 서구의 소설가들은 한 사람의 정체성을 여성, 흑인, 음악가 등으로 적을 때가 많다. 중국의 소설가 중에는 '나는 누구인가?'라고 묻는 영웅을 만들어내는 사람이 없다. 각각의 사람이 맺는 관계가 그 답을 제공해주기 때문이다.

일본인은 한 사람이 사적인 배경과 공공의 배경에서 취하는 인간관계 양식이 서로 다른 것을 언어에 담기 위해 '다테마에建前(겉으로 드러나는 마음)'와 '혼네本音(본심)'라는 단어를 쓴다. 어떤 여성이 파티에서 남편과 함께 있을 때는 공식적으로 다테마에의 양식을 취하지만, 집에 단둘이 있을 때는 솔직한 혼네를 드러낼 것이다.

아시아인은 배경이 행위에 부과하는 서로 다른 의미에 민감하기 때문에 사람이 모든 맥락에서 똑같은 방식으로 행동할 필요가 없다는 것을 이해한다. 한 여성이 집에서는 엄마, 직장에서는 변호사, 파티에서는 손님, 그리고 남편과 같이 있을 때는 아내가 된다. 어느 한 배경에서 나타나는 의견, 감정, 행동이 다른 배경에서는 부적절한 경우가 많다. 앞에서 말했듯이 중국어에서는 '다정한 사람' 같은 추상적인 특성에 대해 구체적인 배경을 이야기한다. 미국인은 "앨리스는 참 다정해"라고 말하는 반면, 중국인은 "페이는 파티에서 자기 친구들을 꼭 안아줘"라고 말하는 것이다.

중국에서 사용하는 단어의 90퍼센트 이상은 두 개 이상의 의미 있는 문자를 조합해서 만든 것이다. 한 문자의 의미는 어떤 문자와 결합하느냐에 따라 달라지는 경우가 많다. 동사에 해당하는 중국 문자는 일반적으로 행위의 주체와 결과를 구체적으로 명시한다. 영어 사용자들은 다음과 같은 문장에서 'break깨뜨리다'라는 똑같은 동사를 이용한다. "The dog broke the vase개가 화병을 깨뜨렸다." "The teapot broke차주전자가 깨졌다." "The heat spell broke무더운 날씨가 깨졌다." "The woman broke the engagement그 여자가 약혼을 깼다." 반면 중국어 사용자들은 각각의 문장에서 이 동사에 다른 문자를 사용할 것이다.

이런 문화적 차이는 서구의 법률과 중국 법률에서 보이는 중요한 차이에서도 드러난다. 300달러를 훔친 미국인은 낯선 사람의 돈을 훔쳤든 사촌의 돈을 훔쳤든 같은 범죄를 저지른 것이기 때문에 똑같은 처벌을 받는다. 반면 중국 법률에서는 가족의 돈을 훔친 것은 낯선 사람에게서 똑같은 액수의 돈을 훔친 것보다 더 심각한 범죄로 여긴다.

도시와 국가는 별개

사회학자 수디르 벤카테시는 《플로팅 시티》에서 뉴욕과 구별되는 시카고의 특성에 대해 기술했다. 시카고는 같은 인종적·사회적 집단 출신의 가족으로 구성된 안정적인 동네다. 이런 조건들 때문에 서로 다른 계층과 인종 구성을 가진 동네의 지리적 이동을 제한하는 심리적 경계가 생겨난다. 반면 뉴욕은 인종과 사회계층이 좀 더 다양하게 뒤섞여 있기 때문에 동네의 경계가 그리 견고하지 않다. 이런 사실은 각각의 도시에 사는 빈민층의 태도에 영향을 미친다.

보행자들이 낯선 사람을 기꺼이 돕고자 하는 태도는 전 세계 도시별로 큰 차이를 보인다. 과학자들은 도시 길거리에서 보행자가 낯선 사람을 향해 나타낼 수 있는 세 가지 행동의 빈도를 관찰해보았다. 세 가지 행동이란 펜을 떨어뜨린 사람에게 그 펜을 주워 돌려주는 행동, 다리를 저는 사람이 떨어뜨린 개인 물품 줍는 것을 도와주는 행동, 시각장애인이 길을 건너는 것을 도와주는 행동이다. 브라질의 항구 도시 리우데자네이루와 코스타리카에 있는 항구 도시 산호세의 보행자들이 가장 도우려는 성향이 강했다. 말레이시아의 쿠알라룸푸르와 뉴욕에서 돕는 성향이 가장 낮았다. 미국 안에서는 뉴욕, 로스앤젤레스, 필라델피아의 보행자들이 돕는 성향이 제일 낮았다. 반면 로체스터, 휴스턴, 내슈빌의 보행자들이 가장 잘 도왔다. 그렇다고 뉴욕 사람들이 친구, 동료, 친척들을 잘 돕지 않는다는 의미는 아니다. 다만 사람으로 붐비는 길을 걷다가 도움이 필요해 보이는 낯선 사람을 마주친 상황에서 뉴욕 사람들은 이타적으로 행동할 가능성이 낮다는 의미일 뿐이다. 자기 동네에서는 도움이 필요한 낯선 사람을 무시했던 바로 그 뉴욕 사람이 리우데자네이루에서 휴가를 즐기다가 만난 낯선 사람은 도울지도 모른다. 그런가 하면 뉴욕을 방문한 리우데자네이루 시민이 길을 건너는 시각장애인을 돕지 않을지도 모른다. 낯선 사람이 도움을 필요로 하는 상황에서는 사람의 성격보다 맥락이 더 중요하게 작용한다.

　일부 대도시는 적어도 일시적으로는 지적 성취에 대한 존경과 결합되어 소수집단에 관용적인 경향을 보인다. 그래서 고향에서는 편견 때문에 피해를 본 사람들이 이런 도시로 모여든다. 1867년부터 제1차 세계대전이 일어나기까지 이런 특성을 보였던 부다페스트는 물리학자 레오 실라르드, 수학자 존 폰 노이만, 생물학자 센트죄르지 얼베르트, 작가 아서 쾨슬러 같은 사람에게는 제2의 고향이었다.

　노벨물리학상, 노벨화학상, 노벨생리의학상 수상자들의 출생지를 보면 어떤 국가의 가치관과 제도가 과학자로서의 경력에 유리한 분위기를 만들어낸다는 주장의 타당성을 확인할 수 있다. 자연과학 중 한 분야의 노벨상 수상자가 미국 다음으로 많은 여섯 국가를 들면 독일(82), 영국(82), 프랑스(36), 스위스(20), 네덜란드(16), 스웨덴(15) 등이다. 이 중 뒤에 나온 3개 국가는 에스파냐(2), 이탈리아(12), 노르웨이(3), 인도(4)보다 인구수가 많지 않다. 1900년 이전에 미국 대통령으로 선출된 사람들의 출생지에도 이와 비슷한 비대칭성이 적용된다. 이들 중 거의 절반에 가까운 사람이 버지니아주나 오하이오주에서 태어났다.

　원래는 지그문트 프로이트의 개념에 이끌렸던 스위스의 정신과 의사 카를 융은 결국 의견의 불일치 때문에 프로이트와 결별하고 말았다. 이런 의견 불일치는 부분적으로 두 사람이 살고 일했던 맥락의 차이에서 비롯된 것이다. 융은 취리히의 엘리트 사회계층의 일원이었다. 반면 프로이트는 자신이 오스트리아에 팽배해 있던 가혹한 반유대주의의 희생자라고 느꼈다. 이런 경험의 차이 때문에 융은 '사회'를 발전에 건설적인 영향을 미치는 자애로운 구조물로 바라본 반면, 프로이트는 사회가 신경증 증상에 기여한다고 결론 내렸다. 프로이트의 개념은 미국의 사회과학자들이 내세우는 평등주의적 전제와 친화적이었기 때문에 널리 홍보가 됐지만, 융의 개념들은 그렇지 못했다.

융이 많은 시간을 취리히 외곽의 산에 점점이 흩어져 있는 시골 마을에서 보냈다는 점도 중요하다. 반면 프로이트는 휴가를 갈 때를 제외하면 대부분의 시간을 빈에서 보냈다. 한번은 융이 한 기자에게 프로이트가 성에 너무 많은 힘을 부여하는 이유는 도시 사람들은 시골에서 가축들 사이 성생활이 얼마나 자연스럽게 이루어지는지 목격할 기회가 거의 없어서 그렇다고 말한 적이 있다. 융은 또한 근래 들어 저렴한 콘돔을 쉽게 구할 수 있기에 성인이 임신에 대한 공포 없이 성생활을 즐길 수 있었다고도 주장했다. 융은 프로이트의 고객들이 자신의 성적 충동에 지나친 불안이나 죄책감을 느끼는 이유는 역사적 사건들 덕분에 성에 관한 기존의 억압이 풀렸지만 불안을 느낄 다른 이유는 그대로 남았기 때문이라고 주장했다. 프로이트는 이런 주장을 거부했다. 성적 욕구의 보편적 위협에 대한 자신의 신념을 역사적인 맥락에 힘을 부여하는 설명으로 대체하는 주장이었기 때문이다.

두 사람이 연구한 배경이 서로 달랐다는 점도 중요하다. 융은 상당한 시간을 병원에서 보내며 조현병 환자들을 많이 만나보았는데, 이들의 생각과 감정은 성적 갈등보다는 비정상적인 뇌 기능

과 더 관련이 있어 보였다. 한편 프로이트의 환자들은 주로 보수
적인 오스트리아 사회의 윤리를 위반하는 생각과 행동에 대한 억
압이 있었는데, 이를 사회화하는 가정에서 자란 중산층 성인들이
었다. 프로이트가 보기에는 그런 배경에서는 어린 시절 성적 충동
의 사회화가 형성력을 갖고 있다는 것이 타당해 보였다.

개입이 실패하는 이유

학업이나 감정에서 문제가 있는 어린이를 도울 의도로 시행되는
개입이 그것을 옹호하는 이들의 바람만큼 성공적이지 않은 이유
를 설명할 때는 그런 개입이 이루어지는 맥락을 이해하는 것이 도
움이 된다. 대부분의 개입은 부적응 행동이 일반적으로 일어나는
가정이나 운동장이 아니라 실험실, 헤드스타트센터* 혹은 학교에
서 이루어진다. 아이는 특정 상황에서 나쁜 습관을 억누르는 법을
배우고 새로운 습관을 배운다. 하지만 그 아이가 한 상황에서 습
득한 적응에 이로운 습관이 다른 상황에서도 나타나리라는 보장
은 없다.

  한 예로 더럼, 내슈빌, 펜실베이니아 시골 지역, 시애틀에 있는
가난한 동네에서 자랐고, 부모와 교사 모두로부터 말을 잘 듣지
않았다는 평가를 받는 흑인과 백인 유치원 아동을 대상으로 이루
어진 개입의 결과가 이런 주장을 뒷받침해준다. 362명의 6세 아

---

* Head Start Center. 1965년 미국 연방정부에서 경제적, 문화적으로 불우한 아동들을 위해
  국가적으로 중재해서 만든 유아교육 프로그램.

동 집단은 부모가 자녀 양육에 관한 집단 토론에 참여하는 동안 읽기 지도를 받았다. 그리고 대조군인 두 번째 집단의 356명 아동과 부모는 모두 이런 활동에 참여하지 못했다.

이 개입은 가족당 5만 8000달러, 전체적으로는 4000만 달러의 비용을 들여 10년 넘게 이어졌다. 19년 후 모든 참가자가 만 25세가 됐을 때, 연구자들은 참가자들 그리고 각 참가자와 가까운 친구와 인터뷰를 하고, 경찰 기록을 검토해 체포된 경력도 조사해보았다. 그 결과 개입의 효과가 펜실베이니아주립대학교의 카렌 비어만Karen Bierman과 동료들이 기대한 것에 미치지 못했다. 10년 동안 개입을 받았던 아이는 어른이 되었을 때도 대조군의 아이와 별로 다르지 않았다. 두 집단에서 투옥, 고등학교 중퇴, 실직의 비율이 대등하게 나왔다. 그나마 한 가지 기쁜 결과라면 개입 집단 중에는 약물이나 알코올을 남용하거나 반사회적 행동을 저질렀다고 고백한 사람의 숫자가 59 대 60으로 조금 적었다는 점이다. 이 개입 활동은 범죄율, 교육 정도, 취직률 등에 거의 효과를 보지 못했다. 이 젊은이들이 일상적으로 접하는 삶의 배경은 변한 것이 없었기 때문이다. 이와 비슷한 개입 사업은 잘못된 전제를 했다. 바로 읽기 능력을 개선하고 학업에서 성취동기를 부여해주면 가정, 학교, 동네, 운동장에서 일상적으로 경험하는 것들을 뛰어넘을 수 있다고 믿은 것이다.

현대의 배경

산업화가 진전되고 경제가 발전한 대부분의 민주 국가는 열두 가지 사실이나 가정으로 이루어진 다음의 패턴으로 특징 지워지고, 이런 패턴이 역사적으로 독특한 배경을 만들어냈다.

1. 나이 든 시민의 이익보다는 젊은 사회 구성원들의 이익을 우선시한다.

2. 65세 이상 인구 집단의 비율이 더 높고, 10세 이하 어린이의 비율이 그 어느 때보다도 낮다.

3. 여러 유용한 기술이 나와 있기 때문에 대중은 문제를 해결할 때 자신의 의식을 바꾸려 하기보다는 기술적 해법을 찾는다.

4. 가치관, 기술, 동기, 사회에 대한 기여도가 각자 다름에도 모든 사람이 동등한 존엄성, 정의, 자유를 부여받는다.

5. 전 세계 인구가 70억 명을 넘어 계속 증가하고, 그중 3분의 2가 이스탄불 동쪽과 남쪽 지역에 집중되어 있다.

6. 자연과학자들은 우주와 생명의 존재는 그 어떤 특별한 목적도 신성한 의미도 없는 우연한 사건이라 단언한다.

7. 기후 변화의 위험성과 토양, 대기, 물의 오염에 대한 인식이 확대되고 있다.

8. 지위 서열, 그리고 특성을 가졌거나 책임을 지는 자리에 있는 사람에게 부여되는 특권을 거부하는 반엘리트적 태도를 보인다.

9. 개인이나 정부가 어떤 결정을 내릴 때 정서적인 부분보다는 사실에 근거해 이성적으로 문제에 접근하는 것을 최적의 전략으로 바라본다.

10. 전 세계 사회 간에, 그리고 사회 내부에서 경제적 불평등이 점점 커지고 있다.

11. 수많은 국가 안에서 인종적·종교적 다양성이 확대되고 있다.

12. 개인은 자신의 이익이 타인이나 공동체의 이익보다 우선해야 한다고 가정한다.

현재 대부분의 사람이 존중하는 가치관이 무엇인지에 대한 합의가 결여된 것은 1950년대에 높은 순응성을 보였던 것과 현저한 대조를 이룬다. 1950년대만 해도 사회과학자와 작가들은 내부지향형 개성의 상실을 한탄했다. 미국의 사회과학자 윌리엄 화이트, 찰스 라이트 밀스, 데이비드 리스먼, 그리고 소설가 데이비드 슬론 윌슨은 타인과 다름에 대한 걱정이 만연해 있다고 기술했다. 이것은 부분적으로는 제2차 세계대전 종전 이후로 거대한 관료주의 기관의 숫자가 증가한 것에 따른 산물이었다. 1990년대 즈음에는 거대한 관료주의 기관이 사라지지 않았음에도 차이를 더욱 바람직한 속성으로 여기는 이단적 사고 성향이 등장했다.

현대성의 특성들은 여러 사회구조에서 변화 속도를 올려놓았다. 최초의 현대 인류가 현재의 이라크, 터키, 이집트 지역에 제대로 기능하는 대도시를 수립하는 데는 약 3000년의 시간이 걸렸으며, 그동안 약 100세대가 지났다. 하지만 북미 대륙으로 넘어간 최초의 유럽 정착민이 그와 견줄 만한 도심지를 구축하는 데는 10세대 정도인 300년밖에 걸리지 않았다. 그리고 캘리포니아 북부에 실리콘밸리가 만들어지는 데는 5세대 정도인 150년밖에 걸리지 않았다.

미국에서 전국적으로 설문조사를 해보면 미국인 대부분은 지나친 이기심, 커다란 불평등, 천연자원의 파괴, 익명성, 그리고 모두 '자기만의 해변을 찾으려' 애쓰는 듯한 느낌 때문에 미국 사회에 만족하지 못한다고 말한다. 페덱스나 대형 호텔체인점 같은 대기업에서 근무하는 피고용인 3명당 1명은 자기 회사가 아니라 외부 계약자에게 급료를 받고 있다. 이런 회사들은 직원의 성실성이 회사의 성공을 좌지우지하는데, 이 같은 급료 체계로는 회사에 대한 충성심을 불러일으키지 못한다.

1960년 이전에 일반 대중을 대상으로 만들어진 영화 가운데 2014년에 종영된 넷플릭스의 드라마 시리즈 〈하우스 오브 카드〉 같은 결말로 끝나는 영화는 없었다. 이 드라마는 반영웅인 프랜시스 언더우드가 거짓말, 사기, 배신, 살인을 절묘하게 조합해서 이용한 덕분에 미국 대통령이 되는 장면으로 마무리된다. 미국인은 그들의 사회에 만연한 냉소적인 분위기를 잘 알고 있으며, 친구나 판매원, 정부 관료, 사업체 리더들이 저지르는 배신이 신뢰로 대체되는 공동체를 소망한다.

역사의 흐름은 가장 시급하게 관심을 쏟아야 할 문제가 무엇인지, 그리고 비난받아야 할 악당이 누구인지에 대한 생각도 바꾸어 놓았다. 범죄자, 알코올의존자, 비행청소년이 미국에서 가장 심각한 사회 문제였던 70년 전만 해도, 전문가들은 대중에게 어린 시절 가정에서 겪는 일이 이런 문제를 일으키는 원인이기 때문에 그런 경험을 바꾸어야 한다고 설득했다.

하지만 요즘에 와서는 그런 개인적인 염려가 기후변화, 새로운 형태를 띤 에너지의 필요성, 세계적인 유행병, 기업 컴퓨터에 침입하는 해커, 핵폐기물과 비생분해성 쓰레기의 축적 등과 관련된 문제로 대체되었다. 이런 잠재적 재앙은 개인이 아니라 전체 인구 집단에 영향을 미치는 것들이다. 그만큼이나 중요한 부분은 이런 문제의 해결책은 가족 내 관습 변화나 새로운 신념의 확립보다는 물질적 조작을 필요로 한다는 점이다. 개인에게 영향을 미치는 문제들은 지배적인 지위를 상실했지만, 그렇다고 그런 문제들이 사라진 것은 아니다.

이상주의 대 실용주의

인류를 지금의 순간으로 이끌어온 역사적 사건들은 토머스 페인의 이상주의보다는 에드먼드 버크의 실용주의의 손을 들어주었다. 《에드먼드 버크와 토머스 페인의 위대한 논쟁》에서 유벌 레빈은 사회와 세대는 새로운 상황에 대처하기 위해 자신의 원칙을 수정해나가야 한다고 한 버크의 통찰을 일깨워준다. 중국의 지도자들은 버크의 충고를 잘 이해했다. 반면 페인은 자연이 각 개인을 자유롭고 만인과 평등하게 만들려는 의도를 가지고 있다고 믿었다. 이것이 의미하는 바는 모든 정부는 어떠한 상황에서도 이런 이상을 극대화해야 할 의무를 지속적으로 갖는다는 것이다.

역사적 증거는 버크 쪽으로 무게가 기운다. 2013~2014년 개정 기간에 미국 대법원에서 진보적 소수의 수많은 판단은 버크의 주장에 의지한 것이었다. 1954~1955년 프랑스 총리를 지낸 피에르

망데스 프랑스도 마찬가지였다. 그는 위대한 지도자가 갖추어야할 속성이 무엇인지 묻는 기자에게 "너무 감상적이어서는 안 됩니다"라고 대답했다. 망데스 프랑스가 말하려 한 바는 무릇 '지도자란 어떠한 상황에서도 반드시 지켜야 한다'는 추상적인 원칙에 너무 얽매여서는 안 된다는 것이다.

지난 25년간 스웨덴 사회에서 일어난 변화는 버크의 주장을 확인해준다. 1990년대에 스웨덴은 사회적 조건 때문에 존경을 받았다. 불평등 수준은 낮았고, 건강과 교육은 정부에서 보장해주었으며, 새로 아이를 낳은 부모는 오랜 기간 휴직할 수 있었고, 폭력범죄는 드물었다. 스웨덴 시민은 전 세계에서 가장 행복한 시민이었다. 그러다가 상황이 변했다. 이민자들이 유입되고 보수 정부에서 작정하고 세금을 줄이면서 불평등이 심각하게 커지고, 범죄율이 치솟았으며, 젊은이들은 전통적인 가치관을 거부하고, 다수 집단에서 불만이 자라났다. 그 결과 새로운 지도자는 대중이 기대하는 복리 혜택을 회복하기 위해 세금을 올릴 수밖에 없었다.

19세기에 세워진 공립학교도 새로운 배경이 갖는 힘을 설득력 있게 보여준다. 공립학교가 만들어지자 아이들은 하루에 여섯 시간에서 여덟 시간씩 조용히 앉아서 수업을 들어야 했다. 하지만 이런 요구가 너무 부담스럽게 느껴지는 아이들은 가만있지 못하고 산만해졌다. 그렇게 한 세기가 지나고 난 뒤에는 이런 아이들에게 주의력결핍과잉행동장애ADHD라는 딱지가 붙었다. 이런 아이에게 글자와 숫자에 집중하면서 오랫동안 앉아 있으라고 요구하지 않았을 경우에는 ADHD의 특성들이 확실히 드러나지도 않고, 별다른 문제도 일어나지 않는다.

만약 미국 남부의 여러 주에서 2013년에 특정 수준의 학업성취도를 충족하지 못한 학생이 많이 나온 학교를 처벌하는 법안을 통과시키지 않았더라면 ADHD 진단이 크게 상승하는 일은 피할 수 있었을 것이다. 이런 주의 학교 당국에서는 학생들의 평균 점수가 개선되지 않으면 지원금을 잃을 것이고, 가난한 소수 집단의 아이들이 점수가 가장 낮다는 것을 알고 있었다. 그래서 학교에서는 이런 아이들을 ADHD로 분류했다. 이렇게 조치하면 두 가지 이점이 있었다. 이런 아이를 교육하는 데 필요한 추가 지원금을 확보할 수 있고, 거기에 더해서 평균 점수를 낼 때 교사들이 ADHD 아이를 배제할 수 있게 허용한 지역에서는 학교의 평균 점수가 높아지리라는 것이었다.

경제학자의 맹점

경제학자들은 모든 경제에 언제든 적용되는 추상적인 원리를 좋아한다. 실제로는 이런 수칙이 일부 시기의 일부 국가에만 적용된다 하더라도 말이다. 경제학자들은 그들이 존경해 마지않는 물리학자들처럼 수학 방정식에 기초해서 예측을 내놓는 과학자로 대접받고 싶기 때문에 역사적 상황에 뒤따르는 영향력을 무시해버린다. 하지만 안타깝게도 이 방정식에서 인간의 선택에 대해 가정하는 내용은 증거와 부합하지 않는다. 경제학자들의 예측이 틀릴 때가 많은 주요 원인은 바로 이런 맹점 때문이다. 이들의 예측이 옳을 때를 보면 일반적으로 적용한 방정식이 역사가 만들어낸 새로운 사회적 조건을 고려했기 때문인 경우가 많다.

널리 호평받는 토마 피케티의 책《21세기 자본》을 비판하는 사람들은 그가 미국에서 커지고 있는 불평등을 분석할 때 각국의 정치를 무시했다고 지적한다. 미국의 유권자들은 부자들에게 높은 세율을 매기는 대표를 선출하려는 의지가 독일 시민보다 약하다.

폴 볼커는 경제학자들이 한 사회의 특성은 무시하고 추상적 이론만을 토대로 권고하는 것을 풍자하는 농담을 좋아한다. 자기 식단에 생선을 덧붙이고 싶었던 다람쥐 한 마리가 현명한 올빼미를 찾아가 상담했다. 다람쥐는 올빼미가 이런 욕구를 충족하게 도와줄 수 있을지 모른다고 생각했다. 올빼미는 잠시 생각에 잠겼다가 다람쥐에게 나무에 올라가 자기가 조언하는 대로 실천해보라고 말했다. 다람쥐는 몇 번을 시도해봤지만 모두 실패하자 올빼미에게 찾아가 조언이 아무런 도움이 되지 않는다고 불평했다. 이 비판에 짜증이 난 올빼미는 이렇게 말했다.

"너는 해결하고 싶은 문제가 있어서 나를 찾아왔어. 그리고 나는 유용한 정책이라 여겨지는 것을 너에게 권고해줬지. 그럼 그 정책을 구체적으로 어떻게 운용할지는 전적으로 네가 알아서 할 문제라고."

다양한 영역에서 나온 증거들을 보면 모든 배경을 초월하는 법칙, 원리, 결론은 아주 드물다는 결론이 나온다. 소립자들은 움직이는 동안에는 더 느리게 붕괴한다. 한 단어의 의미는 그 단어가 나오는 문장에 좌우된다. 한 유전자의 단백질 산물은 그 유전자의 몸속 위치에 따라 달라진다. 걱정거리가 뭐냐고 물어오는 낯선 사람에게 해줄 대답은 그 맥락에 달려 있다. 적어도 일본에서는 기차역에서 자살할 확률이 플랫폼에 파란 불빛이 있느냐 없느냐에 따라 달라진다. 이제 모든 연구자는 자연의 법칙이 특정 배경에서 어떤 사건에만 적용된다는 사실을 인정할 때가 되었다.

사냥꾼과 새 구경꾼

요즘의 과학 연구를 보면 배경을 초월하는 원리를 발견한 사람들에게 유리하게 흘러감을 알 수 있다. 나는 예전에 쓴 책《심리학의 유령Psychology's Ghosts》에서 대부분의 과학자는 사냥꾼이나 새 구경꾼, 둘 중 하나로 분류할 수 있다고 적었다. 사냥꾼은 배경을 초월하고, 수치를 부여할 수 있으며, 문제 제기에 견딜 수 있는 애매함이 없는 확실한 답변으로 문제를 해결하고 싶어 한다. 사냥꾼들은 한 종의 세균이나 한 품종의 쥐에서 발견한 내용이 그 종에만 국한된 것일 수도 있다는 것을 인정하기 싫어한다.

스탠퍼드대학교의 저명한 신경과학자 벤 바레스는 만약 뇌가 아니라 신장에 관심이 많은 교수 밑에서 연구했더라면 자기는 신장과 관련된 문제를 연구했을 것이고, 그때도 지금만큼이나 행복했을 거라고 고백한 적이 있다. 프랜시스 크릭과 제임스 왓슨은 1950년대에 사람들이 가장 중요하게 생각하는 수수께끼가 DNA가 아니라 헤모글로빈의 구조였다면 그것을 연구했을지도 모른다.

생물학자 중에는 덜 복잡한 생명체를 연구하는 사람이 많다. 수수께끼 같은 현상과 관련되어 보이는 깔끔한 해답을 찾아내기가 더 쉽기 때문이다. 시드니 브레너는 1밀리미터 정도밖에 되지 않는 예쁜꼬마선충이라는 작은 벌레에 특별히 호기심이 많았던 것은 아니었다. 그가 모델 생물로 이 벌레를 선택한 이유는 실험실에서 키우기 쉽고, 생활사가 짧으며, 세포의 숫자가 적었기 때문이다. 이런 이점이 의미하는 바는 과학자가 여러 종에 적용될지 모르는 중요한 사실을 발견할 확률이 높아지리라는 것이었다.

사냥꾼들은 강렬한 인상을 남기는 증거를 원한다. 특정 방향을 띠는 윤곽에 반응하는 시각피질 신경세포를 토르스튼 위즐과 함께 발견한 신경과학자 데이비드 허블은 "당신의 실험에 통계학이 필요하다면, 실험을 더 잘했어야 했다는 소리다"라고 말한 적이 있다. 대니얼 베스너는 냉전 기간에 랜드연구소에서 소련에 대항할 미국의 전략을 연구하던 수학자들은 두 나라의 지도자가 가진 편견, 가치관, 느낌이 중요하다고 주장하는 사회과학자들의 연구를 조롱했다고 지적했다. 수학자들이 이런 심리적 요인을 무시했던 이유는 여기에 수치를 부여할 수 없었기 때문이다.

새 구경꾼들은 종자가 다른 사람이다. 이들은 연구 대상으로 선택한 현상에 깊은 관심을 보이고, 배경이 가하는 제약을 받아들인다. 새 구경꾼에 해당하는 생물학자들은 인도에 사는 호랑이의 생활사, 갈라파고스핀치의 진화, 혹은 숲에 사는 침팬지의 행동 등 특정 종에 호기심을 느낀다. 이들은 모호함이 없는 깔끔한 답변을 기대하지 않는다. 이들은 자기가 좋아하는 대상에 대해 더 많이 알게 된다는 사실에서 기쁨을 느끼고, 상황을 완벽하게 통제할 수 없다는 사실을 받아들이며, 자연스럽지 못한 배경보다는 자연스러운 배경을 선호하고, 수학 방정식으로 쉽게 요약할 수 없는 현상을 연구하려 한다. 새 구경꾼들은 상을 받는 경우가 참 드문데, 새를 자연스러운 배경에서 연구해 노벨상을 수상한 동물학자 니콜라스 틴버겐만큼은 예외다. 피터와 로즈메리 그랜트 부부도 그렇다. 이들은 갈라파고스제도의 다프네섬에서 핀치를 40년 동안 연구한 공로를 인정받아 명망이 높은 상을 수상했다.

나는 아동의 발달에 대해 좀 더 이해하고 싶은 새 구경꾼으로 경력을 시작했다. 절차의 한계 때문에 특정 시간에 예비 해결책으로 처리할 수 있는 질문은 일부에 불과하다는 사냥꾼들의 통찰을 만년에 인정했다. 인간의 사랑은 중요한 현상들의 집합이다. 안타깝게도 심리학자들은 이런 감정을 측정할 만큼 충분히 민감한 절차를 갖고 있지 못하다. 그래서 사냥꾼들은 그것을 무시해버리고, 새 구경꾼은 고집스럽게 시도를 이어간다.

흥미로운 질문에 대해 모순 없는 해답을 발견하고 나면 사냥꾼들은 어쩌면 자신이 죽은 후에도 오래도록 남을 자연의 새로운 진리를 발견했는지 모른다는 희망으로 특별한 만족감이 가슴 깊은 곳에서 끓어오르는 것을 느낀다. 새 구경꾼들은 애정을 느끼는 자연의 한 측면에 담긴 수수께끼 같은 특성을 설명해줄 해답을 추구한다는 것만으로도 만족을 느낀다. 과학에는 두 종류의 연구자가 모두 필요하다. 크릭과 왓슨 같은 연구자도 필요하지만, 틴버겐이나 그랜트 부부 같은 연구자도 필요하다.

사람들은 사람의 속성을 '나쁨', '좋음', '더 좋음', '제일 좋음' 등
으로 분류한 다음, 자기가 어디에 속하는지 결정하기 위해 자신이
엄선한 타인들과 비교해보는 일을 멈추지 못한다. 아이들은 힘,
말 잘하기, 운동 능력, 겁 없는 성격에서 나타나는 차이에 특별한
중요성을 부여한다. 청소년의 경우는 신체적 매력, 인기, 가족의
지위, 겁 없는 성격, 그리고 산업화된 사회에서는 학문적 지위에
중요성을 부여한다. 성인의 경우에는 여기에 자신이나 가족의 부,
교육 수준, 직업, 성취 등을 보탠다.

　자신을 자신의 특성 중 일부를 공유하는 다른 사람과 비교해보
는 일은 정서적으로 대단히 강력한 영향을 미친다. 아이들은 가장
가까운 형제나 성별과 나이가 같은 또래를 선택해서 비교한다. 성
인은 연령, 사회계층, 직업이 비슷한 사람들과 비교해본다. 호텔
경비원은 자신의 월급을 다른 호텔 종업원의 월급과 비교해본다.
신참 변호사는 로펌 사수의 지위와 자신의 지위를 비교해본다. 과

학자는 자신이 속한 분야에서 경력이 비슷한 단계에 올라와 있는 연구자를 골라 비교한다.

가까운 사람과 비교하기를 선호하는 것은 높은 곳과 비교했을 때 실패할 가능성이 큰 데 대한 보호작용이다. 일부 젊은이는 자신에게 주어진 재능으로 도달할 수 있으리라 판단되는 자산 수준이나 지위를 획득하기 위해 노력하기로 결심한다. 소니아 소토마요르는 원래 대법원 판사가 아니라 드라마 〈페리 메이슨〉에서 보았던 판사처럼 되기를 꿈꾸었다. 계속 비교하다 보면 도전에 대처하거나 타인을 지배할 능력에 대한 자신감, 또는 자신감을 갉아먹는 의심이나 위협받으리라는 예상 등을 낳는 자아개념이 만들어진다. 마이클 크라우스와 웬디 멘데스는 서로 모르는 남자들을 두 명씩 짝지어 한 명은 티셔츠와 청바지를 입고, 다른 한 명은 단추 달린 셔츠와 재킷, 비싼 바지를 입은 상태로 협상을 해보도록 했다. 그랬더니 값이 싼 의상을 입은 남성들이 더 좋은 옷을 입은 파트너의 요구에 굴복할 가능성이 아주 높았다.

어린 시절에 특혜를 누렸던 소수의 성인은 아무런 의심이 없는 확고한 자신감을 갖는데, 가끔은 이런 자신감이 판단을 흐려놓을 때가 있다. 귀족 가문에서 자란 포르투갈의 신경학자 에가스 모니스는 심각한 정신질환을 치료하기 위해 전두엽을 뇌의 나머지 부분과 절단하는 수술 기법을 발명했다. 모니스는 이 수술의 효과를 너무나 확신한 나머지 자기가 정신질환을 치료할 방법을 발견했다고 성급하게 발표하고 만다. 그 후로 신경학자들은 수천 명의 환자에게 이 수술을 했는데, 결국에는 이 수술법이 정신질환 환자들을 치료하는 데 실패했을 뿐만 아니라 이미 문제가 발생한 상태의 인지 기능을 더욱 악화시키는 것으로 밝혀졌다. 만약 존 윌크스 부스가 유명한 배우 집안 출신이 아니었다면 자기가 에이브러햄 링컨 대통령을 살해할 권리가 있다고 확신하지는 못했을 가능성이 조금이나마 있었을 것이다.

자신감과 의심의 정교한 균형이 사회적 배경에 달렸을 때가 종종 있다. 명문 대학교 박사 출신의 40세 영문학 교수가 있다고 가정해보자. 이 여성 교수는 자신의 대학 사무실에서 30킬로미터 정도 떨어진 작은 도시에 산다. 그녀는 친구들과 함께 지역 파티에 참석하면 자신감이 흘러넘친다. 그 안에서는 자기가 학력이 가장 높고, 교수라는 존경받는 자리에 있기 때문이다. 그녀는 다른 대학에서 온 교수들과 영문학 학술대회에 참석할 때도 어깨에 힘이 들어간다. 그녀가 나온 학과가 전국 최고의 학과로 꼽히기 때문이다. 하지만 여러 명의 자연과학자가 참석하는 교수위원회에 갈 때는 마음이 그리 편하지 못하다. 대학교 안에서는 자연과학 분야가 더 존경받는다는 것을 알고, 그녀가 알고 지내는 대부분의 과학자가 살짝 삐기는 듯한 태도로 그녀를 대하기 때문이다.

자신이 살 곳을 선택할 수 있는 사람은 보통 관심사, 가치관, 계층적 위치가 자기와 비슷한 사람들이 모여 있는 지역을 선호한다. 이런 조건에서 더욱 편안한 기분을 느낄 수 있기 때문이다. 나스카 자동차 경주와 컨트리음악을 좋아하는 미국인은 보스턴에 살지 않는다. 미술과 실내악 콘서트에 대한 강의를 즐겨 듣는 사람은 내슈빌로 이사 갈 마음이 생기지 않는다. 남북전쟁 전에 애팔

래치아산맥 서쪽 땅에 정착했던 많은 가족은 유럽 서적에 대한 지식, 옷 입는 스타일, 음식 준비가 세련됨의 징표로 통했던 도시를 벗어나 살고 싶었던 사람들이다.

가혹한 편견에 노출된 소수 집단에 속한 일부 사람들은 어린 시절에 자신을 아웃사이더로 인식하며 살았기 때문에 다수 집단의 신념에 더 마음 편하게 의문을 제기할 수 있다. 자연과학 분야 노벨상 수상자 가운데 반유대인 사회에서 자란 유대인이 특이할 정도로 많았던 것은 우연이 아닐지 모른다.

때로는 하위 집단이 특혜를 누리는 사람들이 귀하게 여기는 것과는 아주 다른 속성을 취함으로써 그런 특혜 집단과 자신의 집단을 구분하기도 한다. 남북전쟁 전의 남부 지역 중산층 집단은 대학과 돈 많은 은행을 더 많이 가졌고, 그 가운데 존경받는 작가도 더욱 많았으며, 다수 집단의 가치관에 순응하기보다는 개인의 양심을 더 중히 여기는 북부의 주들 때문에 위협을 느끼는 사람이 많았다. 이에 대해 남부 사람들은 종교의 독실함, 용기, 총기 사용 능력, 자연 탐험, 공동체의 도덕규범 고수하기 등을 중시하는 것으로 반응했다.

이런 사실들 속에 숨어 있는 원리는 자기가 하위 집단에 속한다고 믿고 어느 정도의 자유가 허용되는 사회에 사는 사람들 중에는 다수 집단의 관점과 관습에 도전하기를 즐기는 사람이 많다는 것이다. 아웃사이더에 해당하는 이들은 인기 없는 개념을 따르거나 지배적인 가치관에 순응하지 않았을 때 발생할 문제점에 대한 지나친 걱정으로부터 자유로울 수 있다. 아웃사이더들은 지적 탐구나 반란 행위로 다수 집단의 감춰진 약점을 밝혀내기를 즐긴다. 마오쩌둥은 소작농 집안에서 태어났음에도 주로 부잣집 출신들이 다니는 학교에 다녔다. 부잣집 학생들은 그의 말투나 상스러운 습관 등을 놀려댔다. 이런 경험을 통해 그는 특권계층에 대한 분노를 가슴에 품었고, 그가 권력의 자리에 오른 1949년에는 이런 분노를 어느 만큼 해소할 수 있었을 것이다. 20세기 초 당시에는 인기가 없던 프로이트의 개념들을 처음 지지했던 남성과 여성들이 반유대인 성향의 유럽 국가 출신 유대인들이었던 것은 우연이 아니다. 몇몇 아프리카계 미국 학자는 빈곤한 흑인 남성들 사이에서 학업 실패와 범죄 활동이 발생할 비율이 높은 것은 중산층 백인 미국인에게 자기들은 그들이 소중히 여기는 가치관에 얽매여 있지 않다는 것을 알리려는 의도가 숨어 있다고 주장한다.

사회계층

공동체 안에서 한 사람이 속한 사회계층은 항상 그 사람의 자신감, 가치관, 행동에 중요한 영향을 미친다. 사회과학자들은 계층의 개념을 두 가지 가지고 있는데, 이 둘은 서로 연관은 있지만 동일하지는 않다. 객관적이어서 가장 대중적으로 이용되는 정의는 사회 구성원 대부분이 좋고, 바람직하고, 성취할 가치가 있다고 여기는 속성에서 나타나는 차이를 바탕으로 내려진 정의다. 대부분의 현대 사회에서는 교육, 직업, 수입의 조합이 사회계층을 말해주는 지표다.

자기가 이런 바람직한 특성을 어느 정도까지 가지고 있느냐에 대한 각 구성원의 주관적 판단이 두 번째 정의에 해당한다. 낸시 아들러는 주관적 계층을 측정할 수 있는 간단한 기법을 발명했다. 검사자가 피험자에게 가로대가 여러 개 달린 사다리를 보여 준다. 맨 꼭대기에 있는 가로대는 돈도 많고, 교육도 잘 받고, 사람들한테 존경받는 직업을 가진 사람을 나타낸다. 반면 제일 밑바닥 가로대는 돈도 없고, 정식 교육도 거의 받지 못하고, 사람들이 외면하는 직업을 가진 사람을 나타낸다. 그럼 피험자는 자신이 생각하는 자신의 계층과 일치하는 가로대에 X 표시를 한다. 객관적 측정과 주관적 추정이 어느 정도 관련되어 있는 것은 사실이지만, 서로 맞바꿀 만큼 유사하지는 않다. 객관적 지표에서는 낮은 단계를 차지하는 사람이 자신보다 살짝 높은 지위를 표시할 때가 많기 때문이다.

고대 중국인은 집안을 이끌어가는 남성 가장의 속성을 이용해 시민을 상대적으로 고정된 사회계층으로 분류했다. 그래서 글을 아는 지주는 최고 계층을, 손을 써서 노동하는 소작농은 바닥 계층을 차지했다. 현재는 인도와 파키스탄에 해당하는 지역을 기원전 1500년경 침략해 들어간 아리아인은 세속되는 엄격한 신분제를 시행했다. 직업과 결혼 상대 선택도 이 신분제를 따라야 했다. 밝은 피부색의 브라만이 가장 지위가 높고, 어두운 피부색의 불가촉천민은 제일 낮았다.

19세기 영국에서는 여러 세대에 걸쳐 거대한 토지를 보유하고 있던 귀족 가문에 최고의 지위를 부여했다. 19세기 독일에서는 군 장교에게 특권적 지위를 부여했다. 21세기에는 컴퓨터 네트워크

운영, 유전체 분석, 새로운 에너지 원천을 찾아내고 만들어내는 일, 뇌 활성의 측정, 전 세계적 유행병의 원인을 진단하는 일 등을 하는 데 필요한 기술을 습득한 사람이 지주, 귀족, 철학자, 장군이 차지하던 지위를 대신했다.

수입이 많고 지위도 높은 직업을 얻으려면 경제에 보탬이 되는 기술을 습득하는 것이 필수지만, 각각의 사람이 갖춘 재능 수준은 절대적인 것이 아니라 상대적인 것이다. 이런 수준 자체가 그 사회 혹은 여러 사회에 걸쳐 타인과의 상대적 실적을 바탕으로 정해지는 것이기 때문이다. 만약 수수께끼의 바이러스가 나타나서 모든 인간의 언어 구사 능력, 수학 지식, 컴퓨터 기술, 추론 능력을 10퍼센트씩 낮추어놓는다면 앞으로 아무것도 변하지 않을 것이다. 똑같은 젊은이들이 똑같은 대학에 입학해서 똑같은 부를 축적할 것이다. 적응에 기여하는 속성에서 각각의 사람이 차지하는 순위가 중요한 부분이기 때문이다.

1966년 미국에서는 연수입 3000달러 미만을 빈곤계층으로 정의했다. 그런데 2015년에는 빈곤계층을 정의하는 수입이 열 배로 높아졌다. 빈곤계층의 절대 수입은 더 높아졌지만 1966년과 마찬가지로 2015년에도 청소년 임신, 2형 당뇨병, 폭력 범죄의 희생자와 가해자가 빈곤계층에서 가장 많다는 사실에는 변함이 없다.

계층과 적응

민주사회에 살고 있는 대부분의 개인은 자신의 사회계층보다 성별, 나이, 인종집단에 대해 더 예민하게 인식한다. 사회계층은 이들의 행동, 사회에 대한 관점, 배우자 후보감, 건강, 사회적 상호작용의 패턴, 관심사, 물품 구매, 좋아하는 텔레비전 프로그램, 윤리적 가치관, 기분, 성격적 특성, 생식력에 영향을 미친다. 대학을 졸업하고 적절한 수입이 있는 사람은 고등학교 졸업장이 없는 사람보다 아이를 적게 낳는다. 노동자 계층의 가정에서 자란 미국인은 친구들과 비슷한 물품 사는 쪽을 선호한다. 중상류층의 성인은 자기를 돋보이게 만드는 물품을 구입하는 경향이 있다. 이런 점을 잘 아는 광고회사에서는 대학을 나오지 않은 사람들이 즐겨 읽는 잡지에 자동차 광고를 낼 때는 다른 사람이 사는 것과 같은 차를 보유할 때의 만족감을 강조한다. 반면 그보다 부유한 대학 졸업자들을 대상으로 하는 광고에서는 다른 사람들과 차별화된 감각을 강조한다.

어린이가 10~15세에 이르기까지 가족의 사회계층을 보면, 성인이 되었을 때의 교육, 읽기와 수학능력 검사 점수, 직업, 수입, 신체적·정신적 건강, 수명, 수면의 질, 범죄 행동, 행복의 느낌 등을 예측할 수 있다. 2013년 가을 대학에 들어간 젊은이들의 부모의 공동 수입은 학업적성검사 점수를 예측할 수 있는 훌륭한 지표였다. 가장 가난한 가족 출신의 17세 청소년의 점수는 가장 부유한 가족 출신의 점수보다 388점 낮았다.

하버드 의대의 로널드 케슬러가 이끄는 연구팀은 연구 당시 전투에 참가하지 않았던 5000명의 미국 병사에게 지난 30일 동안 경험했던 모든 심리 증상에 대해 보고하라고 요청했다. 불안, 우울, 약물남용 등을 보고한 다수의 병사는 정식 교육을 가장 적게 받았고, 계급도 가장 낮았다. 이들 가운데 네 명 중 세 명 정도는 입대 전부터 이런 증상이 있었다.

아동의 정신질환을 다루는 미국의 전문가들은 낮은 동기부여, 느린 동작, 졸림, 백일몽, 지루함 등으로 정의되는 '인지속도부진'이라는 새로운 진단명을 발명했다. 이런 증상이 있는 대부분의 아동은 경제적으로 스트레스가 심한 가정에 살고, 장애가 있어서 일을 할 수 없는 부모를 둔 경우도 많았다. 많은 아동이 수면을 박탈당한 상태고, 식생활도 부적절하며, 인내심을 갖고 학교에 꾸준히 다니도록 힘을 북돋워주는 경우도 드물고, 텔레비전을 보면서 시간을 보내는 경우가 많았다. 이런 상황이라면 이런 아동들이 '인지속도부진'이 있다고 해서 놀랄 일도 아니다.

19세기 전문가들은 가난한 가족 출신 아동에게서 나타나는 관련된 프로필을 기술할 때 '퇴화'라는 경멸적인 용어를 사용했다. 현대의 전문가들은 그보다는 어감이 약한 '인지속도부진'이라는 용어를 사용한다. 하지만 좀 더 정확한 진단명은 '가난 증후군'이라고 해야 옳다. 암을 유발하는 화학물질이 들어 있는 쓰레기 더미 근처에 사는 아동이 백혈병에 걸리면 전문가들은 독성 환경이 원인임을 인정하고 그 증상의 기원을 환자에게서 찾지 않는다.

나이지리아 이슬람교도 여성의 사회계층 내 위치를 보면 여성 할례에 대한 태도를 예측할 수 있다. 혜택을 덜 받고 살았던 여성은 이 의례적 수술에 우호적인 태도를 보일 확률이 가장 높다. 미국 여성의 사회계층을 보면 아기를 출산할 가능성이 높은 계절도 예측할 수 있다. 대학 교육을 받은 여성들은 보통 아기가 따뜻한

176

봄이나 여름에 태어날 수 있도록 임신을 계획한다. 반면 고등학교만 졸업한 가난한 여성들은 겨울 독감 시즌이 자신이나 새로 태어날 아기의 건강에 악영향을 미칠 수 있다는 사실을 고려하지 않는다. 이들은 봄에 임신해서 늦가을이나 겨울에 심한 감기나 독감에 걸리고, 1월 말이나 2월에 아기를 출산한다. 이렇게 태어난 아기들은 출생 몸무게가 정상 이하로 나온다.

오클라호마대학교의 연구진은 빈곤 가정에서 자랐고 둘 이상의 자녀를 둔 여성은 그다음에 태어난 아기가 조산이나 심각한 선천성 결함이 있어 돌보기가 어려울 경우 학대할 위험이 높다는 것을 발견했다. 고졸 이하의 학력을 가진 영국과 미국의 엄마들은 대학 교육을 받은 엄마들보다 아기를 관리하기가 더 어렵다고 했다. 객관적인 증거를 확인해보면 두 유형의 가정에서 자라는 아이들은 행동학적으로 비슷한 것으로 나오는데도 말이다. 그래서 전자의 엄마들은 아이가 울 때 더 가혹하게 다루는 경향이 있다.

베일러 의대의 피터 호테즈는 가난한 사람들은 해로운 영향을 미칠 수 있는 기생충 감염이나 관련 감염에 더욱 취약하다는 사실을 지적한다. 예를 들어 사회적 혜택에서 소외된 도시와 시골의 환경에는 개나 고양이가 흘리고 다니는 기생충 알이 어디에나 들어 있다. 이런 알과 접촉해서 기생충의 유충에 감염되면, 이 유충들이 어린이의 뇌로 이동한다. 약 280만 명으로 추정되는 아프리카계 미국인이 이 감염을 앓고 있다. 사회계층과 질환의 관계가 최근에 일어난 현상은 아니다. 크리스티 슈미치Christi Sumich는 부유한 사람보다는 가난한 사람들이 17세기 영국을 휩쓸고 지나갔던 흑사병에 더 잘 걸렸다는 사실을 상기해준다.

부모들은 사회계층에 따라 서로 다른 육아 방식을 보이는데, 그 결과를 아이가 두 번째 생일을 맞이하기 전부터 관찰할 수 있다. 대학 교육을 받은 부모들은 아이와 더 많이 대화하고, 다양한 대화 형식을 이용한다. 이렇게 자란 아이들은 어휘가 풍부해지고 IQ도 더 높게 나온다. 케네스 켄들러는 동료들과 함께 스웨덴에서 여러 형제를 각각 쌍을 지어 IQ를 비교해보았다. 친부모 밑에서 자란 형제와 친부모보다 학력이 높은 양부모에게 입양되어 자란 형제를 관찰하니, 놀랄 일은 아니지만 후자의 IQ가 더 높은 것으로 나왔다. 벌집 속에 들어 있는 특정 세대의 암컷 유충들은 유전적으로 모두 동일하다. 성충 일벌들은 이 유충들에게 모두 똑같은 먹이를 주지만, 딱 한 마리에게는 로열젤리라는 다른 먹이를 준다. 이 암컷 유충이 결국 장래의 여왕벌이다. 수입이 많고 학력이 높은 가정에서 태어난 아이들이 누리는 특별한 경험이 바로 로열젤리 같은 역할을 하는 셈이다.

어떤 조건 아래서는 아동의 사회계층이 선별된 유전자에 영향을 미칠 수도 있다. 각각의 염색체 끝부분에는 텔로미어telomere라는 독특한 DNA 염기서열이 붙어 있는데, 이것은 나이가 들면서 차츰 짧아진다. 만성적으로 가난이라는 스트레스에 노출되었던 빈곤층 성인의 경우 텔로미어가 특히나 짧다. 미시간대학교의 연구자들은 빈곤 가정 출신의 만 9세 아프리카계 미국인 어린이가 부유한 가정에서 자라는 어린이보다 텔로미어의 길이가 더 짧다는 것을 발견했다. 회색앵무와 바닷새도 스트레스와 짧아진 텔로미어 사이에 상관관계를 보인다.

혜택을 받은 성인과 혜택을 받지 못한 성인이 서로 다른 이유로 똑같은 증상이나 성격적 특성을 가질 수 있음을 인식하지 못하는 것은 문제를 일으킨다. 아동기의 특성으로 성인이 됐을 때의 결과를 예측할 수 있을 때 과학자들은 종종 아동기의 속성이 성인기의 특성을 만들어낸 주요 원인이라고 결론 내릴 때가 많다. 한 핀란드 과학자 집단에서는 신생아가 시각적인 사건에 얼마나 관심을 기울이는지 관찰하면 그 아이가 5년 후에 갖출 시각적 능력을 예측할 수 있다고 주장했다. 하지만 주의력이 뛰어난 아이가 나중에 더 뛰어난 시각적 능력을 갖추는 까닭은 그 아이가 부유한 가정에서 태어났고, 따라서 유아기에 독특한 경험을 하기 때문일지도 모른다. 연구자들은 이 결과가 이런 사실을 반영할 가능성을 고려하지 않았다. 대부분 식생활, 질병, 가족 의료, 의료에 대한 접근용이성, 다니는 학교, 공기와 물의 오염, 신체 활동량 등 사회 계층에 따라 달라지는 일상의 경험이 아동기와 성인기에 나타나는 모든 특성에서 원인으로 작용할 때가 많다. 구슬을 홈 안에 집어넣으면 홈을 따라 직선으로만 움직인다. 이는 홈 때문에 구슬이 다른 방향으로는 움직일 수 없기 때문이지 구슬이 직선으로 움직이려는 어떤 내재적인 편향이 있어서가 아니다.

가난한 집에서 자란 사람 중에는 돈을 많이 벌거나 유명해지거나 권력을 손에 넣겠다고 굳게 다짐하는 사람들이 있다. 어떤 사람은 분노한 반역자의 길을 선택하기도 한다. 그리고 대부분의 사람은 무기력감에 움츠린 상태로 남아 있다. 세상을 기회가 가득한

곳으로 바라보느냐, 예측 불가능한 위협으로 가득한 곳으로 바라
보느냐 하는 관점의 차이가 혜택을 받은 사람과 그렇지 못한 사
람의 차이를 보여준다. 혜택을 받은 쪽은 스스로를 최소의 제약
속에서 개인의 욕망을 충족하기 위해 분투하는 능력 있는 주체로
여긴다. 반면 혜택을 못 받고 산 젊은이들은 공격을 피하고, 친구
및 가족과 상호 의존적인 관계를 유지하며, 착취와 수모를 당하지
않도록 경계하는 것을 인생의 과제로 본다. 자신이 깔보는 고용주
와 가게 주인들을 끝없이 의심하는 부유한 백인 변호사는 편집성
인격을 가졌다는 진단이 나올 것이다. 하지만 세인트루이스 워싱
턴대학교의 사회과학자들은 이와 똑같은 진단을 가난한 흑인 성
인에게 내리는 것은 부적절하다고 주장한다. 이들이 가진 의심은
좀 더 현실적인 근거가 있는 것이기 때문이다.

지니계수

사회과학자들이 한 국가나 지역에서의 소득 불평등 정도를 예측
할 때, 가족의 평균 수입으로는 불가능했던 어떤 결과를 예측할
수 있다는 사실을 알았다. 경제학자들은 지니계수라는 소득 분포
의 불평등 지수를 발명했다. 지니계수가 0이라는 것은 해당 사회
의 구성원 모두가 수입이 같다는 것을 의미한다. 지니계수 1은 한
가족이 그 사회의 모든 수입을 독차지한다는 뜻이다. 지니계수는
총자산의 불평등을 나타내는 지표로도 사용할 수 있다. 대부분의
현대사회에서 지니계수는 0.3~0.6 정도로 나온다. 캐나다, 일본,
스칸디나비아반도에 있는 국가들은 지니계수가 낮다(0.3 미만). 그

리고 남아프리카공화국, 브라질, 나이지리아, 중국의 지니계수는 높다(0.4~0.6). 미국의 2013년 지니계수는 1950년의 0.38과 비교하면 조금 높은 0.45였다. 이는 2013년에 미국인의 10퍼센트가 국가 자산의 3분의 2 이상을 소유했다는 의미다.

미국의 지니계수는 200년 전에는 훨씬 낮았다. 그때는 대부분의 가족이 집과 가축을 소유하고 부를 축적하는 데 대학 교육이 지금보다는 덜 중요했다. 소득 불평등이 심해진 현재에 와서는 법률 제정에 미치는 영향력도 불균형해졌다. 두 사회과학자가 《정치에 대한 관점Perspectives on Politics》에서 보고한 바에 따르면, 1981~2002년에 의회에서 통과시킨 법률 중 절반 정도는 아주 부유한 소수의 미국인에게 유리한 것이었다. 반면 대부분의 서민에게는 유리하지만 부자들은 반대하는 제안 중 실제 법으로 제정된 것은 18퍼센트에 불과했다.

유럽과 북미에서 소득 불평등의 정도는 주기적으로 순환되어 왔다. 프랑스는 1780년대에 불평등 수준이 높아졌다가 프랑스 대혁명이 일어나면서 낮아졌다. 하지만 산업화 때문에 이런 성향이 역전됐다. 아마도 지금의 중국, 브라질, 미국보다 높았을 것으로 여겨지는 1830년대 영국의 불평등 수준은 카를 마르크스로 하여금 《자본론》이라는 책을 쓰도록 동기를 불어넣었다. 중국은 1978년에 지니계수가 아주 낮았다. 하지만 마오쩌둥이 사망한 후에 시작된 경제개혁은 40년도 안 되는 시간 만에 시골의 가난한 소작농과 도시 사업가의 수입 격차를 어마어마하게 벌려놓았다. 2014년 중국의 지니계수는 0.55로 미국을 뛰어넘었다.

산업화된 국가들의 지니계수는 1920년대에 절정을 찍었다가 제2차 세계대전, 전쟁 후 대학 졸업자의 증가, 부유한 사람들에게 부여된 더 높은 소득세, 빈곤층을 위한 사회보장제도 확대 등의 효과 덕분에 불평등이 차츰 줄어들었다. 그러다 1980년대에는 이런 내림세가 끝나고 불평등이 다시 커지기 시작한다. 한 사회가 불평등 수준을 적정한 범위 안에 묶어놓으려는 것은 과체중인 사람이 자기 체중을 특정 범주 안에서 유지하기 위해 다이어트를 반복하는 것과 비슷하다.

대부분의 사람은 1800년대의 선조들보다 더 나은 건강을 누리고 더 많은 물질적 풍요를 누리지만, 지니계수가 높은 국가에 사는 사람들은 질병에 대한 부담이 크고, 수명이 짧으며, 우울증·조현병·자살·살인 등의 유발률이 높고, 이방인에 대한 불신이 크며, 아동 학대가 더 빈번하다. 아마존 분지에 고립된 열세 곳의 볼리비아 마을 각각의 지니계수를 조사해보면 공포, 분노, 슬픔의 발생률과 상관관계가 있었다.

2013년에 미국에서 지니계수가 높았던 캘리포니아, 루이지애나, 뉴욕을 포함한 열두 개 주는 지니계수가 낮은 와이오밍, 유타, 아이오와를 포함한 열두 개 주보다 살인사건 발생률이 높았다. 앞에 나온 세 주의 경우 비백인 성인의 비율이 더 높기 때문에 불평등과 소수 집단의 결합이 살인사건 발생 비율에 크게 기여한다고 주장할 수도 있다. 하지만 39개국 각각의 지니계수와 살인사건 발생률에서 현저한 상관관계가 나타나는 것을 보면 불평등이 기여하는 부분이 더 크다는 것을 짐작할 수 있다. 대부분의 라틴아

메리카 국가는 지니계수와 살인사건 발생 비율이 높다. 반면 유럽
연합에 속한 국가들은 라틴아메리카보다 유럽 쪽이 인종이 훨씬
다양한데도 지니계수와 살인사건 발생률이 낮다.

사회적 불안이 촉발되려면 불평등의 정도가 임계점을 넘어서
야 한다. 대부분의 사람은 특권에서 어느 정도의 불평등이 있는
것은 감내하지만 불평등 수준이 자신이 공정하다고 여기는 범위
를 넘어서면 분노가 형성된다. 1789년에는 파리에서 이런 임계점
에 도달한 바가 있다. 엘리트 계층에 질투를 느끼고, 자신과 비슷
한 생각을 가진 사람들의 지지를 등에 업은 로베스피에르는 프랑
스 대혁명 이후로 독재정권을 세워 수천 명을 학살했다. 현대의
프랑스는 프랑스 토착민보다 실업률이 높은 북아프리카 출신 아
랍 이민자들의 분노에 직면해 있다.

미국에서는 1880년대에 임계점을 넘어선 적이 있었다. 블루
칼라 노동자들이 부당한 착취에 대해 각성한 것이다. 그 결과
1880~1920년에 수많은 폭력 시위가 일어났다. 1930년대의 대공
황 당시에는 자신이 불행한 이유가 자유방임적인 자본주의 때문
이라고 믿은 미국인이 공산당에 가입하거나 공산당을 지지하고
싶은 유혹을 느꼈다. 오늘날에는 IS 같은 지하드 운동이 유럽 국
가에 거주하는 숫자를 알 수 없는 사회 비주류 이슬람교도들을 대
상으로 그런 기능을 하고 있다. 자신의 능력에 걸맞은 일자리를
찾지 못하는 남녀는 분노를 느끼는데, IS 같은 집단이 그런 분노
를 해소할 배출구 역할을 하는 것이다.

미국은 지니계수가 비교적 높은 편인데 거의 100년 가까이 심

각한 시민 반란 사건이 일어나지 않았다. 이는 많은 특권을 누리는 사람들이 부를 공정하게 얻은 것이라고 1920년 이후에 태어난 대다수가 가정했기 때문이다. 2011년에 이루어진 '퓨 리서치 여론조사'를 보면 90퍼센트 가까운 미국인이 부자들은 열심히 노력했거나 운이 좋아 부유한 집안에 태어난 덕에 부자가 되었다고 믿는 것으로 나왔다. 미국인은 열심히 노력하면 특권을 누리는 편안한 삶을 공정하게 얻을 수 있다는 개념을 지지하는 경우가 유럽인에 비해 많았다. 만 30~35세의 미국인 중 절반 정도가 자신이 어렸을 때 가족이 벌었던 것보다 수입이 더 많다는 사실도 이런 전제를 뒷받침해준다.

가난한 미국인은 대부분 게으르고 자기에게 찾아온 기회를 제대로 잡지 못한 사람이라는 믿음이 1983년에 비해 2011년에 더 널리 퍼져 있었다. 이런 전제는 2011년보다는 1983년의 현실과 더 잘 맞아떨어지는데도 말이다. 하지만 이런 의견이 얼마나 정확한지는 중요하지 않다. 공정하다는 인식 그리고 누구든 충분히 노력하면 부자가 될 수 있다는 미국의 전통적인 믿음의 결합이 더 중요하다. 이런 전제를 증명해주는 인물로는 알렉산더 해밀턴, 앤드루 잭슨, 에이브러햄 링컨, 율리시스 S. 그랜트, 앤드루 카네기, 소니아 소토마요르, 오프라 윈프리 등이 자주 거론된다. 하지만 20세기 전반부에 비해 지난 30년 동안 가난한 젊은이들의 소득이 크게 늘고 사회적 지위가 향상된 비율이 감소한 것을 보면 대학도 나오고 열심히 일하면 그만큼의 보람이 생긴다는 전제가 의심스럽다.

피해자라는 새로운 후광

1944년 프랭클린 루스벨트 대통령의 취임 연설은 모든 미국인에게 일자리, 집, 교육, 적절한 의료를 누릴 권리가 있음을 미국 대통령이 선언한 최초의 연설이다. 그리고 20년 뒤 린든 존슨은 '가난과의 전쟁'을 선포했고, 의회는 시민권법을 통과시켰으며, 미국인은 가난·사회적 소외·편견·정신질환 희생자들을 훨씬 더 동정어린 시선으로 바라볼 수 있었다. 1960~1970년에 영어로 쓰인 책에서 'victim희생자', 'empathy공감', 'disadvantaged사회적 혜택을 받지 못한' 등의 단어가 사용되는 빈도가 급격히 증가한 것을 봐도 이런 변화가 드러난다. 팔레스타인 대의를 지지하고 이스라엘 정부를 비판하는 유럽인의 숫자가 증가한 것도 탄압의 희생자에 대한 공감이 커지고 있음을 말해주는 신호다. 브라질의 입법자들은 고기능 자폐증으로 진단받은 아이의 부모들로부터 압력을 받고 2012년에 자폐증을 법적 장애로 분류하는 법안을 통과시켰다. 이렇게 이름을 바꾸는 것은 사회가 이런 개인들이 여러 역할을 맡아 더 쉽게 기능할 수 있도록 만들 의무가 있음을 의미한다.

이런 정서는 동물을 대상으로도 확산되고 있다. 유럽연합은 동물 실험을 하는 과학자들에게 동물이 느낄 고통이 얼마나 되는지 평가해서 개, 고양이, 원숭이에게 고통을 일으킬 가능성이 있는 실험을 수행하기 전에는 당국의 허가를 받도록 지시했다. 그리고 목소리가 큰 미국 시민은 의회를 설득해서 연방 기금의 후원을 받는 연구에서 동물을 취급하는 규칙을 정하는 법을 통과시키게 했다. 이 규칙에는 사료, 우리의 온도, 동물을 죽이는 방법, 동물에게 풍요로운 경험을 제공할 수 있도록 우리 안에 장난감 같은 흥미로운 물체 넣어주기 등이 포함되어 있다.

2013년 7월 27일 자 《뉴욕타임스》의 한 에세이에서는 가난한 환경에서 자란 사람들은 가족이 좀 더 부유했더라면 피할 수도 있었을 심각한 질병에 취약하다는 점을 지적했다. 가난한 사람들을 위한 이런 공감 어린 관점은 300년 전 유럽 사람들이 보여주었던 가혹한 태도와 비교하면 정말 격세지감을 느낄 만하다. 당시 유럽의 논평가들 중에는 한 사회의 경제적 건강은 낮은 임금에도 기꺼이 일할 의지가 있는 가난한 노동자가 얼마나 많은가에 달려 있다고 단언하는 사람이 많았다.

가난한 사람들을 향한 태도가 더 친절해진 것은 온유한 자들에 대한 가톨릭교회의 자애로운 평가가 다시 돌아왔음을 상징한다. 루터와 그를 따른 신교도들은 성실한 사람이 아니면 가난한 자에게 미덕을 베풀기를 꺼렸다. 보스턴의 목사 코튼 매더가 1700년대 초반 자신의 신도들에게 그들의 첫 번째 의무는 기도하는 것이 아니라 숙련된 기술을 습득하는 것이라고 말하던 데 귀를 기울여보자. "주 예수께서 당신의 창고, 가게, 배, 밭 혹은 당신이 일하는 어디서라도 당신을 찾아냈을 때 그분이 당신에게 어떤 축복을 내려줄지 누가 알겠습니까?"

대부분의 미국인은 두어 세대가 흘러도 가난이 계속되는 것에 대해서는 두 가지 설명 중 하나를 고수한다. 사회 다윈주의적 관점을 옹호하는 이들은 가난한 사람이 비난을 받아 마땅하다고 주장한다. 그들은 적절한 기술도 배우지 않고, 충동적으로 결정을 내리며, 나쁜 습관도 좀처럼 고치려 들지 않기 때문이다. 이런 관점을 가진 사람은 나이 많고 돈 많은 백인들 사이에서 가장 흔하게 보인다. 이들은 몽테뉴의 관점에 고개를 끄덕였을 것이다. "자신의 잘못이 아니고는 누구도 오랫동안 고통받지 않으리라." 내가 생각하기에 이런 관점을 가진 사람들 중에는 2008년과 2012년에 버락 오바마가 대통령 선거에서 당선된 사실을 증거 삼아 가난한 흑인 가정이 많은 이유를 인종차별 때문이라 볼 수 없다고 주장하는 이들이 있을 것 같다. 4000만 명이 넘는 백인이 오바마에게 투표했기 때문이다. 더군다나 가난한 가정에서 태어난 어린이 중 소수는 실제로 사회적 지위와 수입이 높아진다. 10명 중 1명은 결국 수입 분포에서 상위 5분의 1에 들어간다. 이런 사실들 덕분에 일부 중산층 백인은 가난한 사람들이 실패하는 이유는 그들의 잘못된 판단과 행동 때문임이 분명하다고 주장한다.

아프리카계 미국인 철학자 토미 셸비는 가난한 가정에서 태어난 수많은 아프리카계 미국인이 지속적으로 저성취를 보이는 이유를 살짝 다르게 해석한다. 그는 수많은 흑인, 특히 그중에서도 흑인 남성들은 다수 집단인 백인의 업무 습관을 받아들이기를 거부한다고 주장한다. 그것을 받아들이면 자신과 사회가 소중하게 여기는 도덕적 표준을 지키지 못했음을 자백하는 꼴이 되기 때문이다. 그러면 이들은 인종적 자부심을 추가로 상실할 가능성이 높아진다. 그래서 이들은 오히려 다수 집단의 문화에서 찬양하는 도덕률을 향해 반항적인 태도를 유지하는 데서 더욱 큰 만족을 느낀다고 셸비는 주장한다. 좋은 성적을 가치 있게 여기지만 부모를 미워하는 취학아동이 부모를 실망시키려고 일부러 공부를 하지 않는 경우에도 이와 비슷한 역학이 작용한다고 볼 수 있다.

대개 50세 미만이고, 가난이 대물림되는 이유에 대한 두 번째 설명을 고수하는 미국인은 가난한 사람들이 미국 사회에서 심각한 구조적 장애물에 직면해 있다고 믿는다. 빈곤한 지역은 학교 교육이 제대로 이루어지지 않고 좋은 일자리가 없기 때문에 가난이 대물림된다는 설명이 1970년 이후에 태어난 미국인에게는 '정치적인 올바름'으로 자리 잡았다. 이렇듯 가난한 사람과 소수 집단 사람을 동정하는 태도는 자기가 통제할 수 없는 요인으로 고통받는 모든 사람에게로 확대되었다. 청각장애인, 자폐증환자, 동성연애자들이 겪는 고통을 기술한 앤드루 솔로몬의 책《부모와 다른 아이들》에 찬양 일색의 리뷰가 달리는 것도 이런 주장을 뒷받침한다.《뉴욕타임스》에서 2014년 올해의 책 후보에 올린 소설 중 70퍼센트 이상이 희생자들이 겪는 역경을 주요 테마로 잡았다. 잔인하게 취급되었던 아메리카 인디언들, 남북전쟁 전의 남부 노예들, 나치 독일 시대의 유대인들, 호주 원주민 가족 아동들의 이야기를 극적으로 묘사한 언론도 여기에 일조했다.

2003년 영화 〈스테이션 에이전트〉에 등장하는 영웅은 외로운 한 먹거리 노점상과 마찬가지로 외로운 한 여성으로부터 진정한 애정을 이끌어내는 자부심 강한 난쟁이다. 2012년 영화 〈세션: 이 남자가 사랑하는 법〉에는 섹스 치료사를 비롯해 소아마비 때문에 목 아래로는 완전히 마비가 된 남성을 돌보는 여성들이 등장하는데, 남성의 낙관적인 태도가 그를 영웅적이고 매력적으로 만들어 여성들이 그와 사랑에 빠진다. 2001~2012년 아카데미상을 수상한 영화 중 50퍼센트가 전쟁, 가난, 질병 혹은 개인적인 결함으로 고통받는 희생자의 이야기를 테마로 삼았다. 반면 1927~2000년에는 이런 영화의 비율이 10퍼센트에 불과했다. 1970년대 이전에 아카데미상을 받은 영화 중에는 엘리트를 찬양하는 영화가 많았다. 예를 들면 〈에밀 졸라의 생애〉, 〈아라비아의 로렌스〉, 〈사계절의 사나이〉 등이다. 반면 1980년 이후의 아카데미상 수상작들을 보면 〈레인 맨〉, 〈드라이빙 미스 데이지〉, 〈늑대와 춤을〉, 〈포레스트 검프〉 등 자폐증이 있는 성인, 아프리카계 미국인 운전기사, 아메리카 인디언, 자기가 통제할 수 없는 상황으로부터 이익을 이끌어낸 독창적인 미국인 같은 사람들에게 영웅의 지위를 부여했다. 만약 1970년 이전이었다면 〈포레스트 검프〉의 대본이 영화제작자나 미국 영화 관람객들에게 그리 호소력 있게 다가가지 못했으리라 생각한다.

시민권 운동 전후로 노벨문학상을 받은 작가들이 쓴 책에서 다루는 서로 다른 주제들을 살펴보면 이런 주장에 힘이 실린다. 토마스 만, T. S. 엘리엇, 버트런드 러셀, 윈스턴 처칠 같은 사람 중에 소외된 사람들의 고통에 대한 글을 쓴 사람은 없었다. 엘리엇이 1948년에 발표한 에세이 〈문화의 정의에 대한 노트〉는 엘리트들을 문화 발전에 꼭 필요한 존재라며 칭송했다. 반면 1990년 이후로 상을 받은 토니 모리슨, 존 맥스웰 쿠체, 헤르타 뮐러는 소외 계층의 마음을 염려했다. 이 작가들 중 누구도 엘리엇의 메시지가 담긴 에세이를 쓰지 않았을 것이며, 쓸 수도 없었을 것이다.

미국인은 일반적으로 프로 스포츠에서 약자를 선호한다. 뉴욕 양키스가 월드 시리즈에서 정기적으로 우승을 차지하는 동안 뉴욕이나 그 근처에 사는 사람이 아니면 대부분의 팬은 양키스를 싫어하고 상대팀이 어느 팀이든 그 팀을 응원했다. 또 뉴잉글랜드 바깥에 사는 대부분의 미식축구 팬들은 뉴잉글랜드 패트리어츠를 싫어했다. 이 팀이 우승 타이틀을 너무 많이 거머쥐었기 때문이다.

미국인은 사회적·경제적 혜택을 받지 못한 상태에서도 커다란 부와 명성을 얻은 사람들을 존경한다. 이런 사람들을 존경하다 보니 미국 사회는 평범한 미국인을 찬양했다. 영화·텔레비전·스포츠·음악 분야의 유명인들 가운데 평범한 환경에서 자라 명예 학위를 받은 사람이 최근 들어 증가한 것을 봐도 이런 주장에 힘이 실린다. 오프라 윈프리는 하버드대학교에서 2013년에 졸업 연설을 했다. 예일대학교는 2008년에 폴 매카트니에게, 2004년에는 윌리 메이스에게 명예 학위를 수여했다. 1960년 이전에는 변변치 않은 환경에서 자란 사람 중에 졸업 연설자를 고르는 경우가 지금처럼 흔하지 않았다. 명문 대학교의 입학사정관들은 최근 입학 지원자들이 작성한 에세이를 읽어보면 정신질환, 가난, 학대 등을 고백하는 내용이 증가했다고 한다. 보아하니 미국의 일부 17세 청소년들은 자신이 고통받았던 경험이 있다고 하면 좀 더 매력 있는 사람으로 보이리라 믿는 것 같다. 미국 청소년들이 이런 식으로 생각하는 것은 역사적으로 전례가 없었던 현상이다.

전국적인 여론조사 결과를 보면 사회적 혜택을 받지 못하는 사람들에 대한 염려가 커지는 것이 드러난다. 2013년 '퓨 여론조사'를 보면 그 결과가 2014년 11월의 선거 결과와는 일치하지 않았지만, 정부에서 가난한 사람들을 돕기 위해 더 많은 일을 해야 한다고 믿는 사람의 비율이 48퍼센트였다. 이는 1993년의 25퍼센트와 비교된다. 사회적 혜택을 받지 못하는 사람들에 대한 공감은 18세기 유럽에서 생기기 시작해 이제는 대부분의 민주사회에 스며들어 있는 평등주의 윤리에 꼭 필요한 요소다. 이 윤리는 모든 개인이 존엄성, 정의 그리고 행복을 추구하는 데 필요한 자원에 접근할 수 있는 권리를 개인의 재능, 특성, 가치관, 성별, 인종, 종교, 사회계층, 가계 혈통, 성취 정도에 상관없이 동등하게 부여받는다는 전제에 기초한다. 이는 인류 역사에서 새로 등장한 개념이기 때문에 설명이 필요하다.

이 새로운 전제에 기여한 한 가지 요소는 정치적 결정과 법률의 1차 수혜자가 미국 독립 선언에서도 밝혔듯이 가족이나 공동체의 안녕에서 각기 개인의 행복으로 변화한 것이 아닌가 생각한다. 종속적인 상태는 불행을 야기하므로 심각한 소득 불평등은 보편적 행복을 위한 원칙을 위반하는 것이라는 논리가 자연히 뒤따른다.

구성원들이 행복에 필요한 자원을 모두 갖출 수 있는 사회를 만들려는 노력이 뜻하지 않은 비용을 발생시켰다. 대학을 졸업한 부모를 둔 아이와 그렇지 못한 아이 간에 점점 커지는 교육 불평등이 도덕규범을 심각하게 위반하는 것이라는 최근의 주장이 그런 비용 중 하나다. 이런 주장을 하는 사람들은 대학을 졸업한 부모

가 자녀에게 학문적 성취의 가치를 강조할 가능성이 더 높다는 사
실을 인정하지 않는다. 현재의 직업 지위를 두고 성실하게 역할을
다한 부모에게만 책임을 묻고, 사회에 적응하는 데 도움이 되는
공부 습관을 아이에게 심어주지 못한 가족에게는 책임을 묻지 않
는 것은 아무래도 불공평해 보인다.

반엘리트주의의 부활

엘리트에 속하는 사람들에 대한 지나친 분노가 두 번째 비용이다.
이런 감정이 노골적으로 표현되는 바람에 일부 의사, 변호사, 판
사, 정치인, 성직자, 과학자, 교수, 은행 간부, 기업 간부들은 이 직
업을 선택할 때 기대했던 것과 달리 사람들로부터 그다지 존경을
받지 못한다. 1966년과 2011년에 '해리스 여론조사'에서 미국의
주요 기관을 얼마나 신뢰하는지에 대해 조사했는데, 의미 있는 결
과가 나왔다. 45년 사이에 모든 주요 기관에 대한 신뢰도가 떨어
졌다. 대법원은 50퍼센트에서 24퍼센트로, 의회는 42퍼센트에서
6퍼센트로, 대학은 61퍼센트에서 30퍼센트로, 언론은 29퍼센트
에서 11퍼센트로 각각 떨어진 것이다.

 1960년대의 학생 시위는 사회적 병폐를 일으키는 과학자들에
대한 가혹한 공격을 특징으로 했다. 스탠퍼드대학교 선형가속기
센터의 초대 관리자인 볼프강 파노프스키도 이런 관점에 동의했
다. 그는 한 기자에게 "수많은 사람이 핵폭탄으로 죽을 수 있는
세상을 만들어낸 것에 대해 과학자들도 책임이 있다"라고 했다.
매사추세츠공과대학교의 총장 줄리어스 스트래튼Julius Stratton은

1964년 졸업반 학생들 앞에서 과학 연구는 발전을 불러왔지만, 공해 그리고 진보라는 개념에 대한 환멸이라는 뜻하지 않은 비용이 함께 따라왔다고 말했다.

DNA 구조를 발견하기까지의 과정을 생생한 글로 남긴 제임스 왓슨을 비롯해 수많은 작가가 과학자를 록스타만큼이나 명예와 부에 굶주린 사업가 같은 모습으로 묘사해놓았다. 1900년 이전에 쓰인 찬양 일색인 조지 워싱턴의 전기를 최근의 것과 비교해보면, 엘리트에게 가려진 그늘의 크기를 줄이려는 새로운 열망이 반영되어 있다. 지난 30년 동안 쓰인 책들 중 몇 권은 장군으로서의 워싱턴의 총명함에 의문을 제기하고, 이 미국 초대 대통령을 우아한 옷을 좋아하고 '명성이 손상되는 일이 없을까' 끝없이 걱정하는 야심 덩어리에, 허영심 많고 상상력이 부족한 사람으로 묘사했다.

실용적이기보다는 그냥 미적인 부분에만 기여한 일부 엘리트 계층에 대해서는 심지어 미묘한 적대감마저 느껴진다. 정부와 독지가들은 실용적인 문제에 대해 연구하는 학자를 선호한다. 미적 산물을 만들어낸 일부 현대 학자들은 자신이 선택한 연구 분야에 대해 변명을 하기 시작했다. 수학자들이 그 예다. 마이클 해리스가 최근에 낸 책 《변명 없는 수학Mathematics without Apologies》에는 사회에 실용적으로 전혀 보탬이 되지 않는 순수 수학의 정당성을 옹호하려는 시도가 담겨 있다. 뉴턴, 하디, 디랙 같은 사람이 자신의 연구 분야에 대해 변명하는 모습은 상상하기 어렵다.

아름다운 순간을 접하기가 점점 어려워진다고 느끼는 현대 산업사회의 대다수 사람이 아름다움을 접하며 사는 소수를 괘씸하게 여긴다면 그것이야말로 눈물을 흘려야 할 상황이 아닐까 싶다. 약 25년 전 작지만 존경받는 대학교의 전직 총장이 내가 진행하는 유아에 대한 연구가 실용적으로 무슨 도움이 되냐고 물어봤을 때, 나는 놀랍기도 하고 한편으로 슬프기도 했다. 내가 어떤 도움이 되는지는 모르겠지만 그 연구 결과가 보여주는 아름다움을 즐긴다고 말했더니, 그는 대체 그런 연구를 계속하는 이유가 무엇이냐고 물었다.

대중이 효과가 입증되지 않은 치료법을 찾는 경우가 많아지는 것은 사람들이 의학 전문가들의 의견에 점차 무관심해진다는 얘기다. 저명한 과학자들이 격렬하게 항의하는데도 의회에서는 텍사스에 건설 중이던 수십억 달러 규모의 입자가속기 공사를 중단하는 투표를 하면서 노벨물리학상 수상자들의 의견에 의문을 제기했다.

1970년대에는 엘리트를 비난하는 할리우드 영화가 더 흔해졌다. 2013년에 개봉한 영화 〈엘리시움〉에서는 일반 대중은 슬럼화되어가는 지구에서 고통 속에 살도록 내버려두고, 엘리트들은 자기들만 살겠다고 지구 상공에 요새를 건설해 그곳으로 빠져나가는 이기적인 모습을 그렸다. 널리 극찬받은 2013년 영화 〈달라스 바이어스 클럽〉에 담긴 메시지는 미국 식품의약국에서 일하는 과학자들처럼 의사 중에는 생물학과 의학에 대해 일자무식인 전기 기술자나 일용직 로데오 카우보이만큼도 에이즈에 대해 모르는 사람이 많다는 것이다.

경제협력개발기구OECD는 전 세계 대학교를 그 학교 학생들이

습득한 지식을 바탕으로 순위를 매길 것을 제안해서 대학 교수진
과 행정진의 성실성에 간접적으로 의문을 제기했다. 언젠가는 어
떤 기관에서 해당 종교인들이 기도하는 횟수를 측정해서 전 세계
종교 지도자들의 영성을 평가하려 드는 것은 아닌지 모르겠다.
이런 평가에 숨겨진 의도는 엘리트 집단이 자신의 약점이 노출
될지도 모르는 감시, 감독에서 벗어나지 못하게 묶어두려는 것이
아닌가 싶다.

나는 2000년 봄 하버드대학교에서 은퇴하기 전에 마지막 교수
진 회의에 참석했다. 예술과학부에서는 전직 교수가 사망했을 때
값비싼 종이에 부고를 인쇄해서 보내는 학과장의 전통적인 관습
에 대한 토론이 이루어졌다. 이 회의에 참가한 교수진 중 만 45세
미만은 교수들만 이런 특혜를 누리는 것은 옳지 못하며, 비서나
경비원, 경찰, 도서관 사서 그리고 건물과 토지 관리 담당자 등 대
학 공동체 구성원이면 누구나 똑같은 부고 카드를 우편으로 부쳐
야 한다고 주장했다. 호주에서 말하는 "키 큰 양귀비를 쳐내라"*
라는 문구가 이런 정서를 잘 반영한다.

파스칼 브뤼크네르는 《죄책감의 폭정The Tyranny of Guilt》이라는
책에서 다음과 같은 글로 이런 새로운 분위기를 전달했다.

"우리는 위인들의 콧대를 꺾어놓으려고 그들에 대해서는 악착
같이 뒷조사를 한다. 우리에게 동정심을 받는 사람은 희생자들뿐

---

* '키 큰 양귀비 증후군'은 재능이나 성과가 유별나게 뛰어난 사람이 공격과 비난의 대상이 되
는 사회현상을 말한다.

이다. 우리의 신전에는 고통받는 사람이나 패배한 사람들만 자리를 잡고 들어가 있고, 우리는 누가 그들을 위해 더 많은 눈물을 흘리는지 서로 경쟁한다."

엘리트의 지위를 차지한 사람의 도덕성을 공격하는 것은 숨겨진 위험을 안고 있다. 대부분의 사회에서 엘리트들은 자신의 관점을 더 쉽게 관철할 수 있게 해주는 도덕적 권위를 어느 정도는 누리고 있다. 아프리카 사람들 사이에서는 넬슨 만델라가 이런 권위를 가졌고, 과학자들 사이에서는 알베르트 아인슈타인이, 힌두교도들 사이에서는 마하트마 간디가 그랬다.

이런 책임감 있는 자리를 차지한 사람들을 지속적으로 비판하다 보면 일부 엘리트들은 자신에게 주어진 도덕적 의무의 기준을 낮추려는 유혹을 느낄 수 있다. 1995년에 30개 국가에서 3만 8000명이 넘는 성인을 대상으로 설문조사를 한 바에 따르면, 한 사회의 구성원 대부분이 권위를 가진 사람에 대한 존경심을 잃으면 그 권위자들은 다른 사람들이 자기에 대해 하는 말을 믿고 대중적인 판단과 일치하는 방식으로 행동하기 시작한다고 한다. 책임 있는 위치에 있는 사람이 사회 구성원 대부분이 자신을 문제가 있는 사람이라고 가정한다고 믿으면, 그 책임자들은 공동체가 가정한 바가 옳다는 것을 확인하는 쪽으로 행동하기 마련이다.

2011~2013년에 진행된 한 설문조사에서는 29개 국가의 시민에게 다음과 같이 물어보았다. "모든 점을 고려할 때 당신 나라의 의사들은 신뢰할 만합니까?" 여기서 미국은 58퍼센트만이 의사들을 믿을 만하다고 대답해서 29개국 중 24등을 했다. 그 뒤로는

러시아, 폴란드, 불가리아, 크로아티아, 칠레 순이었다. 1966년에는 73퍼센트의 미국인이 의사들을 신뢰했던 것과 비교하면 상당히 많은 신뢰를 잃었다. 이런 대중의 태도를 인식한 일부 의사들은 새로운 환자를 볼 때 시간을 덜 투자할지도 모른다.

20세기 초반의 스웨덴 작가 페르 라게르크비스트는 한 단편소설에서 저마다 자신의 일상 업무에 얼마나 믿음을 갖는지가 중요하다는 사실을 포착해냈다. 이 소설에서는 죽은 사람들이 한자리에 모여서 의사, 건축가, 공학자, 변호사로 살았던 전생이 너무나 지겹고 쓸모없는 삶이었다고 불평한다. 그런데 한 나이 든 남자가 일어서더니 그들에게 자기는 그런 냉소적인 태도를 이해할 수 없다고 말한다. 그는 여러 해 동안 스톡홀름 기차역의 화장실 청소를 맡아 하면서 그 일을 즐겼고, 또 진지하게 받아들였다고 했다.

지위 피라미드의 정상을 차지하는 사람들은 사회 구성원들과 맺은 계약이 깨졌다는 느낌이 들면 자신의 역할과 관련된 행동 규범에 대한 충성심은 물론이고 완벽한 업무 수행에 뒤따르는 자부심도 줄어들고, 업무에 헌신하는 강도도 그만큼 약해진다. 또한 환자 앞에서 다른 의사를 비난하는 것을 금지했던 오랜 금기를 위반하는 의사가 늘어나 미국의학협회는 골치를 앓고 있다. 자신을 신성한 직업에 종사하는 구성원이 아니라 의료보건제도 안에서 고소득을 올리는 노동자라 여기는 의사는 자기 생각대로 행동할 수밖에 없다.

엘리트들에게 특별히 존경스러운 지위를 부여하기를 꺼리는 현상에는 한 가지 긍정적인 측면도 있다. 엘리트 계층이 아닌 집안 출신의 젊은이들이 자기도 높은 지위에 오를 수 있다는 믿음을 갖는다는 것이다. 마르틴 루터가 바티칸 엘리트들에게 저항해서 반란을 일으킨 덕분에, 16세기 유럽인들은 날 때부터 성스럽기 때문에 문제를 제기하거나 따질 수 없는 사람 또는 기관은 존재하지 않는다는 생각을 품을 수 있었다. 도덕적 의무를 위반한 사람이 있으면 누구에게든 문제를 제기할 수 있고, 노력하면 누구든 지위를 향상시킬 수 있다. 이런 과감한 생각 덕분에 1400년만 해도 벽지僻地에 불과했던 유럽이 루터가 자신의 책임을 철폐한 교황을 비판하기 시작한 지 불과 250년 만에 과학, 교육, 민주 정부, 상업, 군사력 부분에서 전 세계를 이끄는 지도자의 위치에 설 수 있었다. 엘리트들을 향한 요즘의 적대적인 태도가 어떤 시나리오로 전개될지는 알 수 없다. 역사가 지난번에 이어 두 번째 경로를 따르리라는 희망을 품기에는 아직 너무 이르다.

식당으로 걸어가면서 수천 킬로미터 떨어져 있는 친구와 대화를 나눌 수 있게 해주고, 거의 모든 질문에 즉각적으로 답을 주며, 뇌의 촬영 영상을 보여주고, 위험한 유전자를 건강한 유전자로 대체해주며, 런던에서 열린 축구 경기를 에스파냐 톨레도의 소파에 앉아 볼 수 있게 해주는 기계들은 어떤 성공을 거둘지 알 수 없었던 지적 도박에서 움켜쥔 배당금이다. 이 도박은 바로 우리가 보고 듣고 냄새 맡고 맛보고 만지는 모든 것이 보이지 않는 몇몇 존재로 구성되어 있다는 직관이었다. 고대 그리스의 철학자 레우키포스는 이 보이지 않는 것을 '아토모스atomos'라고 불렀다. 그로부터 2000년이 넘는 세월이 흐른 뒤에 물리학자들은 쿼크, 렙톤, 보손 등의 예쁜 이름이 붙은 보이지 않는 몇몇 존재가 원자의 기본적인 구성요소이며, 이 원자는 다시 우리가 감각할 수 있는 모든 것의 토대라는 주장을 펼쳤다. 우리가 감각할 수 있는 세상의 수많은 사건은 결정론적인 법칙을 따르지만 쿼크, 렙톤, 보손의 보이지 않는 세계는 그렇지 않다.

원자와 신비로운 양자 세계의 존재가 세상을 몹시도 잘 설명하는 것에 감명받은 생물학자들도 유전자를 동물의 해부학적·생리학적·심리학적 속성의 토대로 임명했다. 일부 생물학자는 연구를 통해 결국에는 특정 유전자와 그만큼이나 특정한 재능, 정신질환, 성격적 특성에서도 직접적인 상관관계가 밝혀질 것이라 확신한다. 하지만 이런 희망은 지나치게 낙관적인 것이다.

유전자의 역할을 강력하게 옹호하는 사람들조차 인간의 발달사가 유전자가 선호하는 결과에 영향을 미친다는 것을 인정한다. 일란성 쌍둥이 중 한 명에게 조현병에서 특징적으로 나타나는 환각 증상이 생길 때, 같은 가정에 살고 있는 쌍둥이는 대체로 이런 증상을 겪지 않는다. 두 사람의 삶이 서로 다른 경로를 따라 흘러왔기 때문이다.

주로 앉아서 생활하는 성인에게서 비만의 위험 요소로 작용한다고 알려진 유전자가 똑같은 유전자를 가졌지만 신체 활동이 활발한 사람에게서는 거의 혹은 전혀 위험을 일으키지 않는다. 매사추세츠 종합병원의 제임스 로젠퀴스트와 동료들은 40년 넘게 대규모로 매사추세츠에 거주하는 성인과 그 자녀들에 대해 연구했다. 그랬더니 앉아서 일하는 직업이 더 많아지고, 미국인이 설탕과 지방 성분이 들어 있는 음식을 더 많이 먹던 1942년 이후에 태어났고 비만 위험 유전자 중 하나를 소유한 성인은 똑같은 유전자를 가졌지만 1942년 이전에 태어난 사람에 비해 체중이 더 많이 나갔다. 이 같은 결과가 암시하는 바는 특정 시대에 보이는 일상

생활의 조건이 유전자를 건강에 더 큰 위협으로 만들 수도 있고, 그렇지 않을 수도 있다는 사실이다.

물질 원인론의 매력

물질이 자연에 존재하는 모든 것의 토대라는 가정은 극동 지역보다는 유럽과 북미 지역에서 더 인기를 끈다. 이 가정 덕분에 심리적 속성에 기여하는 유전자를 찾으려는 연구에는 자신감을 갖지만, 역사와 현재 상황이 심리에 미치는 효과에 대해서는 무관심한 태도가 계속되고 있다. "자연의 통일성은 다음과 같은 방식으로 이해할 수 있다. '모든 현상은 똑같은 기본 구조로 환원될 수 있다'는 것이다"라는 베르너 하이젠베르크의 확신은 이런 독단적인 입장에 확고한 발판을 마련해주었다. 적어도 다섯 가지 역사적 사실이 하이젠베르크의 주장을 매력적으로 보이게 만들었다.

유럽인은 물질적 요소를 정확한 방식으로 결합해서 시계, 렌즈, 베틀, 물레바퀴, 인쇄기, 증기기관 등을 만들어낸 장인들을 항상 존경해왔다. 요즘에는 새로운 분야의 장인들이 스마트폰, 노트북, 하이브리드 자동차, 드론, 위성, 우주정거장, 로봇 등을 만든다. 따라서 자연 역시 올바른 방식으로 배열된 물질적 요소로 구성되어 있을 거라 예상하는 것이 합리적이었다. 선형가속기, 전자현미경, 전파망원경, 엑스선결정학, MRI 등을 통해 관찰한 내용들은 이런 전제를 더욱 강화해서 정신 상태도 물질적 존재의 법칙을 따라 파생된 것이 분명하다고 믿기 쉽게 만들었다. 누군가가 생각은 유전자와 뇌의 결합으로 예측하거나 설명할 수 없는 별개의 속성을 가졌다고 주장하면 이단이라 비판할 과학자가 꽤 있을 것이다.

과학자들에게 많은 돈을 기부하는 미국 부자들은 대부분 물질적 현상을 연구하는 사람들을 후원한다. 빌 게이츠, 폴 앨런, 래리 엘리슨 등은 항성, 머나먼 은하계, 유전자, 뇌, 신경세포, 바이러스, 세균, 분자를 연구하는 과학자들에게 수백만 달러의 연구 자금을 지원해왔다. 인간의 생각, 감정, 행동 등을 연구하는 사회과학자에게 연구 자금을 지원하는 부자는 아주 적다. 반면 유럽 쪽에서는 소수의 부자만이 이런 분야에 연구 자금을 지원한다. 나는 이 사실을 이렇게 해석한다. 미국인은 심리적 현상도 결국에는 뇌 상태에서 비롯된 결과로 이해할 날이 올 것이라 확신한다고 말이다.《네이처》 2015년 1월 1일 호에 실린 사설을 보며 기쁘면서도 한편으로는 놀랐다.《네이처》는 주로 자연과학 논문을 싣는 학술지인데도 사회과학에 대한 지원을 늘려야 한다고 주장했다. 그 이유를 "과학이 사회에 보탬이 되기를 바란다면 그 사회를 이해하는 능력을 지원해주어야 한다"라고 적었다.

심리적 현상의 물질적인 토대를 찬양하는 태도는 고대 그리스의 의학자 갈레노스의 '체액설'에서도 드러난다. 19세기 학자들은 이 체액을 흥분성에서 다양한 차이를 보이는 신경세포로 대체해놓았다. 19세기 유럽과 미국의 범죄 전문가들은 비정상적인 유전자가 범죄를 저지르는 주요 원인이라고 대중을 대상으로 증거도 없는 주장을 펼치기도 했다. 지난 반세기 동안 유전학에서 이루어진 놀라운 발견 덕분에 물질 원인론에 대한 신념이 더 강화됐다. 모든 사람은 승자와 같은 편이고 싶어 하기 때문에 독지가와 정부

기관들이 삶의 경험이 미치는 영향을 밝히려는 연구보다는 유전자 연구에 더 후하게 지원하는 것도 놀랄 일이 아니다. 경험이 기여하는 부분이 상당하다는 증거가 나와 있음에도 말이다. 예를 들면 노스캐롤라이나대학교의 한 연구팀은 일란성 쌍둥이가 생의 첫 2년 동안 뇌에서 보이는 활성 변화에서 유전자보다는 가족 경험이 더 중요하다는 사실을 발견했다.

스트레스와 생활 방식이 유전체에 영향을 미칠 수 있다. 앞 장에서 모든 염색체는 각각의 끝에 텔로미어라는 염기서열이 붙어 있다고 했다. 텔로미어는 그 염색체 유전자를 온전하게 유지하는 역할을 한다. 캘리포니아대학교의 과학자들은 1년 동안 수많은 심리적 스트레스를 경험하고, 그에 덧붙여 건강한 생활 방식을 유지하지 못한 중년 여성(대부분 백인)은 그 기간에 텔로미어가 제일 많이 짧아진 것을 발견했다.

가난이나 편견의 희생자들이 불행한 이유가 당사자 탓이라고 말하기를 꺼리는 분위기 때문에 학교에 잘 적응하지 못하고, 범죄를 저지르며, 임신한 청소년들을 키우는 부모가 이런 일들에 일부 책임이 있다고 지적하는 것이 정치적인 모범 답안이 아닌 게 되고 말았다. 그래서 유전자가 그 모든 것의 탓이라는 매력적인 대안으로 자리 잡았다. 주의를 기울이지 못해 성적이 떨어지고, 약물중독에 취약해지며, 정서적으로 냉담해서 범죄를 더 많이 저지르는 것이 모두 유전자 때문이라고 하면 누구도 탓할 필요가 없기 때문이다. 예일대학교의 매튜 레보위츠Matthew Lebowitz는 환자가 우울해지거나 불안해지는 이유가 삶의 경험이 아니라 주로 유전자 때문이라고 믿는 치료사는 환자와의 공감이 부족하다고 지적한다. 이들은 환자의 고통이 불행한 경험 때문에 생긴 것이 아니라고 가정하기 때문이다. 이런 전제 탓에 이들은 심리 치료보다는 약물을 처방하는 경우가 많아졌다.

생각의 영향

학업 성취 저하, 범죄, 정신질환의 유전적 토대를 찾으려는 연구자들은 그 개인이 어느 사회계층에 속하는지에 대해 충분히 관심을 기울이지 않는다. 앞에서 지적했듯이, 이런 적응 장애를 예측하려 할 때는 문화적 배경과 상관없이 사회계층이 그 어떤 유전자 집합보다도 훨씬 나은 예측 변수다. 버지니아코먼웰스대학교의 다니엘 딕Danielle Dick과 동료들은 위험 유전자를 가진 사람이 스트레스 경험이 많은 아동기를 보내면 정신질환이 발생할 위험이 심각하게 높아진다는 주장을 비판한다. 딕과 동료들은 증상이 발현되기 위해서는 아동기를 가난 속에서 보냈다는 조건이 반드시 들어가야 한다고 주장한다. 가난한 아동기는 스트레스로 가득한 경험을 할 가능성을 더 높여준다. 부유하거나 애정이 많은 가정에서 자란 아동은 방임, 괴롭힘, 어린이집 등 그 어떤 스트레스로 가득한 경험을 했든지 정신질환 증상이 발생할 가능성이 낮다. 윈스턴 처칠은 영국의 아주 부유한 집안에서 방임된 아동으로 자랐다. 노벨상 수상자 에릭 캔들은 유대인을 미워하는 또래 친구들에게 괴롭힘을 당했지만 보살핌 가득한 중산층 가정에서 자랐다. 버락 오바마는 어린 시절에 친부에게 버림을 받았고 흑인을 향한 백인의 편견도 잘 알았지만, 사랑이 넘치고 교육 수준이 높은 엄마, 그리고 그만큼이나 애정이 많은 조부모 밑에서 자랐다.

아동기의 역경과 유전적 특성의 조합이 공격성, 우울증, 약물 남용과 어느 정도 연관이 있음을 발견한 연구자들은 대부분 유전자에 대해서만 강조하고 그 아동이 역경을 겪기 전·중·후로 어떤 생각을 했는지에 대해서는 거의 다루지 않는다. 한 연구진은 미국 어린이 중 1퍼센트 정도가 방임되거나 학대를 당한다고 지적한 후 그로 인해 발생하는 병적 상태는 주로 학대로 야기된 유전자 발현의 변화 때문이라고 결론 내렸다. 방임된 아동이 부모의 무관심에 대해 깊이 생각하다 보니 아무런 유전자의 도움 없이도 그런 증상으로 이어졌을 가능성도 높지만, 연구자들은 그런 부분은 아예 고려하지 않았다. 부유하고 교육 수준이 높은 가정보다는 가난하고 교육 수준이 낮은 가정에서 학대나 방임 등이 더 많이 일어난다는 것은 사회적 혜택에서 소외된 계층의 구성원이라는 사실에서 비롯되는 경험, 그중에서도 특히 부모의 가치관, 학교의 질, 식생활, 질병, 또래와의 관계 등이 사회 부적응적인 결과에 기여한다는 의미다.

벤 셰퍼드Ben Shephard는 전쟁이 끝난 후 집으로 돌아온 병사들에게서 나타나는 외상후스트레스장애를 정의하는 증상의 발달은 참전 용사가 전쟁을 어떻게 생각하느냐에 달려 있다고 주장한다. 그저 자기네 나라가 승리했느냐 패배했느냐, 그리고 시민 대다수가 전쟁을 지지했느냐 하는 것이 문제였을까? 이 질문에 대한 대답이 제2차 세계대전 후보다 베트남전쟁, 이라크전쟁, 아프가니스탄 전쟁에 참전한 뒤에 외상후스트레스장애가 훨씬 더 많았던 이유를 설명해준다.

가난, 일자리 불안, 만성 신체질환, 사회적 배제 등을 겪으면 사이토카인이라는 단백질이 분비된다. 이 단백질은 상처의 치유, 감염과의 싸움을 돕고, 근육이 찢어지거나 뼈가 부러지거나 독감에 걸렸을 때 동반되는 피로감이나 불쾌감을 만들어내는 뇌 영역을 활성화한다. 이런 느낌을 당사자가 어떻게 해석하느냐에 따라 기분이 결정된다. 대부분의 성인은 피곤한 느낌이나 불쾌한 느낌을 자기가 아프다는 의미로 해석한다. 특히 부상을 입었거나 감염의 신호가 있는 경우에 그렇다. 하지만 이런 정보가 결여되었을 때 어떤 사람은 이 느낌을 자기가 무언가를 걱정하고 있다는 의미로 해석한다. 이를테면 돈이 없다거나, 공동체로부터 고립되었다거나, 사회적 지위가 위태로워졌다는 식으로 말이다. 이런 해석이 우울증을 일으키는 범인인 경우가 많다. 특히 당사자가 이 상황을 바꾸기 위해 자기가 할 수 있는 것이 거의 없다고 느낄 때는 우울증이 더욱 심해진다. 만성 스트레스에 시달리는 성인 중에 왜 소수만 우울증에 빠지는지, 그리고 우울증에 빠질 위험이 많은 사람이라도 정기적으로 종교 활동을 하고 초자연적인 힘을 믿는 사람은 우울증에 빠지지 않는 것을 보면, 생각도 그 사람의 생물학적 상태에 포함시킬 필요가 있다. 강이 오염되면 생태학자들은 강 근처에 있는 공장에서 그 원인을 찾으려 하지, 원래 수로가 오염된 상태인 것이 정상이라고는 생각하지 않는다.

현재 반나치 운동가로 활동 중인 라이너 회스는 학창 시절 얼굴도 본 적 없는 자기 할아버지가 아우슈비츠 강제수용소의 소장이었다는 사실을 알고 난 뒤 갑자기 우울증에 빠졌는데, 이는 분명 생각 때문이었다. 만약 현대의 청소년들이 친한 친구가 많아야 한다고 믿지 않는다면 친구가 없는 것이 사회에서 기대하는 기준에 어긋났다고 해석하지도 않을 것이다. 만일 21세기 미국 청소년이 친목 모임에서 부끄럼 많고 조용한 태도가 부적절한 특성이라 믿지 않는다면 사회불안장애의 유병률도 곤두박질쳤을 것이다.

로라 모이신Laura Moisin은 《키드 렉스Kid Rex》에서 대도시로 이사한 후 자신의 삶에 대한 통제력을 잃어버렸다는 결론을 내리고 거식증에 걸렸었다고 이야기한다. 그녀는 삶에 대한 통제력을 잃었다는 생각이 들자 통제력을 회복했다고 확인해줄 만한 무언가를 찾기 시작했고, 먹는 것을 제한하는 행위가 자기를 위협하는 통제력 상실에 대처하는 방법이라고 판단한 것이다. 그녀에게 거식증이 생긴 이유는 자기는 아무것도 먹지 않아도 될 만큼 강하다는 것을 입증하기 위해서였다.

이름에 귀족 계급을 상징하는 성('Konig코니히'는 왕, 'Kaiser카이저'는 황제, 'Frust퓌르스트'는 왕자)을 가진 독일 성인들은 종업원보다는 매니저가 될 확률이 크다. 자기 이름이 상징하는 높은 사회적 지위에 대해 생각하는 젊은이는 평범한 직업을 상징하는 이름('Bauer바우어'는 농부, 'Becker베이커'는 제빵사, 'Muller뮐러'는 방앗간 주인)을 가진 젊은이보다 학교나 직장에서 더욱 강한 동기를 부여받는다. 예전에 동료로 함께 일했던 데이비드 맥클리랜드는 어렸을 때 골리앗을 쓰러뜨린 성경 속의 영웅 다윗과 자기 이름이 같은 것을 알고 아주 뿌듯한 기분이 들었다고 했다.

맥길대학교의 한 연구진이 발견한 내용은 발달 과정이 미치는 영향력에는 관심이 없고 생물학적인 면만 일방적으로 고려하는 관점이 갖는 위험을 보여준다. 신경과학자인 마이클 미니와 동료들이 1980년대에 발견한 바에 따르면, 생후 첫 일주일 동안 어미가 자주 핥고 털을 손질해준 새끼 쥐들은 그러지 못한 새끼보다 성체가 되었을 때 스트레스에 더 강했다. 어미가 핥아주는 행동이 한 뇌 영역의 유전자 발현을 변화시키고, 그것이 다시 스트레스에 더욱 강한 생리학적 특성을 만들어준 것이다.

20년 뒤 미니와 그의 학생이었던 프랜시스 샴페인은 새끼 쥐를 젖떼기 한 후에 아무것도 없이 밋밋하고 작은 우리 안에 혼자 키우는 대신, 다른 쥐와 여러 물체가 함께 어울리도록 넓은 공간에서 키우면 어미가 핥아주었을 때 적응하는 데 더 유리한 효과가 나타나던 것이 완전히 사라짐을 발견했다. 원래 연구에서는 실험용 쥐들이 그런 작고 밋밋한 우리 안에서 살았지만, 사실 그런 우리는 애초에 동물이 자라는 장소로는 정상적인 공간이 아니었던 것이다. 이 연구 결과가 인정받는 학술지에 발표되었음에도 이 연구 내용을 인용하는 사람이 미니를 비롯해 소수에 불과한 것을 보면, 이는 환경의 영향력이 유전자의 힘을 희석하거나 상쇄한다는 사실을 인정하는 것을 과학자들이 주저한다는 의미다.

심리적 결과에 대한 설명이 한쪽으로 치우친 것을 못마땅하게 여기는 버지니아코먼웰스대학교의 정신과 의사 케네스 켄들러는 일련의 유전자와 정신질환 사이에 상관관계가 있다고 해서 유전자가 그 증상의 주요 원인이란 의미는 아니라는 것을 연구자들에게 상기시킨다. 약물 중독, 도박, 사회 불안, 거식증, ADHD, 우울증 등에 더 크게 기여하는 쪽은 유전자가 아니라 자신이 살아온 역사나 현재 상황에 대한 당사자의 해석이다. 과학자들이 생활환경에 의해 야기되는 생각이 기여하는 부분을 인정하지 않는 한 정신질환을 치유하는 효과적인 방법은 개발되지 않을 것이다.

자연과학자들은 생각에 힘을 부여하는 것을 좋아하지 않는다. 생각은 일시적이고 예측 불가능하며 비논리적인 방식으로 변하기도 하고, 선과 악의 윤리적 개념이 가미되어 있으며, 동물에게서는 연구할 수 없고, 시각화하기 어렵기 때문이다. 생물학자들은 안정적이고, 예측 가능한 방식으로 변하며, 윤리적으로 훼손되지 않고, 머릿속으로 상상할 수 있는 현상을 연구하는 것을 좋아한다. 눈으로 보이는 것은 믿을 수 있지만 생각한 이미지를 머릿속에 그리기는 어렵다. 한 여성이 어린 시절에 반복되던 아버지의 성학대에 부끄러움을 느끼고, 접근해 오는 아버지에게 저항하지 않았던 것에 죄책감을 느끼며, 그런 아버지의 행동에 분노를 느끼는 것이 성인이 되어 우울증을 겪는 중요한 이유라는 것을 과학자들이 인정했다면, 좁은 관 속에 쥐를 가뒀을 때 나타나는 생물학적인 결과를 측정함으로써 학대받은 아동이 우울증을 겪을 위험이 커지는 이유를 이해할 수 있으리라고 합리화하기는 어려웠을 것이다.

지난 세기 전반부 동안에는 불면증, 피로감, 불안 등이 증가한 이유가 산업화에 따른 사회적 변화, 관료주의의 강화, 1930년대의 대공황, 더 치열해진 직장 내 경쟁, 더 급해진 삶의 속도, 몸집이 커진 도시, 더욱 자유방임적으로 변한 성생활, 여성 해방 같은 상황 때문이라고 생각하는 과학자가 많았다는 사실을 요즘의 젊은 과학자들은 잘 모르지 않을까 싶다. 이런 논평을 내놓았던 사람들은 비정상적인 유전자가 아니라 병든 사회가 이런 증상들을 만들어낸 스트레스 요인의 원천이라 주장했다.

생각을 정치적 모범 답안이 못 되는 외설적인 것이라고 여기는 생물학자가 너무도 많다. 영국의 생물학자이자 《유전자는 네가 한 일을 알고 있다》의 저자 네사 캐리는 "우리가 경험의 결과에 대한 분자적 기반을 받아들이지 않는다면 대체 우리에게 뭐가 남을까? … 우리는 물리적 기반이 있는 측정 기준을 찾고 싶어 한다"라고 말한다. 눈에 보이지 않고 비물질적이라는 이유로 정신적 과정이 자율적인 인과적 힘을 가짐을 부정하는 것은 현재의 이론이 안고 있는 심각한 결함이다. 유전자는 뇌의 상태에 영향을 미칠 수 있을 뿐이다. 똑같은 유전자를 공유하는 일란성 쌍둥이라도 같은 경험을 서로 다르게 해석하는 경우가 많은 것을 보면 생각이 행동과 감정에 핵심적으로 기여한다는 사실을 인정해야 한다.

20세기의 인기 많은 미국 기자 헨리 루이스 멩켄은 "무릇 모든 복잡한 문제에는 확실하고, 간단한 오답이 있다"고 했다. 일부 소수의 예외를 빼면 한 심리적 특성이 반드시 나타나리라고 보장해주는 유전자는 존재하지 않는다. 대부분의 심리적 결과는 다수의 유전자로부터 오는 작은 기여가 나머지 유전체, 그리고 그 사람이 경험한 역사와 결합해야만 만들어진다.

유전자란 무엇인가?

예전에는 유전자를 대단히 간단하게 이해했지만 지난 50년간 이루어진 연구로 이제는 유전자를 훨씬 복잡하게 이해했다. 크릭과 왓슨이 1953년 DNA의 분자 구조를 발견하기 전만 해도 유전자는 식물이나 동물의 신체적 특성에 기여하는 가상의 존재에 불과했다. 멘델은 일부 완두콩은 표면에 주름이 지고, 일부는 매끄러운 이유를 이런 가상의 존재를 상정해서 이해했다. 요즘에는 유전자를 A(아데닌), T(티민), G(구아닌), C(시토신)라는 네 분자('염기'라고 함)로 이루어지는 반복적인 서열로 정의한다. 이 유전자는 mRNAmessenger RNA라고 하는 또 다른 분자에 의해 전사되어 아미노산이 되고, 이 아미노산이 결합해서 모든 생체 조직의 구성단위인 단백질을 형성한다. 이는 순수하게 기능적인 정의로, 칼을 물건을 자르는 물체라 하고, 얼음을 액체를 차갑게 한 물체라고 하는 것과 다르지 않다.

사람의 유전체는 32억 개의 염기쌍 또는 총 64억 개의 염기로 이루어져 있다. A는 T와, G는 C와 결합된 염기쌍이 당 분자와 인산 분자를 뼈대 삼아 결합된 것이 데옥시리보핵산, 곧 DNA다. 핵산의 화학 구조를 알고 있던 20세기 초반의 과학자들은 이 분자가 생명의 토대일 가능성을 부정했다. 자연이 탄소, 산소, 수소, 질소로 구성된 네 분자만으로 살아 있는 모든 생명체를 만들어낼 수 있었다고 가정하는 것은 직관적으로 가당치 않은 얘기였다. 스웨덴 왕립과학아카데미의 얼링 노르비는 1953년 크릭과 왓슨은 DNA야말로 모든 생명체의 밑바탕이라고 주장했지만 대부분의 생물학자는 이 점을 확신하지 못했다고 지적한다. 추가적인 실험이 있고 나서야 이들을 설득할 수 있었다.

유전자를 담고 있는 인간의 염색체 23쌍은 길이와 염기쌍의 숫자가 다양해서 작은 Y염색체의 경우 5700만 염기쌍, 1번 염색체의 경우는 2억 4700만 염기쌍으로 이루어져 있다. 놀랍게도 32억 개의 염기쌍 중 체내 단백질의 원천인 2만 개 정도로 추정되는 DNA 서열의 토대가 되는 것은 2퍼센트 미만이다. 이런 염기서열을 코딩 유전자라고 한다. 각각의 코딩 유전자는 엑손이라는 전사 가능한 수많은 DNA 서열, 그리고 그 사이사이에 끼어들어가 있는 인트론이라는 다른 DNA 서열로 구성되어 있다. 인트론은 단백질의 일부가 되지 않는다. mRNA가 어떤 엑손 집합을 골라 전사를 할지는 조직마다 다르다. mRNA는 다양한 조직에서 다양한 엑손 집합을 전사하고, 집합이 달라지면 단백질도 달라지기 때문에 하나의 코딩 유전자가 여러 개의 단백질을 만들어낼 수 있다.

어린 배아 속에 들어 있는 모든 체세포는 똑같은 유전자를 가지고 있지만 세포가 분열할 때 염기서열이 여럿 변하는 돌연변이가 한 세포의 한 유전자 안에서 일어날 수 있다. 70년을 사는 동안에 일어나는 세포분열의 횟수는 24미터 높이의 모래언덕에 들어 있는 모래 알갱이의 개수(10 뒤로 0을 16개 붙여놓은 것과 맞먹는 숫자)보다도 크다. 한 세포분열에서 돌연변이가 일어날 확률은 지극히 낮아서 10억 개의 염기쌍이 전사될 때마다 한 번꼴로 돌연변이가 일어나지만, 총 염기쌍이 64억 개나 되기 때문에 돌연변이가 일어날 가능성은 항상 존재한다.

존스홉킨스대학교의 유전학자들은 모든 암의 3분의 2 정도는 사람이 평생 살아가는 동안 나타나는 이런 우연한 돌연변이에서 비롯된 것으로 추정한다. 그렇다고 사람의 생활 방식이 돌연변이의 발생 확률에 아무런 영향도 미치지 않는다는 의미는 아니다. 건강한 생활 방식은 돌연변이가 발생할 확률을 낮출 가능성이 있다. 가장 흔한 암은 대장이나 골수처럼 세포분열이 자주 일어나는 조직에서 발생한다. 가장 희귀한 암은 뼈나 갑상선처럼 세포분열이 빈번하지 않은 조직에서 발견된다. 지난 1000년에 걸쳐 전 세계 인구가 크게 증가하는 바람에 전체 인구의 1퍼센트 미만에서 발견되는 희귀한 돌연변이의 수도 덩달아 증가했다.

특정 유전자와 특정 심리적 특성 사이에 관계가 있다고 보고하는 대부분의 연구는 입이나 혈액 세포에서 채취한 유전자를 바탕으로 이루어진다. 그 밖의 몸에도 모두 동일한 유전자가 존재하리라고 가정하는 것이다. 하지만 항상 그런 것은 아니다. 입안에서 채취한 세포를 실험실에 표본으로 보내 자신의 유전체에 대해 알았다고 해도 만약 혈액이나 코의 세포를 분석했다면 다른 유전체를 가졌다고 나왔을지도 모른다. 코 점막을 덮고 있는 후각수용체 세포 안에 들어 있는 유전자는 귀에서 소리를 감지하는 청각수용체 세포의 유전자보다 더 다양하다.

사람의 유전체에 들어 있는 대부분의 유전자에는 여러 변이가 존재한다. 가장 흔한 경우는 한 염기가 또 다른 염기로 치환된 것이다. 이를 단일염기 다형성SNP이라 한다. 아무나 두 사람을 무작위로 골라 유전체를 비교했을 때, 같은 위치에서 두 사람이 가진 염기가 서로 다른 부위는 약 64억 개 염기 중 1000만 개 정도다. 다른 변이로는 첨가, 반복, 삭제 혹은 염기의 위치 변화 등이 있다. 50개 이상의 염기쌍이 삭제되거나 염기서열의 위치가 변화하는 경우는 가장 드물게 일어난다. 일부 변이는 단일 개인에게만 존재한다. 각각의 신생아는 다른 누구에게도 없는 30~40가지의 변이를 갖고 태어나는 것으로 추정된다.

모든 돌연변이 중 75퍼센트 정도는 난자가 아닌 정자에서 일어난다. 남성은 생식 가능 연령 동안 매일 수백만 마리의 정자를 만들어내고, 평생 만들어내는 양은 1조 마리에 가깝다. 따라서 정자 한 마리에서 돌연변이가 일어날 확률은 난자보다 높다. 남성이 사춘기에서 45세가 되기까지 한 정자는 고환 속에서 약 700번의 세포분열을 거치는데, 세포분열 횟수가 늘어날수록 그 정자에서 돌연변이가 일어날 확률도 그만큼 높아진다.

브라이언 도노프리오가 연구한 바에 따르면 자녀가 있는 가정에서는 아버지가 45세가 넘었을 때 임신한 아이가 아버지가 30세 전이었을 때 임신한 다른 형제들보다 정신지체, 자폐증, 조현병 등의 심각한 정신질환에 걸릴 확률이 두세 배 정도 더 높았다. 일반적인 여성에게서는 불과 400개 정도의 난자만 성숙하기 때문에 이 난자들 중 하나가 돌연변이를 일으킬 확률은 훨씬 낮다. 그렇다면 이 사실이 아이의 아빠가 될 사람을 고르는 여성에게 보내는 메시지는 분명하다. 20~30대의 젊은 남성을 찾아라.

코딩 유전자의 조절

코딩 유전자가 발현되지 않고는 단백질 생산에 기여할 수 없다. 앞에서 mRNA가 코딩 유전자의 엑손 부분을 전사할 때 유전자가 발현된다고 말한 바 있다. 이 과정은 분당 4000회의 염기라는 놀라운 속도로 이루어지며, mRNA는 이렇게 전사된 복사본을 세포핵 바깥 세포질의 구조물로 보낸다. 그럼 이 구조물은 tRNAtrans-fer RNA와 리보솜RNA라는 추가적인 두 RNA 분자의 도움을 받아 단백질을 제조한다. RNA 분자는 DNA에서 보이는 네 가지 염기 중 A, C, G 세 개는 갖고 있지만 T 대신에 U우라실를 가지며, 뼈대를 구성하는 당 분자도 다르다.

여기서 굳이 단백질이 만들어지는 복잡한 일련의 과정을 상세히 밝혀 독자를 부담스럽게 할 생각은 없다. 내 생각에는 코딩 유전자의 전사에서 시작해 단백질이 만들어지기까지 일어나는 대략 열두 단계에 대해 현재 이해하는 내용을 한 세기 전 1000명의 생물학자에게 설명해주었다면 아마 모두 그런 설명은 직관에 어긋나고 틀린 이야기일 것이라며 고개를 젓지 않았을까 싶다.

이런 일련의 과정이 대단히 복잡하고 비효율적임을 이해하는 사람에게는 두 가지 선택이 있다. 하나는 나처럼 이 일련의 과정이 수십억 년 동안 이어진 우연한 사건의 결과라는 생물학자들의 주장을 받아들이는 것이다. 다른 하나는 신은 인간이 생명을 어떻게 창조해냈는지 알아내려고 노력할 것임을 알았기 때문에 그 과정을 암호처럼 만들어서 파악하기 어렵게 했다고 주장하는 것이다. 어느 입장을 취하든 증거 없이 신념만으로 그 전제를 받아들여야 하는 것은 똑같다. 30억 년이 넘는 세월 동안 어마어마하게 많은 우연한 사건이 일어나서 단백질을 만들어내는 현재의 유전적 메커니즘으로 이어진 과정을 상상하는 것이나, 어떤 초자연적인 존재가 그와 똑같은 시스템을 만들어내는 장면을 머릿속에 그리는 것이나 어렵기는 매한가지다.

여러 조절 과정이 코딩 유전자의 발현 수준뿐만 아니라 각각의 유전자가 언제, 어디서 발현될지도 조절한다. 프로모터라는 한 조절자는 코딩 유전자 옆에 있는 DNA 서열로, 그 코딩 유전자의 발현 수준을 조절한다. 이런 조절은 프로모터와 결합하는 특별한 단백질을 통해 이루어진다. 이 단백질이 프로모터와 결합하면 프로모터의 형태가 변하면서 mRNA가 코딩 유전자와 접촉해 전사하기가 쉬워지거나 어려워진다.

인헨서enhancer라는 두 번째 조절자는 코딩 유전자가 특정 조직에서 언제 발현될지를 결정한다. 수정 후 약 7~8주가 되면 남성 배아의 특정 부위에서 고환 형성을 담당하는 SRY라는 유전자의 인헨서가 Y염색체 위에 자리 잡는다. 일단 고환이 형성되면 인헨서는 자신의 임무를 다한다. 네덜란드 네이메헌 막스플랑크연구소의 한 연구진은 좌뇌가 언어에서 중요한 역할을 하는 이유는 부분적으로는 뇌 속에서 발현되는 여러 유전자의 인헨서가 우뇌보다는 좌뇌에서 더 많이 발현되기 때문이라고 한다.

인헨서는 자신이 조절하는 코딩 유전자로부터 여러 염기쌍 떨어진 곳에 자리 잡았지만 전갈 꼬리가 앞으로 휘어 머리와 닿아 있는 것처럼, 유전체도 코일처럼 말린 형태여서 공간적으로는 가까이 있는 경우가 많다. 인헨서가 단백질과 결합하면 코딩 유전자의 프로모터 부위와 접촉할 수 있게 해주는 방식으로 구부러진다. 종 간의 차이, 이를테면 생쥐와 고릴라의 차이는 주로 특정 시기에 특정 세포에서 합성될 단백질을 결정하는 인헨서 때문에 나타난다. 이것을 오케스트라 지휘자에 비유할 수 있다. 지휘자의 손동작이 특정 연주자로 하여금 작품의 특정 시간대에 더 크게 연주할지, 부드럽게 연주할지 지시해주기 때문이다.

세 번째 조절자는 작은 RNA 가닥으로 구성되어 있다. 짧은 가닥 중 두 개인 마이크로RNA와 소간섭RNAsmall interfering RNA는 mRNA와 간섭함으로써 코딩 유전자가 아미노산으로 전사되는 것을 막는다. 그 결과 단백질이 만들어지지 않는다. 이 짧은 RNA 가닥의 무리가 사람 유전체에 들어 있는 코딩 유전자의 무려 절반 정도를 조절한다. 몇 년 전에 나는 저명한 생물학자인 매튜 메셀슨에게 유전학에서 새로 밝혀진 사실 중 그를 가장 놀라게 한 것이 무엇이었냐고 물어봤다. 그러자 그에게서 바로 이 짧은 RNA 가닥의 발견이 가장 놀라웠다는 대답이 튀어나왔다.

경험에 특히 민감하게 반응하는 네 번째 조절자는 두 가지 형태를 띤다. 양쪽 모두 유전자에 들어 있는 염기서열을 변화시키지 않기 때문에 이 조절자들은 '후성적'이라 불린다. 자주 등장하는 한 형태에서는 C 다음에 G가 올 때 C에 화학 표지(메틸기)가 첨가되거나 C에서 제거된다. 유전체 안의 일부 장소에는 G 옆에 C가 하나 붙어 있다. 또 어떤 장소에서는 C-G 쌍이 여러 번 반복된다. 전자의 염기서열 중 거의 70퍼센트는 코딩 유전자를 조절하는 프로모터 영역에서 발견되고, 이 영역에 들어 있는 대부분의 C 염기는 메틸화해 있다. 그보다 덜 흔하기는 하지만 A나 T가 G 옆에 있을 때는 A나 T에 메틸기가 부착될 수 있다. 자연은 예외 없는 절대적인 법칙을 싫어한다.

조절 영역에 들어 있는 C에 메틸기가 부착되면 일반적으로 해당 유전자가 침묵한다. 알려진 돌연변이 가운데 3분의 2 정도에서 C가 T로 대체되었다는 건 바람직하지 않은 특성 중 상당수는 정상적으로는 침묵 상태에 빠져 있어야 할 유전자가 활성화되었기 때문에 일어난 것임을 암시한다. 암세포의 고삐 풀린 성장이 그런 사례다.

두 번째 후성적 조절자는 네 쌍의 단백질로 구성된 히스톤단백질 안에서 일어나는 화학적 변화다. DNA는 실이 실패에 감기듯 147개의 염기쌍이 이 히스톤단백질에 감겨 있다. DNA는 음전하를 띠고 이 단백질 실패는 양전하를 띠어서 둘이 전기적으로 서로를 잡아당기기 때문에 mRNA가 DNA 서열을 전사하기가 어려워진다. 그런데 각각의 단백질 실패에서 튀어나와 있는 아미노산 꼬리에 다양한 분자를 추가하거나 삭제하면 전기 전하의 차이가 줄어든다. 그 결과 실패가 팽창하면서 코딩 유전자의 DNA가 노출되고, mRNA가 그 유전자를 전사할 수 있다. 실패에서 일어나는 이런 변화는 DNA 염기서열의 C에 메틸기를 첨가하는 것보다 더 어려운 일이다.

백혈병의 한 종류인 만성골수성백혈병에 걸린 환자는 실패가 팽창된 사람이 실패가 촘촘하게 닫힌 사람보다 오래 산다. 조현병, 주우울증, 조울증에 걸린 사람은 각각 다른 증상을 나타내지만, 한 연구자 컨소시엄에서 이 질병 중 하나에 걸린 6000명의 유전체를 조사해봤더니 이 장애 중 하나를 가진 환자의 일부는 히스톤단백질에 똑같은 후성적 변화를 공유하는 것으로 나왔다. 데이비드 무어는 《발달 중인 유전체The Developing Genome》에서 이런 현상들을 아주 훌륭하게 요약해서 설명한다.

기근, 전쟁, 학대, 만성적 가난, 빈약한 식생활, 운동 부족, 흡연, 감염, 만성 통증 같은 주요 스트레스 요인들은 유전자의 발현을 억제하거나 강화하는 후성적 변화를 일으킬 수 있다. 정기적인 운동은 근육세포 유전자에 후성적 변화를 유도하는 경우가 많다. 임신한 산모의 식생활과 생활 방식은 태아에게 후성적 변화를 유도할 수 있다. 애버딘대학교의 료헤이 세키도Ryohei Sekido는 남성의 뇌와 여성의 뇌가 다른 한 가지 이유는 Y염색체의 SRY유전자가 신경세포 유전자의 히스톤단백질 실패뿐만 아니라 DNA 염기서열 속 시토신 염기 위에 있는 후성적 표지를 바꿀 수 있기 때문이라고 했다. 벌집에 들어 있는 암컷 유충 중 여왕벌이 될 한 마리만 로열젤리를 먹는다고 한 것을 기억해보자. 이 로열젤리에 들어 있는 단백질들이 화학적 변화를 일으키고 결국 이 변화가 장래의 여왕벌이 될 유충의 후성적 표지를 바꾸어놓는다는 것이 밝혀졌다.

자녀들이 부모의 후성적 표지를 대부분 물려받을 가능성은 낮지만, 임신한 동안 산모의 생리학이 배 속에 들어 있는 아기에게 후성적 변화를 유도할 수는 있다. 예를 들면 어렸을 때 학대받은 여자아이는 스트레스에 대한 뇌의 반응을 강화하는 후성적 표지를 습득할 수 있다. 만약 여러 해가 지나 이 여성이 임신했을 때 스트레스를 경험하면, 그 뇌에서 태반을 통과해 들어가 태아에게 영향을 미칠 수 있는 분자를 분비한다. 그 결과 이 여성의 아기는 스트레스에 취약한 상태로 태어날 수도 있다. 하지만 취약성은 엄마로부터 유전자나 후성적 표지를 물려받아서 생긴 것이 아니다.

후성적 표지의 배열은 혈액, 입, 뇌 등 조직마다 다양하게 나타난다. 이런 사실 때문에 이런 표지와 심리적 특성의 관계가 뒤늦게 발견됐다. 일반적으로 연구자들은 한 조직만 검사해보기 때문이다. 삶에서 경험한 내용이 다음 세대의 특성에 영향을 미칠 수 있다는 믿음은 오래된 개념이다. 고대 그리스의 의사 히포크라테스는 흑인 아기를 낳아 간통죄로 고발당한 백인 공주를 변호하는 데 성공한 적이 있다. 히포크라테스는 공주의 침대맡에 걸려 있는 무어인의 초상화가 공주에게 생리학적 변화를 주어 흑인 아기가 태어나게 했을 것이라고 주장했다.

경험에 의해 유도되는 후성적 변화는 1940년대 진화론에 추가된 아주 중요한 부분이었다. 어떤 사람은 이것 때문에 진화론을 새로 써야 한다고 주장하기도 한다. 전통적인 관점에서는 유전자 발현 패턴에 생기는 모든 변화는 동물의 환경과 독립적인 코딩 유전자에서 일어나는 우연한 돌연변이 때문이라고 보았다. 하지만 새로 발견된 내용에 따르면 각 사람이 수정한 뒤로 살아온 삶의 역사가 유전자 발현에 변화를 이끌어 새로운 생리적 과정을 유도할 수 있다. 대부분의 전문가는 이런 변화 중 아주 적은 부분만 유전된다고 믿는다.

조절자가 이렇게 깜짝 놀랄 정도로 많다는 것은 코딩 유전자의 발현이 질병을 촉발할 수 있는 단백질 과잉 생산으로 이어지지 않게 하려면 코딩 유전자에 대해 아주 엄격한 감독이 필요하다는 것을 암시한다. 건강한 미국인 성인 100명 중 2명 정도는 질병의 위험 요소로 알려진 코딩 유전자를 적어도 한 가지는 안고 태어난다. 하지만 이런 사람들에게는 그 어떤 증상도 나타나지 않는다. 이런 위험 유전자가 어떤 영향을 미칠지는 나머지 유전체, 그 사람의 생활 방식, 후성적 표지에 좌우되기 때문이다. 한 가족의 구성원 두 명이 똑같은 정신질환을 가졌으면서도 똑같은 위험 유전자는 공유하지 않을 수도 있다. 동물 종에서 보이는 길들이기 속성에도 똑같은 원리가 적용된다. 라이프치히 막스플랑크연구소의 과학자들은 서로 다른 유전자 집합이 길들인 개를 늑대로부터, 집돼지를 야생 돼지로부터, 길들인 여우를 야생 여우로부터, 집토끼를 산토끼로부터 구분해준다는 것을 확인했다.

각인

또 다른 현상이 유전학자들의 흥미를 불러일으킨다. 가족 중 둘이 똑같은 유전자를 가졌으면서도 그 유전자가 엄마로부터 왔느냐 아빠로부터 왔느냐에 따라 서로 다른 특성을 발달시킬 수 있다는 것이다. 이런 경우 정자의 유전자에 들어 있는 후성적 표지가 그 정자가 수정시킨 난자의 후성적 표지와 다르다. 두 가지 언어로 출판된 소설 속 한 문장의 의미를 비유로 들 수 있다. 톨스토이의 《전쟁과 평화》 속에 들어 있는 여러 문장은 러시아어로 쓰였느냐

영어로 쓰였느냐에 따라 의미가 달라진다.

뇌의 피질이 발달할 때는 엄마에게서 온 유전자가 더 많이 발현되는 반면, 성적 특질에 기여하는 시상하부가 형성되는 동안에는 아빠의 유전자가 더 많이 발현된다. 유전적 각인은 인간 유전체의 1퍼센트 미만으로 제한되어 있지만 각인된 유전자는 대부분 배아가 성장하는 데 영향을 미친다. 엄마의 유전자가 침묵하고 아빠의 유전자가 발현되면 성장이 촉진된다. 이 사실은 대부분의 남자 신생아가 여자 신생아보다 몸집이 더 크고 체중도 많이 나가는 이유를 설명하는 데 도움이 된다.

유전자의 돌연변이 감수성은 같지 않다

동물과 사람의 유전자 돌연변이에 대한 감수성에는 다양한 차이가 있다. 배아의 뇌세포가 더 오랜 시간 분열해서 훨씬 큰 뇌를 탄생시킨 돌연변이는 약 20만 년 전에 일어났다. 다른 종류의 단백질을 만들어내는 돌연변이는 흔히 일어난다. 인간을 비롯해 여러 동물 종은 주조직적합성복합체MHC라는 유전자 세트를 가지고 있다. 이것은 면역계에서 세포의 표면을 덮는 단백질을 만들어내는 유전자다. 포유류의 땀과 오줌에서 나는 독특한 냄새를 만들어내는 것도 바로 이 유전자다. 개, 고양이, 원숭이, 인간은 몸에서 자기와 다른 냄새가 나는 배우자를 선택하도록 편향되어 있다. 이는 그 배우자가 다른 MHC를 가지고 있기 때문이다. 이렇게 배우자를 선택하면 그 자손은 더 폭넓은 감염원에 반응할 수 있는 면역계를 갖기에 적응하는 데 유리해진다.

유전자는 범위를 제한한다

코딩 유전자와 그 조절자들은 특성의 발달을 쉽게 만들 수도 어렵게 만들 수도 있지만, 어떤 특성이 반드시 발달하리라고 보장해주는 경우는 드물다. 유전체는 내가 로저 페더러 같은 특출한 테니스 실력을 발달시키는 것은 막았지만, 그래도 나는 평생 테니스를 꽤 잘 치며 살았다. 극심한 공포를 느끼지 못하는 유전자를 갖고 태어난 남자아이는 우주비행사, 변호사, 신경외과 의사가 될 수도 있지만, 어떤 삶을 사느냐에 따라 강간범, 연쇄살인범, 부정직한 투자 고문이 될 수도 있다.

이런 주장은 쉽게 증명할 수 있다. 백인 중 6퍼센트 정도는 아세틸콜린을 합성하는 데 필요한 유전자를 변종으로 갖고 있다. 아세틸콜린은 오랜 시간 주의력을 유지하고 청각이나 시각에 의해 주의력이 흐트러지는 것을 막아주는 물질이다. 미시간대학교의 앤 베리Anne Berry와 동료들은 이 유전자를 가진 성인이라도 정신을 산만하게 만드는 자극이 없는 한 지루한 과제에 오랫동안 주의력을 유지할 수 있다는 것을 발견했다. 이 변종 유전자를 가진 성인은 정신이 산만해지기 쉬움에도 자신의 환경에 잘 적응하고, 이 변종 유전자가 없는 사람과 비슷한 수준으로 교육을 받는다. 라디오, 텔레비전, 스마트폰 그리고 경찰차나 구급차의 사이렌 소리 등 오랫동안 정신을 집중할 수 없게 방해하는 사건들의 강도와 횟수가 극적으로 증가했다. 그렇기에 유전자를 가진 사람은 1715년보다 2015년에 들어 적응하기가 더욱 어려워졌다.

예시를 위해 각 사람이 1만 가지 서로 다른 심리적 속성을 현실화할 잠재력을 갖고 있다고 가정해보자. 특정 유아가 소유한 유전자가 그 속성 중 1000가지는 현실화를 제한하고, 또 다른 1000가지는 발달을 용이하게 해서 나머지 8000가지 속성은 아이의 유전체에 영향을 받지 않을 수 있다. 심리적 결과로 나온 숫자는 함께 작용해서 결과를 만들어내는 유전자와 생활환경에 따른 숫자보다 훨씬 적다. 이 사실이 의미하는 바는 모든 행동, 믿음, 기분은 그것을 만들어냈던 유전자와 환경이 하나의 조합으로 이루어진 것은 하나가 아니라는 점이다.

하나의 심리적 결과도 원인은 여러 개

일부 성인은 어린 시절의 경험 때문에 낙담한 상황에서도 밝은 기분을 유지한다. 어떤 사람은 뇌에 들어 있는 카나비노이드(대마초에 들어 있는 성분) 수용체를 더 오래 활성화하는 분자를 만들어내는 유전자를 물려받은 덕분에 밝은 기분을 유지한다. 우울증에 취약한 것 역시 다른 유전자들이 만들어낸 산물일 수 있다. 어떤 사람들은 세로토닌 분자가 시냅스에 더 오래 머물게 하는 단백질을 만들어내는 유전자 프로모터 영역에 DNA 염기서열을 물려받는다. 이 돌연변이가 있는 사람들은 느낌을 더 쉽게 만들어내는 신체 감각을 경험하는 것으로 보인다. 이런 사람들은 우스운 사건이 일어나면 다른 사람보다 더 잘 웃는다. 반면에 혐오스러운 사건이 일어나면 더 큰 고통을 경험할 가능성이 크다. 일부 과학자는 이 돌연변이를 가진 사람들 중 어린 시절에 당한 학대도 기억하는 사람은 반복적으로 우울증에 시달릴 위험이 높다고 보고했다. 이런 사람들은 다른 사람이 접한 경험의 심각성을 과장할 가능성이 있지만, 전자의 경우는 사건을 무시하거나 그 사건을 중요하지 않은 것으로 취급해버렸다. 이런 성인에게서 나타나는 우울증에 기여하는 유전자는 다른 사람에게서 우울증의 위험을 높이는 다양한 돌연변이와는 반드시 구분되어야 한다.

정신질환 증상들은 유전자와 경험을 결합하는 인과적 연쇄의 복잡성을 잘 보여준다. 냉담함, 피로, 불면증, 식욕 상실, 예전에는 즐거움을 주었던 경험으로부터 기쁨을 느끼지 못하는 상태 등을 특징으로 하는 우울증은 서로 다른 인과관계의 결과로 나타날 수 있다. 따라서 우울증이 있는 환자들을 하나의 범주로 몰아넣는 것은 적절하지 않다. 시카고대학교의 벤저민 라헤이와 동료들은 한 번 우울증으로 진단받았던 환자들이 3년 후에는 사회불안장애로 분류된 것을 발견했다. 정신의학적 진단은 특정 시기에 우연히 가장 현저하게 드러난 증상을 반영해서 이루어진다. 물이 그때그때 조건에 따라 구름, 안개, 비, 눈, 고드름의 형태를 취하는 것처럼 말이다.

우울증의 유전적 이질성은 흔한 증상일수록 기원이 저마다 다를 가능성이 크다는 원리를 보여주는 한 가지 사례에 불과하다. 오리건 건강과학대학교의 사라 카랄루나스Shrah Karalunas가 이끄는 연구진은 ADHD로 진단받은 아이들이 적어도 세 가지 서로 다른 범주에 속한다는 것을 발견했다. 한 집단은 주의력이 부족했다. 두 번째 집단은 지나치게 독단적이었다. 가장 독특한 집단은 걸핏하면 화를 내고 짜증을 내며 충동적이었다. 사회불안장애 환자도 유전자와 삶의 경험의 서로 다른 조합으로 정의되는 별개의 집단에 속했다. 한 집단은 군중과 낯선 사람들을 무서워한다. 또한 집단은 동물과 부상을 두려워한다. 세 번째 집단은 피와 주사를 무서워한다. 마지막 집단은 폐쇄된 공간에서 불안을 느낀다.

심지어는 그보다 덜 흔한 진단인 자폐증도 수많은 별개의 인과적 연쇄 때문에 생긴다. 아동이 타인과 소통하고 상호작용하는 데 심각한 어려움을 보이면 자폐증으로 분류되는데, 이런 증상을 만들어낼 수 있는 생물학적 조건의 숫자는 아마도 두통의 원인만큼이나 많을 것이다. 소수의 자폐증 아동은 발작, 위장 장애, 청각 장애 혹은 뇌에 영향을 미치는 자가면역질환을 갖고 있다. 매사추세츠 종합병원의 크리스토퍼 맥도글Christopher McDougle은 1943년에 자폐증이라는 진단명을 발표한 의사 레오 카너가 자신이 처음 선발한 표본 집단의 부모나 형제 중에 1형 당뇨병 같은 자가면역질환이 많다는 것을 알아차렸다고 지적한다. 하지만 이론적 편견 때문에 그는 이런 사실들을 무시하고 그 엄마가 아이에게 하는 행동을 강조했다.

자폐증으로 분류된 아이의 5퍼센트 정도는 '취약X증후군'을 갖고 있다. 남자아이에게서 더 흔한 이 질병은 X염색체상의 코딩 유전자 조절 부위에 CGG(시토신-구아닌-구아닌) 염기 삼총사가 여러 번 반복되는 것이 특징이다. 이것은 뇌가 정상적으로 발달하는 데 필요한 단백질의 생산을 방해한다. 취약X증후군보다 희귀하고 주로 여자아이에게 영향을 미치는 레트증후군은, X염색체상 한 코딩 유전자의 돌연변이에 의해 일어난다. 건강한 아이에게서는 이 코딩 유전자가 메틸기를 시토신에 첨가해 특정 유전자를 침묵시키는 단백질을 만들어낸다.

자폐증 환자의 5퍼센트 정도는 시냅스 형성, 수용체 기능, 후성적 표지에 필요한 단백질 합성을 방해하는 희귀하고 새로운 돌연변이를 갖고 있다. 이런 돌연변이는 대부분 유전되는 것이 아니라 배아나 태아 발생기에 자발적으로 생겨난다. 캐나다 토론토 아동전문 병원의 한 연구진은 두 형제가 자폐증으로 진단받은 가족을 연구해보았다. 그랬더니 이 가족의 형제들 중 70퍼센트 정도가 태아 발생기에 자발적으로 일어난 서로 다른 돌연변이를 갖고 있었다. 이런 사실은 IQ가 낮은 자폐증 환자와 높은 자폐증 환자에게서 서로 다른 돌연변이가 나타나는 이유를 설명해준다. 심지어 서로 닮지 않은 유전적 이상이 남성과 여성의 자폐증에 기여한다는 증거도 나와 있다.

자폐증 진단으로 이어지는 생물학적 연쇄는 굉장히 많지만, 이런 어린이의 심리적 발달 과정이 따르는 경로는 그보다 가짓수가 적다. 토론토대학교의 피터 차트마리가 이끄는 연구진은 자폐증으로 진단받은 3~4세 중 30퍼센트 정도는 대단히 심한 장애가 있고, 발달 과정에서 장애가 더욱 심해진다는 것을 발견했다. 거의 50퍼센트 정도는 어느 정도 장애가 있고, 시간이 지나도 안정적인 상태로 남는다. 그리고 20퍼센트는 장애가 아주 미약하고 나이가 들면서 개선된다. 이 마지막 집단에는 남자아이보다 여자아이가 더 많다. 첫 번째 집단에는 여자아이보다 남자아이가 더 많다.

안타깝게도 많은 의사가 계속 이런 증상을 가진 어린이들을 모두 하나의 자폐 스펙트럼에 속하는 것으로 진단한다. 반면 종양학자들은 원인이 다른 암에 별개의 이름을 붙이며 모든 환자를 하나의 종양 스펙트럼에 집어넣지 않는다. 설상가상으로 미국에서는 의사들이 자폐증을 진단할 때 지역에 따라 다른 기준을 적용한다. 로스앤젤레스의 의사들은 중산층 백인 어린이보다는 외국에서 태어난 흑인이나 베트남 어머니에게서 태어난 어린이에게 이 진단을 더 자주 내린다. 미국 다른 주의 의사들은 자폐증이라는 범주를 '심각한 지적 장애가 없는 백인 어린이'와 '심각한 인지 지체가 있는 흑인 어린이'에게 이용한다. 이유는 알 수 없지만 자폐증이라는 진단은 사회계층과 인종 구성이 같은 가정에서 태어난 어린이를 비교해보면, 유럽의 어린이보다 미국의 어린이에게서 더 흔하다.

새로운 신호의 필요성

과학자들은 각각의 정신질환에 기여하는 유전자를 찾기보다는 질병과 관련은 있지만 확실한 유전적 통제 아래 있는 생물학적 속성을 찾아보는 편이 오히려 도움이 될 것이다. 예를 들어 눈과 머리카락 색깔, 얼굴과 몸의 형태, 손, 머리카락, 얼굴에 나타나는 미묘한 기형, 집게손가락과 약손가락의 길이 비율, 눈을 깜빡이는 속도, 심장박동수의 변동성 등이다. 이 각각의 특성은 질병과 관련된 여러 특성과 상관관계가 있다. 하지만 이런 특성들은 질병을 정의하는 증상보다는 유전자에 따라 더 긴밀하게 조절된다.

피부, 머리카락, 홍채의 색깔은 여러 유전자에 의해 조절되지만, 최종적인 색깔은 유멜라닌과 페오멜라닌이라는 두 색소의 균형에 따라 결정된다. 이 색소들은 멜라닌 세포에 의해 만들어지는데, 이 세포의 표면은 수용체로 덮여 있다. 이 수용체들이 특정 호르몬에 반응하면 멜라닌 세포는 유멜라닌을 만들어내어 피부, 머리카락, 눈동자가 더 검어진다. 만약 몇몇 돌연변이 때문에 이 수용체들이 호르몬에 둔감해지면 멜라닌 세포가 페오멜라닌을 만들어내어 그 사람은 빨간 머리카락, 더 창백한 얼굴빛, 또는 밝은 색깔의 눈동자를 가질 것이다. 전 세계 인구 중 머리카락이 빨간 사람은 1~2퍼센트에 불과하며, 스코틀랜드인은 13퍼센트로 비율이 가장 높다.

멜라닌 세포가 두 종류의 멜라닌을 양쪽 다 덜 만들어내면, 그 사람은 밝은 금발과 밝은 파란색 눈동자를 갖는다. 이런 특성은 북유럽 사람에게서 흔히 볼 수 있다. 이들은 아프리카 사람이나 아시아 사람보다 피부암의 위험 요인인 돌연변이를 갖고 있을 확률이 더 높다. 멜라닌 세포에 있는 수용체들은 뇌와 면역계에서도 발견되기 때문에 이런 수용체의 민감성을 조절하는 유전자가 사람의 심리적 기능을 몇 가지 위험에 노출시킬 수 있다.

통제가 안 되는 운동성 틱을 특징으로 하는 투렛증후군, 그리고 떨림을 특징으로 하는 파킨슨병이 그런 사례다. 두 질병 중 하나에 걸린 백인은 그렇지 않은 백인보다 머리카락이 빨간색일 가능성이 조금 더 높다. 털 색깔이 빨간 코커스패니얼을 키우는 사람들은 이 강아지가 좀 더 흔한 검은 색깔의 코커스패니얼보다 더

'신경질적'이라고 말한다. 18세기에 유럽의 산모들이 참고했던 육아 설명서를 보면, 머리카락 색이 붉은 유모는 화를 잘 내는 성격이라 위험한 모유가 나오니 고용하지 말라고 충고했다. 논란이 많은 시인 에즈라 파운드, 자기도취증이 있었던 영국 왕 헨리 8세, 정서적으로 불안정했던 미국 대통령 앤드루 잭슨, 율리시스 S. 그랜트 등은 모두 머리카락이 붉은색이었다.

스트레스가 없는 환경에서도 평균보다 눈을 더 자주 깜빡이는 사람(분당 무려 25~30회 정도 깜빡이기도 한다)은 운동 행위에 기여하는 뇌 구조물에서 도파민 활성 수준이 정상보다 높게 나온다. 도파민 분비가 적은 파킨슨병 환자는 눈을 깜빡이는 횟수가 적다. 강박장애 환자는 보통 사람보다 눈을 더 자주 깜빡인다. 일반적인 여성은 일반적인 남성보다 몇몇 뇌 영역에서 도파민 활성 수준이 높다. 따라서 여성이 남성보다 눈을 더 자주 깜빡이는 것도 놀랄일이 아니다.

조용히 앉아 있을 때 심장박동과 박동 사이의 평균 간격은 사람마다 다양하게 나타난다. 부분적으로는 자율신경계에 영향을 미치는 유전자 때문이다. 심장박동수의 변동성이 낮은 사람은 박동 사이의 간격이 1.3초로 대략 비슷하게 유지된다. 심장박동의 변동성이 높은 사람은 박동과 박동의 간격이 일정하지 않다. 심장박동 속도의 변동성이 낮은 사람은 평소 사회적 상호관계에서 불쾌감을 표현할 가능성이 높다. 전투 임무를 수행하고 외상후스트레스장애가 생긴 해병대를 보면 전투 임무 전에 심장박동 속도의 변동성이 낮았다. 반면 심장박동 속도의 변동성이 높은 사람은 낮은 사람보다 좀 더 기분 좋은 상호작용을 할 가능성이 높다. 아시아 유아는 아프리카 유아보다 심장박동 속도 변동성이 낮다. 백인 유아는 아프리카계 미국인 유아보다 심장박동 속도 변동성이 낮다.

내가 진행했던 한 연구에서 백인 남성 청소년 중 일부는 변동성 높은 심장박동수, 도전에 대한 자신감, 붙임성 좋은 성격이 혼합되어 있었다. 이런 청소년들은 대부분 얼굴 폭이 넓고, 턱이 두드러지고, 집게손가락이 약손가락보다 살짝 짧았다. 이 세 가지 해부학적 속성은 부분적으로는 남성 호르몬 분비와 그 수용체의 밀도에서 보이는 변동에서 비롯된다. 유전자가 정신질환이나 성격 특성에 기여하는 부분에 관심이 있는 연구자라면 눈 색깔, 머리카락 색깔, 피부 색깔, 눈 깜빡이는 속도, 심장박동 속도의 변동성, 손가락 길이 비율, 얼굴의 너비, 턱 돌출 등의 변화에 영향을 미치는 유전자를 연구해보면 도움이 될지도 모른다.

요즘에는 언론에서 유전자의 영향력을 과대 포장하는 바람에 대중은 대부분의 정신질환에서 삶의 경험보다는 유전자가 더 중요하게 작용한다고 믿으며, 과학자들은 경험이 증상, 기술, 기분, 행동에 미치는 영향을 무시하곤 했다. 유전자 없이는 인간이 존재할 수 없는 것이 사실이다. 하지만 유전자가 물을 만들어내는 정보를 암호화하는 것은 아니기 때문에 인간이 유전자만으로 존재할 수는 없다는 것 또한 사실이다. 유전자와 삶의 역사가 합쳐지면서 등장하는 특성과 재능의 패턴은 가는 하얀 실과 검은 실로 촘촘하게 짠 담요에 비유할 수 있다. 그럼 두 실의 색깔은 보이지 않고 대신 균일한 회색 천만 보일 것이다.

역사는 가장 격렬한 호기심을 불러일으키는 몇몇 질문으로 특징 지어진다. 계절이 변하는 이유, 결핵의 증상, 유전자의 구조 등은 그 이유가 밝혀지기 직전까지 가장 상위에 있던 질문이었다. 지금 은 심리적 현상이 뇌의 활동으로부터 비롯되는지가 맨 윗자리를 차지하는 수수께끼다. 이 수수께끼의 핵심적인 부분을 풀어내는 사람은 뉴턴, 다윈, 아인슈타인이 누렸던 존경을 누릴 것이다.

뇌 활동을 측정할 수 있게 해준 우아한 기계들의 도움이 없었다 면 이 질문은 지금처럼 중요한 자리까지 올라오지 못했을 것이다. 이런 연구 분야는 아직도 초기 단계에 머물지만 대부분의 신경과 학자들은 결국 뇌의 측정으로 안면 인식의 원리, 어제 먹은 저녁 식사를 기억하는 이유, 친구의 사망 소식을 들었을 때 슬퍼지는 이유, 아이를 안아주고 싶은 마음이 드는 이유, 우울증이 한바탕 밀어닥치는 이유, 코카인에 중독되는 이유, 읽기를 배우기 어려운 이유 등을 모두 예측하고 설명할 수 있을 것이라 확신한다.

두 벌의 어휘가 필요한 이유

나는 데카르트 같은 이원론자가 아니지만, 모든 심리적 결과는 뇌를 필요로 하고, 정신적 사건은 뇌의 활동에서 나온다. 따라서 그 속성을 기술하기 위해서는 뇌의 과정을 기술하는 데 사용하는 것과는 다른 어휘가 필요하다. 수많은 자연현상은 자신이 기원한 기본 형태에는 존재하지 않는 속성을 가지고 있다. 짙은 안개의 특징인 불투명한 속성은 안개의 구성요소인 물 분자를 이루는 수소 원자와 산소 원자의 속성에는 들어 있지 않다. 철 원자를 이용하면 바퀴, 칼, 프라이팬 등을 만들 수 있다. 하지만 구르기, 자르기, 요리하기 같은 이들 사물의 기능은 철 원자 안에 내재되어 있지 않다. 스토니브룩대학교의 한 학생은 탄산음료 병, 안경, 스카치테이프, 탁구공으로 만든 엉성한 구조물에 특정 각도로 빛을 비추어 벽에 뚜렷한 고양이 이미지를 만들어냈다.

단백질의 최종 형태가 아주 좋은 비유다. 사람의 몸에는 10만 종가량의 서로 다른 단백질이 있는 것으로 추정되는데, 이 각각의 단백질이 가진 고유의 형태는 아미노산의 특정 서열에 따라 제약을 받는다. 하지만 어떤 두 종의 단백질은 정확히 똑같은 아미노산 서열로 이루어졌음에도 최종 형태가 다르다. 이것은 순간적으로 일어나는 단백질 접힘 과정 동안 작용하는 힘 때문이다. 그 결과 아미노산의 서열만으로는 이 단백질의 최종 형태를 예측할 수 없다. 더군다나 단백질의 형태와 기능을 기술하는 단어들은 아미노산을 기술하는 데 적당한 어휘로 번역할 수 없다. 마찬가지로 뇌의 특정한 상태는 한 사건에서 일어날 수 있는 생각, 감정, 행동

등의 범위를 제약하지만 뇌 상태만으로는 거기서 어떤 결과가 나올지 확실하게 예측할 수 없고, 뇌의 상태를 기술하는 단어로는 그 결과를 기술할 수 없다.

이런 결론을 이끌어내는 데 필요한 증거는 풍부하게 나와 있다. 웨스턴온타리오대학교의 로리나 나시Lorina Naci와 동료들은 8분짜리 알프레드 히치콕의 영화 동영상을 똑같이 보여주면서 그동안의 뇌 활동을 기록해보았다. 그랬더니 각각의 사람이 영화 장면에 대해 구술한 내용은 그들의 뇌 활동 패턴보다 훨씬 유사한 점이 많았다. 일부 뇌 활동 패턴은 너무도 달라서 전문가라고 해도 이 패턴들이 똑같은 과제에 참여한 사람들로부터 나온 패턴이라는 생각을 하지 못할 것이다.

더군다나 하나의 뇌 상태에서 나온 생각이 또 다른 뇌 상태를 빚어내는 경우가 많다. 하이델베르크대학의 마리엘라 란스Mariela Rance는 손가락에 가한 통증을 경험하는 성인들에게 질문을 던져 통증을 중재하는 것으로 알려진 뇌 영역의 활성 수준을 줄여보려 했다. 다른 것을 생각함으로써 통증을 줄일 수 있는 사람이 많았다는 사실은 한 뇌 회로에서 발생한 생각이 다른 회로의 뇌 활성에 영향을 미칠 수 있음을 암시한다.

당연한 얘기지만 팔뚝과 손목에 4주 동안 깁스를 한 사람은 해당 근육에 힘이 약해지는 것을 경험한다. 하지만 오하이오대학교의 브라이언 클라크Brian Clark가 참가자들에게 매일 이 근육을 움직이는 상상을 하라고 하자, 한 달 동안 근육 강도 손실이 줄어드는 것을 발견했다. 근육의 움직임을 상상하는 정신적 활동이 운동

피질의 뇌 영역을 변화시켜 이 근육의 긴장도를 유지해준 것으로 보인다.

옥시토신 분자는 공감 같은 감정에 관여하는 뇌 영역의 활성 수준을 변화시킬 수 있지만, 사람의 생각도 그 활성을 강화하거나 감소시키는 힘이 있다. 과학자들은 흔히 참가자의 코에 이 분자를 스프레이로 뿌려서 뇌의 옥시토신 수치를 높인다. 옥시토신의 영향을 받는 네덜란드의 두 학생 집단에 아기가 우는 소리를 녹음해서 들려주어 보았다. 한 집단에는 아기가 아프다고 말해주고, 다른 집단에는 아기가 지루해한다고 말해주었다. 양쪽 집단 모두 옥시토신을 투여한 상태였지만 아기가 아프다고 믿는 학생들에게서만 공감을 중재하는 뇌 영역의 신경 활성이 증가했다.

에모리대학교의 수첸Xu Chen과 동료들은 뇌와 정신이 분리되었음을 보여주는 좀 더 설득력 있는 사례를 제공했다. 자기 코에 스프레이로 뿌린 것이 옥시토신인지 불활성 분자인지 모르는 남녀 참가자들이 자신이 만나본 적 없는 사람이나 컴퓨터 프로그램을 상대로 '죄수의 딜레마'라는 게임을 한다. 옥시토신을 투여받은 사람들은 심박동수와 근육긴장도를 변화시키는 뇌 구조물인 편도체의 활성이 감소됐다. 하지만 게임을 하는 동안 참가자들의 행동이나 그들이 이야기하는 느낌에는 아무런 영향도 없었다. 이런 사실들은 변화된 뇌 상태와 심리적 결과 사이에 결정적인 관계가 있다는 믿음에 의문을 제기한다.

생각은 플라시보효과도 설명해준다. 플라시보란 자신의 정신적·신체적 상태를 개선해줄 효과가 입증된 약을 복용하거나 시술을 받는다고 믿는 사람에게 이로운 효과를 주는 불활성 물질을 말한다. 그라츠대학교의 앤 쉬늘레Anne Schienle와 동료들은 플라시보 효과를 실험했다. 자기가 삼킨 알약이 역겨운 감정을 억제해주리라고 믿은 여성들은 역겨운 사건에 반응하는 뇌섬엽이라는 영역의 활성이 줄어들고, 또한 지저분한 변기나 부패하는 시신 사진을 보고도 역겨움이 덜하다고 느낀다는 것을 알아냈다. 모의수술을 받고도 그 수술이 도움이 될 거라고 믿은 60세의 파킨슨병 환자들에게도 비슷한 현상이 일어났다. 이 환자들은 증상이 약해지고 뇌에서도 관련된 변화가 일어났다. 운동 기능을 용이하게 해주는 도파민 같은 분자를 분비하도록 촉진해서 뇌를 바꾸어놓는 것만큼 생각의 힘을 설득력 있게 보여주는 증거는 없을 것이다.

만약 서구의 과학자들이 물질이 모든 사건의 토대라고 판단하지만 않았더라도 '플라시보'라는 단어를 발명할 필요가 없었을 것이다. 이 용어는 비물질적 존재인 생각이 신체나 기분에 이로운 영향을 미칠 수 있는 이유를 설명하기 위해 필요한 것이다. 자기가 마시는 물이 신성한 힘을 갖는다고 믿는 사람만 그 물을 마셨을 때 이로운 영향을 받는다. 라이먼 프랭크 바움은 《오즈의 마법사》에서 교육, 관대함, 용기라는 상징을 의도적으로 허수아비, 양철 나무꾼, 겁쟁이 사자에게 부여했다. 대학 졸업장이나 퍼플 하트 훈장 모두 플라시보라고 불리지 않는 것이 이상하다. 이것을 받으면 그 사람의 기분을 좋게 만드는 생각이 만들어지는데 말이다.

진화생물학자 베른트 로슬린브로이쉬Bernd Rosslenbroich는 《자율성의 기원에 관하여On the Origin of Autonomy》에서 세균에서 인간까지 진화에서 가장 중요한 변화 중 하나는 더욱 다양한 환경에 대처하는 능력이 생긴 것이라고 했다. 심리적 과정에서 자신의 밑바탕인 뇌로부터의 독립성이 강화된 것이 가장 중요한 변화였다는 것이다.

알프레드 노스 화이트헤드는 1937년의 한 강의에서 인간의 정신 과정은 물리학, 화학, 생물학의 언어로 번역할 수 없는 독특한 부류의 현상이라고 지적했다. 그리고 거의 70년이 지난 후에 저명한 이론물리학자 베르나르 데스파냐는 《물리학과 철학Physics and Philosophy》에서 물질과 정신은 똑같이 기본적인 존재라고 했다. 《내가 사랑한 수학Love and Math》의 저자 에드워드 프렌켈도 이런 주장에 공감했다. 그는 물리 현상, 정신적 사건, 수학이 별개의 세 영역이라고 주장했다. 쿼크를 정의하는 수학 방정식은 쿼크라는 개념을 발명한 사람인 머리 겔만의 뇌 활성을 기술하는 문장으로 대체할 수 없다. 더 나아가 겔만이 이 문제에 대해 연구하고 있을 동안의 뇌 활성 패턴을 기술한다고 해서 그가 어떻게 이런 방정식에 도달했는지 설명할 수는 없을 것이다. 현재로서는 그 어느 과학자도 세 살배기 아이가 부엌에 있는 노란 물체를 가리키며 "저건 뭐야?"라고 물었을 때 "그건 레몬이란다"라고 말하는 엄마의 대답이 그 아이의 뇌에 어떻게 표상되는지 전혀 이해하지 못한다.

생각에 대한 불신

신경과학자들은 보이지 않는 비물질적 과정에 반사적으로 불신을 보이기 때문에 생각을 언젠가는 뇌의 파생물로 설명하고 이해할 부수적 현상이라 여기기 쉽다. 미국국립보건원의 간부급 과학자들이 이런 편견을 보인 적이 있다. 이들은 심리학자들에게 다양한 인지 기술에 대한 검사법을 개발하되 그 모든 검사를 완료하는 데 20분이 넘지 않아야 한다고 지시했다. 이들은 뇌 측정 방식에 대해서는 그런 시간제한을 한 번도 둔 적이 없었다. 뇌의 활성을 평가하기 위해 사람을 준비시키는 데만 해도 20분 이상 걸린다.

대학생들 중에는 행동을 설명할 때 뇌에 대한 사실을 조금이라도 곁들인 것이 생각이나 경험만을 언급하는 설명보다 옳을 가능성이 크다고 가정하는 사람이 많다. 뇌와 관련된 사실이 별로 상관없는 것이어도 말이다. 빌라노바대학교의 학생들은 불필요한 신경과학 정보가 포함된 설명이 뇌에 대해 언급하지 않은 설명보다 더 뛰어난 설명이라 판단했다. 미국인은 뇌가 정신질환에 기여한다고 설명하는 헤드라인 기사를 경험을 강조하는 기사보다 더 잘 받아들인다. 사실들은 오히려 정반대의 결론을 요구하는 상황에서도 말이다.

프로이트가 처음 이해했던 신경증 증상에서는 성행위 동안에 도달하는 오르가슴을 통해 완전히 방출되지 않은, 그리고 종종 자위를 통해서 구축되는 성적 흥분을 구축하는 데 동반되는 물질적 과정에 힘을 부여했다. 프로이트는 17세기에 한 독실한 유대인이 아내를 이스탄불에 남겨놓고 이집트 총독 자리를 맡으러 간 후로 심하게 우울해진 얘기를 읽었는지도 모르겠다. 그가 의사를 찾아가 조언을 구하자 의사는 그에게 성적으로 금욕적인 생활을 하는 바람에 정액이 쌓이고, 쌓인 정액에서 증기가 나와 뇌와 심장으로 올라갔다며, 이를 치료하는 방법은 둘째 부인을 들여 지나치게 축적된 정액을 방출할 기회를 만드는 것이라고 했다.

신경과학 학술지에 실리는 논문들 중에는 마치 생각에 대해 언급하는 것이 정치적 모범 답안과는 거리가 먼 외설적인 일이라 공개적으로 그 부분을 인정해서는 안 될 듯이 이야기하는 것이 너무 많다. 줄리안 모츠킨Julian Motzkin이 이끄는 위스콘신대학교의 한 연구팀은 뇌 안쪽 전전두엽 피질에 병소가 생긴 네 명의 환자를 연구했다. 이는 아주 드문 사례기 때문에 뇌 기능에 이런 문제가 발생했을 때 동반되는 기분 변화 등에 대해 아주 중요한 정보를 얻어낼 수도 있었을 것이다. 하지만 이 연구의 저자들은 그저 혈류와 심장박동수의 패턴에 대해서만 보고하고 환자의 생각이나 감정에 대해서는 아무런 언급도 하지 않았다. 이 환자들이 우울증과 불안증 경향이 있다고 인정했는데도 말이다.

덴버대학교의 한 연구진이 내린 결론도 신경과학자들이 생각이 기여하는 바를 인정하기를 주저한다는 것을 보여주는 또 다른 사례다. 가난 속에서 어린 시절을 보낸 성인은 감정을 조절할 때 부유한 가정에서 자란 성인과는 다른 뇌 활성 패턴을 보인다. 이 연구자들은 가난하게 자란 것과 관련된 어린 시절의 경험이 만들어낸 생각이 동기를 부여해 문제에 특별한 방식으로 대응할 수 있었다고 결론 내리지 않고 어린 시절에 만들어진 뇌 상태가 성인이

될 때까지 그대로 보존되었다고 단언했다. 만성적인 가난이 만들
어낸 생각과 느낌에 대해서는 인정하지 않았다.

1950년대에 스트레스를 어떤 사건이나 정신적 상태로 바라보
던 전통적인 정의를 뇌 활성 패턴으로 대체한 한스 셀리에의 글에
도 이런 편견이 반영되어 있다. 셀리에의 입장은 스트레스 요인으
로 여겨지는 수많은 사건이 일어날 당시에는 스트레스 요인으로
경험되지 않다가 생각의 산물로 나중에야 등장한다는 사실과 모
순을 일으킨다. 1942년에 한 폴란드 도시에서 상관의 명령을 따
라 다른 경찰들과 함께 유대인 시민을 살해했던 한 독일 경찰관은
여러 해가 지난 후에 "솔직히 말해서 당시에는 우리 중 그 누구도
그때 무슨 일이 일어났는지 제대로 의식하지 못했다. … 그러고는
나중에야 그것이 옳지 않은 일이었다는 생각이 처음으로 들었다"
라고 말했다.

자유의지는 환상이 아니다

모든 행동, 생각, 느낌이 뇌의 상태에 따라 결정되고, 다시 뇌의
상태는 그 사람의 유전자, 과거의 역사, 현재의 상황이 만들어낸
산물이라고 주장하는 과학자들은 자유의지라는 주관적인 상태를
마치 자유의지가 있으면 있고, 없으면 아예 없는 이분법의 문제인
양 다룬다. 자유의지는 과거를 기억하는 능력처럼 등급이 나뉘어
있다. 나이, 성격, 과거의 역사 때문에 시도하지 못할 행동이 많다.
이를테면 내가 3킬로미터 높이에서 낙하산을 메고 비행기에서 뛰
어내릴 수 있으리라 믿지 않는다. 그리고 자기방어를 위한 것이

아니라면 도저히 사람을 죽일 수 없을 것이다. 하지만 익숙한 행동과 한 번도 해본 적이 없는 수많은 행동 중에는 내가 마음먹기에 따라 할 수도 있고, 억누를 수도 있는 행동이 얼마든지 있다.

한번은 한 저명한 신경과학자에게 지금 이 순간 나의 뇌 상태를 완벽히 알 수 있다면, 내가 우리 앞의 탁자 아래로 기어가볼까 생각하고 있다는 것을 예측할 수 있었겠냐고 물었더니, 그가 그렇다는 대답을 해서 깜짝 놀랐던 기억이 있다. 다음에 이어지는 사건에 대해 들으면 자유의지는 분명 환상에 불과하다고 주장하는 사람은 입을 다물 것이다. 나는 한 번도 내 서재에 있는 책상 아래로 기어들어가 본 적도, 휴대전화로 411을 눌러본 적도, 전화 교환원에게 워싱턴 국무부 전화번호를 물어본 적도 없다. 하지만 나는 그런 행동들을 했다. 내 과거의 경험이나 유전자 중에는 그런 이상한 일련의 행동을 하도록 강제할 것이 아무것도 없는데도 말이다. 이것을 설명할 유일한 합리적인 결론은 내가 다른 사람들과 마찬가지로 새로운 행동을 택하고, 몸에 익은 행동을 억누르고, 내 뇌를 아무리 광범위하게 측정해보아도 미리 예측할 수 없는 새로운 생각을 만들어낼 능력을 갖고 있다는 것이다.

만약 어떤 행동을 하는 데 신경세포 집단의 조화가 필요하고, 각각의 신경세포는 1000번마다 999번은 결정론적인 방식으로 반응한다면, 여러 번 조화가 깨질 때마다 미리 예측할 수 없는 결과가 나올 확률이 있다. 이 사실로부터 다음 질문에 긍정적인 대답을 이끌어낼 수 있다. 사람은 생각이나 행동이 일어나기 바로 전의 뇌 상태를 완전히 알아낸다 해도 그것으로는 예측할 수 없는 방식으로 행동할 능력이 있을까?

　뇌 상태와 심리적 결과 사이에 깊숙이 상호 의존적인 관계가 존재한다는 현재의 믿음은 제정신인 성인도 어떤 상황에서는 자신의 행동을 통제하지 못할 수도 있다는 안타까운 암시를 내포하고 있다. 정신의학과에서 만난 한 젊은 레지던트는 환자와 섹스를 한 의사에게 항상 그 책임을 물을 수는 없다고 주장해서 나를 놀라게 했다. 어떤 상황에서는 성적 욕망이 너무나 압도적이어서 아무도 그것을 조절할 수 없기 때문이란다. 이 레지던트가 내세운 전제는 잘못된 것일 뿐만 아니라 위험하기까지 하다.

　나는 자유의지에 대한 철학자들의 논쟁에 콜린 맥긴처럼 상식적인 방식으로 다가가는 것을 좋아한다. 그는 친구에게 "나는 자유의지가 환상이라고 결정했어", "내 행동은 고정된 인과적 순서에 따라 결정되지"와 같이 말하는 사람은 거의 없다고 이야기하면서, 보통은 "존이 의자에서 일어나 헬스장에 운동하러 가기로 결심했어"라는 식으로 말한다고 했다.

　신경과학자들은 앞으로 연구자들이 뇌 프로필을 이용해서 한 사람이 얼굴 사진을 들여다보고 있는지, 눈동자를 새로운 위치로 움직이려고 하는지, 그 사람의 이름을 떠올리려고 하는지, 물체를 움켜쥐려고 하는지 추론할 수 있을 거라 믿는다. 나도 그 점은 동의한다. 하지만 그 사람이 누구의 얼굴을 자세히 바라보는지, 시선을 움직이려는 표적이 무엇인지, 기억하려고 애쓰는 것이 누구 이름인지, 움켜쥐려는 물체가 무엇인지 구체적으로 알아낼 가능성은 높지 않다. 좀 바꿔서 얘기하면 모든 뇌 상태는 거기서 나올 수 있는 심리적 결과가 여럿이다. 배경, 바로 전의 과거, 그 사람의 역사가 함께 작용해 뇌 상태가 제시하는 커다란 집합에서 하나의 결과를 선택하는 것이다.

매사추세츠공과대학의 에밀리오 비지Emilio Bizzi는 새로운 운동반응, 이를테면 요트의 방향타 조종법 같은 것을 배울 때 따라오는 뇌의 변화를 기술한다. 이런 행동이 완전히 숙달되면 신경세포 가지돌기 위에 자리 잡은 작은 돌기들에 변화가 생긴다. 이는 새로운 습관이 뇌에 표상되는 토대로 여겨진다. 습관이 학습되는 동안 자라는 새로운 돌기들은 몇 달마다 다시 대체되거나 제거되지만 반응은 변화 없이 유지된다. 나는 30년 동안 자전거를 탄 적이 없고 60년 전에 자전거 타기를 배울 때 형성됐던 돌기들은 더 이상 남아 있지 않지만, 그래도 내가 자전거 타는 능력은 온전히 남아 있다. 이런 상황은 배의 널빤지를 완전히 새로 갈아 치워도 여전히 같은 배인가 하는 패러독스와 비슷하다.

네덜란드 신경과학연구소의 마르텐 카메르만스Maarten Kamer-mans는 햇빛이 밝은 한낮과 어두워지는 황혼 무렵에 서재 창밖을 바라볼 때 눈이 뇌로 보내는 신경코드는 서로 다르다는 것을 지적한다. 하지만 한낮이나 저녁이나 눈에는 키 큰 가문비나무가 똑같이 보인다. 뇌 상태는 계속 변하는데도 인식하는 컵, 어머니의 이름, 그리고 펜을 쥐는 방식 등은 매일매일 변하지 않는다.

뇌의 활성을 표현할 언어의 필요성
생각, 행동, 느낌에는 유의성, 유효성, 침입성과 같이 뇌에는 없는 속성이 들어 있다. 신경과학자들은 이런 가능성을 무시하고 신경 활성을 기술하는 데 적절한 어휘를 발명하는 대신 심리학자들이 정신 활동이나 신체 활동을 하는 사람이나 동물을 기술할 때 사용하는 단어를 빌려왔다. 많은 신경과학자가 어떤 뇌 영역에 있는 신경세포들이 한 반응을 '선택'했다고 적는다. 나는 '선택'이 신경 세포에 사용하기에는 부적절한 동사라고 생각한다. 이 단어는 여러 대안을 의식적으로 저울질해본다는 함축적인 의미를 갖기 때문이다. 여러 행동 중 하나를 선택할 수 있는 존재는 동물과 사람뿐이다. 이 글에 방금 타이핑해 넣은 단어를 선택한 것도 내 뇌가 아니라 나다. 유전학자들은 유전자가 하는 일을 기술할 동사를 좀 더 신중하게 선택한다. 유전자는 돌연변이를 일으키고 전위하고 복제하지만, 분비하거나 박동하거나 동기화하지 않는다. 솔직히 고백하면 나는 국제학술지 《커런트 바이올로지》에 나온 논문에서 세 명의 유럽 생물학자가 새들의 행동을 기술할 때 '이혼'과 '부정infidelity'이라는 용어를 사용하는 것을 보고 깜짝 놀랐다.

보상이라는 심리학 개념은 뇌의 패턴을 기술하면서 심리학 단어를 빌려다 쓸 때 생기는 혼란의 또 다른 사례를 보여준다. 20세기 초반의 심리학자들은 동물이 에너지를 소비하고라도 획득하고자 하는 사건에 이름을 붙이기 위해 이 단어를 이용했다. 이 사건이란 것이 먹이 한 조각, 섹스 파트너 또는 새로운 물체가 들어 있는 방을 훔쳐볼 기회 등 너무도 다양했기 때문에 심리학자들은 이 모든 보상 사건에 공통적으로 존재하는 객관적인 특성을 발견할 수 없었다. 더군다나 경험의 상대적인 바람직함은 배경, 그리고 그 사람의 심리적·생물학적 상태에 좌우된다는 사실 때문에 이런 문제가 더욱 악화됐다.

그 결과 심리학자들은 기능적 정의에 만족해야 했다. 이들은 보상을 동물이 획득하기 위해 일을 하려고 하는 사건이라고 적었다. 그런데 기능적 정의의 문제는 과학자들이 이 개념에 속하는 사건에 내재된 속성을 알고 싶어 한다는 것이다. 얼음을 액체를 냉각시키는 물질이라고 정의하는 것은 만족스럽지 못하다. 일부 신경과학자는 뇌 프로필이 보상의 내재적 속성을 제공해줄 수 있다고 판단했다. 나는 과연 이런 움직임이 효과를 볼 수 있을지 확신이 서지 않는다. 보상은 동물이나 인간이 경험하고 싶어 하는 사건이다. 이런 경험에 동반되는 뇌 상태는 과자든 친구든 휴일이든 포옹이든 상이든 노래든 진통제든 교회 참석이든, 사람이 좋아하는 대상이 무엇이냐에 따라 달라진다. 적어도 현재는 배고플 때 음식을 받거나, 과제를 완수하고 칭찬을 받거나, 봉급이 인상되거나, 사랑하는 이와 성적으로 친밀감이 높아졌을 때 공통적으로 따라오는 한 가지 독특한 뇌 프로필이 존재한다는 개념을 뒷받침할 증거는 나와 있지 않다.

수학자들은 한 개념이 두 시스템 각각에서는 일관된 의미를 갖지만 두 시스템에서는 일관된 의미를 갖지 못하면, 그 개념은 모호한 개념이라는 데 동의한다. 무한이라는 개념이 그 사례다. '선택하다', '평가하다', '암호화하다', '통합하다', '알다', '보상하다' 등의 개념도 애매모호하다. 각각의 개념이 뇌의 측정을 바탕으로 하는 신경과학에서 갖는 의미와 행동이나 자가 보고의 측정을 바탕으로 하는 심리학에서 갖는 의미가 다르기 때문이다.

'수'라는 개념도 마찬가지다. 이것 역시 신경과학, 심리학, 수학에서 서로 다른 의미를 갖기 때문이다. 일부 신경과학자는 선별된 뇌 영역이 수의 개념을 표상한다고 주장하지만 벨기에의 과학자들은 두 개, 네 개, 여섯 개, 여덟 개의 검정 점을 바라볼 때와 2, 4, 6, 8이라는 아라비아 숫자를 바라볼 때 뇌 활동에서 패턴 중첩을 발견하지 못했다. 만약 한 뇌 영역에서 수를 인식하는 것이라면 네 개의 원을 바라볼 때와 4라는 숫자를 바라볼 때 뇌에서 비슷한 프로필이 나왔어야 한다. 예일대학교의 심리학자들은 세 개의 물체를 동일한 간격으로 배열했을 때와 두 물체는 서로 가깝게 놓고 나머지 하나는 그 둘과 멀찍이 떨어뜨려 배열했을 때, 두 배열 모두 세 개의 물체가 들어 있음에도 뇌가 서로 다른 프로필을 보였다고 했다.

원숭이나 소 같은 동물의 뇌가 배열 속에 들어 있는 검은 점의 숫자를 인식한다고 주장하는 과학자들은 이 동물들의 뇌가 배열의 물리적 특성에 반응했을 가능성을 고려하지 못했다. 예를 들면 소 두 마리를 훈련시켜 검은 점이 하나나 둘 들어 있는 스크린을 가리키게 할 수는 있었지만, 점 세 개를 가리키도록 훈련하기는 어려웠다.

수학자가 가진 3이라는 수의 개념에서는 포크, 가위, 공을 모아 놓은 집합과 자두, 토마토, 쿠키를 모아놓은 집합을 동일한 것으로 취급한다. 하지만 이 두 집합에 대한 뇌의 반응은 확연히 다르다. 따라서 신경과학자의 글에서 말하는 '수'와 수학자들이 이해하는 '수'는 의미가 다르다.

'해마hippocampus'의 기능에 대해 기술하는 것을 보면 신경과학자가 사용하는 수많은 용어가 특별한 의미를 가졌음을 말해주는 마지막 사례를 볼 수 있다.

내 해마에 들어 있는 신경세포는 내가 여러 해 전 지금의 집으로 이사해 들어오기 전에는 연결되어 있지 않았다. 이사 온 후에는 여러 번 반복해서 내 침실에 놓인 사물의 위치를 파악하고, 매일 같은 계단을 따라 아침 식사를 하러 내려가며, 부엌에 늘 같은 위치에 놓인 물체를 보고, 내가 아침에 눈을 떠서 아침 식사를 마칠 때까지 일정한 순서로 행동하다 보니 연결된 것들이 있다. 그 결과 내가 침실에 들어갈 때, 계단을 내려갈 때, 부엌에 있을 때, 그리고 잠에서 깨어 다 마신 커피잔을 싱크대에 집어넣을 때까지 각각의 행동이 일어날 때마다 이제는 독특한 패턴의 신경세포들이 흥분을 한다. 일부 신경과학자들은 이 같은 내용을 표현할 때 내 해마 신경세포가 공간적·시간적 관계를 암호화했다고 고쳐서 말한다.

쥐가 실내에서 골목의 특정 위치에 있을 때 그 쥐의 해마 신경세포에서 특정 패턴이 나타난다는 것을 발견한 신경과학자 존 오키프는 2014년에 노벨상을 받았다. 이 사실을 기술하는 데는 두 가지 방법이 있다. 오키프는 다른 과학자와 마찬가지로 이 신경세포들이 골목 속 쥐의 공간적 위치를 인식했다고 결론 내렸다. 하지만 이 신경세포들이 해당 장소의 시각적·촉각적·후각적 특성의 패턴을 인지하는 것이라는 것도 똑같이 말이 된다. 장소에서 일어나는 각각의 변화에는 서로 다른 감각 패턴이 동반되기 때문이다. 이런 주장을 뒷받침하는 사실이 있다. 쥐가 똑같은 장소에 머문 상태에서 뒷발로 일어서서 위를 쳐다보면 신경 활성이 변하는 것이다.

IS에 붙잡혀 눈을 가린 채로 소나무 탁자 두 개와 가죽을 씌운 의자 하나가 있는 정사각형의 방에 6개월 동안 감금되었던 미국 기자는 이 장면에 대해 독특한 뇌 패턴이 만들어질 것이다. 만약 그 기자가 300킬로미터 떨어진 곳에 참나무 탁자 하나와 플라스틱 의자 하나가 놓인 좁은 방으로 옮겨진다면, 그 기자나 기자의 뇌 또는 양쪽 방의 위치를 전혀 알 수 없지만 앞에 나왔던 뇌 패턴은 아주 다른 패턴으로 대체될 것이다.

여기서 말하고자 하는 요점은 모든 개념의 의미는 관찰 내용과 전제들이 뒤엉킨 특정 그물망에 달려 있다는 것이다. 심리학이나 수학에서 용어를 빌려와 그것을 뇌 프로필에 적용하는 신경과학자는 이 단어들의 의미를 바꾸어놓는 것이다. 아인슈타인의 일반 상대성이론에서 시간의 의미는 그 이론의 방정식 안에 들어 있다. 이 의미는 "대부분의 성인을 기준으로 휴식기에 연속적인 두 번의 심장박동 간격은 1.25~1.80초 사이다" 또는 "빅뱅과 현재 사이의 추정 시간은 137억 년이다"라는 문장에 들어 있는 시간의 의미와 다르다. 1장에서 한 단어의 의미는 그 단어가 등장하는 문장에 따라 달라진다고 지적한 바 있다. 마찬가지로 이론적 개념의 의미는 그 개념이 어느 네트워크에 들어가 있느냐에 따라 달라진다. 한 단어는 오직 하나의 의미만 갖는다고 믿는 것은 모국어를 배우는 어린아이들에게서 전형적으로 보이는 특징이다.

뇌와 정신의 관계

뇌 패턴과 감정, 도덕적 판단, 정신의학적 증상의 관계를 연구하는 사람들은 심리적 과정과 뇌의 기능이 전혀 다른 것임을 인정하지 않는다. 증거는 뇌 상태와 심리적 결과에 극단적으로 특이한 관계가 있음을 지적한다.

좌뇌 측두엽과 후두엽에 뇌졸중이 일어난 50세 남성의 사례가 이런 구체성을 확인해준다. 로체스터대학교의 알레나 스타센코 Alena Stasenko는 이 남성이 공구와 자동차 등 제조된 다양한 물체의 색을 인식하고 이름을 말할 수는 있음에도 일부 과일과 채소의 색은 인식할 수 있으나 그 색의 이름을 떠올리는 데 어려움을 겪는 것을 발견했다. 즉 빨간 자동차의 사진을 볼 때는 올바른 단어색을 떠올렸지만, 빨간 사탕무를 볼 때는 그럴 수 없었다는 것이다. 이 관찰이 암시하는 바는 뇌졸중으로 손상을 입은 신경세포가 색을 변별 특성으로 갖는 물체의 색명을 떠올리는 능력을 중재하는 신경세포라는 의미다. 이런 사실은 레몬, 라임, 사탕무, 브로콜리에는 적용되지만 자동차, 집, 옷, 상자에는 적용되지 않는다.

루벤가톨릭대학의 토마스 뷔지니Thomas Busigny는 좌뇌 측두엽 앞쪽에 손상을 입은 한 남성에게서 그와 비슷하게 구체적인 결함이 나타나는 경우를 기술했다. 이 환자는 흔한 물체들의 이름을 말하는 데도 문제가 없고 유명한 사람의 직업, 성별, 국적 등을 아무 문제없이 말할 수 있는데, 유독 그 유명인의 이름을 떠올리는 것은 힘들어했다. 레몬의 노란색처럼 이름은 한 사람의 변별 특성이다. 그 결과 익숙한 사람의 사진과 그 사람의 이름에는 강력한 연관관계가 있다.

뇌 측정이 언젠가는 여러 심리적 현상을 예측하고 설명해주리라 믿는 사람들 앞에는 벅찬 과제가 기다리고 있다. 많은 사람이 그렇듯 우리도 한번 서로 연결된 신경세포 네트워크의 흥분 패턴이 지각, 행동, 단어, 생각, 느낌 등을 만들어내는 기본 구성 요소라고 가정해보자. 여기서 해결해야 할 과제는 신경세포 네트워크에서 일어나는 활성 수준의 시간적 변화를 기술하는 어휘를 운동 행위, 문장의 의미, 느낌의 불쾌함, 지각의 정확도, 생각의 침입성, 이미지의 생생함, 학교에 처음 등교했을 때의 기억, 친구를 배신한 죄책감 등을 기술하는 어휘로 번역하는 일이다.

구체적인 사례를 보여주면 독자들도 이 두 어휘의 관계를 이해하는 것이 얼마나 어려운 일인지 알 수 있을 것이다. 번개의 섬광을 볼 수 있게 해주는 뇌 프로필은 망막에 들어 있는 색소세포의 형태 변화로 시작된다. 그럼 다시 이 색소세포는 망막에서 뇌로 단계적으로 전송되는 전기 충격을 만들어낸다. 미래의 과학자들은 번개 섬광에 대한 지각이 바로 그 전에 색소세포에서 일어났던 화학구조의 변화와 어떻게 연관되는지 설명할 방법을 찾아내야 할 것이다.

특정 뇌 상태에 뒤따르는 심리적 결과가 여럿이고, 특정 심리적 결과가 많은 뇌 프로필로부터 나올 수 있다는 쌍둥이 원리는 초파리 유충에 들어 있는 1만 개의 신경세포와 사람의 뇌에 들어 있는 860억 개로 추정되는 신경세포에 똑같이 잘 들어맞는다. 좌뇌와 우뇌의 연결이 거의 없이 태어난 희귀한 아동들도 일부는 정상적인 지적 능력을 발달시킨다. 이런 아동들이 언어 문제를 풀 때도 정상적인 아동들과 똑같은 해답에 도달하지만 사용하는 뇌회로가 다르다. 루이스 페소아Luiz Pessoa가 신경과학자 동료들에게 뇌에서 일어나는 사건과 정신에서 일어나는 사건이 분리되어 있을 가능성에 대해서도 생각해보라고 촉구하는 이유도 이 때문이다.

흥분과 억제

뇌 측정으로부터 정신적인 과정을 추론하기가 어려운 한 가지 이유는 모든 뇌 프로필에서 비롯되는 결과는 흥분성 힘과 억제성 힘이 혼합된 영향을 받기 때문이다. 글루타메이트라는 분자는 일반적으로 신경세포를 흥분시키고, GABA감마아미노부티르산이라는 분자는 신경세포를 억제한다. 따라서 사람이 케이크로 손을 뻗게 해주는 신경회로의 특정 활성 수준은 달콤한 맛에 대한 기대감에 회로의 흥분이 증가해서 생기는 것일 수도 있고, 단 음식을 너무 많이 먹지 않도록 통제하는 억제력이 약해져서 생기는 것일 수도 있다.

두려움에 동반되는 경계심과 교감신경 각성을 만들어내는 표적으로 투사되는 편도체의 중앙핵은 흥분성 입력과 억제성 입력을 둘 다 받는다. 따라서 두려운 사건, 이를테면 도시 속 어두운 골목 같은 사건에 대한 뇌 패턴은 이 편도체 영역의 흥분이 증가해서 나타난 것일 수도, 억제가 감소해서 나타난 것일 수도 있다.

중격측좌핵이라는 뇌 영역의 활성이 먹이와 같은 보상을 받았을 때 동반되는 쾌락 상태의 토대라고 주장하는 과학자가 많다. 중격측좌핵이 손상된 동물은 먹이나 섹스 같은 보상을 취할 수 있을 때도 그것을 얻으려고 시도하지 않기 때문이다. 브리티시컬럼비아대학교의 스탠 플로레스코는 이 사실을 다르게 해석한다. 그는 중격측좌핵 안에서 흥분성 영향력과 억제성 영향력의 균형을 강조한다. 중격측좌핵의 신경세포들은 동물이 먹이나 섹스 파트너에게 다가갈 수 있게 해주는 운동 중추로 투사된다. 사실상 이 신경세포들은 보상을 주는 경험으로 이어질 행동을 취하는 데 반드시 필요한 운동 영역에 연결되어 있다. 여러 뇌 영역에서 중격측좌핵으로 들어오는 입력은 중격측좌핵 안에서 흥분과 억제의 균형에 영향을 주고, 이는 다시 일어날 가능성이 높은 행동이 어떤 것인지 결정한다. 중격측좌핵에 손상을 입은 동물이 먹이나 섹스 파트너에게 다가가지 못하는 것은 먹이를 받아먹기 위해 레버를 누르는 행동이든, 적절한 자세를 취하고 있는 섹스 파트너에게 다가가는 행동이든, 적절한 행동을 취하는 데 필요한 신경세포를 잃어버렸기 때문이다.

이것은 공항에 비유할 수 있다. 각기 다른 터미널과 게이트에서 직원들이 보일 행동을 결정하는 것은 여러 다양한 도시를 오가는 승객의 숫자다. 국제선이 들어오는 터미널에는 세관원이 필요하다. 장거리 비행이 이루어지는 게이트에는 식품판매원이 필요하다. 만약 국제선 터미널이 손상되어 승객을 받지 않는다면 거기 나와서 일하는 세관원도 없을 것이다. 하지만 그렇다고 이 것이 그 세관원들이 평소 놀고 있었다는 의미는 아니다.

미셸 드 몽테뉴는 모든 쾌락의 원천은 통제되지 않을 때 해악을 미칠 잠재력을 가졌음을 이해하고 있었다. "무엇보다도 중용"은 그의 만트라 중 하나였다. 이유는 불분명하지만 서구의 학자들은 억제성 힘보다는 흥분성 힘을 강조해왔다. 구글 아카이브를 통해 1800~2000년 영어로 출판된 책에서 선별된 단어 쌍이 등장하는 횟수의 차이를 보면 이런 주장이 뒷받침된다. '뒤로backward'보다는 '앞으로forward'가, '저항resistance'보다는 '힘force'이, '잃다lose'보다는 '얻다gain'가, '닫힌closed'보다는 '열린open'이, '수동적passive'보다는 '능동적active'이, '멈추다stop'보다는 '가다go'가 더 자주 등장했다.

구체화의 필요성

나는 유명한 신경과학자들이 쓴 책을 여러 권 읽어보았다. 이들은 주로 쥐를 대상으로 한 실험에서 나온 뇌에 대한 사실들로부터 사람의 심리적 현상으로 논리적인 도약을 시도했다. 그런데 쥐의 뇌는 신경세포가 6000만 개도 안 되지만, 성숙한 사람의 뇌에는 평균 860억 개 정도의 신경세포가 들어 있다. 이런 교과서들은 대부분 비슷한 설정을 따른다. 저자가 먼저 감각체계와 운동체계에 대해 지금까지 알아낸 내용들을 요약하고, 마지막 장에 가서는 이렇게 밝혀진 사실들에 아직 발견되지 않은 새로운 내용들이 추가되면 결국에는 모든 심리적 사건을 설명할 수 있으리라 제안하면서 끝난다.

이 저자들은 미래에 이런 커다란 위업을 어떻게 이룰지에 대해서는 말이 없다. 한 저자는 선별된 신경세포 집단이 아이가 지각하는 카펫 위의 빨간 공을 표상한다고 적었지만, 뇌에서 어떤 사건이 일어나 그런 지각이 가능해졌는지에 대해서는 독자들에게 얘기하지 않았다. 공기 분자와 물 분자의 집합은 토네이도를 구성하는 요소지만, 이 사실만으로는 그 집합으로부터 어떻게 토네이도가 생겨났는지 설명할 수 없다. 한 현상의 구성 요소를 밝히는 것만으로는 그 현상이 어떻게 형성되었는지 설명되지 않는다. 요리책에 나온 레시피는 요리 재료를 열로 조리해서 최종 산물이 만들어질 때까지 벌어지는 구체적인 과정에 대해서는 입을 다문다. 내가 미치오 카쿠의 과감한 예측에 회의적인 이유도 바로 이 때문이다. 그는 한 여성이 7일간의 신혼여행을 즐기는 동안 자기 뇌에서 이루어진 활동을 디스크에 기록해두었다가 나중에 그 여성의 딸이 그 디스크를 재생해 엄마의 뇌에서 만들어낸 신호를 받아보면 엄마가 느꼈던 즐거움을 다시 경험할 수 있을 것이라고 예측했다.

올바른 질문 던지기

중요한 발견을 하려면 올바른 질문을 던지는 것이 가장 중요하다는 것을 과학자라면 모두 알고 있다. 하얀색을 배경으로 왼쪽에서 오른쪽으로 움직이는 여섯 개의 검정 직선에 대한 지각을 표상하는 뇌 패턴을 찾아내겠다는 것은 좋은 질문이다. 하지만 2012년에 나온 영화 〈아르고〉의 첫 10분간의 영상을 관람하고 있는 사람의 생각에 해당하는 뇌 패턴을 찾아내겠다는 것은 그렇지 못하다. 가장 유익한 질문을 두고 의견이 첨예하게 나뉘는 사례를 두 수준 높은 신경과학자가 쓴 논문에서 찾아볼 수 있다. 캘리포니아공과대학의 랄프 아돌프스Ralph Adolphs는 신경세포가 어떻게 계산을 하는지 밝혀내는 것이 시급히 풀어야 할 질문이라고 믿는다. 반면 컴퓨터는 신경세포를 표현할 적절한 모형이 아니라고 생각하는 이스라엘공과대학교의 모셰 구르Moshe Gur는 신경세포를 주어로 사용하는 문장에서는 '계산compute'이라는 동사를 쓰지 말아야 한다고 주장한다.

이 장은 과학자들에게 생각의 힘을 인정할 것을 촉구하지만 신뢰성 있게 작동하는 뇌-행동 관계 중 상당수는 생각이 관여하지 않는다. 유아들은 뇌에서 상대적으로 고정되어 있는 속성을 나타내는 행동을 많이 보여준다. 시각피질에 있는 신경세포는 하얀색 배경에 그려진 굵은 검정 선처럼 경계를 정의하는 빛의 변화에 반응한다. 그래서 신생아들은 자동적으로 그런 선에 시선을 맞춘다. 뇌에는 움직임에 반응하는 특수 신경세포가 들어 있어서 유아뿐만 아니라 성인도 움직이는 사물이 있으면 자동적으로 시선을 그쪽으로 향한다. 그리고 곡선에만 선별적으로 반응하는 신경세포도 있어서 유아는 직선으로 이루어진 디자인보다 곡선 디자인을 더 오래 바라본다.

뇌는 감각 속성을 공유하는 서로 다른 감각 양식에서 발생하는 사건들을 연관 지을 준비도 되어 있다. 강도가 그 예다. 뇌는 점점 더 커지는 소리와 점점 더 밝아지는 빛을 비슷한 것으로 취급한다. 뇌는 비슷한 시간적·공간적 패턴도 연관 짓는다. 예를 들면 세 가지 소리 중 먼저 나는 두 소리는 4분의 1초 간격으로 나고, 세 번째 소리는 1초 후에 나게 하면, 뇌는 이 패턴이 동그라미 두 개는 서로 가깝게 붙어 있고, 세 번째 동그라미는 두 쌍으로부터 5센티미터 정도 떨어져 있는 세 동그라미의 패턴과 비슷한 것으로 취급한다.

사건이 절정 강도에 도달하는 속도를 의미하는 사건의 점상 속성은 뇌가 특별한 방식으로 반응할 준비가 되어 있는 또 다른 속성이다. 비명, 후추의 맛, 밝은 빛이 켜지는 것, 유황 냄새 등은 점상 경험이다. 반면 나뭇잎 쓸고 지나는 바람 소리, 바나나의 맛, 잔디밭을 비추는 달빛, 가을 숲의 냄새는 더 천천히 절정의 강도에 도달하기 때문에 점진적 사건으로 여겨진다.

혈류의 의미

뇌의 활성과 심리적 결과의 관계에 대한 결론 대부분은 BOLD혈중산소치의존 신호라는 한 가지 신경 활성만을 측정해 그것을 바탕으로 내린 결론들이다. BOLD 신호는 MRI 안에 똑바로 누워 있는 사람의 뇌에서 나타나는 혈류 패턴을 반영한다. BOLD 신호는 뇌로 혈액을 급격히 공급하는 사건이 일어난 후에 산화 헤모글로빈과 탈산소 헤모글로빈이 자기장 속 붕괴 속도의 차이 때문에 만들어지는 산물이다. BOLD 신호는 신경 활성을 간접적으로 말해주는 지표이기 때문에 이 인기 많은 측정 방식에 영향을 미치는 수많은 요소에 대해 생각해볼 필요가 있다.

과학자가 실험 참가자에게 제시한 사건에 대한 반응으로 나타난 혈류가 암시하는 뇌 상태를 'E 상태'라고 하는데, 이것은 그 사람의 평소 뇌 상태(U 상태)에 영향을 받는다. 이 U 상태는 당시 그 사람의 기분, 마음가짐, 뇌 생리학에 영향을 받는다. 뇌의 생리학은 1년 중 어느 때인가에 따라 달라질 수 있는 속성이다. 피츠버그대학교의 메간 밀러Megan Miller와 동료들은 해마의 부피가 채광 시간이 긴 여름에는 겨울보다 살짝 더 커진다는 것을 발견했다. 신경 흥분성에 영향을 미치는, 세로토닌 분자 수용체의 밀도도 채광 시간에 따라 달라진다. 채광 시간이 증가하는 이른 봄에 수정된 남아의 배아는 채광 시간이 가장 길어지는 여름 동안에 테스토스테론이 급증하는 것을 경험한다. 이로 인해 좌뇌 성장이 더 많이 느려진다. 대부분의 신경과학자는 실험 참가자들이 태어난 달이나 그들을 평가한 계절이 혈류에 미치는 영향에 대해서는 신경 쓰지 않는다.

자신의 뇌를 측정한다는 생각에 유별나게 불안을 느끼는 실험 참가자들은 혈류 패턴에 영향을 미치는 분자를 여럿 분비하는 성향이 있다. 마스트리흐트대학교의 에스더 컬러르스Esther Keulers와 동료들은 MRI에 들어가기 전에 불안을 느낀 탓인지 코르티솔을 분비한 청소년들은 특정 뇌 영역에서 혈류가 줄어드는 것을 알아냈다. 사람의 위장관에 들어가 사는 100조 마리가 넘는 미생물은 사람의 뇌 상태에 영향을 미치는 다양한 분자를 분비한다. 혈류를 연구하는 미래의 신경과학자들은 자신의 연구 결과를 더 잘 이해하려면 사람의 코르티솔 수치와 위장관 세균에 대한 정보도 수집해야겠다고 생각할지 모를 일이다.

각각의 실험 참가자가 연구의 목적을 어떻게 추측하는지도 뇌의 반응에 영향을 미친다. 예를 들어 실험자가 자신에게 정서가 다른 단어들을 읽게 해서 지능을 평가한다고 추측하는 실험 참가자에게 활성화된 뇌 영역은 실험자가 자신의 정신건강 평가에 관심이 있다고 생각하는 실험 참가자에게서 활성화되는 뇌 영역과 일치하지 않을지도 모른다.

U 상태를 자신의 일부로 포함하는 E 상태는 동기를 부여하는 사건의 맥락에도 예민하게 반응한다. 뇌는 사물의 정체를 인식하는 신경회로에서 온 정보를 그 사물이 있는 공간을 인식하는 또 다른 회로에서 온 정보와 통합한다는 것을 신경과학자라면 모두 알고 있다. 그럼에도 과학자들은 아무런 배경도 없는 화난 얼굴이나 무서워하는 얼굴을 다른 이에게 보여주며, 이 특이한 자극에 대한 뇌의 반응이 똑같은 사람이 화난 얼굴이나 무서워하는 얼굴을 한 낯선 사람을 길거리에서 만났을 때 보일 반응과 비슷할 것이라 가정할 때가 많다. 아마도 이런 가정은 틀렸을 것이다. 이 뇌는 그냥 화난 표정을 한 얼굴에 반응하는 것이 아니다. 이 뇌는 아무런 배경이 없는 사진 속에서 화난 표정을 한 낯선(또는 익숙한) 남성(또는 여성)의 얼굴에 반응하는 것이다. 그것도 그 뇌의 소유자가 실험실 MRI 속에 누워 있는 상태에서 말이다. 이렇게 해서 얻은 혈류 패턴이 똑같은 사람이 식당 탁자에 함께 앉아 있는 화난 표정의 친구를 봤을 때 생기는 패턴과 비슷할 가능성은 크지

않다. 책을 읽을 때 거기서 다루는 소재의 맥락을 알지 못하는 독자들이 보기에는 책 속의 수많은 문단이 아주 혼란스럽게 느껴질 것이다. 프린스턴대학교의 대니얼 에임스Daniel Ames는 문장의 맥락이 구체적으로 드러나는 그림을 미리 보여준 경우에는 애매모호한 이야기를 들려주어도 두 사람의 뇌 영역에서 활성화 패턴이 유사하게 나오는 것을 발견했다. 이것도 비슷한 맥락으로 이해할 수 있을 것이다.

그만큼이나 중요한 부분이 있다. 사건의 의미와는 독립적인 사건의 물리적 특성은 뇌가 모든 사건에서 초기에 반응할 때 밑바탕이 되는 부분이다. 이런 특성에 해당되는 것으로는 윤곽, 색깔, 다양한 사물의 명암 패턴, 장면에 들어 있는 사물의 개수, 소리의 높이와 크기, 질감의 매끄러움, 단맛, 짠맛, 쓴맛, 신맛 등이다.

대부분의 신경과학자는 실험 참가자의 눈이 한 장면에 들어 있는 두드러진 특성을 향해 도약안구운동이라는 작은 반사성 운동을 한다는 것을 무시해버린다. 이 작은 안구 운동은 두정엽의 한 뇌 영역(바깥쪽 두정엽 속 피질)이 포함되어 있는 신경회로에 의해 중재된다. 따라서 실험 참가자가 장면을 여러 번 둘러볼 때마다 장면의 의미와는 상관없이 이 영역으로 가는 혈류가 증가할 것이다. 얼굴과 키 큰 건물들은 주로 수직적 도약안구운동을 촉발한다. 집과 초원은 수평적 도약안구운동을 촉발한다. 도약안구운동의 방향은 사물이 속한 범주와는 아무 상관이 없는 방식으로 뇌 활성 패턴에 영향을 미칠 수 있다. 하버드 의대의 로저 투텔Roger Tootell과 동료들은 '해마곁 공간 영역'이라는 뇌 영역이 장면 속

직각의 존재 여부에 민감하게 반응한다는 것을 발견했다. 이는 흔히 보이는 특성이다. 나무, 스탠드 램프, 깃대 등 많은 사물은 지구의 편평한 표면과 직각을 이루기 때문이다.

대부분의 사람은 무서워하는 얼굴을 볼 때 주로 눈을 보지만, 행복한 얼굴을 볼 때는 입을 가장 많이 본다. 눈은 동공과 흰자위가 대조를 이루지만 입 부위에서는 이런 대조가 훨씬 덜하다. 편도체의 일부 신경세포는 눈의 윤곽 대조에 의해 활성화되기 때문에 두려움에 찬 얼굴을 바라보는 실험 참가자의 편도체에 흘러 들어가는 혈류는 부분적으로는 편도체뿐만 아니라 다른 뇌 영역들도 이런 물리적 특성에 특히나 민감하게 반응한다는 사실을 반영한다. 사람이 무서워지면 눈이 휘둥그레지면서 흰자위가 넓게 드러나는데, 얼굴의 다른 요소를 모두 빼고 이런 눈만 보여줘도 편도체는 마찬가지로 민감하게 반응한다. 이는 무서워하는 얼굴을 보면서 편도체가 활성화되는 결정적인 원인이 환자의 감정 상태 때문이 아니라, 넓어진 흰자위와 동공의 윤곽 대조가 강화되어 보이기 때문이란 것을 의미한다.

뉴욕대학교의 조녀선 프리먼과 동료들은 편도체가 사람의 얼굴을 보며 믿을 만한 사람인지 감지할 수 있다고 주장했는데, 이는 얼굴 사진 속 입 모양이 미치는 영향을 간과한 주장이다. 실험 참가자들이 믿을 만한 사람이 못 된다고 판단한 얼굴은 대부분 찌푸린 얼굴처럼 입꼬리가 아래로 처져 있었다. 믿을 만하다고 평가받은 얼굴 가운데 이런 특성을 보이는 경우는 없었다. 따라서 편도체의 활성에서 나타난 차이는 아마도 얼굴의 신뢰도가 아니라

입의 윤곽 차이에 반응했을 가능성이 크다. 사람에게 교회 사진과 이슬람교 사원 사진을 보여주었을 때 혈류 패턴에 차이가 보인다고 해서 편도체나 그 어떤 뇌 영역이 기독교인과 이슬람교도의 차이를 감지할 수 있다고 결론 내릴 연구자는 없으리라 생각한다.

일상의 경험에서는 배경 없이 달랑 사물만 제시되는 경우가 드물지만, 대부분의 과학자는 실험 참가자들에게 배경이 없는 단일 사물의 사진만 제시하기 때문에 이때 많은 실험 참가자는 먼저 그 물체의 이름을 확인하려 한다. 이런 마음가짐은 언어를 중재하는 뇌 영역들을 활성화한다. 이 뇌 영역은 배쪽 경로라는 회로에 속해 있다. 이와는 대조적으로 가정과 직장에서는 한 사물이 어디에 있고, 어떻게 사용되는지 알고 싶을 때가 많다. 이런 마음은 등쪽 경로 속에 들어 있는 회로를 활성화한다. MRI 기계 안에 누운 상태에서 아무런 맥락도 없이 망치 사진을 바라보는 사람은 분명 배쪽 경로에 혈류가 급증할 것이다. 반면 똑같은 사람이 망치가 어디 있는지 찾다가 서랍장 속에 들어 있는 것을 발견한다면 등쪽 경로로 들어가는 혈류가 더 많이 나올 것이다. 내 팔에 달라붙은 것이 모기인지 벌인지 확신하지 못할 수도 있지만, 내가 그것을 손바닥으로 치는 속도와 정확성은 그 위치를 확인하는 뇌의 능력에 영향을 받는 것이지, 그 정체에 대해 내가 확신하지 못하는 것에 영향을 받지는 않는다.

자기가 보거나 들은 것에 대한 확신 정도도 사건의 의미와는 상관없이 뇌의 활성에 영향을 미친다. 사람한테 눈을 휘둥그레 뜨고 입을 벌린 얼굴 사진을 보여주면서 그 사람의 자세나 배경에 대한 정보를 주지 않으면, 그 사람은 저 얼굴이 겁에 질린 얼굴인지 놀란 얼굴인지 확신하지 못할 때가 많다. 그 얼굴 당사자의 정확한 감정을 확실히 파악하지 못하면 그것을 알아내기 위해 정신적인 노력을 기울이고, 이것이 다양한 뇌 영역으로의 혈류를 증가시킨다.

카네기멜론대학교의 아미노프E. M. Aminoff는 이 마지막 주장을 뒷받침하는 놀라운 증거를 제시했다. 앞에서 제시되었을지도 모를 특정 얼굴이나 단어를 자기가 봤는지 안 봤는지 확신하지 못하는 사람은 그 부분에 대해 확신하는 사람에 비해 전전두엽 피질과 두정엽 피질에 혈류가 크게 증가한 것이다. 이 결과는 혈류가 급증하는 이유가 얼굴이나 단어를 검색하는 데 관여하는 기억 과정 때문이 아니라, 실험 참가자가 실수를 저지르지 않으려고 기울이는 정신적인 노력 때문임을 보여준다. 사건의 정체를 확실히 파악하지 못하는 경우에는 똑같은 사건을 확실하게 파악하는 경우보다 일반적으로 혈류가 증가한다.

E 상태는 자기가 무엇을 보고, 듣고, 냄새 맡고, 맛보리라고 예상하느냐에 따라 항상 영향을 받는다. 예상치 못했던 사건이 일어났을 때의 활성 패턴, 특히 익숙하지 않은 사건에 대한 활성 패턴은 익숙하거나 예상했던 사건이 일어났을 때의 패턴과 다르기 때문이다. 전자의 경우는 일반적으로 편도체로 들어가는 혈류의 양이 증가한다. 당연한 얘기지만 사람이 무엇을 예상할지는 그 개인의 삶의 역사에 영향을 받는다. 시카고대학교의 재스민 클라우티어Jasmin Cloutier와 동료들은 어린 시절에 흑인 아이와 접촉이 많았

던 백인은 어릴 때 흑인 아이와 접촉이 거의 없었던 백인보다 흑인의 얼굴을 보여주었을 때 편도체 활성이 높지 않다는 것을 발견했다.

스페인 라라구나대학교의 마누엘 칼보는 학생들에게 90일 동안 자기가 방문하는 장소에서 서로 다른 얼굴 표정이 얼마나 발생하는지 기록하라고 했다. 그 결과 흔히 미소가 동반되는 행복한 얼굴 발생 빈도가 제일 높았고, 눈이 휘둥그레지고 입이 벌어진 무서워하는 얼굴이 가장 낮았다. 대부분의 공동체에서는 웃는 얼굴이 겁에 질린 얼굴보다 더 흔할 가능성이 높다. 무서워하는 표정은 예상치 못한 모습이기 때문에 일반적으로 편도체로의 혈류 증가를 촉발한다. 이런 활성화는 두려움보다는 놀람을 반영하는 것이다.

대부분의 연구자는 실험 참가자들에게 자기가 무엇을 보거나 들을지 말해주지 않고, 또 일반적으로는 즐거운 사건이나 즐겁지도 불쾌하지도 않은 사건보다는 불쾌한 사건이 발생 빈도가 낮기 때문에 실험 참가자들은 즐거운 사건보다는 불쾌한 사건에 놀랄 가능성이 더 크다. 아기, 장난감, 식품 등의 사진보다는 피투성이 시신, 권총, 위험한 동물의 사진에 혈류가 더 크게 증가하는 것으로 나오는 이유도 바로 이 때문이다.

불쾌한 사진을 볼 것이라고 미리 알았던 사람은 편도체의 활성이 감소된다. 심지어 쥐도 예상치 못한 전기 충격을 받았을 때보다 예상했던 전기 충격을 받았을 때 편도체의 활성이 더 낮다. 생각했던 것보다 더 만족스러운 영화, 휴가, 책 등 보상이라 불리는 사건들은 예상치 못했던 경험인 경우가 많다. 보상 사건에 반응하는 일부 뇌 영역은 예상치 못했던 사건에도 반응한다. 과학자들은 사람들이 무엇을 예상하는지 모두 알 수는 없기 때문에 뇌 측정에서 자기가 기록하는 활성 패턴의 의미에 대해 항상 확신할 수는 없다.

한 사건에 의해 촉발되는 자동 연상은 초기 반응에 뒤이어 찾아오는 뇌 상태를 만들어낸다. 이것을 연상이라는 뜻으로 'A 상태'라고 한다. 와인잔, 휴대전화, 파인애플을 보면 촉각 입력을 인식하는 뇌 영역이 활성화된다. 이런 물체를 보는 것과 그 물체를 잡는 것에서 습득된 연상 때문이다. 실험자가 어떻게 설명하느냐에 따라 실험 참가자의 연상이 편향될 수 있다. 한 프랑스 과학 연구팀은 네 가지 다른 냄새가 일으키는 혈류 패턴을 측정해보았다. 그리고 각각의 냄새를 제시하기에 앞서 다른 말로 살짝 그 냄새에 대해 기술했다. 실험자는 참가자에게 그 냄새가 어디서 나온 것인지, 혹은 그 냄새를 어디에 사용하는지 알려주었다. 그랬더니 똑같은 냄새라도 주어진 설명에 따라 혈류 패턴이 다르게 나왔다. 펜실베이니아대학교의 엘리자베스 무즈Elizabeth Musz는 컵, 벤치처럼 자주 읽고 듣는 단어는 아스파라거스나 쌍안경처럼 별로 듣고 읽어보지 못한 단어보다 더 많은 수의 연상과 더 다양한 혈류 패턴을 만들어내는 것을 발견했다. 이것이 암시하는 바는 흔히 일어나는 사건에 대한 반응으로 나오는 혈류 패턴은 그림, 소리, 냄새, 단어 등에 반응해서 나타나는 연상의 수와 다양성을 반영하는지도 모른다는 것이다.

이 현상은 유명한 스타 영화배우의 얼굴을 보고 촉발된 혈류 프로필을 어떻게 정확히 해석할 것인가 하는 문제를 제시한다. 그 얼굴을 보면 보통은 그 배우의 영화에 등장하는 장면이 연상되기 때문이다. 그렇기에 그 영화 장면이 그 배우의 얼굴과는 아무런 상관도 없는 뇌 영역으로 혈류를 증가시킨다. 불쾌한 감정, 그 중에서도 특히 공포, 슬픔, 분노 등과 강력하게 연관된 장면은 우뇌를 더 강력하게 활성화하기 때문에 왼쪽으로 시선을 돌리는 편향을 만들어낸다. 왼쪽 얼굴은 오른쪽 얼굴보다 불쾌한 감정을 더 잘 드러낸다. 왼쪽 뺨과 입술의 근육들은 우뇌에 의해 통제되기 때문이다.

미술 비평가들은 근대 이전의 유럽 화가들은 그림에 묘사한 사람이 슬프거나 분노하거나 불안하거나 고통 속에 있을 때는 오른쪽 얼굴보다 왼쪽 얼굴을 보여주는 경우가 더 많다고 지적한다. 밴더빌트대학교의 레알라니 아코스타Lealani Acosta와 동료들은 십자가에 못 박혀 죽은 예수를 그린 그림 중 86퍼센트는 예수의 오른쪽 얼굴보다는 왼쪽 얼굴을 보여준다는 것을 알아냈다. 반면 예수의 부활을 그린 그림 중에는 49퍼센트만이 예수의 왼쪽 얼굴을 보여준다.

추론의 근거

과학자가 사람의 심리 상태를 추론할 때 흔히 근거로 삼는 뇌 상태를 최종final을 의미하는 F 상태라고 하는데, 이것은 흥미로운 사건이 등장하고 약 6초가 지난 후에 다양한 뇌 영역에서 기록한 혈류 패턴이다. 이렇게 길게 지연 시간을 두는 것이 문제를 일으 킨다. 뇌가 사람의 얼굴에 반응하는 데 걸리는 시간은 4분의 1초 미만이기 때문이다. 그럼 반응이 끝나고 5초 넘는 시간이 지난 다 음에 F 상태를 측정해본다. 이는 F 상태가 U 상태, E 상태, A 상 태를 비롯한 기존의 연쇄 사건들의 결과라는 것이다. 이런 상태들 은 사람마다 차이가 난다. 만약 F 상태에 앞서 다른 두 상태만 찾 아온다면 성인 100명의 평균적인 F 상태에 대해 고민하는 과학 자는 자기가 기록하는 결과를 만들어낸, 앞서 일어난 활동 패턴을 알 수 없을 것이다.

지각, 느낌, 생각 등의 토대는 네트워크를 구성하는 수많은 신 경세포가 흥분하는 타이밍이다. F 상태는 타이밍 패턴을 밝혀주 지 않는다. F 상태는 노래가 시작되고 첫 6초 동안에 흘러나오는 모든 음표의 음 높이와 크기를 평균한 것과 비슷하다. 뉴욕대학교 의 부자키 죄르지가 쥐의 해마 안에 들어 있는 서로 연결된 두 뇌 영역에서 각 영역의 신경 활성을 정확하게 직접 측정했다고 해도 그 두 뇌 영역의 활성의 관계를 이해하지 못한다면 해마 전체에서 F 상태를 조사하는 과학자들이 자신의 추론에 확신할 수 없을 것 이다.

심리적 결과에 그다지 중요하게 기여하지 않는 뇌 영역에 갑자 기 혈류가 급증했다면 F 상태에 대해 몇 가지 추론을 할 수 있다. 심리적 결과에 중요한 역할을 하는 수많은 뇌 영역으로부터 입력 을 받아들이는 것이기 때문이다. 예를 들어 실험 참가자가 음란한 단어를 읽거나 역겨운 장면을 볼 때 시각피질의 활성도는 그에 대한 감정 반응의 근거가 될 수 없음에도, 실험 참가자가 그런 단어나 장면을 접할 때마다 시각피질에 들어 있는 뇌 영역들은 항상 활성화된다. 걷는 동작에서 가장 본질적인 움직임이 무엇인지 모르는 관찰자는 전진 운동에 반드시 필요한 것은 팔과 머리의 움직임이라고 결론 내릴 수도 있다. 반대로 심리적 결과에 중요하게 기여하는 영역인데도 그저 자기가 정보를 보내주는 영역보다 신경세포의 숫자가 적다는 이유만으로 혈류 급증이 일어나지 않을 수도 있다.

F 상태를 근거로 추론이 이루어지는 경우에는 다른 문제들도 따라붙는다. 심리적 결과에 기여하는 뇌 영역이 우연히 정맥과 접해 있는 경우, 기여는 같아도 정맥과는 멀고 동맥과는 가까이 있는 뇌 영역보다 BOLD 측정값이 더 크게 나올 것이다. 그 이유는 BOLD 신호는 탈산소 헤모글로빈 분자의 농도 변화를 바탕으로 하는 것인데, 이 농도는 동맥보다 정맥에서 더 높기 때문이다.

사람의 평상시 심박동수도 한 요소다. 심장이 박동할 때마다 뇌로 보내는 혈류가 급증하기 때문이다. 평균 심박동수가 분당 100회인 사람은 편도체를 비롯한 여러 뇌 영역으로 매시간 6000번의 혈류 급증을 일으키겠지만, 그에 비해 평균 심박동수가 분당 70회인 사람은 매시간 4200번의 혈류 급증을 일으킬 것이다. 그렇다면 편도체는 불안이나 두려움으로 해석될 때가 많은 느낌을 만들어내는 뇌 영역들로 투사하기 때문에 심박동수가 높은 사람은 이런 감정에 더 취약해야 한다.

교감신경계와 부교감신경계 간의 활성 균형을 통해 조절되는 심박동수 변동성은 F 상태에도 영향을 미친다. 교감신경계는 뇌의 혈관을 수축해 심박동수는 올라가지만 변동성은 줄어들고 혈류도 줄어든다. 반면 부교감신경계는 혈관을 확장해 심박동수는 낮아지지만 변동성은 늘어나고 혈류는 많아진다. 어떤 사람은 원래부터 우세한 부교감신경계를 유전받았기 때문에 혈류가 급증하는 경우가 있는데도 대부분의 연구자들은 이것이 F 상태에 기여하는 부분을 무시해버린다.

뇌의 모든 부분에는 언제나 피가 흐르기 때문에 흥미로운 사건에 반응해서 발생한 혈류에서 그전 상태('기준 상태')에 흐르던 혈류의 양을 빼야 한다. 중요한 심리적 결과에 기여하는 뇌 영역이 기준 상태에서도 많은 양의 혈류를 받을 때는 이런 요구 사항이 또 다른 문제를 일으킨다. 이런 조건 아래서는 관련 부위에서 유의미한 혈류 증가가 나타나지 않을 수도 있다. 비유를 하나 들어보자. 과학자들이 걷는 동안 다리에서 나타나는 근육 활성을 기준 조건으로 잡고, 이 값에서 똑같은 사람이 골프를 칠 때의 근육 활성을 빼보면, 이들은 골프를 칠 때 다리가 아무런 기여도 하지 않는다는 결론을 내리고 말 것이다.

F 상태의 의미에 관한 모든 결론은 선택된 기준 상태에 좌우되기 때문에 기준 상태의 선택이 대단히 중요한 의미를 갖는다. 만약 기준 상태를 행복, 두려움, 혐오 또는 중성적 표정을 짓는 남성이나 여성의 얼굴로 잡으면 화가 난 남성의 얼굴에 반응해서 혈류가 증가하는 것부터 적어도 여덟 가지 다른 결론을 이끌어낼 수 있다. 이것을 20세 성인들의 체중에 관한 결론을 이끌어내는 것

에 비유해보자. 만약 20세 성인 100명의 체중에서 어린이 100명의 체중(기준)을 뺀다면 우리는 성인이 어린이보다 더 무겁다는 결론을 내릴 것이다. 하지만 20세의 체중에서 60세의 체중을 뺀다면 우리는 20세 성인이 더 가볍다는 결론을 내릴 것이다.

MRI 안에서 취하는 자세도 잠재적인 문제점을 일으킨다. 실험 참가자들에게 등을 대고 눕도록 요청하기 때문이다. 이런 특이한 자세에서 기록한 뇌 생리학은 사람이 서 있거나 앉아 있을 때 측정한 생리학과 다르다. 또한 완전히 꼼짝 않고 누워 있어야 하기 때문에 이것이 소뇌를 활성화한다. 소뇌에서 수많은 피질 영역으로 투사되어 있는 신경은 해당 부위의 활성을 강화하거나 억제할 수 있다. 증거를 수집하는 배경의 특성이 관찰을 만들어내는 연쇄 사건의 본질적인 구성 요소라고 설파한 닐스 보어의 통찰을 여기서 다시 한번 떠올려보는 것도 좋겠다.

혈류를 통해 뇌의 활성을 측정하는 사람들을 더욱 좌절하게 만들 세 가지 사실이 더 있다. 뇌 프로필과 심리적 과정에서 큰 관련성을 발견한 연구는 아무것도 발견하지 못하거나 이미 발표된 결과와 모순되는 증거를 밝혀낸 연구보다 발표될 가능성이 더 높다.

BOLD 신호는 별아교세포라는 뇌 세포의 활성에 영향을 받는다. 별아교세포에서 나온 섬유들은 신경세포와 거기에 공급되는 혈관을 둘러싸고 있다. 신시내티 어린이병원의 빈센트 슈미트호르스트Vincent Schmithorst와 동료들은 BOLD 신호에 미치는 이 영향력이 아동기부터 시작해서 청소년기를 거치는 동안에 증가한다는 사실을 밝혀냈다. 이것이 의미하는 바는 아동에 비해 나이 든 사람이 인지 과제를 할 때 혈류가 더 증가하는 이유가 부분적으로는 별아교세포와 신경세포의 결합이 더 강화됐기 때문일 수도 있다는 것이다.

마지막으로 과학자들은 복셀이라고 하는 각 변의 길이가 1밀리미터인 작은 영역들의 집합으로 들어가는 혈류를 바탕으로 추론한다. 이 집합의 크기는 보통 몇백 개에서 몇천 개 정도의 복셀로 구성되어 있다. 연구자는 혈류가 급증하는 수많은 복셀 집합 중에서 무엇이 자신이 관심을 두는 심리적 결과에 결정적으로 기여하는 것이고, 무엇이 무시할 수 있는 부분인지 결정해야 한다. 이런 결정은 대부분의 집합이 몇몇 심리적 결과에 기여한다는 이해와 함께 이루어진다. 이 과제는 그림을 1밀리미터 정사각형 크기로 잘라 뒤죽박죽 섞어놓은 조각 수천 개에서 레오나르도 다빈치가 그린 〈모나리자〉 그림의 형태를 알아내는 것과 비슷하다고 할 것이다.

혈류에 이렇듯 여러 영향력이 작용한다면 이것만 측정해서는 모든 심리적 결과물을 감지할 수 없을지도 모른다. 미학적 판단이 이런 범주에 포함될지도 모르겠다. 사람들에게 해변, 도시의 길거리, 숲, 고속도로, 산, 사무실 등의 장면을 미학적으로 좋은 사례에 해당하는지 나쁜 사례에 해당하는지 범주를 나눠보라고 요청했다. 좋은 사례에 해당하는 한 고속도로 이미지는 멀리 뻗어 있는 탁 트인 도로가 서서히 멀어지는 장면이 나와 있었다. 실험 참가자들은 이것이 좋은 장면이냐 나쁜 장면이냐를 두고 의식적인 판단에서는 놀라운 일치를 보였음에도 관련 뇌 영역(시각피질과 해마

곁피질)의 혈류 패턴은 불과 25퍼센트에서만 좋은 장면과 나쁜 장면을 구별했다.

혈류 패턴으로는 한 사람의 도덕적 신념이나 관련된 감정을 예민하게 측정하지도 못한다. 예를 들어 성인에게 비도덕적인 행위와 솔직하지 못한 행동, 타인을 해치는 행동을 묘사하는 짧은 글을 보여주고, 다시 두 번째로는 중립적인 글들을 보여주었다. 이 두 종류의 글에 대한 BOLD 신호가 다르게 나오기는 했지만, 한 사람이 나쁜 행동이라고 판단한 비도덕적인 얘기와 그래도 받아들일 만하다고 판단한 비도덕적인 얘기를 혈류 패턴으로 구별할 수는 없었다. 보아하니 혈류 패턴이 측정하는 것은 글에 묘사된 행동에 대한 당사자의 평가나 감정 반응이 아니라 비도덕적인 글에 대한 각각의 사람의 연상이었던 것 같다.

신경과학자들을 심란하게 만드는 연구 결과가 있다. 1705개의 서로 다른 물체나 행동이 담긴 동영상을 바라보는 성인들의 혈류 프로필을 보니 실험 참가자가 좋음-나쁨 반의어 쌍의 네트워크를 활성화한다는 어떤 증거도 나오지 않은 것이다. 이는 놀라운 결과다. 문화권을 막론하고 아동과 성인은 대부분의 사건에 대해 규칙적으로 이런 용어들의 의미론적 네트워크를 활성화하기 때문이다. 가끔은 이것이 의식 밖에서 이루어질 때도 있다. 정신은 항상 경험을 좋은 것인지 나쁜 것인지 분류하려고 벼르지만, 이런 보편적인 습관이 혈류 측정으로는 감지되지 않는 것이다.

자신에 대한 생각도 일부는 혈류의 증거가 도달하지 못하는 곳에 있을지 모른다. 독일의 과학자들은 뛰어난 오페라 가수에게 자기 목소리로 녹음한 노래와 다른 재능 있는 여성이 똑같은 곡을 녹음한 목소리를 들려주고 그동안의 혈류를 기록해보았다. 그랬더니 두 조건에서 보인 유일한 차이는 자아인식에 크게 기여하는 것으로 여겨지지 않는 뇌 영역인 소뇌, 시각피질, 시상으로 가는 혈류밖에 없었다.

이 장에서 제시하는 증거와 주장을 검토해보면 뇌를 완전하게 이해한다고 해서 그것이 곧 정신을 완전히 이해한다는 말은 아니라는 결론이 나온다. 혈류의 의미를 둘러싼 문제들을 인정하는 수준 높은 심리학자인 마샤 파라Martha Farah는 이 방법이 지금까지 기여한 부분과 앞으로 기여할 부분에 대해 나보다 더 낙관적으로 생각한다. 나도 그의 생각이 옳기를 바란다.

생물학적 모형

뇌와 정신의 관계를 연구하는 과학자들은 물리학, 그리고 모든 관찰 내용은 원칙적으로는 물질적인 존재와 힘으로 환원할 수 있다는 물리학의 가정을 너무 동경해왔다. 자신의 본질적 특성을 무한히 보존하는 무생물 물질과 달리 생명체는 변한다. 산소의 속성은 그 원자가 수십억 년 전에 등장한 후로 지금까지 변함이 없었다. 하지만 곤충, 고기, 도마뱀, 새, 포유류의 유전체, 해부학, 생리학은 훨씬 짧은 간격으로 계속 변화해왔다.

대부분의 생물학적 현상 앞에서 물리 현상을 기술하는 우아한 수학 방정식들은 무능해지고 만다. 일례로 뇌의 변화와 지식의 습득 사이에서 일어나는 발달 과정에서의 관계는 직관에 어긋난다.

아동이 새로운 기술과 사실을 습득하면 그 아동의 뇌는 새로 생기는 시냅스보다 잃는 시냅스가 더 많다. 이는 마치 무작위로 배열된 수조 단위의 단어로 시작한 위키피디아 웹사이트가 누군가가 어떤 주제에 대해 정보를 추가할 때마다 일부 글자들이 지워지면서 결국에는 지금 보는 것 같은 의미 있는 웹페이지가 등장한 것과 비슷하다.

생물학적 현상들은 예외로 가득해서 모든 종과 생태계에 적용되는 보편적 원리를 찾으려는 연구자들을 좌절시킨다. 침팬지는 사회적인 동물이지만 그와 가까운 친척 관계인 오랑우탄은 그렇지 않다. 거위는 평생 한 쌍을 이루어 살지만 매는 그렇지 않다. 생물학적 현상에서 보이는 극단적인 특이성은 $E=mc^2$ 같은 물리 법칙의 광범위한 보편성과 큰 대조를 이룬다. 뇌와 행동의 관계를 연구하는 과학자들은 알베르트 아인슈타인보다는 닐스 보어를 자신의 모형으로 삼아야 할 것이다. 보어는 물리학자였음에도 애매모호함을 용인하고, 증거를 통해 밝혀진 것만 확신할 수 있다는 원리를 받아들이고, 증거로부터 이루어지는 모든 추론은 자료를 수집하는 과정에서 사용된 절차와 배경에 좌우된다는 것을 인정해야 함을 깨달았다.

현재로서는 뇌에서 일어나는 일과 거기서 등장한 산물인 정신 사이에 벌어진 거대한 간극을 이어줄 다리가 발명되지 않았다. 미래에는 그 간극이 좁혀질 것이다. 칼 다이서로스와 동료들은 혈류보다 신경 활성을 더 정확하게 측정할 수 있는 방법을 발견했다. 간단히 설명하면 이 연구자들은 주어진 주파수의 빛에 반응하는 단백질을 만들어내는 유전자를 바이러스에 부착해 이 바이러스를 개별 신경세포에 주사한다. 이 신경세포에 적절한 주파수의 빛을 비춰주면 신경세포들이 활성화되고, 그 활성을 측정할 수 있다.

이 우아한 방법이 여러 수수께끼를 더 잘 이해하는 데 도움이 되기는 하지만, 뇌와 정신의 간극을 완전히 닫아버릴 수는 없지 않을까 싶다. 'roll롤을 밀어 펴다', 'slice얇게 저미다', 'cook요리하다'이라는 단어가 이런 행위를 수행하는 기구를 구성하는 원자의 속성을 기술하는 단어로 대체될 일은 결코 없다는 것과 같은 이유 때문이다. 'know알다', 'perceive지각하다', 'regulate조절하다', 'remember기억하다', 'feel느끼다', 'plan계획하다', 'compute계산하다', 'judge판단하다', 'act행동하다', 'understand이해하다' 등의 동사에 주어로 와야 할 것은 어느 한 뇌 영역이 아니라 사람이나 동물이다.

태양이 지구 위 모든 생명의 토대인 것처럼 뇌가 모든 심리적 현상의 토대라는 것은 맞다. 생물학자들은 태양의 중요성을 인정하지만 그다음부터는 태양에 대해 전혀 언급하지 않고도 세포가 분열하는 방식과 배아가 성장하는 방식을 설명해줄 세부적인 내용을 채우기 위해 나아간다. 신경과학자들은 생각, 느낌, 행동이 뇌에서 기원한다고 적는 것에서 끝내지 말고 더 나아가야 한다. 그들은 구름 한 점 없는 밤하늘에 뜬 보름달에 비쳐 일렁이는 바다 위 수많은 빛의 점을 뇌가 어떻게 인지하는지 설명해야만 한다.

신경과학자들은 면역계, 위장관, 호르몬, 전달물질, 외부의 사건 등이 연관된 연쇄 사건에서 때로는 뇌가 하나의 요소에 불과할 때도 있음을 인정해야 한다. 대부분의 연구자는 뇌에 들어 있는 세로토닌 분자의 행동을 강조하지만 우리 몸의 세로토닌 중 95퍼센트는 위장관에서 분비된 것이고, 뇌에서 분비된 것은 5퍼센트에 불과하다. 세로토닌의 여러 효과 중 하나는 위장 근육의 긴장을 풀어주는 것이다. 이것은 위장관의 규칙적인 운동을 용이하게 해준다. 이 사실이 암시하는 부분이 있다. 우울증 환자가 세로토닌의 활성 시간을 늘려주는 프로작이나 플루옥세틴을 먹으면 기분이 좋아진다는 것은 어쩌면 변비가 해소된 까닭도 더러는 있을지 모른다는 것이다.

40세 여성이 한바탕 겪는 우울증이 독감 감염에 대한 면역 반응에서 기원할 수도 있다. 그럼 이 반응은 다시 피로감을 유발하는데, 이 여성은 딸이 약물 중독을 극복하도록 더 많이 돕지 못했다는 죄책감을 느끼기 때문에 그 피로감을 우울증으로 해석해버리는 것이다. 이 시나리오에서는 뇌가 독감 감염으로부터 촉발된 연쇄 사건에서 하나의 요소에 불과하다. 뇌와 정신의 관련성을 정확히 찾아내려고 시도하다 보면 여러 놀랄 일이 있을 것이다.

언젠가는 모든 정신 현상이 뇌의 활성으로 설명되리라고 믿는 사람들을 조금 더 겸손하게 만들어줄 농담이 하나 있다. 신도들 앞에서 설교를 하던 폴란드 크라우프의 랍비가 설교를 하다 말고 신도들에게 방금 바르샤바의 랍비가 사망했다는 예지를 보았다고 알렸다. 그러자 신도들은 당연히 랍비의 놀라운 능력에 깊은 감명을 받았다. 그런데 몇 주 후 크라우프 주민 몇 명이 바르샤바를 찾아갔다가 그곳의 랍비가 살아 있는 것을 보고 집으로 돌아온 뒤에 친구들에게 이 사실을 알렸다. 크라우프의 몇몇 유대인이 랍비가 틀린 것을 두고 비웃기 시작하자 그 랍비의 열렬한 옹호자들은 그의 예언이 틀렸을지는 모르지만 대단히 놀라운 예지력이었음은 인정해야 한다고 주장했다.

어떤 사회구조가 다양한 문화에서 수백 세대에 걸쳐 살아남았다면 그런 구조가 보존될 수 있었던 데는 생물학적 과정이 기여했을 가능성이 크다. 지난 1만 년 동안 정치, 경제, 사법, 교육 등은 제도적으로 커다란 변화를 겪었지만 최근까지도 부부와 자식으로 구성되는 가족 구조는 인간 사회 중 적어도 80퍼센트에서 기본 단위로 남아 있다. 반면 인간이 아닌 영장류 종에서 이런 가족 구조를 갖는 종은 25퍼센트 미만이다.

가족이 사회 기본 단위가 된 이유

가족이 기본적인 법적·사회적 단위로 존속되는 데는 적어도 세 가지 조건이 기여한다. 금방 눈에 들어오는 조건이 유아는 성인의 돌봄 없이는 살아남을 수 없다는 점이다. 이 적나라한 사실이 의미하는 바는 모든 사회는 육아를 누가 책임질지 결정해야만 한다는 것이다. 사회는 이 임무를 공동체 전체, 생모, 생모의 가족에 배정할 수도 있고, 이스라엘의 농업 및 생활 공동체 키부츠처럼 고용된 사람에게 배정할 수도 있다. 인간은 어떤 결과에 대한 책임을 그 원인 제공자에게 지우려는 성향이 있기 때문에 대부분의 사회는 육아 부담을 그 아이를 낳거나 입양한 부부에게 부여한다.

빠르면 생후 2년 뒤로는 강한 소유욕이 발달하기 때문에 사람들은 기쁨을 주는 원천을 낯선 사람과 공유하기를 꺼린다. 현재 키부츠에 살고 있는 이스라엘 엄마들은 육아를 고용된 보모에게 맡기는 것을 전보다 꺼렸다. 심지어는 두 살배기 아이도 다른 아이가 자기 장난감을 집어가면 짜증을 부린다.

대부분의 사람은 배우자와의 성생활을 다른 사람과는 공유할 수 없는 귀중한 소유물로 여긴다. 이 규칙의 몇 안 되는 예외 중 하나를 나이지리아에서 찾아볼 수 있다. 이곳에서는 결혼하지 않은 젊은 남성이 같은 가족 구성원 중 한 명의 아내와 자는 것을 허용한다. 이 풍습은 젊은 남성이 다른 가족 출신의 여성과 섹스를 함으로써 공동체의 조화를 무너뜨릴 가능성을 낮춰주는 이점이 있다.

한편 자식이 딸린 가정을 유지하는 데는 많은 노력이 필요하기 때문에 근처에 사는 친척이나 하인을 고용할 만한 재력이 없는 사람에게는 커다란 부담이다. 그래서 혼자보다는 두 사람이 이 임무를 함께하는 사회구조가 매력이 있다. 이 세 가지 사실이 가족이 사회구조로 인기를 끄는 이유를 설명하는 데 도움이 된다.

결혼에 관한 역사적 변화

중세 교회에서는 그 어떤 여자에게도 자신이 원치 않는 남성과 결혼하도록 강요해서는 안 된다고 선언함으로써 결혼에서 유럽 여성들의 지위를 강화해주었다. 또한 산업화 이후로는 유럽과 북미에서 여권이 크게 신장되면서 결혼한 배우자들 사이에 존재하던 상호 보완적 관계가 차츰 희석되었다. 18세기의 남성들은 결혼을 하면서 자기가 한 여성의 고결함과 '순결'을 획득하는 것이라 믿었다. 그리고 여성은 남편을 취하면서 자신이 경쟁적인 거친 세상으로부터 보호받을 뿐만 아니라 자기 남편의 사회적 지위와 세상에 대한 경험을 획득하는 것이라 생각했다. 이렇듯 남편과 아내는 각각 자기에게 결여된 바람직한 자원을 획득한 것이라고 믿었다. 양쪽 배우자 모두 높은 수준의 교육을 받고 재미있고 소득도 높은 직업을 가지며, 성생활에서 나름의 과거를 가진 현대의 결혼 관계에서는 이런 상호 보완적인 만족을 찾아보기 힘들다. 직장을 다니는 여성은 남편의 사회적 지위가 굳이 필요하지 않다. 남성들은 예전과 같이 여성에게 고결함과 '순결'을 기대할 수 없다. 상황이 이렇다 보니 이제는 동반자 관계, 성적 즐거움 그리고 자녀가 부부를 하나로 묶어주는 접착제 역할을 한다.

　평등한 결혼이라는 이상이 자동차, 전기제품, 전화기, 세탁기, 냉동식품, 테이크아웃 식품, 슈퍼마켓 같은 기술 발전과 결합되고 나니 한두 명의 자녀가 있는 가정을 유지하는 부담이 감당할 만한 수준으로 변했고, 기혼자는 어쩔 수 없는 경우라면 배우자 없이도 혼자 살아갈 수 있다는 것을 깨달았다. 이런 깨달음과 함께 결혼 생활이 행복하냐고 물어볼 수 있는 자유가 찾아왔다. 만약 이 질문에 아니라는 대답이 나온다면 결혼 관계를 끝낼 생각을 품을 수 있다. 미국, 덴마크, 영국 등 여성이 남성과 동등한 권리를 누리는 국가에서 이혼율이 높은 건 우연이 아니다. 남성이 여성을 지배하는 것이 허용되는 라틴아메리카의 국가들은 이혼율이 낮다.

정보기술이 세상을 통합하는 균일화 효과를 가졌음에도 몇몇 유럽 국가는 이웃 나라와 구분되는 가족 생활의 일부 특성을 유지한다. 프랑스는 영국보다 가족을 더 소중히 여긴다. 이탈리아는 엄마와 아들의 관계가 유별날 정도로 친근하다. 스칸디나비아반도 사람들은 국가가 가족 생활을 침범하는 것을 참아 넘긴다. 에스파냐에서는 남편이 가장 역할을 하는 위계질서를 세운 가족 구조를 계속 유지하고 있다.

2015년에 와서는 결혼해서 가정을 꾸리라는 사회적 압력이 전보다 많이 약해졌다. 결혼의 매력이 감소한 데는 결혼하지 않은 성인이 더 이상 소외받지 않는 사회가 많아졌다는 것도 한몫을 했다. 그보다 더 중요한 것은 젊은 성인들 사이에서 결혼 관계에서 얻는 만족에 대한 기대치가 높아졌다는 것이다. 대부분의 25세 성인은 결혼 생활에서 자기 할아버지 세대보다 더 큰 기쁨을 기대하기 때문에 배우자에게 조금만 부족한 점이 있어도 쉽게 실망한다.

좀 더 최근에는 할리우드 영화에서 다루는 불행한 부부 이야기도 결혼이 과연 축복인가 하는 회의적인 태도를 뒷받침한다. 영화 〈장미의 전쟁〉과 〈누가 버지니아 울프를 두려워하랴〉가 그 예다. 두 사회학자가 1920년대에 전형적인 미국 중서부 도시에서 연구

를 진행했을 때만 해도 결혼관이 이보다는 훨씬 더 이상주의적이
었다.

요즘 결혼이 불행해진 세 가지 이유

현재 선진국의 결혼 생활에서는 불행을 빚어내는 원천이 적어도
세 가지는 더 있다. 첫 번째는 부러움과 관련된 것이다. 결혼 당시
두 배우자는 사회적으로 비슷한 성취를 이룬 상태에서 만나는 경
우가 많지만, 결혼 후 10년 정도가 지나면 한쪽 배우자가 더 높은
사회적 지위, 더 많은 친구, 더 높은 존경을 누린다. 이런 비대칭성
은 평등이라는 이상과 어긋나기 때문에 더 많은 것을 성취한 배우
자를 향해 분한 마음을 품을 때가 종종 있다. 이런 감정이 계속되
다 보면 그다음에는 스스로 정당화할 수 없는 질투나 분노에 죄책
감을 느낀다. 그 결과 그 사람은 배우자를 향한 자신의 불합리한
행동을 합리화해줄 보복 행위를 상대방으로부터 이끌어내려는 희
망에 지나친 요구를 하거나 자꾸 별것 아닌 것에 트집을 잡고 숨
기지 않은 채 적대감을 드러내 보이기 마련이다.

성장소설 《연을 쫓는 아이》는 오랫동안 가까운 친구 사이였던
아미르와 하산의 관계에서 이런 역학 관계를 잘 포착한다. 아미르
는 나이 많은 남자아이들에게 가혹하게 공격당하는 하산을 구해
내지 못한 데 대한 죄책감에 시달린다. 그리고 그 죄책감을 희석
하려고 하산의 얼굴을 석류로 때리면서 너도 나한테 복수하라고
한다. 하지만 하산은 아무런 보복도 하지 않아, 결국 아미르의 죄
책감만 더 커진다.

성적 친밀함에서 오는 독특한 쾌락이 결혼 관계를 강화해주기는 하지만, 지난 40년 동안 이 쾌락이 두드러지게 중요한 위치를 차지하면서 상대방이 제공해주는 성적 희열에 만족하지 못하기 쉬워졌다. 이런 믿음이 현대의 결혼 생활을 위협하는 두 번째 요소의 밑바탕이다. 여러 소설, 영화, 드라마들이 암묵적으로, 때로는 노골적으로 만약 배우자와 정기적으로 상호 오르가슴을 즐기지 못한다면 결혼 생활에 종지부를 찍어야 한다는 암시를 보낸다. 〈모래와 안개의 집〉이라는 영화에서 중년의 남편이 성관계를 즐긴 후 아내에게 "우린 정말 축복받은 부부야"라고 말한다. 《섹스 그리고 시타델Sex and the Citadel》에서 셰린 엘 페키는 자신에게 남편을 성적으로 만족시킬 능력이 있나 끊임없이 걱정하는 현대의 이집트 여성들과 건강을 위해서는 매일 몇 번의 오르가슴을 꼭 느껴야 한다는 말에 설득당한 유부남들의 이야기를 썼다.

《사랑을 위한 결혼은 실패했는가?Has Marriage for Love failed?》에서 파스칼 브뤼크네르는 "우리는 세속적인 형태의 구세주로 자리 잡은 사랑에 모든 것을 기대한다"고 했다. 모두 음식 선택에 대한 기준이 까다롭다면 아무도 맥도날드에 가서 밥을 먹으려 하지 않을 것이다. 2015년 6월 26일 자 《뉴욕타임스》에 실린 그레첸 레이놀즈의 한 칼럼은 부부간 성관계의 빈도와 행복의 관계에 대해 다루었는데, 이 글에서는 심지어 과학자들조차 이런 관계가 진실일지도 모른다고 설득당했다는 것이 드러났다. 사회과학자들은 부부들에게 성관계 횟수를 늘리라고 요청해봤는데, 결국 그들이 당연히 알았어야 할 결과가 나왔다. 섹스를 더 많이 한다고 해서 사람들이 행복해지지는 않는다.

《뉴욕타임스》 2014년 2월 6일 자에 실린 한 편의 에세이를 읽다가 웃음이 터져나오는 것을 참을 수 없었다. 이 에세이의 저자는 평등한 결혼 생활을 하는 부부들에게 그들이 덜 평등한 결혼 생활을 하는 부부와 비교했을 때 아마도 매달 1.5회 정도 성관계 횟수가 적을 것이라 경고했다. 나는 혹시나 이 저자라면 친구와 파티를 즐기지 않고 시험공부를 하는 학생들에게는 그렇게 공부에만 매달리면 매달 1.8판의 피자와 2.3병의 맥주를 놓친다고 경고하지 않을까 하는 생각이 들었다. 매달 1.5회 더 오르가슴을 경험하는 것이 평등한 관계에서 오는 기쁨보다 더 중요하다는 이 주장은 성을 그토록 강조했던 지그문트 프로이트조차 깜짝 놀랄 성 관념이다.

정신과 의사들은 성욕이 약한 것이나 대부분의 성관계에서 오르가슴을 느끼지 못하는 것을 정신질환의 징조로 취급함으로써 대중이 성적 즐거움의 중요성을 새롭게 가정하게 만드는 데 일조했다. 발명된 공동체의 가치를 하나의 질병으로 바꾸어놓은 이런 판단 때문에 신체적 장애를 가진 성인들도 오르가슴을 자주 즐길 수 있어야 한다는 생각을 낳았는지도 모르겠다. 스위스, 독일, 덴마크는 일반적으로 130달러 정도의 비용을 받고 이런 즐거움을 제공해주는 합법적인 성적 대리인을 두고 있다. 일부 양로원에서는 성관계를 원하는 노령 거주자가 한 시간 정도 사용할 수 있는 특별한 방을 따로 두었다. 《뉴요커》의 한 만화 캡션에는 비서가 상사에게 "사모님께서 집에 오는 길에 다른 사람하고 섹스하지

말고 바로 들어오라고 문자하셨어요"라는 문자 메시지를 읽어주
는 모습이 나온다.

즐거운 순간을 이끌어낼 책임을 상당 부분 결혼 생활에 지운
현대 선진국 사회에서 삶의 조건들은 결국 성적 쾌락을 필수 요소
로 자리 잡게 만들었다. 가정 밖에서 즐거움을 누릴 원천이 역사
적으로 제거되고 나자 배우자를 만족시켜줄 오르가슴이 안정적
인 결혼에서 더욱 중요한 특성으로 자리 잡았다. 제2차 세계대전
전에는 유부남과 유부녀가 동성 친구들과 더 다양한 여가 활동에
참여했다. 사람들은 매주 모여 포커, 브리지 게임, 마작 등을 즐기
거나 사교 모임에 참가하기도 했는데, 이제는 많은 도시에서 이런
모임이 사라져버렸기 때문에 이렇게 상실된 즐거움을 결혼 생활
이 더 만족스럽고 잦은 섹스로 대신 채워주어야 했다.

'공허의 파랑새'라는 제목이 붙은 2014년 5월 자 《뉴요커》 만
화에서는 창턱에 앉은 파랑새가 침대에 누워 있는 한 노인에게
"본질적 자아란 존재하지 않아요. 우주는 말이 없고, 인간의 조건
은 부조리하죠"라고 말한다. 잠깐이라도 이 메시지에 대해 생각
해본 사람은 "일단 저질러!"라고 하는 철학을 받아들이고 싶은 유
혹을 느낄지도 모르겠다. 나를 지켜보는 형이상학적인 힘도 없고,
내가 뭘 하든 이웃은 상관하지 않는다면, 섹스야말로 삶의 가장
큰 즐거움이니 성욕 에너지 저장고가 바닥나기 전에 최대한 즐기
는 것이 현명한 일이라고 광고하는 섹스를 거부하는 것은 어리석
은 일로 보인다.

직장에서 느끼는 좌절감을 배우자에게 탓하고 싶은 유혹은 현

대의 결혼 생활을 취약하게 만드는 데 기여하는 세 번째 요소다. 선진국 대부분의 성인에게 가족과 직장은 만족감을 얻는 주요 원천이다. 하지만 자신이 느끼는 좌절감이 가정에서 오는 것인지 직장에서 오는 것인지 구별하기가 쉽지 않기 때문에 직장 문제로 생긴 좌절감을 결혼 생활 때문이라 탓하기 쉽다. 직장에서 발생하는 좌절감은 바꾸기 힘들다. 하지만 결혼 생활에서 찾아온 좌절감은 바꿀 수 있다. 별거나 이혼이라는 방법이 있기 때문이다.

2015년 가을에 고등학교에 입학한 세대는 부모보다 결혼에 더욱 헌신적인 모습을 보일지도 모른다. 결혼하지 않거나 이혼한 성인의 비율이 증가함에 따라 성공적인 결혼이 자부심을 느낄 수 있는 성취의 상징으로 자리 잡았기 때문이다. 결혼은 현대 사회에 만연한 외로움과 불신을 희석해줄 거라는 기대감을 준다. 그만큼 중요한 부분이 있다. 각 세대의 구성원들은 자신이 현재 겪는 고뇌가 부모 세대가 살아온 방식 때문이라 탓하기 때문에 자기는 그처럼 살지 않겠다고 속으로 다짐하는 경향성이 바로 그것이다.

이런 역학 관계가 이미 시작되었는지도 모르겠다. 지난 10년간 미국의 이혼율은 1970~1990년의 이혼율보다 살짝 낮았다. 어쩌면 이는 교육 수준이 높아진 여성들의 결혼 연령이 20대에서 30대로 높아졌기 때문인지도 모른다. 만약 이런 경향이 지속된다면 두 성인이 한 자녀를 거느리고 한 지붕 아래 사는 지속적인 인간관계가 다른 곳에서 찾기 힘든 독특한 즐거움을 만들어낸다는 직관이 힘을 얻을 것이다. 가족제도는 곧 사라질 운명이 아니다. 오히려 적어도 일부의 경우에서만큼은 결혼이 9세기 전 교회에서 부여했던 신성한 속성을 다시 회복할지도 모른다.

가족이 아이에게 미치는 영향

부모가 아이에게 중요한 영향을 미친다는 것을 부정하는 전문가는 거의 없지만, 그 영향력의 본질과 정도에 대해서는 견해 차이가 매우 크다. 행동주의에 영향을 받았던 20세기 초반의 전문가들은 부모에게 아이의 발달은 부모가 어떤 행동을 보상하고, 어떤 행동을 처벌하느냐에 주로 달려 있다고 말했다. 그리고 프로이트에게 영향을 받았던 미국의 부모들은 아이에게 좀 더 많은 자율성을 주고, 신체적 처벌을 사랑을 철회한다는 위협으로 대체했다. 유아와 부모 간 애착 유대의 중요성에 대해 다룬 존 볼비의 애착 이론 덕분에 아이에게 부모의 사랑이 음식이나 물처럼 반드시 필요한 것으로 인식되었다.

아이에 대한 부모의 사랑이 다른 모든 영향보다 중요하다는 개념은 선진국 사회 전체에서 놀라울 정도로 이견 없이 받아들여진다. 대부분의 전문가에 따르면 부모의 사랑은 아이에게 자신이 그 자체로 소중한 존재로 인정받는다는 느낌을 주는 행동과 병행해서 스킨십이 필요하다고 한다. 일부 중산층 부모들은 자녀들을 바라는 것은 모두 그 자리에서 충족할 권리가 있는 왕자나 공주처럼 대하기도 한다.

어린아이들도 좋은 것과 나쁜 것의 의미를 이해한다. 귀하게 대접받는 존재는 또한 좋은 존재이기도 하기 때문에 아이들은 자기가 귀한 대접을 받는다고 믿고 싶어 한다. 서구의 전문가들은 부모들에게 만약 이른 시기에 자녀에게 이런 믿음을 확립시켜주지 못하면 아이들은 청소년이나 성인으로 성장했을 때 피상적인 친구 관계를 맺고, 알코올이나 약물 중독에 빠지며, 다른 사람을 사랑하지 못하고, 불안장애와 우울증이 생기며, 범죄를 저지르기도 쉽다고 경고한다.

아이가 자신의 가치를 어떻게 인식하는지는 카메라로 기록할 수 있는 부모의 행위가 아니라 그 행동을 아이가 어떻게 해석하느냐에 달려 있다. 실업 상태에 있는 아빠가 20달러짜리 선물을 한 것을 아이는 사랑으로 해석한다. 하루에 12시간씩 바쁘게 일하고, 주말에도 좀처럼 집에 없는 부자 아빠가 아이와 함께 오후에 잠깐 시간을 내서 놀러 나가는 것도 아이에게는 똑같은 가치로 다가온다.

2015년을 기준으로 약 1억 4000만 명의 아이가 자기를 돌봐줄 부모가 적어도 한 명은 없는 상태다. 일부는 지적 자극도 없고, 자신이 가치 있는 존재라는 느낌도 주지 않는 보호시설에 들어가 있다. 아이가 이런 형태의 양육 방식을 1년에서 최고 2년까지는 견딜 수 있기 때문에 늦지 않게 다복한 가정에 입양된다면 정상적인 기능을 회복할 수 있다. 하지만 이런 환경에서 2년 넘게 있던 아이는 열악한 환경 탓에 생긴 손상을 회복하기 어려워진다.

열악한 시설에서 처음 2년을 보낸 경험과 가정에서 신체적 학대나 성적 학대의 희생자가 되었던 경험을 구분하는 것이 중요하다. 아이들은 이런 경험을 서로 다르게 해석하기 때문이다. 뉴욕시립대학교의 캐시 위덤은 어린 시절에 신체적 학대는 당했지만 성적 학대나 방임을 겪지는 않았던 성인은 자녀를 학대할 확률이 같은 사회계층의 다른 사람들보다 높지 않음을 확인했다. 부모가 아이를 신체적으로 학대하는 경우는 아이가 말을 듣지 않을 때가 가장 많다. 말을 듣지 않았을 때 가혹한 처벌을 받는 것을 부모가 적개심을 표현하는 것이 아니라 당연한 처벌을 받는 것이라고 해석하는 아이는 다른 부모들도 대부분 가혹한 처벌을 내리는 경향이 있는 사회에서는 심각한 정서적 해악을 받지 않는 것으로 보인다.

부모가 자녀를 성적으로 학대한 경우는 이런 온화한 해석을 할 수 없다. 이 행위는 부모가 도덕적 의무를 저버린 것으로 해석되기 때문이다. 이런 결론은 나쁜 짓을 해서 가혹한 처벌을 받는 경우보다 아이의 자아에 훨씬 해로운 영향을 미친다. 여기서 말하고자 하는 요점은 부모가 자식을 대하는 방식으로 인해 생기는 결과는 대부분 부모가 구체적으로 어떤 행동을 하느냐에 따라 결정되는 것이 아니라, 아이가 그 행동을 어떻게 해석하느냐에 달려 있다는 것이다.

17세기 미국 식민지 시대 뉴잉글랜드에서 자란 아이는 부모로부터 가혹한 처벌을 받았는데, 이는 현대인의 관점에서는 신체적 학대로 보일 것이다. 하지만 청교도 가정에서는 이런 행동이 주된 양육 방식이었기 때문에 아이는 부모의 행동이 적개심이나 거부 반응이라고 해석하지 않았다. 브라질 중부 메히나쿠 부족은 유아의 응석은 다 받아주지만 좀 더 자란 아이가 말을 듣지 않으면 아이의 다리에 물을 튀기고 종아리와 허벅지를 물고기 이빨 긁개로 마구 긁어댄다. 그럼 아이는 고통스러워 비명을 지르기 마련이다. 하지만 이런 처벌은 아이도 이미 예상했던 것이고 정당하다고 인식되기 때문에, 이런 처벌을 받은 아이는 성인이 되어도 지나치게 공격적이거나 우울해하지 않는다.

노벨생리학상을 수상한 피터 맨스필드는 1940년 독일의 영국 대공습 때 어린아이였다. 그의 부모는 맨스필드를 보호하기 위해 그를 두 번이나 낯선 사람에게 맡겼다. 하지만 맨스필드는 이런 이별이 부모의 거부를 암시하는 것이라고 해석하지 않았다. 일본의 저명한 의사 겸 소설가의 어린 시절 기억은 아이의 해석이 얼마나 중요한지를 잘 포착했다. "내 아버지는 정말 대단하고 무서운 사람이었다. … 아버지가 다른 사람을 꾸짖는 것을 엿들을 때면 나는 등줄기에서 식은땀이 흘러내렸다. … 하지만 내가 자라는 동안 아버지는 내게 진정한 버팀목이었다."

당연한 얘기지만 아이의 기질적 편향도 부모의 행동에 어느 정도는 영향을 미친다. 가혹한 처벌, 이혼 또는 다른 불쾌한 경험에 반응해서 생기는 심각한 불안으로부터 보호해주는 기질을 물려받는 아이도 상당히 많다. 반면 똑같은 경험을 해도 불안에 대단히 취약해지는 생물학적 성향을 갖고 태어나는 아이도 있다.

양육 방식의 다양성

여러 문화권에서 보이는 양육 방식의 다양성을 연구해온 인류학자 로버트와 사라 레빈 부부는 현재 미국과 유럽에서 지배적으로 자리 잡은 부모의 행동 패턴이 아프리카, 남미, 극동, 인도, 인도네

시아 등 대부분의 환경에서는 재현되지 않는다고 지적한다. 이는 각각의 문화적 환경이 마주하는 도전이 다르기 때문이다. 탄자니아 시골 지역에 사는 부모들은 자녀들이 옥수수, 밀, 돼지 등을 키우는 법을 배워야 하며, 경제적 안정과 타인의 존경을 얻고자 한다면 작고 안정적인 지역 공동체에 적응하는 데 도움이 되는 개인적 특성을 습득해야 한다고 생각한다. 그 결과 이 부모들은 이런 속성을 확립하는 데 가장 효과적일 것이라고 믿는 사회화 관습을 실행에 옮긴다.

미국과 유럽의 부모들은 자녀들이 습득해야 할 특성을 다르게 이해한다. 이 부모들은 아이들이 좋은 대학에 입학하려면 학교 성적을 잘 받아야 하고, 좋은 대학에 가면 현대 기술 사회에서 성공하는 데 필요한 기술과 가치관을 배울 수 있으리라 생각한다. 그래서 대부분의 중산층 부모들은 자녀의 자율성을 확대하고, 언어능력과 경쟁력을 강화하려 든다. 하지만 케냐의 중앙부 일대에 사는 키쿠유족 엄마들은 이런 특성을 사는 데 오히려 방해가 될 것들이라 여길 것이다. 케냐 남서부에 사는 구시족 엄마들은 아이에게 말을 걸거나 칭찬을 해줄 이유가 없다고 생각하고, 대여섯 살된 딸에게 하루 종일 갓 태어난 동생을 돌보게 하는 경우도 많다. 유아기 애착 관계가 중요하다고 믿는 심리학자는 이런 방식으로 행동하는 엄마는 아이에게 무관심하다고 여겨 그 자녀들의 애착관계가 위태롭다고 가정할 것이다.

서구 문화의 구성원들은 자녀를 칭찬하지 않고, 자녀와 놀아주지도 않는 엄마를 표현할 때 '냉담한, 반응을 잘 하지 않는'이라는 형용사를 자주 사용한다. 하지만 모든 아이가 이렇게 칭찬하지 않고 같이 놀아주지 않는 것을 부모의 무관심이라고 해석하는 것은 아니다. 칭찬하지도 않고 함께 놀아주지도 않는 것이 바람직하지 못한 결과를 낳는 위험 요소로 작용하는 사회는 아이가 이것을 무관심으로 해석하는 사회뿐이다. 여기서 중요한 점은 성적 학대나 극단적인 방임을 제외하면 부모의 어떤 행동도 그 행동에 부여되는 의미와 상관없이 모든 아이에게 똑같은 영향을 미치지는 않는 다는 사실이다. 부모가 하는 행동이 미치는 결과는 그 행동이 일어나는 문화 전체를 배경으로 바라보아야 한다. 대부분의 부모는 자녀에게 가장 이롭다고 믿는 행동을 한다.

동일시의 중요성

아이의 동일시 패턴도 발달에 중요한 영향을 미친다. 어린아이는 자신의 특성이 한쪽이나 양쪽 부모와 어느 정도 비슷한 점이 있음을 느낄 수밖에 없다. 아이들은 자기가 부모와 성도 같고, 피부색도 비슷하며, 얼굴이나 몸의 특성도 비슷하다는 것을 알아차린다. 좀 더 나이가 많은 아이는 지금의 가족이나 조상 중에 놀라운 성취를 거둔 사람이 있다는 것을 알기도 한다. 아이들은 유전자에 대해서는 거의 아는 것이 없음에도 자신을 낳은 부모와 물질적 본질을 공유한다는 것을 감지한다. 아이들은 이런 보이지 않는 본질을 쉽게 믿는다. 아이들이 꼬리, 귀, 네 다리를 모두 잃은 개도 여전히 개라고 생각하는 이유도 바로 이 때문이다. 생물학적으로 연관된 가족 구성원들이 근본적인 속성을 공유한다는 무의식적인 전제는 시간이 흐르면서 결국 자기가 가족이라는 유일무이한 범주에 속한 구성원이라는 의식적 자각으로 자리 잡는다.

일단 이런 믿음이 마음속에 자리 잡으면 대부분의 아동은 한 단계 더 나아가 객관적인 증거가 없어도 한 가족 구성원의 속성이 자기에게도 있을 거라는 합리성이 떨어지는 생각을 품기 마련이다. 엄마가 쥐를 발견하고 겁에 질리는 모습을 본 딸은 자기도 똑같은 경향을 가지고 있을지 모른다고 가정한다. 엄마가 친구들에게 인기가 좋다는 것을 아는 딸은 자기도 또래들 사이에서 인기가 높을 거라고 생각한다.

이스라엘의 유명한 작가 아모스 오즈는 존경받는 작가였던 아버지가 여섯 살이던 자신에게 아빠의 책이 꽂힌 책꽂이에 자기 책들을 함께 꽂아도 좋다고 말했던 날을 기억한다. 책을 신성하게 여겼던 부모와 이렇게 특이한 속성을 공유한 덕분에 어린 시절의 오즈는 어쩌면 자기도 위대한 작가가 될 재능을 갖고 있을지 모른다고 생각했다. 소설가 마샤 데이븐포트는 유명한 가수였던 엄마 알마 글루크와 자기를 동일시하다 보니 자기에게도 명성을 가져다줄 특별한 재능이 있을지 모른다고 생각했다. 이런 동일시가 키워준 자신감 덕분에 마샤는 27세에 독일어나 음악 작곡의 기술적인 내용을 전혀 모르는 상태에서도 모차르트의 전기를 쓰겠다는 대담한 결심을 할 수 있었다.

다른 사람과 독특한 특성을 공유한다는 믿음은 그 특성을 공유하는 사람이 특정 경험을 했을 때 항상 그런 것은 아니지만 보통 자부심이나 수치심 같은 대리 감정이 동반될 때가 많다. 한 아이가 자기가 다른 사람과 독특한 특성을 공유한다는 사실을 깨달으면서 거기에 대리 감정 경험이 추가되면, 그 아이는 자신을 그 사람이나 집단과 동일시한다고 말한다. 양쪽 조건이 모두 충족되어야 한다. 한 소녀가 다른 여성과 특성을 공유한다고 해도 그 여성이 노벨상을 타거나 집단 살인으로 고발당했을 때는 대리 감정을 경험하지 않을 수 있다.

마샤 데이븐포트는 엄마가 노래를 잘한다고 칭찬받을 때 대리 자부심을 느꼈다. 다른 사람들이 자기를 부모와 같은 범주에 속하는 사람으로 여기리라 가정했기 때문이다. 대리 자부심은 엘리트 가문 출신의 아이들을 거부나 가혹한 어린 시절을 겪은 후에 따라오는 불안으로부터 보호해주는 경우가 많다. 윈스턴 처칠은 부모의 무관심으로 고통받았고, 존 메이너드 케인스는 가혹한 사회화 과정으로 고통받았다. 하지만 두 사람 모두 이런 경험에 굴복하지 않았는데, 이는 이들이 엘리트 가문과 자신을 동일시했기 때문이라고 주장하고 싶다.

여러 세대에 걸쳐 엘리트 지위를 유지한 몇몇 가문은 흔치 않은 성을 가져서 후세대의 아동이 자신의 가문과 더 쉽게 동일시할 수 있게 해준다. 《아들도 성공한다The Son Also Rises》에서 그레고리 클라크는 스웨덴의 '윌렌셰르나', 중국에서는 '구'라는 성이 300년 넘게 엘리트 지위를 누린 가문의 흔치 않은 성이라고 지적했다. 록펠러와 루스벨트는 미국에서 그런 흔치 않은 성에 해당한다. 이 두 집안에는 20세기 동안 중요한 자리에 앉았던 사람이 많다.

대리 수치심은 가족 구성원 중에 윤리적 기준을 위반한 사람이 있어서 다른 사람들이 자기를 그 가족 구성원과 똑같은 사람이라 판단할 거라 추측할 때 생긴다. 2013년에 노벨문학상을 수상한 앨리스 먼로는 한 인터뷰에서 부모님이 파킨슨병을 앓아서 어머니와 함께 대중 앞에 나서는 것이 부끄럽다고 말했다. 오사마 빈 라덴은 어렸을 때 아버지의 많은 아내 중 한 명이었던 엄마가 이혼이라는 치욕을 당하자 대리 수치심을 느꼈을 가능성이 있다. 어머니가 재혼하자 이 소년의 수치심이 분노와 뒤섞이고, 어린 오사마는 새 아버지의 친자식인 여러 형제가 사는 새 가정에서 소외감을 느꼈을지도 모른다.

아이가 한 집단에 대해 대리 자부심이나 수치심을 느끼는지 여부는 그 집단에 대한 공동체의 평가를 아이가 어떻게 이해하느냐에 달렸다. 해당 집단이 칭찬할 만한 특성을 가지고 있어서 좋은 평판을 누린다면 자부심을 느낄 가능성이 커진다. 반면 집단이 바람직하지 못한 특성을 가지고 있다면 수치심이 지배적인 감정이 될 것이다. 존경받는 민족 집단이나 종교 집단의 구성원은 집단의 또 다른 구성원이 잘못된 행동을 하더라도 수치심으로부터 보호받을 수 있다. 미국에서 존경받는 소수 집단인 불교신자들은 한 불교신자가 부적절한 행동을 하더라도 대리 수치심을 느낄 가능성이 낮다. 멕시코 사회에서는 그 안에 들어와 사는 인도인을 안 좋은 시선으로 바라보곤 했는데, 그래서 인도 어린이들은 자신이 어느 민족 출신인지 숨기고 다녔다. 하지만 멕시코인이 인도인에게 더 관대해지자 더 많은 인도인이 자신의 민족적 유산에 대해 대리 자부심을 경험했다.

가족, 민족, 종교 집단, 국가와의 동일시 강도는 항상 해당 집단의 특성이 얼마나 독특한가에 달려 있다. 하와이에서 태어나 살고 있는 아시아계 미국인은 다수 민족 집단에 해당한다. 반면 캘리포니아에서 나고 자란 아시아계 미국인은 소수 집단에 해당한다. 후자는 전자보다 자신의 민족 집단에 대한 동일시가 더 강해 보인다. 그들의 환경에서는 아시아계 미국인이라는 사실이 더욱 독특한 특성에 해당하기 때문이다.

독일로 이주한 터키 이슬람교도는 네덜란드에 살기로 한 터키 이슬람교도보다 더 강한 편견을 경험한다. 그 결과 독일의 터키 이슬람교도들은 자신들을 받아준 국가와의 동일시는 약하고, 종교와의 동일시는 더욱 강하다. 하버드대학교의 스탠리 리버슨은 1960년대에 시민권법이 제정된 뒤로 머지않아 아프리카계 미국인 부모들이 자기 자녀에게 라샤와 카림 같은 독특한 이름을 지어주기 시작했음을 발견했다. 이는 자신의 인종 집단과의 동일시를 강화하기 위해서였을 것이다.

공동체에서 칭찬할 만하다고 여기는 독특한 특성을 가진 업종의 구성원들은 대부분 대리 자부심을 만들어낸 범주와 자신을 동일시하는 경향이 생긴다. 자원봉사 소방대원이 아니라 유급 소방대원으로 활동하는 많은 미국인에게서 그런 동일시가 보인다. 이들은 소방 인력 중 소수의 정예 집단에 해당하고, 부모나 조부모 가운데 같은 직종을 선택했던 사람이 많으며, 공동체를 위해 죽음도 무릅쓰는 일을 하고, 비도덕적 행위로 비난받는 경우가 드물기 때문이다.

일본인들은 국가에 대한 동일시가 강력하다. 이들은 같은 민족과 함께 한 섬에서 살기 때문이다. 중국의 젊은이들은 국가와 자기를 동일시하는 성향이 쉽게 생겨난다. 중국은 지금까지 이어져온 문명 중 가장 오래됐고, 방대한 영토와 세계 최대의 인구를 자랑하기 때문이다. 미국에서는 비히스패닉계 백인의 비율이 1950년에는 90퍼센트에서 2014년에는 63퍼센트로 감소했다. 이때문에 일부 백인 시민, 특히나 미국 남부와 캘리포니아에 사는 백인들은 자신의 민족성에 대한 의식이 더 강해졌다.

1장에서 각각의 상징 네트워크에는 다른 단어, 스키마와 다양한 강도로 연관을 맺는 핵심 용어가 들어 있다고 주장했다. 모든 사람에게는 자아가 핵심 용어로 들어간 네트워크가 있다. 이 네트워크는 자신과 가족 구성원들의 신체적·심리적 특성과 연결되어 있다. 누군가가 자신의 가족 구성원 한 명이 칭찬받을 만한 행동이나 비열한 행동을 했다는 것을 알면 그 사람의 자아 네트워크에는 그 바람직한 특성이나 바람직하지 못한 특성이 추가된다. 프랭클린 루스벨트는 시어도어 루스벨트가 친척임을 알자 시어도어 루스벨트의 재능과 명성을 자신의 자아 네트워크에 추가했다. 이것을 추가함으로써 그는 자신도 위대해질 수 있는 잠재력을 가졌다는 암시를 받았다.

꼭 직접 접촉을 해야만 가족 구성원에 대한 동일시가 이루어지는 것은 아니다. 제2차 세계대전이 끝나고 한참 뒤에 태어난 독일 청소년들 중에는 만나본 적도 없는 친척이 나치 당원이었다는 사실을 알고 대리 수치심을 느낀 경우가 많다. 앞에서 소개한 라이너 회스는 열두 살 때 아우슈비츠 수용소의 소장이었던 자신의 할아버지가 100만 명이 넘는 사람의 죽음에 책임이 있다는 사실을 알고는 우울증에 빠져 자살을 시도하기도 했다. 반면 장 폴 사르트르는 자신의 할아버지가 유명한 작가였다는 사실을 알고는 대리 자부심을 느꼈다.

아이들은 자기 가족 구성원에게 바람직하지 못한 속성이 있다는 사실을 인정하기 싫어한다. 그것을 인정하면 자기도 그런 숨겨진 결점이 있을지 모른다는 것을 암시하기 때문이다. 나는 열네 살 소녀를 인터뷰한 적이 있었는데, 이 소녀는 정신질환이 있는 엄마 때문에 아기였을 때 언니와 함께 침실에 감금되었다가 3년 후에야 구출되어 다른 집에 입양됐다. 내가 엄마가 그렇게 비정상적으로 행동한 이유가 무엇이었냐고 묻자 그 소녀는 "엄마는 자식이 많았어요. 우리를 그렇게 침실에 넣어두면 그래도 좀 편해지니까 그랬겠죠"라고 말하며 자기 부모를 옹호했다. 이 소녀는 엄마가 정신질환이 있다는 사실을 인정하려 하지 않았다.

존경받는 작가이자 예일대학교의 외과 의사인 셔윈 눌랜드는 뉴욕의 가난한 동네에서 대단히 잔혹한 아버지 밑에서 자랐다. 그는 자신의 회고록 《로스트 인 아메리카》에서 못 배운 자기 아버지에 대한 분노와 두려움에 휩싸였던 어린 시절에 대해 적었다. 이런 아버지 때문에 어린 시절의 셔윈은 아버지와 사람들 앞에 나설 때면 대리 수치심을 느꼈다. 하지만 셔윈이 1970년대에 쓴 이 회고록 끝부분에서, 그는 이제 세상을 떠나고 없는 아버지에 대한 사랑을 고백했다. 어른도 아이들과 마찬가지로 자기가 나쁜 사람의 자식이라는 가능성을 인정하기 어려운 것이다.

가족에 대한 동일시는 쉽게 바꾸지 못한다. 성인은 자신의 이름, 머리카락 색깔과 얼굴까지도 바꿀 수 있지만, 가족이라는 독특한 집단의 구성원이라는 사실은 바꿀 수 없다. 어린 시절에 입양된 성인 중에 친부모를 찾으려 하거나, 적어도 친부모에 대해 좀 더 알고 싶어 하는 사람이 많은 이유도 이것으로 설명할 수 있다. 자신이 혼전 관계로 태어난 아이고, 그 뒤 아버지가 엄마와 자기를 버리고 가버린 사실을 알고 난 남자아이 중에는 신의 없는 아버지와의 동일시로 생기는 수치심을 엄청난 성취를 통해 희석하려는 사람도 있다. 심리분석가 에릭 에릭슨, 버락 오바마, 아마존의 창시자 제프 베조스가 이런 역학 관계를 보여주는 사례가 아닐까 싶다.

아스티 허스트베트는 1880년대에 히스테리로 진단받고 피티에 살페트리에병원에 들어왔던 가톨릭 여성 일부가 비록 일시적이긴 했지만 과거에 남자를 유혹했거나 강간을 당했던 데 대한 죄책감을 희석할 목적으로 자기 몸을 자해하며 예수의 고난과 자신을 동일시하려 하기도 했다고 지적한다. 초기의 기독교 신자들은 탐욕이나 증오보다는 욕정 통제를 구원의 가장 중요한 요구 조건으로 꼽았다. 새로이 기독교를 믿는 사람들은 부자 로마인들이 성적 쾌락을 위해 이용했던 노예들과 자신을 동일시했다. 이들 역시 로마 지배의 희생자들이었기 때문에 이들에게 육욕에 이끌린 섹스의 사악함을 설득하기는 쉬웠다.

　어린이는 자기가 소속된 민족, 종교, 사회계층, 국가 범주가 독특한 특성을 가질 경우 그 집단과 자기를 동일시할 가능성이 대단히 크다. 카타르처럼 부유한 가족은 많고, 가난한 가족은 별로 없는 이슬람 국가에서 자란 가난한 이슬람교도 소년은 종교보다 사회계층과 자신을 더욱 강력하게 동일시할 수도 있다. 반면 가난한 이슬람교도가 많은 자카르타 같은 곳에서 자란 가난한 이슬람교도 소년은 종교보다는 국가와 자신을 더 강력하게 동일시할 가능성이 높다.

　민족 집단이 사회에서 소수 집단에 해당하거나 편견의 표적이거나 일부 두드러지는 신체적 특성을 가졌거나, 그 집단의 수많은 구성원이 뛰어난 성취를 거두었거나 혹은 평판이 안 좋을 경우, 그 집단은 독특한 집단에 해당한다. 유대인들은 자신의 민족 집단과 자신을 동일시하는 경우가 많다. 유대인이라는 범주가 앞에 나온 네 가지 기준을 모두 충족하기 때문이다. 나는 80대인 유대인 몇 명과 알고 지내는데, 이들은 여전히 자신의 민족 집단과 자신을 강력하게 동일시한다. 이들의 마음속에는 어린 시절에 경험했던 강한 반유대주의로 생긴 분노와 수치심이 여전히 뒤섞여 있다.

　자신의 유대인 혈통과 자신을 동일시했던 지그문트 프로이트는 사회를 바라보는 관점이 어두웠다. 그가 반유대주의 사회에서 살았기 때문이다. 20세기의 칭송받는 수학자 중 한 명인 노버트 위너는 어린 시절에 그의 어머니가 유대인이라는 사실을 노골적으로 부끄러워한 것 때문에 느꼈던 자기 회의에 대해 얘기한 적이 있다. 그는 회고록 《나는 수학자다I Am a Mathematician》에서 "내가 어느 민족 사람인지 깨닫고 나니 열등하다는 느낌이 밀려왔고, 이것이 내 불안에 크게 기여했다”라고 적었다.

1967년에 사우스 보스턴 가난한 아일랜드 가정에서 태어난 마이클 맥도널드는 《올 소울스All Souls》에서 보스턴 중산층 사람들이 자기 민족 집단의 사람들을 '백인 검둥이'라고 생각한다는 사실을 알고 느꼈던 분노에 대해 얘기했다.

불평등이 심한 사회에 살면서 사회적 혜택을 받지 못하는 사람들은 자신을 약자와 동일시하기 쉽다. 《씨비스킷》의 저자 로라 힐렌브랜드는 1930년대 공황 기간에 실직 상태에 있던 수백만의 미국인은 이 소설의 주인공 말과 자기를 동일시했다고 지적한다. 전문가들은 주인공 경주마 씨비스킷이 워 애드머럴 같은 순종 경주마를 이길 수 있는 잘 빠진 체형이 아니라 시합에서 패배하리라 예상했다. 하지만 씨비스킷이 경주에서 이길 때마다 대중은 마치 자기가 이긴 듯한 뿌듯함을 느꼈고, 1938년에 이 경주마는 프랭클린 루스벨트 대통령을 비롯해 그 어떤 미국인보다 신문에 기사가 많이 실렸다.

나는 1929년에 태어났다. 당시는 우리 가족 역시 그 잔인한 10년의 세월 동안 가난에서 벗어나기 위해 몸부림칠 때였다. 브루클린 다저스를 응원했던 기억이 난다. 당시는 그 팀이 약체였기 때문이다. 내가 텔레비전에서 스포츠 경기를 볼 때 아직도 약팀을 응원하는 것을 보면 다저스를 응원한 지 75년이 지난 오늘날까지도 그런 동일시가 여전히 어느 정도의 강도를 유지한다. 뉴욕의 가난한 유대인 가정에서 자란 한 동료는 인기 없는 과학 개념을 옹호하는 심리학자들을 툭하면 옹호하고 나선다. 정작 본인은 그 개념을 믿지 않으면서도 말이다. 그는 누군가는 일어서서 대다수가 묵살해버리는 관점을 위해 목소리를 높여야 한다는 주장으로 자신의 행동을 설명한다. 래리 타이는 1938년에 만화책 주인공 슈퍼맨은 벅 로저스, 딕 트레이시, 타잔 같은 주인공들보다 더 인기가 좋았다고 설명한다. 슈퍼맨은 약자에게서 전형적으로 보이는 부끄럼 많은 태도를 하면서도 슈퍼 영웅으로 변신할 능력이 있었기 때문이다.

2013년 보스턴 마라톤 폭탄 테러를 일으킨 형제는 코카서스에서 태어나 2002년에 미국으로 건너왔다. 이 형제가 마라톤 결승점 근처에서 폭탄을 터뜨리겠다고 결심한 것은 어쩌면 형인 타메를란 차르나예프의 분노 때문이었는지도 모른다. 타메를란은 미국 시민권을 따려 했지만 이민국에서 이 요청을 거절해버렸다. 평소 소외감을 느끼던 타메를란은 자기가 부당한 취급을 받는다는 생각이 들면 쉽게 과격해지곤 했다.

반면 피해자 집단과 자기를 동일시하는 사람들은 자기네 집단이 지배적인 위치를 차지하면 불편한 느낌을 받는다. 전통적으로 시아파 사람들은 여러 국가에서 자기네가 더 큰 집단인 수니파에 희생된 피해자 집단이라 여겼다. 하지만 1970년대 말 이란에서는 시아파가 나중에 승리를 거두었다. 하미드 아바시는 시아파 사람들이 이 때문에 혼란스러운 감정을 느꼈다고 주장한다. 피해자가 성공을 거두는 것은 이치에 맞지 않기 때문이다.

한 나라의 국민 대부분이 똑같은 언어, 같은 민족, 같은 종교를 공유하는 경우라면 자신의 국가와 자신을 동일시하기가 더 쉽다. 이런 국가 동일시 때문에 유럽의 정치 지도자들은 프랑스, 독일, 스페인, 스칸디나비아반도의 국가, 그리스, 영국 등 모든 유럽 국가의 국민이 동일시할 수 있는 하나의 정치 집단을 만들어내는 데 어려움을 겪는다. 만약 19세기 미국인이 자기네 지역에 대한 동일시는 약하고 국가에 대한 동일시가 더 확고했다면 남북전쟁은 피할 수 있었을 것이다. 20세기가 지나는 동안 미국에서 지역 동일시와 국가 동일시의 균형은 후자에 유리하게 변화했다. 일련의 사건이 일어나면서 서로 다른 지역에 사는 미국인이 자기네 몇 가지 독특한 특성을 공유한다는 것을 깨달았기 때문이다. 이런 특성들로는 전국적인 소비재 브랜드(코카콜라, 리글리즈 껌, 코닥 필름, 하인즈 케첩)의 탄생, 전국적으로 방송되는 텔레비전 쇼, 영화, 라디오 프로그램, 그리고 서로 다른 지역으로 이동하기 쉽게 만들어준 주간 고속도로의 탄생, 국세청, 사회보장국, 연방준비제도이사회 등을 설립시킨 연방법 제정 등이 해당된다.

한때는 막강한 권력이나 존경을 누리다 그것을 잃어버린 사회는 정치 선동가들에게 휘둘리기가 더 쉽다. 히틀러, 무솔리니, 프랑코 같은 정치인들이 독재정치를 펼칠 수 있었던 이유, 푸틴이 러시아인 사이에서 인기를 누리는 이유도 과거의 위대했던 시절로 되돌아가고 싶은 대중의 갈망 때문이라고 설명할 수 있다. 21세기 핀란드, 스위스, 아일랜드 등의 유럽 정치인들은 이 정도의 권력을 움켜쥐기가 어려울 것이다.

철학자 파스칼 브뤼크네르는 국가와 자신을 강하게 동일시하는 프랑스 국민은 자기네 할아버지 세대가 나치에 협력했던 것에 어느 정도의 대리 수치심을 느낄 것이라 주장했다. 팔레스타인 사람들에 대한 이스라엘의 처신을 프랑스 언론에서 가혹하게 공격했던 것은 이런 죄책감을 희석하려는 시도였던 것으로 보인다. 이스라엘 유대인을 악당으로 묘사함으로써 1940년대에 자기네 할아버지 세대가 저질렀던 행동과 관련된 죄책감을 더는 것이다.

1940년 이전에 태어난 미국인은 수백만 유럽 이민자를 받아들이고, 세상을 나치와 일본으로부터 구원하며, 유럽의 재건을 돕고, 다른 어느 국가보다도 많은 세계적인 수준의 대학을 세운 것에 자부심을 느꼈다. 반면 1980년 이후에 태어난 미국인은 그런 자부심이 살짝 덜하다. 심지어 일부는 베트남, 이라크, 아프가니스탄에서의 전쟁, 그리고 도시 지역 공립학교의 쇠퇴, 소득 불평등의 확대, 기업 경영진의 탐욕, 러시아보다도 높고 스칸디나비아반도 국가들보다는 무려 열 배나 높은 감금률 등 때문에 조금은 수치심을 느낄지도 모른다.

역사가들은 사회를 바다의 층에 비유한다. 바다 표면의 특성은 주로 바람에 의해 결정되는 반면, 더 깊은 바다의 속성은 역사에 더욱 크게 좌우된다. 사회의 표면적 특성은 심층의 특성보다 더 쉽게 변한다. 각 사람이 느끼는 동일시가 만들어낸 산물은 이 특성에서 가장 깊은 층을 차지한다. 동일시는 측정이 어렵기 때문에 대부분의 심리학자가 부모의 자녀 양육이 미치는 효과를 연구한다. 이것은 정량화하기가 더 쉽기는 하지만 동일시 패턴을 반영하지는 못한다. 만약 이런 과정을 민감하게 측정할 수 있는 방법이 개발된다면 사회과학자들은 대단히 심오한 통찰을 얻을 수 있을 것이다.

아이를 키우는 가장 좋은 방법

자신의 환경에 적응하고자 하는 젊은이들이 반드시 습득해야 할 능력, 가치관, 성격의 패턴은 문화마다 차이가 있다. 대부분의 부모는 자녀에게 필요한 자질이 무엇인지 비교적 정확한 직관을 가지고 있고, 바람직한 특성을 만들어낼 수 있는 사회화 과정에 대한 암묵적인 이론도 가지고 있다. 전 세계적으로 부모의 양육 방식이 극단적인 다양성을 보이는 것은 이렇듯 서로 다른 이론이 만들어낸 산물이다. 따라서 "아이를 키우는 가장 좋은 방법은 무엇인가?"라는 질문에 대한 대답은 환경과 역사적 시대에 따라 달라진다. 모든 시대, 모든 사회에 적용되는 최고의 양육 방식이란 존재하지 않는다.

부모의 행동은 그 자체보다는 아이가 그 행동을 어떻게 해석하느냐가 훨씬 중요하다. 엄마가 충동적으로 잔소리를 장황하게 늘어놓는 것이 아이에게 화가 났다거나 아이를 업신여기기 때문이 아니라, 몸이 아파서 그런 것임을 감지한 통찰력 깊은 아이는 그렇지 못한 아이에게 따라올 바람직하지 못한 결과를 피할 수 있을 것이다.

마지막으로 아이가 자신의 집안을 비롯해서 민족 집단, 종교 집단, 국가 집단과 동일시한 후에 일어나는 결과에 대한 연구가 결여된 것이 아이의 발달을 설명하는 데 심각한 공백으로 남아 있다. 어린 시절의 윈스턴 처칠이 엘리트 가문과의 동일시로부터 이끌어낸 힘을 인정하지 않고는 발달기에 불륜을 저질렀던 무관심한 부모와 함께 살았던 그의 성인기 성격을 이해하기는 불가능하다. 찰스 다윈이 수많은 사회 구성원의 분노를 촉발할 것을 알았던 이론을 기꺼이 발표했던 것도 자신의 뛰어난 가문과의 동일시 덕분이 아니었나 생각한다.

아프리카계 미국인 사이에서 학업 실패, 투옥, 10대 임신 등이 유독 빈발하는 이유를 그 부모들의 양육 방식, 가난, 제대로 기능하지 못하는 도시 지역 학교 등만으로 설명할 수는 없다. 틈만 나면 사회에 적응하지 못하는 실패자라는 사실을 주입받는 집단과 자신을 동일시하고, 그 집단이 사회 대다수의 적개심의 대상이라고 믿는 데 따르는 결과를 다른 조건들과 반드시 함께 고려해야 한다. 바라건대 다음 세대의 사회과학자들은 저마다 사람들의 발달 과정에 대해 이해하려 할 때 그 가운데 뚫려 있는 이 구멍을 잘 메워주었으면 한다.

각 아동의 동일시 패턴은 일련의 기질적 편견, 가족 내의 관행, 형제 관계, 문화적 환경, 역사적 시대 등과 뒤엉켜 20세 이후로는 바뀌기 힘들어지는 프로필을 만들어낸다. 하지만 바꾸기가 불가능한 것은 아니다. 각 조건이 갖는 개별 영향력의 추정치라고 할 수치를 배정하는 것은 불가능하다. 모든 환경이 한데 뒤섞여 각각의 여행자를 위한 유일무이한 여행 일정이 만들어지는 것이기 때문이다.

경험에 대해 생각하는 방식은 두 가지가 있다. 우리의 감각은 세상이 돌, 소, 고양이, 모기, 꽃, 나무, 강, 구름 등 질적으로 별개인 존재들로 구성되어 있다고 말해준다. 가문비나무와 고양이는 서로 너무나 다르기 때문에 이 둘이 똑같은 기본 원소들이 다른 방식으로 조합되어 있는 데 불과하니까 양적으로만 차이가 있다고 생각하는 것은 직관에 어긋난다. 하지만 고대 그리스인은 그렇게 생각했다. 그들은 보이지 않는 물질로 이루어진 가상의 세계를 발명하고, 그 세계가 자기만의 특색이 있어 보이는 사물의 세계를 만들어낸다고 생각했다. 그로부터 2000년 후에 과학자들은 우리가 보고, 만지고, 냄새 맡고, 듣는 모든 것이 렙톤, 쿼크, 보손이라는 세 가지 가상의 존재가 혼합되어 만들어진 산물이라고 해서 그리스인의 직관을 확인했다.

물질과 에너지를 서로 변환 가능한 존재로 만든 아인슈타인의 일반상대성이론은 보이지 않는 물질에서 일어나는 매끄러운 양적인 변화가 모든 사건의 토대라는 물리학자들의 확신을 뒷받침해 준다. 하지만 이 원리가 근원적인 에너지 조합에서 출현하는 물질이나 과정이 질적으로 별개일 가능성을 배제하는 것은 아니다. 남성과 여성의 성 호르몬인 테스토스테론과 소포호르몬은 90퍼센트 이상이 같은 원자로 이루어졌지만 원자의 공간적 배열, 그리고 이것이 신체와 뇌에 미치는 영향은 질적으로 다르다.

유전자에 대해 다루었던 5장에서 인헨서라는 조절 DNA 서열이 코딩 유전자가 언제 어디서 발현될지를 결정한다고 했다. 심장 근육을 구성하는 단백질의 토대 유전자는 심장을 만드는 세포에서만 전사가 이루어지고 간과 뇌 세포에서는 침묵한다. 여기서는 경계가 분명하다. 심장은 간이나 뇌와는 질적으로 다르다.

한 사물이나 과정을 별개의 범주에 속하는 것으로 취급할지, 아니면 양적 연속체의 일부로 취급할지 결정하는 문제는 분류의 기준으로 삼은 특성이 무엇이냐에 달려 있다. 이런 선택은 사물 자체에 내재되어 있는 것이 아니라 분류하는 사람의 의도에 따라 달라진다. 생물학자들은 소와 낙타의 생리학에서 나타나는 양적 차이를 강조한다. 반면 월스트리트의 상품 트레이더는 소와 낙타를 질적으로 다른 범주라 여긴다. 미국인은 소고기는 먹지만 낙타 고기는 먹지 않기 때문이다. 먹을 수 있는 버섯과 독이 든 버섯이 공유하는 유전자의 숫자는 양적으로 제각각이지만, 버섯을 먹는 소비자 입장에서 중요한 것은 두 종이 몸을 아프게 하는 힘이 양적으로 얼마나 차이가 나느냐 하는 부분이다. 아동 1000명의 IQ는 연속적인 분포를 이룬다. 하지만 다운증후군을 일으키는 염색체 이상을 갖고 태어나 IQ가 낮은 아이는 유전적으로는 정상이지만 박탈에 의해 그와 비슷한 IQ를 갖는 아이와는 질적으로 다르다. 똑같은 교향곡을 하나는 LP판, 하나는 CD에 녹음해서 들려주면 듣는 사람은 똑같은 소리를 경험하겠지만, LP판은 음의 높이와 크기가 연속적으로 변화하는 소리를 기록한 것이고 CD는 불연속적으로 디지털화된 값을 기록한 것이듯 말이다.

사건들 사이에서 나타나는 양적 차이에 대한 자연과학자들의 선호가 계속되는 데는 모든 관찰에 다양한 크기의 수치를 부과하고 싶어 하는 욕망도 한몫한다. 하지만 아인슈타인은 "중요한 것이라고 해서 모두 셀 수 있는 것도 아니고, 셀 수 있는 것이라고 해서 모두 중요한 것도 아니다"라고 경고했다. 이런 욕망은 두 현상의 관계, 이를테면 뇌의 측정과 심리적 특성의 관계 같은 것을 찾아내려는 연구자들을 편향시켜 그 관계가 두 가지 측정에서 극단적인 값을 갖는 소수의 대상에 국한된 것일 가능성을 거부하게 만든다. 그것을 인정하면 두 사람이 질적으로 다른 종류의 사람임을 암시하기 때문이다. 테니스 팬들은 페더러, 조코비치, 나달 같은 선수가 토너먼트에 참가한 대부분의 선수보다 질적으로 월등한 기술을 소유했다고 여긴다. 한 수학자가 물리학자란 모두 똑똑하고 그중 일부는 천재지만 그중 마술사는 아주 드물다고 적은 적이 있었는데, 그 사람은 리처드 파인먼을 마술사라 여겼다.

혈류를 신경 활성의 지표로 이용하는 대부분의 과학자는 뇌의 특정 위치에 들어 있는 수많은 복셀을 관통하는 혈류의 평균적인 증가량을 측정한다(복셀은 1세제곱밀리미터의 뇌 조직임을 기억하자).

한 연구진은 사람, 신체, 장면, 사물의 사진을 보여주었을 때 특정 뇌 영역에 들어 있는 수백 개의 복셀에서 나타나는 평균 활성에 차이가 드러나지 않는 것을 발견하고 실망했다. 하지만 증거를 추가로 검사해보았더니 이 뇌 영역에서 혈류 증가가 크게 일어난 복셀 10개의 혈류 패턴이 네 유형의 사진에서 실제로 차이를 보인다는 것이 밝혀졌다. 극단적인 값에는 평균에서는 드러나지 않는 정보가 담겼던 것이다.

심리학자들은 사람의 유형을 특성에 따라 별개로 볼 것이냐, 특성이 연속적인 변화선상에 있는 것으로 볼 것이냐를 두고 차례대로 다른 판단을 해왔다. 카를 융이 믿었던 것처럼 외향적인 사람은 내향적인 사람과 질적으로 다른 것일까? 아니면 각각의 성격적 특성은 양적으로 변화하는 연속체 안에 포함된 것일까? 19세기에는 히스테리의 개념을 질적인 범주로 취급했다. 현대의 심리학자들은 히스테리의 두드러지는 특성이었던 범불안을 연속적인 특성으로 바라본다. 양적인 입장은 각 개인이 다양한 특성을 발달시킬 성향을 비슷하게 가지고 태어난다는 평등주의자들의 가정과 긴밀하게 맞아떨어진다. 각자가 살면서 겪는 일들이 성격 프로필의 양적인 차이를 만들어낸다는 것이다. 심리학자들은 연속적으로 변화하는 속성을 연구하는 쪽을 선호하고, 과거의 일을 기가 막히게 잘 기억하는 사람, 높이에 대한 공포 때문에 크게 고통받는 사람, 혹은 분노를 조절하지 못하는 사람 등 소수에 해당하는 사람에게는 관심이 덜하다.

양적 변화로 볼 것이냐 질적 범주로 볼 것이냐 선택하는 문제를 둘러싼 논란은 현대 과학에서 여러 형태를 띤다. 이 장에서는 이런 형태에서 두 가지를 고려한다. 하나는 종 사이에서 나타나는 차이에 대한 것이다. 두 번째는 유아나 어린 아동이 습득한 속성과 이들이 성인이 되었을 때의 속성의 관계에 관한 것이다. 어린 시절의 특성 중 일부는 무한정 보존되는 것일까, 아니면 성인기의 특성들은 어린 시절의 프로필과 질적으로 다른 것일까?

진화의 기여

찰스 다윈은 약 35억 년 전에 생긴 최초 생명체로부터 현대 인류까지 굴곡은 있었지만 단절된 적 없이 생명이 이어져 내려왔다고 가정함으로써 양적 변화라는 개념을 더욱 매력적으로 보이게 만들었다. 그 후 세대의 생물학자들은 한 종이 새로운 특성을 발현할 때 분명한 단절의 존재를 인식했지만, 이를 별것 아닌 것으로 축소해버렸다. 그 사례를 들자면 처음으로 세포핵을 가진 단세포 생명체, 처음으로 눈·척추·날개를 가진 동물, 처음으로 체내수정을 한 동물, 처음으로 매끈하지 않고 주름진 피질을 가진 동물 등을 들 수 있다. 대장균, 예쁜꼬마선충, 초파리, 제브라피시 등을 연구하는 생물학자들은 사람의 기본적인 속성 중 소수는 이런 종의 일부 형태에도 존재한다는 확고한 믿음을 갖고 있다. 한 저명한 생물학자의 말은 세균으로부터 인간까지 끊어지지 않고 이어지는 실에 대한 생물학자들의 믿음을 말해준다. "대장균에 해당하는 내용은 코끼리에게도 해당한다. 그리고 대장균에 해당하지 않는 내용은 코끼리에게도 해당하지 않는다."

루이지애나의 과학 연구진은 길이가 4센티미터에 불과하고, 인간의 4분의 1 크기에 해당하는 유전체를 가진 제브라피시가 사람에게서 나타나는 ADHD, 외상후스트레스장애, 알코올 및 약물 중독을 이해하는 데 좋은 모형이라고 주장했다. 스트라스부르대학교의 매리언 토머스Marion Thomas는 19세기 프랑스의 동식물 연구가들이 말벌의 행동으로 인간의 모성 행동의 토대를 밝힐 수 있다고 주장했음을 지적한다. 몇 편의 서로 다른 논문에서 물고기가 외로움을 느낄 수 있고, 사자가 개인주의적일 수 있다는 글을 읽고 깜짝 놀랐다. 이 두 단어는 인간에게만 사용하려고 만들어진 단어들이라서 물고기와 사자에게 적용하면 그 의미가 달라진다. 나는 물고기가 사람이 새로운 도시로 가서 친구가 없을 때 경험하는 것과 질이 같은 외로움을 느낄 수 있다고는 믿지 못하겠다. 그리고 과연 사자가 더 많은 먹이를 구하기 위해 무리의 다른 구성원들을 떠나는 대안에 대해 생각할 수 있을지 의심스럽다.

종과 종으로 이어지는 연속성에 대한 집착 때문에 영장류를 연구하는 과학자들은 설사 사람에게 고유의 특성이 있다고 해도 아주 극소수라는 점을 입증해 보이려 한다. 한 연구진은 사람을 전쟁으로 내모는 과정이 수컷 침팬지들을 또 다른 침팬지를 죽이도록 내모는 과정과 기본적인 특성은 공유한다고 주장했다. 신경과학자들은 쥐의 뇌에는 결여되어 있고 사람의 뇌에서만 볼 수 있는 독특한 세포와 회로가 기여하는 부분을 최소로 축소하려 한다. 신경과학자 토드 프로이스Todd Preuss는 인간의 뇌가 유인원에서 볼 수 없는 일부 중요한 속성을 갖는다는 주장을 할 때마다 동료들이 거기에 반대해서 심란하다고 했다. 개인적으로 주고받은 서신에서 그는 "내가 신경과학자들한테 이 문제에 대해 밀어붙이면 보통은 이런 대답이 돌아옵니다. '맞아요, 사람과 유인원은 분명 차이가 있겠죠. 하지만 내가 연구하는 뇌 영역에는 그런 차이가 없어요'"라고 적었다.

삭제와 삽입을 배제하고 나면 인간 유전체에는 침팬지의 유전체에는 없는 4500만 개 정도의 DNA 서열이 들어 있다. 이 염기 서열은 인간에게 뇌가 더 크고 연결도 잘되게 하며, 체모가 거의 없어지고, 땀샘이 많아지며, 코끝이 아래를 향하고, 직립 자세를 하며, 여성에게서는 유방이 지방으로 풍만해지게 하고, 클리토리스가 앞으로 치우친 질의 바깥 위쪽에 자리 잡게 만드는 데 기여했다.

겉으로는 비슷해 보이는 원숭이와 인간의 행동은 사실 질적으로 다른 연쇄 과정의 산물인 경우가 많다. 원숭이와 사람 모두 과일과 동물 사진을 구분하는 법을 배울 수는 있지만 사용하는 메커니즘은 다르다. 사람은 각각의 범주에 이름을 지명함으로써 신속히 문제를 해결한다. 반면 원숭이가 사용하는 전략은 사람과 달라서 똑같은 과제를 푸는 데 훨씬 긴 시간이 걸린다. 라이프치히 막스플랑크연구소의 페데리카 아미치Federica Amich는 침팬지, 보노보, 오랑우탄, 고릴라 중 예전에 자기에게 친절하게 대해줬던 동물에게 어떤 의무감을 느낀다고 해석할 만한 행동을 보여주는 일이 전혀 없는 것을 발견했다.

하버드 의대의 마거릿 리빙스턴은 취학 연령의 아동은 쉽게 풀

324

수 있는 '2+4' 같은 간단한 더하기를 원숭이에게 가르치려고 무던히 애를 썼다. 몇 달에 걸쳐 훈련시키고 수천 번의 실험을 했지만 원숭이에게 문제 풀이법을 가르칠 수는 없었다. 원숭이들은 서로 다른 개수의 검정 동그라미를 담고 있는 배열에 수학 기호를 배정하지 않았다. 리빙스턴과 동료들이 원숭이가 덧셈을 할 수 없음을 증명하기 위해 이렇게 많은 시간을 투자하는 실험을 시작한 건 아닐 것이다.

러트거스대학교의 에티엔 뫼니에Etienne Meunier는 뉴욕 아파트에서 매주 열리는 모임에 참석해도 좋다는 허락을 받았다. 이 모임에서는 약 100명의 게이가 몇 시간에 걸쳐 낯선 사람들과 구강성교와 항문성교를 나눈다. 수컷 침팬지 집단이 뫼니에가 관찰한 이런 행동과 눈곱만큼이라도 닮은 행동을 보이는 것을 상상할 수 있을까? 불가능해 보인다.

동물의 행동을 이용해 인간의 특성을 설명하는 심리학자와 동물학자들은 자신이 속한 역사적 시대를 지배하는 사회적 관심사가 자신이 어떤 특성을 연구하기로 선택할지에 영향을 미친다는 것을 인정하지 않을 때가 있다. 경쟁심이 적응에 유리한 속성이라 믿었던 18세기와 19세기의 학자들은 이 인간의 특성이 원숭이와 침팬지에게 관찰되는 행동에서 유래한 것이라 주장했다. 하지만 현대인들은 지나치게 경쟁적인 개인주의에 시달리는 경우가 많다보니 2015년 현재는 원숭이나 침팬지 혹은 다른 종에서 일어나는 협동에 대해 연구하는 과학자가 더 많아졌다. 양쪽 경우에서 모두 과학자는 확실한 증거도 없이 동물에게 경쟁과 협동을 유발하는 메커니즘이 사람의 메커니즘과 본질적으로 동일하거나 비슷할 것이라 가정한다.

내가 대학원생이었던 1950년대 예일대학교에서 스승 프랭크 비치Frank Beach는 심리학적 원리를 찾아내려 할 때는 아무 종이나 연구 대상으로 삼아도 상관없다는 전제에 회의적인 관점을 표현하기 위해 루이스 캐럴의 시 〈스나크 사냥〉을 이용했다. 대부분의 스나크는 무해하지만 몇몇 스나크는 자기를 잡으려 드는 사냥꾼을 파괴할 수 있는 부줌이다('스나크'와 '부줌'은 시에 등장하는 가상의 괴상한 생물이다). 비치는 사람에게 적용 가능한 사실을 발견하기 위해 당시 심리학 연구에서 가장 인기 있는 실험동물이었던 흰쥐를 연구하던 심리학자들이 오랜 세월 공들여 스나크라 믿는 것을 연구했는데, 알고 보니 그것이 스나크가 아니라 부줌일지 모른다는 위험을 알리려 했다. 저명한 생물학자이자 미국 국립정신보건원 원장이었던 토머스 인셀은 2014년 동료들에게 "종 간의 차이에 관심을 기울이지 않는다면 다양성의 메커니즘을 이해할 기회를 발로 차버릴 뿐 아니라 겉핥기식으로 비교하기 좋아하는 사람들을 오해하게 만들 것이다"라고 경고했다.

인간 발달의 연속성

사람은 중독에 걸린 것처럼 사건의 기원에 대해 궁금해한다. 3세라는 이른 시기부터 아이들은 '왜'라는 질문을 던지기 시작하고, 6세면 현재 일어나는 사건이 앞서 일어났던 사건에 의해 야기됐다고 자동적으로 가정하기 마련이다. 우주, 최초의 생명체, 사람들의 심리학적 특성의 기원 등은 과학자들의 질문 목록에서 흔히 맨 위를 차지하는 항목이다. 성인의 심리 프로필에서 나타나는 다양성은 기질적 편향, 가족 안팎 사람들과의 만남에 부여하는 해석, 지역 환경 등이 뒤섞이며 나타난 결과지만, 18세기 이후 유럽과 미국의 학자들은 유아기의 선별적인 특성들이 무한정 보존되면서 성인이 되어서도 기분, 생각, 행동에 영향력을 행사한다는 것을 증명하는 일에 특히나 관심이 많았다.

일단 유아부터 성인에 이르기까지 끊어지지 않는 실로 연결되어 있다는 전제를 받아들이고 나면 생후 6개월 된 아기도 분노, 슬픔, 불안을 느끼고, 수를 더하며, 성인의 행동에 들어 있는 의도를 추론할 수 있다는 말에 쉽게 설득된다. 19세기에 전문가들은 신생아의 손바닥에 연필을 갖다 대면 자동으로 움켜쥐는 것은 성인에게서 보이는 탐욕의 유아기적 형태라고 확신했다. 그리고 젖먹이로 하여금 엄마의 젖꼭지를 물게 만드는 느낌이 성인의 사디즘으로 바뀐다는 프로이트의 말을 수백만 명의 지적인 독자가 그대로 받아들였다.

정신과 의사 존 볼비는 유아가 첫 2년 동안 엄마와 나누는 경험이 평생 보존될지도 모를 감정 상태를 만들어낸다고 확신했다. 그는 이 감정 상태를 안정 애착 또는 불안정 애착이라 불렀다. 이 과감한 개념이 암시하는 바는 한 여성과의 만족스러운 관계가 끊긴 25세 남성이 한바탕 겪는 우울증을 추적해보면, 24년 전 엄마와 함께 겪었던 경험으로 거슬러 올라갈 수 있다는 것이다. 이런 설명에서는 그 남성의 현재 취직 상태, 수입, 건강, 우정 등은 유아기의 애착 관계보다 덜 중요해진다.

워싱턴대학교의 캐서린 부스라포스Cathryn Booth-LaForce와 미네소타대학교의 글렌 로이스만Glenn Roisman이 수집한 증거는 볼비의 가정에 의문을 제기한다. 생후 15개월에 '낯선 상황'이라는 표준 방법을 이용해 측정한 유아의 안정 애착이 성인애착면접에서 작성한 답안을 바탕으로 평가한 만 18세의 애착 상태와 관련이 없다고 나온 것이다. 각 청소년들의 현재 애착 상태를 더 잘 예측해주는 변수는 유아기 애착 범주보다는 가족의 사회계층이었다. 생후 15개월에는 안정 애착 관계에 있었지만 수입이 적고, 따라서 삶의 스트레스가 더 많은 가정에서 자란 청소년이 불안정 애착 관계로 분류되었다는 것이 놀랄 일은 아니다.

메릴랜드대학교의 한 연구진도 안정 애착 관계에 있던 유아와 불안정 애착 관계에 있던 유아가 청소년기에 불안 수준에서 전혀 차이가 나지 않음을 발견함으로써 이런 사실을 확인해주었다. 이것을 설명해줄 한 가지 이유는 불안정 애착 관계로 분류된 유아 중 일부는 예상치 못한 사건에 따르는 격렬한 고통으로부터 자신을 보호해주는 기질을 타고났기 때문이다. 엄마가 아무런 설명도 없이 갑자기 의자에서 벌떡 일어나 아이를 낯선 방에 혼자 내버려두고 문을 열고 나가버리는 것이 그런 예상치 못한 경험에 해당한다. 이런 유아는 엄마가 떠날 때도 울지 않고, 3분 후에 엄마가 돌아왔을 때도 계속 놀고 있었기 때문에 애착 이론가들은 이런 행동이 불안정 애착을 반영한다고 믿는다. 하지만 이 유아의 기질 덕분에 이런 사건에 뒤따르는 두려움을 줄일 수 있어서 이런 식으로 행동한 것이라는 주장 역시 설득력이 있다.

생후 첫 2년 동안의 경험에 형성력을 부여하기로 한 볼비의 결정은 그보다 2세기 앞서 목사들이 신도들에게 엄마가 아이를 대하는 방식이 장차 아이가 가질 성격의 토대가 된다고 말하면서 시작된 전통을 이어갔다. 지그문트 프로이트와 에릭 에릭슨은 이 개념을 더욱 강화했다. 서구 문화의 산물인 세 사람은 모두 확실한 증거도 없이 생후 첫 시기의 경험이 아이의 장래에 심오한 영향을 미치는 것이 분명하다고 가정했다. 이들이 이해하는 유아의 뇌는 인간의 정신을 경험에 따라 영구적으로 변화시킬 준비를 하는 텅 빈 표면이라고 이해한 존 로크의 생각 혹은 엔지니어가 생각하는 새 컴퓨터 하드디스크의 이미지와 비슷하다.

뇌를 하드디스크에 비유하는 것은 문제가 있다. 신경세포는 경험에 따라 변하더라도 그 경험이 반복되지 않으면 원래의 형태로 되돌아갈 때가 많기 때문이다. 유아의 뇌는 놀라울 정도로 회복탄력성이 높은 것으로 나타났다. 브라질의 한 연구팀은 양쪽 반구 사이에 연결이 없이 태어난 희귀한 아동의 뇌도 성장하는 과정에서 어떻게든 다른 대안의 연결을 만들어낸다는 것을 발견했다. 백내장 때문에 시각장애를 갖고 태어난 청소년과 성인도 백내장을 치료한 후에는 공간 추론이 필요한 문제 풀이 능력이 놀라울 정도로 발달한다. 한 고양이 실험의 결과는 더욱 설득력이 있다. 웨이크포레스트대학교의 과학자들은 생후 3주 된 새끼 고양이의 한쪽 뇌반구에서 고양이가 빛을 향해 움직일 수 있게 해주는 영역을 비활성화했다. 그렇게 해서 생후 1년이 된 고양이들의 행동은 비정상적이었지만, 놀랍게도 생후 4년 즈음에는 이 고양이들이 정상적인 고양이에게서 보이는 수준의 능력을 습득했고, 초기에 보였던 문제점이 더 이상 보이지 않았다.

대부분의 청소년이나 성인은 생후 3년 전에 일어났던 사건을 전혀 기억하지 못한다. 특히 중요한 개인적인 경험이 일어났던 시간과 장소를 기억 못 한다. '유아 기억상실증'이라고 하는 이 현상이 일어나는 이유는 해마에 의해 중재되는 세 과정이 결여되었기 때문인지도 모른다. 해마는 4세 정도가 돼야 성인의 수준으로 성숙한다. 성숙한 해마는 두드러지는 사건을 그 환경과 결합해서 통합된 표상을 창조해낸다. 이 구조물은 또한 한 사건의 스키마(유아에게는 사건의 스키마가 의미론적 의미가 없는 한 장의 스냅사진과 비슷하다)를 단어의 네트워크와 연결하는 역할도 한다. 초기에 생성된 스키마에는 단어로 꼬리표가 달려 있지 않기 때문에, 아이가 커서 2세 때 일어났던 사건을 떠올리려고 하면 잘 생각나지 않는다. 마지막으로 미성숙한 해마는 어린 시절에 겪었던 대부분의 경험을 장기 기억을 유지하는 피질의 뇌 영역으로 전달하지 못할 가능성도 있다.

유아 기억상실증은 생후 첫 3년 동안에는 이런 과정이 이루어지지 않는다는 것으로 설명할 수 있는데, 이것이 암시하는 바는 만 3세 전 경험의 상당수는 정신적 외상을 제외하고 청소년이나 성인의 행동, 신념, 감정에 최소의 영향만을 미친다는 것이다. 이런 주장은 대부분의 경우 3세 아동의 성격 특성으로는 성인이 되었을 때의 성격 특성을 제대로 예측하지 못한다는 사실과 6세 이후부터는 이런 예측 능력이 향상된다는 사실과도 잘 맞아떨어진다. 다른 많은 사실과 더불어 이런 사실들은 생후 첫 1년 동안에 일어나는 사건에 특별한 중요성을 부여하는 입장과 배치된다. 유아기와 그 후의 아동기 사이에 심각한 단절이 있음을 지적하는 증거들이 축적되면서 자신의 주장을 입증해야 할 부담이 유아기의 특성이 무한히 보존된다는 것을 아직도 믿는 사람들에게로 넘어갔다.

심리적 속성의 성숙

모든 건강한 아동에게는 첫 15~18년 동안 해마의 변화와 뇌의 변화가 일어나는데, 이런 변화와 함께 어린 유아에게는 없던 새로운 정신적 능력과 감정이 등장한다. 중요한 변화가 일어나는 시기는 생후 8~12개월 사이, 생후 1년, 2년, 3년, 4년, 5년, 7년, 11년, 15년 이다.

생후 7~8개월 지난 유아들은 두 사건을 작업기억 속에 5~10초 정도 유지할 수 있다. 이 능력 덕분에 유아들은 현재의 사건과 몇 초 전에 일어났던 사건을 연관 지을 수 있다. 이런 능력이 생겼음을 보여주는 한 가지 신호는 엄마가 자기를 익숙하지 않은 장소에 두고 떠났을 때 갑작스럽게 울음을 터트리는 것이다. 아기가 우는 이유는 방금 전 엄마가 존재하던 스키마와 엄마가 존재하지 않는 현재의 스키마를 떠올릴 수는 있지만, 두 스키마를 서로 연관 짓지는 못하기 때문이다. 이렇게 연관 짓는 능력이 결여되어 불확실성의 상태가 따라오고, 이것이 울음을 유발한다. 과거와 현재의 스키마를 작업기억 안에 유지할 수 있게 측두엽 피질과 전액골 피질의 뇌 영역들에 확고한 연결 관계가 확립되기 전에는 이런 불확실성 상태와 그에 뒤따르는 울음이 일어날 수 없다. 뇌졸중, 뇌 감염, 알츠하이머 등으로 이런 뇌 영역들의 연결성에 장애가 온 사람은 비행기 엔진에서 나는 이상한 소리를 과거에 여러 번 비행기를 타면서 생긴 정상적인 엔진 소리 스키마와 연관 지을 수 없다. 그래서 이런 사람은 이상한 소리가 나도 불안한 마음이 생기지 않는다.

2년째가 되면 세상을 바라보는 아이의 관점을 근본적으로 바꾸어놓고, 인간의 심리적 속성을 유인원과 영원히 나누어놓는 새로운 능력 사총사가 등장한다. 바로 기호언어, 옳고 그른 것에 대한 초보적인 이해, 추론 능력, 의식이다. 아이는 이제 수많은 단어와 짧은 문장을 말하고 이해하기 시작한다. 만 2세 아이는 과자가 사라진 것을 보고 "다 없어졌어"라고 말한다. 일부 아이는 사물을 가리키며 "이건 뭐예요?"라고 묻고, 이름에 대한 호기심을 드러낸다.

2세 아이는 옳은 행동과 나쁜 행동을 초보적으로 이해한다. 라이프치히 막스플랑크연구소의 마이클 토마셀로와 그의 아내는 딸이 2세였을 때 말하는 것을 녹음했다. 이 아기가 말하는 문장을 확인해보니 금지된 행위가 무엇인지 이해하고 있다는 것이 드러났다. 아이가 이런 말을 했기 때문이다.

"미안해, 아기 인형아."(인형의 머리카락을 빗겨주다가 빗이 머리카락에 끼었을 때.)

"이거 닦아야 돼."(신발에 흙이 묻었을 때.)

"안 돼!"(우유를 엎질렀을 때.)

부적절한 행동에 대한 어린 시절의 인식은 더 나이가 들었을 때 양심으로 자리 잡을 속성의 초기 단계에 해당한다.

타인의 생각과 느낌을 추론하고, 자신의 느낌이나 의도, 행위의 일부를 의식으로 자각하는 능력이 앞에 나온 재능 사총사를 원숙하게 만들어준다.

두 살배기 아이는 부모가 아프다거나, 낯선 사람이 도움을 필요로 한다거나, 아기 형제가 배가 고프다는 것을 추론한다. 아이는 또한 일부 의도, 동기, 느낌에 대해 인식하며, 그중 일부는 기술하는 경우도 있다. 마이클 토마셀로의 딸은 만 2세가 되기 전에도 "눈이 아파요", "저 사람 무서워요", "혼자서 해요"라는 말을 했다. 일부 2세 아이는 "메리가 먹어요", "메리가 올라가요", "메리가 앉아요" 등 현재 일어나는 자신의 행동을 묘사해서 새로 발견한 자기의 의식을 드러내기도 한다.

도시, 산간벽지, 정글, 산자락, 해변, 사막 등 어디에 살든지 생후 14~24개월의 모든 건강한 아이에게 네 가지 속성이 초기 형태로 등장한다는 사실은 뇌의 성숙 변화, 특히 좌뇌와 우뇌의 연결성 강화 등의 변화가 더욱 풍부해진 지식과 함께 작동해서 인간 고유의 심리적 과정을 만들어낸다는 것을 암시한다. 갑자기 나무가 쓰러진다거나 하는 예상치 못했던 사건이 일어나면 아이는 "엄마, 나무가 왜 쓰러져요?"라고 묻는다. 하지만 이런 예상치 못한 사건이 일어났을 때 새끼 유인원이 아이가 의도한 것과 똑같은 의미가 담긴 몸짓이나 목소리로 반응하는 것을 관찰한 사람은 아무도 없다. 27개월 된 아이가 비가 막 내리기 시작하는 것을 보고 엄마에게 "비는 왜 내려요?"라고 묻는다. 하지만 침팬지는 어리든 어른이든 소나기가 내린다고 해서 어리둥절해하는 모습을 보이지는 않는다. 유인원은 모든 사건에는 그에 앞서는 원인이 있다고 자동으로 추론하지 못하기 때문이다.

앞서 일어났던 일련의 사건을 통합해서 그것을 현재와 연관 짓는 능력은 3~4세를 거치면서 크게 향상된다. 그래서 4세 아이는 동사가 나오면 문장이 끝나리라고 예상하는 능력이 더 좋아진다. 한 예로 아이가 식탁에 앉아 스크램블드에그를 손가락으로 집어 먹다가 엄마가 "Please eat with a …밥은 …로 먹어야지"라고 말하는 것을 들었다고 해보자. 그럼 아이는 그다음에 나올 단어가 'fork포크'라고 예측한다. 4세 아이는 며칠 전에 일어났던 사건을 기억해서 그것을 현재와 연관 지을 수 있다. 따라서 현재의 사건, 이를테면 공항으로 가는 택시에 올라타는 아빠나 엄마에게 손을 흔드는 것과 부모가 3일 후에 돌아온다는 것이 자동으로 연결된다. 사건의 원인을 그 기원으로 돌리는 습관이 유지되다 보면 4세 아이는 죄책감을 느낄 수 있다. 너무 빨리 달려오다가 탁자 위에 놓인 화병을 떨어뜨린 아이는 화병이 깨진 이유가 자신의 부주의함 때문임을 이해하고 스스로를 자책하거나 수치심이나 죄책감을 순간적으로 느낄 수도 있다.

선진국에서 자라는 아이의 경우 4~7세에 다섯 가지 중요한 심리적 속성이 추가된다. 적절한 의무교육이 시행되지 않는 빈곤하고 고립된 지역에 사는 아이의 경우에는 이런 변화가 몇 년 늦게 찾아온다. 이런 새로운 재능이 추가되면서 우뇌보다 좌뇌가 더 우세해지고, 경험을 인식할 때 언어에 대한 의존성이 강화된다.

아이는 이제 사물, 사람, 사건이 몇 가지 의미론적 범주에 속할 수 있다는 것을 이해한다. 한 여성은 엄마일 수도 변호사일 수도 아내일 수도 있고, 각각의 역할에는 별개의 책임이 뒤따른다. 7세 아동은 자기 역시 다양한 의미론적 범주에 속한다는 것을 안다. 자기는 여자아이일 수도 남자아이일 수도 있고, 가톨릭 신자일 수도 개신교 신자일 수도 있으며, 히스패닉계거나 흑인일 수도 있고, 부자거나 가난할 수도 있다. 각각의 범주는 존중해야 할 것 같은 가치관들이 연결되어 있다. 남자아이들 중에는 남자는 용감하고 겁이 없어야 한다고 믿는 아이가 많다. 그래서 소심한 남자아이는 자기가 이해하는 이상형에 맞추기 위해 부끄러워하는 행동이나 겁이 나서 피하는 행동을 억눌러 자신의 외적 인격(페르소나)을 바꾸려 한다. 이때는 가족뿐만 아니라 민족, 종교, 사회계층과의 동일시가 기분, 예상, 자신감의 중요한 결정 요소로 등장하는 시기이기도 하다.

6세 아동은 한 사건이 한 가지 이상의 의미를 가질 수 있다는 사실을 깨달은 덕분에 한 문장이 담고 있는 문자 그대로의 의미와 빈정대는 의미를 구분할 수 있다. 영어에서 빈정거릴 의도로 말을 하는 성인은 흔히 문장의 마지막 단어를 낮은 음으로 말한다. 만약 텔레비전에서 야구선수가 쉬운 플라이볼을 떨어뜨리는 장면을 보고 아버지가 '잘 잡았네'라고 말하면 그 옆에 앉아 있던 6세 아들은 아빠가 한 말을 곧이곧대로 받아들여야 할지, 빈정거리는 말로 받아들여야 할지를 마지막 단어의 음높이를 듣고 결정한다.

5세 미만의 아이도 다른 두 물체가 똑같은 색이나 모양을 공유한다는 사실을 감지할 수 있다. 하지만 물리적으로 서로 다른 사건들이 똑같은 관계를 공유할 수 있다는 사실을 이해하는 능력은 떨어진다. 예를 들어 작은 공과 큰 공의 관계는 작은 개와 큰 개의 관계와 똑같다. 부모와 자식의 관계는 선생님과 학생의 관계와 비슷하고, 양쪽 관계 모두 나이가 더 많은 사람에게 복종을 요구한다.

행동에 나서기 전에 대안을 생각해보기 위해 잠시 멈추는 것도 이 시기에 나타나는 세 번째 능력이다. 과거와 현재의 사회 대부분은 이런 성숙도를 인식했기 때문에 일반적으로 정식 교육은 6~7세가 될 때까지 기다렸다가 한다.

마지막으로 6세 아동은 단어를 듣고 스키마를 활성화하는 경우가 그전보다 줄어든다. 예를 들어 4세 아이의 언어 자유연상에는 스키마가 대단히 풍부하다. 이 아이들은 '개'라는 단어에는 '짖는다', '해'에는 '빛난다', '아빠'한테는 '일한다'라고 말한다. 반면 7세 아동은 '개'에는 '고양이', '해'에는 '달', '아빠'에는 '엄마'로 반응하는 경향이 있다. 감정 단어에서 간혹 스키마를 박탈한다는 것은 아이가 그 사람이 미쳤다, 슬프다, 무서워한다, 행복하다 등의 말을 그와 관련된 감정을 경험하지 않고도 말할 수 있다는 것이다.

사춘기에 일어나는 뇌 변화를 통해서는 또 다른 새로운 능력

사총사가 나타난다. 청소년들은 실제 경험과의 관련성과는 별도로 제시된 증거에 논리를 적용해서 확실한 답을 도출할 만한 문제가 있음을 이해한다. 7세 아동은 이런 특성이 있는 문제와 그렇지 않은 문제의 차이를 이해하지 못한다. 이들은 가상의 질문에 속하는 사실보다는 자기가 참이라는 것을 아는 사실에 의존한다. 반면 청소년들은 가상의 사건에 대해서도 올바르게 추론할 수 있다. 예를 들어 청소년들은 다음 세 문장에서 앞서 나온 두 전제에 뒤따라 나온 세 번째 문장의 결론이 옳다는 것을 파악할 수 있다.

1. 날개가 달린 것은 모두 날 수 있다.
2. 수박은 날개가 있다.
3. 따라서 수박은 날 수 있다.

아동들은 이러한 결론이 과거의 경험과 충돌하기 때문에 이를 거부한다.

젊은이들은 다양한 비유를 이해한다. 한 개념의 일차적 특성, 이를테면 사람을 해칠 수 있는 고릴라의 능력 같은 특성과 또 다른 개념의 이차적 특성, 이를테면 남자아이라는 특성의 관계를 감지할 수 있기 때문이다. 따라서 "남자아이들은 학교의 고릴라다"라는 말이 똑똑한 비유임을 이해할 수 있다. 6세 아동은 이런 문장을 곧이곧대로 이해하기에 혼란에 빠지기 쉽다.

가능한 문제 해법을 모두 고려해봤다는 확고한 믿음이 이 시기에 등장하는 세 번째 능력이다. 임신한 사실을 부모에게 말하지 못하고, 애 아빠는 어디에 있는지 모르겠고, 낙태를 할 돈도 없는 10대 소녀는 자기가 문제를 해결할 모든 해법을 검토해보았지만 마땅한 해결 방안이 없다고 확신하기에 우울증에 빠지기 쉬워진다.

신념 체계에 존재하는 의미론적 모순을 자동적으로 감지하고, 그것을 해결할 필요성을 느끼는 것이 사총사의 마지막 요소다. 자기한테는 따뜻하게 대하지만 엄마에게는 비합리적으로 가혹하게 대하는 아버지를 둔 청소년은 아버지를 평가하려 할 때 모순과 마주한다. 이 모순을 해소하려는 욕구를 느낀 청소년은 아버지가 좋은 사람인지 나쁜 사람인지를 확실히 정해야겠다고 마음먹는다. 아버지에게 성추행을 당한 적이 있는 여자 청소년은 극심한 갈등에 부딪친다. 아버지가 기본적인 신뢰를 배신했으므로 나쁜 사람인지, 아니면 저항했어야 했는데 수동적으로 대응했으니까 자기에게도 부분적으로 책임이 있는지 판단해야 한다.

현대의 많은 젊은이는 네 가지 모순을 해소하려고 애쓴다. 만약 남성과 여성이 평등하게 대우받아야 한다면, 어째서 지도자 역할은 남성에게 돌아갈 때가 많을까? 남들 걱정보다 자기 걱정을 먼저 해야 한다면, 내가 다른 사람의 안녕을 더 염려해야 하는 때는 언제일까? 사회적 지위 향상이 공허한 개념이라면, 높은 자리에 올라가려고 열심히 일해야 하는 이유가 무엇일까? 신이 인간을 사랑하고 전지전능하다면, 대체 왜 인간에게는 그리도 많은 고통이 따를까?

경험을 어떻게 해석할 것인가

앞에 기술한 재능이 등장하면서 그 결과로 아동기의 산물 중 상당수는 바뀌고, 일부 사례에서는 아예 제거되기도 한다. 어린 시절에는 우울한 기분을 느끼는 기미가 전혀 보이지 않았던 여자 청소년들 사이에서 우울증 발병률이 증가한다는 것이 그 예다. 성적으로 학대당했던 어린 소녀는 성학대 직후 말고는 청소년기나 성인기 초반까지 대체로 심각한 우울 증상을 보이지 않는다. 오히려 나중에 그 사건에 대해 곰곰이 생각하다가 어쩌면 자기도 그런 학대가 일어난 데 일부 책임이 있을지도 모른다는 자각이 우울증 증상이 생기는 데 중요하게 기여한다.

아버지에게 성추행을 당한 6세 소녀는 아버지가 자기 침실로 들어오면 두려움을 느낄 것이다. 자기가 아버지의 행동을 막을 능력이 있는지 확신이 서지 않기 때문이다. 20년 후 이 경험에 대해 생각하다 보면, 이 여성은 이 추한 사건의 파트너였다는 것에 수치심을 느끼고 자신의 신뢰를 저버린 아버지에 대한 분노가 치밀어 아버지의 학대 행동에 저항하지 않은 것에 죄책감을 느낄 가능성이 크다. 과거의 사건에 부여한 해석인 수치심과 죄책감이라는 감정이 우울증을 만들어내는 것이다. 여기서 말하고자 하는 요점은 이후의 행동과 기분을 만들어내는 주요 원인은 사건이 일어날 당시의 경험이 아니라 그 경험에 대한 훗날의 해석이라는 점이다.

1937~1941년 나치에게 죽임을 당하거나 투옥되는 것을 피하기 위해 어쩔 수 없이 독일이나 오스트리아를 떠나야 했던 유대인 어린이는 나중에 그것을 어떻게 생각했느냐에 따라 서로 다른 이데

올로기를 발달시켰다. 일부는 자기를 받아준 국가에서 자신이 아웃사이더가 됐다는 느낌을 결코 극복하지 못했다. 또 다른 아이는 자기만 살아남았다는 죄책감을 극복하지 못했다. 어떤 아이는 계속 분노한 상태로 남아 있었다. 그리고 어떤 아이는 세상을 더 나은 곳으로 만드는 일에 자신의 삶을 바치기로 결심했다.

대부분의 관찰자가 스트레스가 크다고 여기는 사건들을 모든 아동이 경험한다. 그로 인한 심리적 결과를 만들어내는 것은 그 사건과 이후의 감정에 대한 아동의 해석이다. 지금의 세대는 높아지는 해수면으로 도시가 바다에 잠기는 이미지, 지각판이 태평양판 아래로 밀고 들어가면서 거대한 지진이 발생하는 이미지, 악당이 핵무기를 폭파하는 이미지 등에 생생하게 노출되어 있다. 이런 이미지가 어쩌면 현세대에게 그들의 부모나 조부모 세대보다 더 불확실한 미래의 개념을 만들어내는지도 모른다.

가까운 과거와 현재의 방임

아이가 성인으로 자라는 동안 뇌, 유전자, 가치관, 단어의 의미, 제도 등에 중요한 변화가 일어난다는 증거를 놓고 보면 일부 과학자들이 먼 옛날의 경험에는 큰 형성력을 부여하면서 최근과 현재의 상황을 무시하는 이유가 대체 무엇인가 하는 의문이 생길 것이다. 한 예로 재레드 다이아몬드는 보츠와나의 수렵-채집 집단에서 현재 볼 수 있는 여러 관습이 10만 년 전 그들 선조의 행동과 닮았다는 것을 믿으라고 독자에게 요구한다. 이 추측은 10만 년 전의 사건이 현재의 행동에는 거의 영향을 미치지 않았다고 가정한다. 다이아몬드는 약 5000년 전 고대 문명의 중요한 세 도시, 즉 우루크, 우르, 바빌로니아가 자리 잡았던 지금의 이라크 지역이 현대에 와서는 낙후된 지역 중 하나라는 사실을 깊이 생각해본 것인지도 모르겠다.

과학자들은 원인을 관찰할 수 없는 현상에 대해 설명하기를 싫어한다. 어쩌면 이런 편견이 심리학자가 과거를 우선시하고, 심지어 에로틱하게 포장하기도 하는 이유인지도 모른다. 심리학자들은 인터넷, 언론, 부모의 경제적 궁핍 등이 청소년의 생각에 미치는 영향보다는 관찰 가능한 부모의 방임이나 자유방임적인 사회화가 청소년에게서 폭음, 자유방임적인 성생활, 반사회적인 행동이 많아지는 이유를 더 잘 설명해준다고 가정하는 것에 더 매력을 느낀다. 생각은 측정하기가 어렵기 때문이다.

만약 생후 첫 3년 동안 일어난 사건들이 전문가들이 가정하는 것보다 미치는 영향력이 작다면 심리학자들은 최근의 경험과 현재의 상황에 더 관심을 기울일 것이다. 이 연구자들은 피터 그랜트와 로즈메리 그랜트의 연구서를 읽어보면 도움이 될 것 같다. 이 부부는 갈라파고스의 작은 섬 대프니메이저에 사는 핀치 세 종의 부리 형태와 크기가 바뀐 이유는 예측 불가능한 기후적 사건 때문이었음을 발견했다. 그랜트 부부는 처음 1년 동안 각 종의 부리 형태와 크기를 측정하고 30년 후에 관찰한 값과 비교해보았는데, 모두 관련 없는 값으로 바뀌어 있었다. 이는 엘니뇨로 가뭄과 홍수가 예측할 수 없게 발생하는 바람에 이 섬의 먹이 공급 양상이 본질적으로 바뀌었기 때문이다. 그 결과 꽃부터 씨앗까지 다양한 경도의 먹이를 구하는 데 최적화되어 있던 부리 형태가 시간의 흐름 속에 변화했다. 과거는 미래를 말해주는 좋은 예측 변수가 되지 못했다.

아돌프 히틀러만큼이나 많은 사람을 죽음으로 이끈 이오시프 스탈린은 열다섯 살 때만 해도 성직자가 될 꿈을 꾸고 성적도 좋은 양심적이고 고분고분한 신학대학교 학생이었다. 그런데 당시 신학대학교 몇몇 수도자와 불행한 경험을 했고, 학생들 중에 러시아 황제에 반대하는 집단이 있었다. 이 둘 모두 예측 불가능한 일이었는데, 이것이 스탈린을 급진주의자로 만들었고, 결국 그 뒤로 전혀 다른 길을 걷기 시작했다.

허버트 후버가 아이오와의 작은 마을에 살던 어린 시절에 부모를 모두 잃지 않았더라면 오리건으로 가서 삼촌과 사는 일도 없었을 것이고, 그에게 얼마 전에 세워진 스탠퍼드대학교에 다니라고 권해준 고등학교 선생님도 만나지 못했을 것이다. 그가 스탠퍼드대학교에 가지 않았더라면 나중에 경험이 부족한 젊은 허버트를 호주의 새로운 금광 관리자로 추천해준 영향력 있는 교수에게 강의를 듣지도 못했을 것이다. 후버는 이 제안을 받아들인 덕분에 젊은 나이에 은퇴할 수 있을 정도로 충분한 돈을 벌었다. 그래서 그는 워싱턴으로 가서 정치에 발을 들이기로 결심한다. 그렇게 50년 동안 이어진 예측 불가능한 사건들이 없었다면 허버트 후버는 미합중국의 대통령이 되지 못했을 것이다.

만일 나보다 나이 많은 한 심리학자가 1956년 오하이오주 옐로스프링스에 있는 펠스연구소에서 제안한 프로젝트를 거절하지 않앉더라면 내가 1년 후에 거기 고용되어 그 프로젝트를 지휘하는 일은 일어나지 않았을 것이다. 그 덕분에 《출생에서 성숙까지Birth to Maturity》라는 책이 나왔고, 책 덕분에 나는 하버드대학교에 교수로 초청받을 수 있었다. 만약 내가 미국 국립보건원으로부터 과테말라의 영양 상태에 대한 연구 제안을 평가해달라는 요청을 받지 않았더라면, 1972년에 아티틀란호수의 산 마르코스 라 라구나 마을에서 발달을 연구하지도 않았을 것이고, 그럼 '유아 결정론'에 대한 내 생각도 바뀌지 않았을지 모른다. 그리고 보스턴의 한 정치집단에서 데이케어daycare가 아프리카계 미국인 유아에 미치는 영향에 대한 연구 프로젝트를 중단하지 않았더라면 내 동료들과 나는 중국인 유아들을 끌어들이지 않았을 것이고, 그럼 인간의 기질에 대한 생산적인 연구도 시작할 수 없었을 것이다. 30년 동안 이 예측 불가능한 사건들 중 하나라도 일어나지 않았다면 나의 과학 연구는 아주 다른 길을 걸었을 것이다.

초월적 진리에 대한 욕망도 유아 결정론에 매력을 느끼는 중요한 이유 중 하나다. 신, 지식의 아름다움, 결혼의 신성 등 앞선 세기에서 이런 기준을 충족했던 것들이 지금은 그 빛을 일부 잃고 말았다. 요즘에는 자기 아기 돌보는 일을 다른 사람에게 맡기는 엄마가 많아지면서 생모와 아기의 신성한 유대 관계가 위기에 처했다. 이런 관계의 중요성을 고집스럽게 주장하는 데는 이런 아름다운 개념을 포기하는 것에 대한 강한 거부감도 한몫한다. 미국인과 유럽인은 생모와 아기의 사랑 넘치는 관계가 만들어내는 결과가 초월적 진리에 해당하지 않는다면 거친 바다에서 조잡한 뗏목

위에 혼자 떠 있는 신세가 될까봐 두려워한다.

최근의 연쇄적 사건과 오래된 연쇄적 사건

어떤 사건들은 역사가 짧고, 어떤 사건들은 역사가 길다. 중국의 GDP 규모가 극적으로 상승한 것은 베이징에서 내린 정치적 결정이 그 기원이었고, 이것은 30년도 안 된 일이다. 1950년대에 미국은 전 세계에서 가장 존경받는 나라였다. 하지만 현재 독일, 프랑스, 영국의 수많은 정치인은 자기네 나라가 도덕적으로 타락한 것이 미국의 기업과 언론 탓이라고 비난한다. 불과 두 세대 만에 미국의 품위가 떨어지고 만 것이다. 사람의 평균 수명, 그리고 전 세계적으로 10세 이하나 70세 이상의 인구 비율이 극적으로 증가한 것도 비교적 갑작스럽게 발생한 사건이다. 이것은 10만 년 이상 된 종에서 불과 100년도 안 되는 기간에 이루어진 의학의 발전 덕분에 일어난 일이다.

어떤 현상은 더 긴 역사를 필요로 한다. 타가트 머피는《일본과 과거의 족쇄Japan and the Shackles of the Past》에서 일본인들 사이에서 권위에 대한 존중, 자기네는 독특하다는 느낌, 강력한 국가의 정체성, 모순을 받아들이는 능력이 수세기에 걸쳐 보존되어온 것에 대해 이야기한다. 물리학자들은 까마득한 과거에 시작된 사건의 연속성을 굳게 믿는 사람들이다. 이들은 자기네 전파망원경이 137억 년 전 빅뱅이 일어난 뒤에 현재까지 남아 있는 에너지의 잔재를 감지해냈다고 확신한다.

생후 3년 때의 프로필을 가지고 성인이 되었을 때의 특성을 예측할 수 없다는 건 분명히 밝혀진 사실이다. 하지만 7세 이후의 프로필을 통해서는 예측 능력이 조금 상승한다. 여기에는 아이가 다니는 학교의 질과 성별, 민족, 사회계층, 종교 집단과의 동일시도 한몫한다. 여기에 덧붙여 나중에 겪는 경험도 아이의 초기 기질적 편향과 맞아떨어지거나 혹은 모순되는 반응을 만들어낼 수 있다. 익숙지 않은 사건이 일어났을 때 크게 불안을 느끼게 만드는 기질을 타고난 아이들 중 일부는 수동적이고 수줍음 많은 청소년이 된다. 반면 유아기에 똑같은 기질을 가졌던 아동이 지배적인 태도를 가질 때도 있다. 우리 실험실에서 나온 증거나 메릴랜드대학의 네이선 폭스가 내놓은 증거만 봐도 똑같은 기질을 가졌던 아이들이 발달 과정에서 행동 프로필이 바뀌는 경우가 많다는 것을 확인할 수 있다. 예를 들면 수줍음 많고 소심한 2세 아이 중 4년 뒤에도 그런 프로필을 유지하는 아이는 15~20퍼센트 정도에 불과했고, 자신감 넘치고 사교적이었던 2세 아이 중 적어도 40퍼센트는 시간이 지나면서 좀 더 과묵한 성격으로 바뀌었다. 어린 시절에는 도전에 맞서 과감한 접근법을 선호하는 기질적 편향을 가졌던 사람은 생활환경에 따라서 사업가, 변호사, 외과 의사, 정치인, 헤지펀드 관리인, 밀수업 등의 다양한 경력을 선택할 수 있다.

만 5~6세 정도에 영향력을 행사하는 가족, 민족, 사회계층, 종교 집단 등과의 동일시는 미래의 선택에서 자신감과 의심 사이의 균형에 영향을 미친다. 가족을 버린 아버지에 대해 생각하는 20세 여성이 남자는 믿지 못할 존재라고 판단해서 결혼하지 않겠다고 맹세할 수도 있고, 반대로 행복한 결혼 생활이 가능하다는 것을 증명해 보이기 위해 결혼을 선택할 수도 있다. 괴롭힘의 희생자였던 청소년 중 일부는 권력 있는 위치에서 타인을 지배하는 사람은 역할 모델로서 바람직하지 않다고 판단한다. 이런 결론 때문에 결국 그 청소년은 책임 맡는 자리에 앉는 것을 피하려 들 수 있다. 그런 역할을 받아들이면 자기가 원치 않는 유형의 사람이 될 수도 있다고 생각하기 때문이다.

2세 때의 심리 프로필로는 예측할 수 없는 삶의 여정을 거대한 핀볼 기계에 비유할 수 있다. 이 기계에 설치된 장애물들은 핀볼 공이 만날 수 있는 일련의 도전을 상징한다. 공의 크기와 무게는 아이의 기질적 편향을 상징한다. 그리고 기계 꼭대기에 자리 잡은 공의 위치는 삶이 시작되는 사회계층과 문화적 환경을 나타낸다. 특정 순간에 어떤 사람의 프로필을 이해하려면 현재에서 시작해 시간을 거슬러 올라가는 삶의 이야기를 알아야 하는 이유가 바로 이것이다.

인터넷을 이용할 수 있는 사람은 누구라도 대학 강의를 들은 뒤에야 대학 학위의 의미가 무엇이며, 더 넓게는 21세기에 이루어지는 정식 교육의 목적이 무엇이냐에 대한 논의를 시작했다. 한 가지 이유는 너무도 당연한 것이라 두말하면 잔소리라 할 만하다. 바로 젊은이들이 자신의 사회 경제 체제가 요구하는 기술을 배우기 위해서다. 가족끼리 자급자족하던 농업사회에서 점점 기술이 중요한 현대의 경제체제로 역사적인 진화를 거듭하면서 특정 기술을 갖춘 노동자들이 필요해졌고, 이는 기관에서 그런 기술들을 교육해야 한다는 것을 의미했다. 이런 훈련 기회를 활용하지 못하는 사람은 방황하기 마련이다. 25~34세의 고등학교를 졸업하지 못한 미국인의 실업률은 2014년에 14퍼센트였다. 반면 대학 학위를 가진 사람의 실업률은 2퍼센트여서 이와 큰 차이를 보였다.

대학의 등장

17세기 유럽에서는 몇 가지 조건 덕분에 대륙 최초의 대학들이 설립되기 시작했다. 그 조건이란 인구 증가, 장인들의 조합(길드)이 있는 도시의 증가, 의사와 변호사에 대한 수요 증가, 자신의 지식을 다음 세대로 전달하고 싶어 하는 식자층(이들 중 다수는 가톨릭 수도원 출신)의 증가 등이었다. 대개 7~15세였던 남학생들은 문법, 작문, 법, 의학을 교사의 사택이나 그 학생들이 사는 호스텔에서 배웠다. 학생 수가 늘자(1200년 볼로냐에는 1만 명 정도의 학생이 있었다) 당시의 군주들은 시험의 행정과 평가를 관장하는 규칙의 필요성을 느꼈다. 그래야 의사, 변호사, 사제 등의 자격을 부여해준 기술을 습득한 사람을 재능과 훈련이 충분하지 못한 사람들과 구별할 수 있기 때문이었다. 결국 볼로냐, 살레르노, 파리, 옥스퍼드, 함부르크 등에 있는 교사와 학생들의 모임을 대학이라 불렀다. 이 학업의 중심지에는 어떤 남자라도 들어갈 수 있었지만, 대부분의 학생은 아들의 숙박비와 식사비, 그리고 필요하다면 교사에게 수업료도 지불할 능력이 있는 부유층 집안 출신이었다.

존경받는 대학을 졸업하면 자동적으로 졸업자의 사회적 지위도 강화됐다. 사회적 지위가 올라가리라는 기대감이 미국 최초의 대학교인 하버드대학교, 예일대학교, 윌리엄메리대학교에 입학하는 젊은 남성들 대부분의 1차적인 동기였다. 로저 가이거Roger Geiger 가 훌륭하게 정리해놓은 미국 고등교육의 역사를 보면 이 대학에 들어온 대부분의 학생은 장관, 상인 혹은 자기네 식구 중에 배운 사람이 못해도 한 사람 정도는 있다고 과시하고 싶어 하는 농부의 아들들이었다고 지적한다. 교수들은 논리학, 윤리학, 문학, 수사학 등을 영어가 아니라 모두 라틴어로 가르쳤다. 벤저민 프랭클린의 교육과정은 원예, 기계학, 산술 등을 포함했지만 광범위한 과학 교육과 공학, 농업 등은 1870년대나 되어서야 교육과정에 포함되었다. 이때는 서구에서 산업화가 이루어지고 인구가 증가하면서 좀 더 실용적인 기술을 가진 인력이 필요해졌기 때문이다.

모든 사람이 보수 좋은 직업과 사람들로부터의 존경을 약속하는 대학 교육을 받을 권리가 있다는 개념은 18세기에 유럽을 휩쓸고 지나갔던 평등주의 정신이 남긴 기풍이었지만, 20세기가 될 때까지도 미국의 교육기관은 여기에 별 영향을 받지 않았다. 2015년 현재 미국은 약 5000개의 중등 과정 후 교육기관에 1800만 명이 넘는 학생이 등록되어 있다. 그중 절반 정도는 비영리 4년제 대학교다. 나머지는 2년제 지역사회 대학교나 피닉스대학교 같은 영리추구 교육기관이다. 학자금을 융자할 수 있는 것이 중등 과정 후 교육기관 학위를 가진 미국인 비율이 40퍼센트 이상 증가한 결정적인 원인이었다.

지난 세기 동안 미국의 도시에서 부패 수준이 낮아진 데는 대중의 교육 수준이 높아진 것도 한몫했다. 링컨 스테펀스는 1903년 《매클루어스 매거진》에 미국의 6대 대도시에 만연한 뇌물 관행과 선거 조작에 대해 폭로했다. 2015년 현재도 미국 도시 가운데 부패로부터 자유로운 곳은 없지만, 현대의 정치인들은 1903년 세인트루이스, 미니애폴리스, 피츠버그, 필라델피아, 시카고, 뉴욕의 시장이나 시의회 사람들에 비하면 성인군자다.

현실과 교육의 불일치

서구 문화는 전통적으로 4년제 대학교에서 인문학 학위를 받은 사람에게 더 높은 지위를 부여해왔다. 안타깝게도 경제가 굴러가기 위해서는 꼭 있어야 하지만, 그런 인문학 학위가 필요하지 않은 직업에는 살짝 낮은 사회적 지위가 부여된다. 이런 사실이 컴퓨터, 텔레비전, 휴대전화, 자동차, 비행기, 장비, 상수도 시설, 전기 기반시설 등을 짓고 운용하며 보수하는 법을 아는 사람이 너무 적은 국가에서는 문제를 일으킨다. 이런 직업을 택했다면 그곳에서 제공하는 업무와 경제적 안정을 즐겁게 누릴 수도 있었을 젊은이 상당수가 이 직업 대신 일자리가 별로 없는 전공 분야를 선택하기 때문이다. 그래서 대학 졸업생들이 취득하는 기술과 경제체제에서 필요로 하는 기술 사이에 불일치가 일어난다. 미국 대학생들이 가장 많이 전공하는 것은 경영학이다. 컴퓨터과학에 집중하는 사람은 너무 없다. 독일이 유럽에서 경제 발전소가 될 수 있었던 데는 이런 교육을 제공하는 기관들을 가지고 있던 것도 한몫했다.

학교는 무엇을 하는 곳인가?

교육기관은 다음 세대에게 생계를 유지하는 데 필요한 기술을 알려주는 것 외로 적어도 다섯 개의 추가적인 기능을 가지고 있다. 교사는 학생들이 자기네 문화와 다른 문화의 역사를 이해하도록 돕고, 정보를 비판적으로 평가하며, 글쓰기와 말하기를 조리 있게 하고, 대부분의 사람이 합의하는 윤리적 가치관을 분명하게 표현

할 수 있는 능력을 길러준다. 마지막 항목은 미국과 유럽에서 논
란이 많다. 낙태, 종교, 우주의 기원, 성적 취향, 성 역할, 개인주의,
공동체에 대한 충성심 등과 관련해서 의견이 첨예하게 갈리기 때
문이다.

　이런 주제를 두고 주장이 엇갈리는 데다 미국인 사이에서 유행
하는 실용주의적 취향이 보태지자 인터넷으로 제공되는 대학교
교과과정이 해당 학과의 실질적인 내용을 강조하는 쪽으로 편향
되고 있다. 대부분의 사실은 규칙적으로 사용되거나 복습하지 않
으면 빠른 속도로 잊힌다. 많은 대학 졸업생은 자기가 강의를 들
었던 건물의 이름이나 위치는 기가 막히게 잘 기억하면서도 1학
년 때 배운 내용 중 기억하는 것은 5퍼센트를 넘기기 힘들다.

　사실을 배우고 습득하는 것이 교육의 가장 중요한 기능이라는
가정을 비판적으로 검토해볼 필요가 있다. 사실로 가득 찬 방은
조용한 곳이다. 대법원 판사, 대학 총장, 대기업의 최고경영자들은
자기가 배운 사실들 덕분에 그 자리에 오른 것이 아니라 특정 문
제와 관련 있는 사실이 어느 것인지 골라서, 그것을 적절하게 이
용해 해법에 도달하는 능력이 있었기 때문이다. 교수들은 보통 학
생이 강의에서 배운 내용을 평가할 때 선다형 문제를 풀어서 받은
점수를 이용한다. 하지만 이 점수로는 그 학생이 내용을 얼마나
깊이 이해하는지 제대로 파악할 수 없다. 한 연구에서는 진화론
수업을 받은 학생들이 선다형 시험에서 받은 점수와 사실들을 제
대로 정리할 뼈대가 되어줄 원리를 잘 이해하는지 판단하기 위해
설계한 면접에서 받은 점수를 비교해보니 서로 일치하지 않았다.

사실과 뼈대

어떤 주제를 선택하든 관련 사실을 습득하기가 너무도 쉬워졌기 때문에 이제 그런 사실을 알아야 할 이유가 중요성 면에서 크게 줄어들었다. 정보기술이 폭발적으로 발달하기 전만 해도 대부분의 사람들은 알고 싶은 의문점이 생기면 상당한 시간과 공을 들여야 그 해답을 찾을 수 있었다. 하루 24시간 언제라도 누구든 찾아볼 수 있는 정보가 나와 있지만 이들 중 상당 부분은 독자를 좌절시키는 중요한 의문을 밝히는 기능을 하지 못한다. 가정의 뼈대 위에 제대로 정리되지 않은 사실이나 낡은 사실은 거의 아무런 가치도 없을 때가 많다. 미국 아동이 88명당 1명꼴로 자폐증이 있다는 기사가 올라와도 자폐증 아동을 본 적이 한 번도 없고, 자폐증 아동의 특징이 무엇인지, 의사가 어떻게 그런 진단에 도달했는지 알지도 못한다면 일반 시민에게 그 기사가 무슨 소용이란 말인가? 모든 사실은 언제라도 틀린 것으로 밝혀질 가능성이 있기 때문에 사람들은 어떤 사실을 무시하고 어떤 사실을 기존의 구조 속으로 포함시킬지 결정할 수 있게 도와줄 전제들을 갖고 있으면서, 한편으로는 증거가 요구하면 기존의 신념을 새로운 신념으로 대체할 준비를 하고 있어야 한다.

현재는 과학적 사실들, 특히 사람의 건강, 기후변화, 경제 등과 관련된 사실들이 특권적 지위를 누리기 때문에 사회의 윤리적 전제와 역사에 대한 관심이 많이 줄어들었다. 하지만 이야말로 뼈대에서 본질적인 요소다. 미국 정부의 보건의료 부분 지출 수준이 높은 것을 미국인이 자기 조부모 세대보다 20년 정도 더 오래 산다는 사실과 분리해서 생각할 수는 없다. 이런 경향이 앞으로도 계속될 것이기 때문에 시민은 전이성 암이 몸에 퍼진 90세 노인을 6개월 더 살게 하려고 생명 유지 장치를 하는 것이 과연 지혜로운 일인지 생각해보아야 한다. 사회의 역사와 인구통계학과 윤리를 이해하지 못하는 사람은 암에 걸린 80세 노인이나 뇌 손상을 안고 태어난 미숙아의 생명을 연장하기 위해 디자인된 의학적 발전에 관한 새로운 사실들을 일관성 있는 관점으로 바라보게 해줄 뼈대를 박탈당한 것이나 다름없다.

생각의 규칙

특정 부류의 문제 해결과 관련된 전략의 습득도 사실의 중요성을 보충해준다. 화학과 물리학 강의를 듣는 여성들은 남성들보다 점수가 조금 낮다. 그 이유는 이런 지식 분야에서는 분자 속 원자의 공간적 패턴을 표상하는 이미지를 만들어내는 능력을 필요로 하기 때문이다. 내 경험에 따르면, 분자를 다양한 축을 기준으로 회전시켰을 때 원자의 패턴이 어떻게 보이는지 상상하는 능력은 남성이 여성보다 나은 것 같다. 일리노이대학교의 한 연구진은 화학 강의를 듣는 여성 대학생들에게 한 시간짜리 워크숍을 단 세 번만 진행해서 그와 관련된 전략을 가르쳤다. 이 워크숍은 이미지를 만들어내는 방법과 분자의 패턴을 개별 원소로 분석하는 방법을 결합해서 교육하는 것이었다. 그 결과 이 여학생들은 기말시험에서 남학생들만큼 좋은 성적을 받았다. 하지만 원자의 공간적 배열을 상상하는 능력이 좋아진다고 해서 진화나 역사 과목의 학업에도 도움이 되는 것은 아니다.

꽤 많은 수의 유럽과 북미 지역의 교육자는 물리학에서 역사까지 여러 분야에 적용할 수 있는 생각의 규칙을 습득하는 것이 사실을 공부하는 것보다 더 낫다고 믿고 있다. "학생들에게 생각하는 법을 가르치자"가 이들의 신조다. 에밀리 크로숄츠Emily Grosholz는 이런 전제를 회의적으로 바라보았는데, 나도 여기에 공감한다. 정신이 생각의 규칙을 적용할 수 있으려면 해당 학문 분야의 사실적 내용물을 먼저 가지고 있어야 하기 때문이다. 다음과 같은 규칙을 생각해보자. "어떤 현상을 설명할 때는 한 설명으로 결론을 내리기 전에 다른 대안에 대해 검토해보라." 다윈은 개와 비둘기의 선별번식에 대해 알고, 갈라파고스의 서로 다른 섬에 사는 거북이 등껍질의 다양성을 목격하기 전에는 이런 규칙을 제대로 활용할 수 없었다.

더군다나 물리학에서는 유용한 일부 생각의 규칙이 생물학에서는 그만큼 도움이 되지 않는다. 물리학자 조지 가모브는 이와 관련해 설득력 있는 사례를 보여준다. 프랜시스 크릭과 제임스 왓슨이 DNA의 구조를 발견하기 전에도 가모브는 DNA를 하나의 코드라 상상했었다. 하지만 그는 mRNA가 DNA를 오른쪽에서 왼쪽으로 전사하든, 왼쪽에서 오른쪽으로 전사하든 아무런 차이가 없을 거라 가정했는데, 이는 물리학자다운 생각이었다. 물리학에서는 대칭성이 대단히 중요한 법칙이기 때문이다. 결국 유전자 전사는 대칭적이 아니며, mRNA는 DNA를 한 방향으로만 전사한다는 것이 밝혀졌다.

보편적인 생각의 규칙을 가르치려는 열망은 1958년에 한 프로젝트로 이어졌다. 이 프로젝트를 주도한 수학자들은 수백만 달러의 연방 예산을 써가며 초등학생들에게 산수를 가르칠 새로운 전략을 구축했다. 《새로운 수학The New Math》에서 크리스토퍼 필립스는 수의 개념을 이해하지도 못하는 초등학교 2학년 학생들에게 집합론을 먼저 가르치는 학사과정이 만들어진 역사를 추적한다. 이 프로젝트는 시행된 지 불과 10년 만에 폐기됐다. 학부모와 교사들이 프로젝트가 원래의 목적을 달성하지 못한다며 불만을 토로했기 때문이다. 음악의 역사에서 입자물리학까지 광범위한 영역에 적용할 수 있는 추상적인 생각의 규칙을 가르쳐보겠다는 희망은 수명을 무한히 연장해보겠다는 것만큼이나 여전히 요원한 상태다.

동기의 필요성

온라인 강의의 가능성에 대해 논의할 때 보면 종종 학생의 동기부여에 대해서는 무시한다. 전통적인 교실 환경에서 공부할 동기를 거의 못 느끼던 사람이 똑같은 정보가 그저 컴퓨터 스크린에 나온다는 이유만으로 갑자기 학습 열의에 불타오를 가능성은 절대 없다. 인터넷 강의를 신청해놓고 끝까지 마무리하는 사람이 10퍼센트도 안 되는 이유도 그 때문이다. 대부분은 일주일 만에 떨어져 나간다. 심리치료를 비롯해 사람의 마음이나 행동을 바꾸도록 설계된 교육이나 치료법들이 모두 그렇듯이 이런 것이 효과를 보려면 고객이 자신의 현재 상태를 변화시키려는 마음이 있어야 하고,

지속적인 노력으로 이런 변화를 이끌어낼 수 있을 거라 믿어야 한다. 이 기준이 먼저 충족되지 않으면 그 어떤 조치도 성공을 기대하기는 힘들다. 2013년을 기준으로 볼 때 다양한 국가에서 운영하는 인터넷 강의를 수강하는 성인 중 80퍼센트 이상이 이미 대학 학위를 딴 상태이고, 직업적으로 더 발전하기 위해 자신의 전문 분야에 대해 조금이라도 더 배우고 싶어 하는 사람인 이유도 이 사실로 설명할 수 있다.

인문학

현대에 들어 전문 기술을 갖춘 사람에 대한 수요가 많아지면서 대부분의 대학에서 인문학의 지위가 약화되는 불행한 결과를 낳았다. 역사가, 소설가, 시인, 철학자, 예술가들은 대단히 가치 있는 존재다. 이들은 사회가 품고 있는 모순을 상기하며, 대중이 느끼는 막연한 느낌을 정확하게 표현해주고, 가치관에서 변화가 일어남을 보여주는 조짐을 처음 감지하고, 사회의 이데올로기에서 역사적 배경의 의미를 알아차리는 역할을 하기 때문이다. 파트릭 모디아노는 2014년 노벨문학상을 수상하며 발표한 강연에서 이런 점을 지적했다. 역사가들은 애덤 스미스와 데이비드 흄의 영향력 있는 저서에 반영된 새로운 개념들이 활짝 꽃을 피운 것은 스코틀랜드가 지리적으로 고립되고, 아웃사이더 신분이라는 인식을 가지고 있으며, 18세기 들어 더욱 번창하고 문학적 활동이 높아진 것 등의 조건이 조합된 때문이라고 지적한다.

과학은 진리의 궁극적인 결정권자로 패권을 거머쥐었고, 이런 관점은 제2차 세계대전의 종전 이후로 가속화됐다. 이와 함께 철학자나 역사가의 깊은 고민보다는 과학자의 연구가 두려움이나 사랑 같은 인간의 감정을 좀 더 완벽하게 이해할 수 있게 해주리라는 확신이 따라왔다. 하지만 이 전제는 문제가 있다. 감정을 정의하는 속성의 패턴은 역사와 함께 변하기 때문이다. 영원히 지옥에 떨어질 것을 두려워하던 16세기 제네바 시민의 정신 상태를 아프가니스탄 탈레반에 포로로 잡힌 미국인 국제구호원의 두려움과 같은 것으로 볼 수는 없다. 기원전 350년에 한 아테네 젊은이가 가정교사의 포옹을 받고 성적으로 흥분이 될 때의 감정은 현대 로스앤젤레스의 청소년이 고등학교 코치 선생님과 같은 자세를 취했을 때의 감정과 같지 않다. 그리스의 청소년들은 이런 상황에서 일어나는 성적인 느낌을 모두 억눌러야 할 도덕적 의무가 있다고 믿었기 때문이다.

인문주의자들은 대중이 아직 정확하게 표현하지 못하는 새로 등장한 이데올로기의 움직임을 예측한다. 도스토옙스키가 《죄와 벌》에서 묘사한 주인공 라스콜니코프는 19세기 유럽에서 신앙심은 약화되고 개인주의는 강화되면서 생긴 갈등을 포착했다. 제1차 세계대전이 끝날 무렵 유럽의 작가와 예술가들은 전쟁이 낳은 새로운 개념들을 대중이 이해할 수 있게 도왔다. 로버트 앤더슨의 1953년 연극 〈차와 동정〉은 이성애 관계 때문에 생기는 불안과 싸우는 남자 청소년들을 향해 사람들이 더욱 동정 어린 태도를 갖게 만들었다. 프랭크 커모드, 존 업다이크, 조지 케넌의 회고록은 저자들이 느꼈던 '가식'의 느낌에 대해 기술했다. 가식은 사회과학자들이 좀처럼 연구하지 않는 감정이다.

인문주의자들은 모든 사건이 특정 맥락 안에서 일어난다는 것을 우리에게 상기시킨다. 개념, 발견, 시, 교향곡, 그림 등이 창조적이라는 평가를 받으려면 대중이 독창적인 산물에 심리적으로 준비가 되어 있어야 한다. 1851년 허먼 멜빌의 《모비 딕》이 나왔을 때 미국인들은 이 소설에 담긴 개념을 받아들일 준비가 안 되어 있었고, 결국 소설은 상업적 실패로 이어졌다. 하지만 20세기의 독자들은 이 소설을 이해할 준비가 되어 있었다. 그리고 20세기 초반의 미국인 중 상당수는 프로이트의 가설을 받아들일 준비가 되어 있었지만, 베이징과 델리 거주민들은 그렇지 않았다.

인문주의자들은 겉으로 보기에는 낙관주의로 밝게 빛나는 사회에서 생기는 미묘한 긴장감을 감지해낸다. 1958년에 북미 지역 사람들과 유럽인들은 평화와 경제적 번영을 누렸고, 물리학자와 공학자는 독일과 일본과의 전쟁에서 승리하는 데 기여했다는 자부심으로 가득했으며, 대중은 소아마비 백신이 만들어지리라 기대했다. 겉으로 보기에는 미래에 대한 희망으로 사회가 밝게 빛나고 있었다.

하지만 1958년은 관객들이 사무엘 베케트의 연극 〈크라프의 마지막 테이프〉의 시작 장면에서 헝클어진 머리를 한 노인이 바나나 껍질을 밟고 미끄러지는 장면을 관람하고, 존 케네스 갤브레이스가 미국인들의 소비지상주의를 보며 한탄하고, 젊은이들은 잭 케루악의 《길 위에서》가 7월 4일 미국 독립기념일이면 마을 사람 대부분이 퍼레이드를 보러 나오고, 영화 〈바람과 함께 사라지다〉에 나왔던 클라크 게이블의 모습이 토요일 밤 데이트할 때 어떻게 처신해야 하는지 궁금해하는 젊은 남성들의 모델이 되었던 더 단순했던 시대에 대한 향수를 불러일으키는 힘이 있다는 얘기를 하던 해였다. 그로부터 불과 몇 년 후에 젊은이들은 밥 딜런의 노래 가사에 찬사를 보냈다. 그 노래에는 고통받을 때 자기를 돌보아줄 남자를 그리워하는 한 여성에 대한 그의 반응이 표현돼 있었다. "아니, 아니, 그 사람은 내가 아니야, 아가씨/당신이 찾는 사람은 내가 아니라고."

1922년에 발표된 T. S. 엘리엇의 시 〈황무지〉에 담긴 깊은 슬픔의 정서는 실패한 결혼, 지나친 완벽주의, 사회생활을 할 때 마음에서 우러나는 긴장 풀린 외적 인격을 유지하는 능력의 결여, 성적인 불확실성, 자신의 큰 귀에 대한 부끄러움, 탈장대를 착용해야만 하는 상황, 런던에 사는 미국인의 아웃사이더 신분, 경제적 불안정 등의 문제에서 기원한 불안과 비애가 뒤섞여 반영되어 있다. 하지만 엘리엇의 기분이 제1차 세계대전 전에 존재했던 낙관주의와 이상주의의 상실로 슬퍼진 사회의 기분과 비슷했기 때문에 이 시는 많은 사람이 자신의 느낌을 더 잘 표현할 수 있도록 도움을 주었다.

인문주의자의 결론은 맞는지 틀린지 판단하기가 어려워서 '어쩌면', '경우에 따라서는' 같은 답이 나올 때가 많다. 그래서 디지털 사용자를 위해 마련되는 강의들은 그런 영역은 외면해버리고, 오직 과학적 사실만이 습득할 가치가 있는 사실이라고 설득할 가능성이 있다. 나는 부디 디지털 강의를 준비하는 영리 회사들이

괜한 논란을 일으켜서 시장을 잃고 싶지 않은 마음에 이런 덜 확실한 사실들을 담고 있는 영역을 배제하지 않기를 바란다.

앤서니 그래프턴과 마리나 워너는 역사, 고전어, 철학 같은 분야가 국가 경제와 별로 관련성이 없다는 이유로 이 분야의 교수진 숫자를 줄이려는 영국 정부의 계획에 비판적이다. 대학 졸업생의 장래 수입을 대학 교육의 가치를 말해주는 주요 지표로 사용하겠다는 이 결정은 대학 경험의 총체를 전공과목의 특정 사실을 요약하는 한 질의 책과 동일시하는 것이나 마찬가지다. 미국에서도 이런 분위기가 싹트고 있다.

교육의 상징적 가치

교육기관에는 다수의 건강, 경제, 안보, 교육, 법적 권리를 책임질 소수의 사람을 선발할 수 있는 절차를 설계할 책임이 있다. 보통은 젊은이가 16년 동안 학교생활을 하면서 보여준 성적이 이런 선발의 기준이 될 때가 많다. 여기에 담긴 전제는 간단하다. 다른 사람의 돈을 투자하고, 뇌수술을 하며, 법정에서 고객을 변호하고, 다리를 설계하며, 기관을 운영할 때 책임감 있고 현명하게 행동할 가능성이 많은 40대를 찾아내려면 과거에 그와 유사한 특성을 보여주었던 사람을 살펴보면 된다는 것이다.

그래서 교육자들은 16~20년 정도의 기간에 이런 요구를 유능하게 충족시키는 데 필요한 재능을 닦고, 동기를 유지해온 사람과 그렇지 못한 사람을 가려내기 위해 시험, 논문 발표, 프로젝트 등의 형태로 일련의 장애물들을 설정해놓았다. 이것은 분명 인류 역사상 가장 긴 인사 시험이다. 군대에서도 특수작전 부대에 복무할 용기, 성격, 기술을 가진 소수정예 인력을 뽑을 때 이와 비슷한 전략을 이용한다.

전공 과정 등록을 위한 종합 시험을 반대하는 대학원생들은 시험의 목적이 첫째는 누가 성실한 사람인지 결정하고, 둘째는 자신의 학위에 상징적 가치를 불어넣기 위해 열심히 공부한 사람을 결정하기 위한 것임을 이해하지 못한 것이다. 이런 상징적 가치는 취득자로 하여금 전문가다운 행동을 해야겠다는 동기를 불어넣는다. 만약 최소의 노력으로도 학위를 딸 수 있다면 학생들은 자신의 학위에 상징적 가치를 거의 부여하지 않았을 것이다. 고통 없이는 얻는 것도 없다.

새로운 챕터

지난 세기 대부분의 기간에 미국의 학교와 대학들은 자기에게 주어진 다중의 임무를 그리 부담스럽게 여기지 않았다. 문맹이 많은 유럽 이민자 집안에서 태어난 수백만 명의 아동은 글을 읽고 쓰는 법과 산수를 배웠고, 민주주의·평등·자본주의의 가치관을 접했다. 열심히 공부한 청소년들은 대학에 들어갈 수 있었고, 그 뒤에는 많은 사람이 만족스러운 일자리를 구했다. 거의 60년에 가까운 세월 동안 이런 일련의 순서가 매끄럽게 기능했다. 4년제 대학 학위를 받은 미국인의 비율은 1940년에는 20명당 1명에서 2010년에는 3명당 1명으로 껑충 뛰어올랐다. 그런데 그 후로 사회적인 조건이 변했다.

미국인이 인종분리 학교에서 아프리카계 미국인의 교육이 적절하게 이루어지지 못하는 것을 더 이상 무시할 수 없게 되자, 대법원에서는 대중의 여론을 받아들여 미국 역사상 처음으로 인종분리 학교를 위헌이라고 선언한다. 그런데 이 역사적인 결정은 한가지 예상치 못한 결과를 낳았다. 많은 백인 부모가 흑인 학생이 많이 입학하는 공립학교에서 자기 아이들을 빼내가는 바람에 여러 도시에서 또다시 인종분리 교실이 만들어진 것이다.

그와 같은 시기에 여성의 권리가 계속 강화되면서, 그전 같으면 능력 있는 교사가 되었을 많은 여성이 의료, 법률, 과학, 경영쪽의 경력을 추구했다. 이렇게 똑똑하고 성실한 여성들이 공립학교에서 물밀 듯이 빠져나갔지만 그 빈자리를 채우고 들어온 교사들은 그전만큼 잘 훈련되어 있지도 않았고, 학업 성취에 큰 가치를 두지 않는 가정의 아동들을 잘 가르쳐보겠다는 동기 부여도 예전 같지 못했다. 교사들의 사기는 떨어졌고 체념하는 분위기에 물든 도시 학교가 많아졌다. 중학교와 고등학교에 총이나 칼이 반입되고, 교사를 상대로 물리적 공격을 가하는 사건이 종종 발생하는 일도 도움이 안 됐다. 그 결과 16~65세 미국인의 평균적인 읽기, 쓰기 능력과 산술 능력이 조사 대상이었던 22개 국가 중 11위로 떨어졌다.

아웃소싱으로 인한 제조업 일자리 감소는 노동자의 계급 분화를 가속화했고, 소득의 불균형도 더욱 심각해졌다. 대학을 졸업한 미국인 3분의 1은 고등학교 졸업장만 있는 사람보다 평균 두 배정도, 고등학교를 졸업하지 못한 사람보다는 세 배에 가까운 월급을 받았다. 이런 가혹한 현실 때문에 많은 젊은이들이 어디든 4년제 대학만 졸업하면 더 높은 월급을 받을 수 있다고 가정하기 시작했다. 자기가 공부한 내용이나 교수나 학교 친구들과의 상호교류보다는 졸업장이 더 중요하게 여겨졌다. 이렇게 상징과 그 상징이 표상해야 할 경험을 혼동하는 바람에 텍사스와 플로리다의 주정부는 자기네 주립대학교를 압박해서 1만 달러 정도의 비용으로 4년제 학위를 취득할 수 있는 프로그램을 만들게 했다. 대부분의 주립대학은 학비가 4만 달러 정도 들어간다. 이런 논리를 여행에 그대로 대입해보면, 여행객들은 갈라파고스섬으로 직접 여행을 가는 대신 갈라파고스섬의 여행 동영상이 담긴 DVD를 구입하면 여행 경비를 절약할 수 있다는 것과 똑같은 논리다.

고등교육의 미래에 대해 얘기한 영국 정부의 2003년 백서 첫 문단에서는 학사학위의 가치를 나열할 때는 영국 경제의 요구를 제일 앞에 놓아야 한다고 진술한다. 교육의 가치를 우리가 피자나 신발에 적용하는 것과 똑같은 경제적 척도로 취급하자는 결정이 이렇게 쉽게 나오는 데는 4장에서 말했듯이 엘리트들을 향한 적개심이 늘어가는 데다 미국 최고의 대학과 일자리에 지원하는 사람의 비율이 더 높아졌다는 것도 한몫한다. 이 두 가지가 결합되자 전문대학원 입학 경쟁이나 고소득 일자리 취업 경쟁이 치열해짐을 느끼고, 협소한 전공 분야만 파고들 뿐 역사, 인류학, 철학, 예술 그리고 경력과 별로 관련 없어 보이는 다른 학문 분야에 대해서는 관심이 시들해진 대학생들 사이에서 실용주의적인 철학이 자리 잡았다. '전인격과 교양을 갖춘 대학졸업자'라는 이상은 특혜를 받은 소수의 젊은이에게만 해당하는 고루한 사치품으로 전락했다. 잉카 문명의 역사, 화가 모네가 초기에 겪었던 좌절 혹은 칸트의 철학에 대해 알고 싶은 사람은 그냥 위키피디아를 찾아보면 이런 지식을 습득할 수 있었다.

2015년의 사회적 조건들은 전통적으로 가정되어온 관점을 회의적으로 바라보게 만든다. 전통적으로 가정되어온 부분은 대학 생활의 경험이 젊은이들로 하여금 자신이 한 지식 분야에 통달했을 때 찾아오는 아름다움과 진리의 의미를 이해할 수 있는 의식에 참여한다고 느끼게 한다는 것이었다. 하지만 대학 학부생들은 아름다운 시골을 돌아다니면서도 오로지 예정 시간에 맞추어 운행하는 것에만 급급한 버스 투어를 하는 것처럼 느낄 때가 너무도 많다.

미국의 인정받는 여러 대학교에 다니는 요즘 대학생들은 마치 A 학점이나 A- 학점보다 낮은 점수를 줘서 학생들을 불쾌하게 만들까 걱정하는 교수진이 서빙을 보는 호텔의 손님 같은 입장이다. 고등학교에서 뛰어난 성적을 받았던 학생들을 비롯해 많은 학생이 수영장, 워터슬라이드, 야자수가 심어진 유수풀, 헬스장 등의 대학 구내 여가시설에서 놀려고 강의를 빠진다. 미국의 엘리트 교육기관 중 하나인 캘리포니아대학교의 대학생들은 깨어 있는 시간 중 학업에 투자하는 시간이 3분의 1 미만이라고 말한다.

이런 경향이 못마땅했던 하버드대학교 행정학 교수 하비 맨스필드는 2014년에 자기 강의를 듣는 학생들에게 각각 두 가지 학점을 주었다. 하나는 대부분의 강의에서 대학생들에게 일반적으로 주는 공식적인 학점인 A나 A-였다. 그는 교무과장에게는 이 학점을 보냈다. 하지만 각각의 학생에게 개인적으로 보낸 비공식적인 학점도 있었다. 대부분 점수가 낮았는데, 이것이 맨스필드가 그 학생의 학업 성취 수준을 실제로 평가한 점수였다. 이런 위선적인 관행을 저지르면서도 어떤 부끄러움도 느끼지 않는다는 것은 사람들이 대학 교육의 목적을 얼마나 혼동하는지 보여준다.

기자들과 대학교수진은 대학과 그 경영진을 비난한다. 그들도 이런 변화의 공범이기 때문이다. 《뉴욕타임스》의 칼럼니스트 로스 다우하트와 버지니아대학교의 영어 교수이자 《왜 가르치는가? Why Teach?》의 저자 마크 에드먼드선Mark Edmundson은 대형 대학교를 캠퍼스의 분위기나 강의의 질보다는 자신의 전국적인 지위, 정치적 모범 답안, 재정 건전성에 더 신경 쓰는 기업으로 묘사한다. 학생들은 강의의 질, 읽기 과제, 그리고 학생들로 하여금 자신의 전제들을 검토할 수밖에 없게 만들 토론보다는 체육 시설이나 휴게 시설에 더 관심이 많다. 이런 학생들이 교수 평가를 박하게 줄까봐 교수진이 학점을 잘 달라는 학생들의 협박에 쉽게 넘어가도 학과장과 교무처장들은 그냥 눈을 감아버린다.

이 가혹한 결론을 뒷받침해주는 사실이 있다. 2014년 미국 대학교에서 강사직을 맡은 사람 중 75퍼센트는 연간 계약을 맺고 강의나 연구를 진행하는 대학원생이나 시간강사로 채워졌다. 이런 조건에서는 교수진뿐만 아니라 학생들도 자신이 일상의 평범함을 뛰어넘는 성스러운 사명에 참여하고 있다는 환상을 유지하기 힘들다.

이런 폐단은 상당수의 미국 대학에서 4년 동안 이루어지는 지식의 습득량이 놀라울 정도로 적다는 점에서도 확인된다. 전직 하버드대학교 총장인 데릭 복은 《미국의 고등교육Higher Education in America》이라는 책에서 4년제 대학교에 다니는 평균적인 미국 대학 졸업반 학생은 1학년 때와 비교해 실력 향상의 정도가 미미해서 비판적 사고, 수학, 글쓰기 실력을 유능하게 갖춘 학생이 10퍼센트 미만이라고 지적한다.

닐 스멜서는 《현대 대학의 역학Dynamics of the Contemporary University》에서 이런 슬픈 상황이 벌어진 여러 이유를 나열했다. 중요한 이유로는 학생과 교수 인력의 큰 증가, 경제적 기여에 대한 실용적인 수요 발생, 자신이 소속된 기관보다는 자신의 학문 분야에 더 충성스러운 전문화된 교수진, 대학 시절을 자신의 이해를 확장할 기회로 여기기보다는 취업 준비 기간으로 보는 학생들의 시각, 학생들에게 재미있으면서도 친절한 선생님, 맛있는 음식, 우아한 유흥 시설을 누릴 권리가 있는 리조트 손님으로 여기는 풍조 등이 있다. 애리조나주립대학교 마이클 크로 총장은 미국 대학교에 적을 두고 있는 1800만 명의 학생 중 1등급 교육을 받는 사람은 2~3퍼센트에 해당하는 50만 명 정도에 불과하다고 추정한다. 대부분은 그런 교육을 받지 못하고 있다.

학생, 교수진, 대학 당국을 다양하게 탓하는 고등교육의 비판자들은 이 세 주체 모두 현재의 상태를 만드는 데 기여한 가치관, 법률, 경제적 제약, 인구통계학적 변화의 거미줄에 붙잡혀 있음을 제대로 인식하지 못한다. 문제는 다양하다. 먼저 가난한 가정과 소수 집단 가정 출신의 학생들을 엘리트 대학교에 더 많이 입학시켜야 한다는 대중의 요구가 높아졌다. 그리고 전문직종의 학위를 따기 위해 지원하는 사람이 많아졌다. 또한 자신의 능력에 걸맞은 일자리보다 더 좋은 일자리를 원하는 대학원생이 많아졌으며, 법학·인문학·인류학·사회학에서 고급 학위를 딴 사람의 수가 너무 많아졌다. 마지막으로 방어적인 대학 행정가들은 불만을 품고 학교 당국을 고소하려는 학생이나 교수진에 대한 걱정이 많아졌다. 이런 변화들이 역사적으로 찾아보기 힘든 독특한 분위기를 만들어낸 것이다. 현재의 문제가 모두 학생들 탓이라 주장하는 것은 최근 경제 침체가 자신의 능력으로 감당하기 힘든 집을 산 사람들 때문에 생겼다고 주장하는 것과 비슷한 얘기다.

고등교육의 실용성을 강조하는 것은 어떤 기관, 사람, 직종, 의식이 신성하다는 것을 폭넓게 거부하는 분위기의 일부다. 평등에 대한 요구 때문에 학생들이 불공평한 대우를 받지 않게 보호하는 법안이 만들어졌고, 그 결과 대학 총장들은 소송에서 대학을 변호하기 위해 어쩔 수 없이 더 많은 행정가를 고용해야 했다. 이렇게 고용된 행정가들은 자기도 쓸모 있는 사람이라는 기분을 느끼고 싶어서 교수진을 임금을 받는 고용인처럼 취급하기 시작했고, 그래서 시간을 어떻게 쓰는지 설명하는 양식을 1년에 한 번씩 제출하게 했다.

교육기관의 수가 늘자 최고의 자리를 놓고 경쟁이 시작됐다. 언론은 매년 교육기관과 학과의 순위를 발표해서 이런 경쟁에 불을 붙였고, 안타깝게도 학생들은 이 순위를 어디서 공부할지 결정할 때 사용할 수 있는 정확한 측정값처럼 취급했다. 100년 전 젊은 알베르트 아인슈타인이 입학하던 시절의 대학은 석유램프, 아이스박스, 아침마다 문간에 배달되던 우유병, 그리고 세상이 점점 좋아지고 있다는 믿음과 함께 사라지고 말았다.

2014년에 신경과학 대학원생에게 보내는 에세이를 아인슈타인이 읽었다면 굉장히 당황했거나 아마 슬퍼했을 것이다. 이 에세이에는 지도교수를 존중하고, 공손하게 행동하며, 계속 실패했던 문제는 버리고, 자신의 강점과 약점을 파악하라고 충고한다. 그 에세이 안에 자연을 이해하기 위한 열정에 대한 언급은 전혀 들어 있지 않았다. 그런 태도는 자연과학 계열 학생들에게는 이제 사치가 되어버린 듯하다.

2013년에 95세의 나이로 사망한 생화학자 프레더릭 생어는 노벨상을 두 번이나 받은 보기 드문 과학자 중 한 명이었다. 하지만 시드니 브레너가 《사이언스》의 부고 기사에서 지적했듯이 만약 1980년 이후에 태어났더라면 생어는 그런 뛰어난 업적을 남기지 못했을 것이다. 그는 1952~1967년에는 중요한 논문을 거의 발표하지 못했기 때문에 연구비 지원 기관에서 그를 생산성이 떨어지는 과학자로 여겨, 그가 훗날 DNA를 발견하는 데 필요한 연구비를 지원하지 않았을 것이기 때문이다.

개혁의 필요성

개혁 주장이 건설적으로 나오려면 문제에 대한 진단이 정확해야 한다. 미국 사회에서 가장 긴급한 문제는 경제적 불평등의 심화,

그리고 사회적 혜택에서 소외된 가정에서 자란 젊은이들의 사회이동을 가로막는 벽이 점점 높아지는 것이라는 주장에 나도 동의한다. 오늘날의 경제체제는 노동자에게 읽기, 쓰기, 산술, 컴퓨터 운영에서 적어도 고등학교 졸업반 수준의 능력을 갖출 것을 요구한다. 그런데 아프리카계 미국인이나 히스패닉계 미국인보다는 백인이 이런 능력을 갖춘 경우가 더 많다. 그보다 더 심란한 사실이 있다. 2014년에는 소수 집단의 학생들 중 40퍼센트 정도가 고등학교를 4년* 안에 졸업하지 못한다는 것이다. 이 불편한 사실이 의미하는 바는 이런 청소년들 앞에는 사회이동을 가로막는 높은 장벽이 있을 것이고, 결국 경제적으로 안정적인 직업을 구하기 어려워질 것이라는 점이다.

전통적으로 블루칼라 직종으로 이어지는 기술을 가르치는 교육기관이 더 많이 세워지면 그건 호의적인 변화로 이어질 수 있을 것이다. 하지만 그러려면 블루칼라 직종의 낮은 사회적 지위를 끌어올리고 이 직종에 더 많은 자존감을 불어넣는 일이 선행되어야 한다. 많은 미국인이, 특히 사회적 혜택에서 소외된 집단의 구성원들이 자신의 사회적 지위에 덜 예민해진다면 이것이 불가능한 일만은 아니다. 하지만 전문가들이 이런 제안을 내놓을 때마다 공청회에서는 소수 집단의 구성원 한 사람이 자리에서 일어나 '이 계획은 가난한 소수 집단의 청소년들을 있던 자리에 계속 눌러앉

* 미국의 학제는 초등학교 5년, 중학교 3년, 고등학교 4년으로 구성되어 있다.

히려는 음모'라고 주장한다. 일부 미국 대학에서는 자기네 캠퍼스에 배관, 목공, 벽돌 쌓기, 자동차 정비, 전기 서비스 등의 일을 하고 싶은 고등학교 졸업생을 위한 학사과정을 신설할지도 모른다. 그럼 이런 프로그램을 수강한 졸업생들은 이 대학의 학위에 부여되는 사회적 지위를 누릴 것이다.

1950년대 이후로 교사직을 버리고 떠났던 재능 있는 사람들을 다시 공립학교로 끌어들이려면 교사의 월급을 넉넉하게 줄 수 있도록 시민이 지방세를 더 부담할 의지가 있어야 한다. 그러면 교사의 지위가 향상될 것이다. 미국인은 사회적 지위를 연간 소득과 연결 지어 생각하기 때문이다. 많은 시민이 교사와 학생들의 관계가 질적으로 얼마나 우수한지가 학업 성취 향상의 가장 중요한 토대라고 생각한다. 맞는 얘기다. 학사일정을 새로 짜고, 차터 스쿨*을 세우고, 컴퓨터를 이용한 수업을 진행한다고 해도 그것이 적절한 수입, 타인에게 도움이 될 기회, 어느 정도의 품위, 그리고 만족스러운 시간을 누릴 기회 등을 모두 제공하는 일자리를 찾아낸 교사의 실제 사례를 보는 것만큼 효과적일 수는 없다. 오늘날의 젊은이들에게 그런 사람이 실제로 존재한다는 것을 믿게 해줄 필요가 있다. 안타깝게도 필요한 개혁을 이루기에는 그런 변화를 요구하는 미국인 대부분의 목소리가 아직은 그리 높지 않다. 아이를 사립학교나 교외의 공립학교에 보내는 중산층 부모 중에는 그런

---

* 공적 자금을 받아 교사, 부모, 지역 단체 등이 설립한 학교.

변화를 요구하려는 동기가 별로 크지 않은 사람이 너무 많다. 이 부모들은 자녀의 교육에 불만이 크지 않기 때문이다.

옛날에 뛰어난 능력을 보여준 사람들 중에는 헌신적인 어머니에게 집에서 교육을 받은 사람이 많았다. 최초로 상업적인 성공을 거둔 전구, 축음기, 영사기 등을 발명한 것으로 알려진 토머스 에디슨은 정식 교육을 불과 3년만 받고, 그 후로는 어머니에게 재택 교육을 받았다. 어머니는 에디슨에게 호기심과 직업윤리를 불어넣었다. 굳이 이 사례를 드는 것은 모든 아이가 재택 교육을 받아야 한다고 말하려는 것이 아니다. 오히려 몽테뉴가 교육에 대한 수필에서 말했던 것처럼 교사야말로 아이의 교육에서 가장 핵심 요소임을 이해해야 한다고 말하려는 것이다. 몽테뉴는 잘 채워진 지성보다는 잘 다듬어진 지성을 갖춘 교사를 뽑는 데 신경을 써야 한다고 적었다.

도시 지역 학교에 다니는 가난한 아이와 사립학교에 다니는 중산층 아이의 학업 능력이 큰 차이로 벌어진 데는 우리 학교에서 존경받는 역할 모델을 해줄 사람이 부족하다는 점도 크게 기여했다. 학생을 잘 보살피는 능력 있는 교사와 학생 사이에서 직접 얼굴을 맞대고 이루어지는 상호 교류가 아이와 청소년들로 하여금 자신의 학업 능력을 향상시키려는 동기를 부여해주는 결정적인 경험이라는 것을 인정하지 않는 바람에 발전이 저해되고 있다.

이제 없으면 안 되는 기계가 많아졌다. 그 기계가 효율적으로 기능하는 것을 보며 컴퓨터가 교사들 못지않게 젊은이들의 교육에 효과적일지 모른다는 유혹을 느꼈다. 이런 믿음은 부모들이 사회화시킨 교육적 가치관에 동기 부여를 받는 아이에게는 어느 정도 해당되는 말이다. 하지만 이런 메시지를 받아들이는 데 실패한 아이에게는 정당성이 떨어진다. 이런 아이들은 중요한 지적 재능을 습득하려는 욕구를 만들어줄 교사가 필요하다. 아이가 자신과 생물학적으로 잘 맞지 않고, 그에 더해서 좌절 앞에서의 인내가 필요하고, 가끔씩 찾아오는 실패에 뒤따르는 수치심을 견디는 능력이 필요하다는 사실과 규칙을 배워야 할 때는 기계가 사람을 대체할 수 없다.

마지막으로 교사들은 학생들과 함께 특정 역사적 순간을 지배하는 경쟁 관계의 가치관에 대해 솔직한 논의를 시작하고 조정해야 한다. 낙태나 동성혼에 대한 온라인 글을 읽는 것보다는 이런 논의가 훨씬 의미 있다. 학교와 대학은 경찰, 소방관, 법원 사람들, 선출된 지방 대표와 마찬가지로 자신이 속한 사회를 위해 복무하는 곳이다. 따라서 학교와 대학은 정치적 모범 답안을 요구하는 사람에게 그냥 굴복해서 논란을 피해가려는 유혹에 저항하면서 가치관의 역사적 변화에 민감한 상태를 유지하여야만 한다.

부디 지금 아이를 낳으려고 준비하는 세대들은 내가 여기서 주장한 개혁에 우호적이었으면 좋겠다.

뇌는 다음 순간에 현실화될 가능성이 높은 사건에 대해 항상 준비한다. 그리고 대부분 예상했던 결과가 일어난다. 하지만 스위치를 켰는데 불이 들어오지 않는 등 가끔 예측이 빗나가는 경우에는 서로 연결된 몇몇 뇌 영역에서 즉각적으로 화학물질의 혼합물을 분비한다. 이 화학물질은 각성 상태를 강화하고 예상치 못했던 사건에 현저함의 속성을 부여해서 더 잘 기억하게 만든다. 어떤 사건은 의식 상태가 아닌 뇌를 활성화할 수도 있다. 예를 들어 잠을 자는 신생아의 뇌는 똑같은 음이 계속되다가 종소리가 나면 거기에 반응한다. 종소리는 예상치 못했던 사건이기 때문이다.

강력한 감정을 촉발하는 예상치 못했던 사건, 이를테면 2001년 9월 11일에 비행기가 세계무역센터 건물과 충돌하는 사건 등을 목격하고 나면 그 사건의 자세한 내용이 여러 해 동안 기억에 남는다. 윌리엄 허스트가 이끄는 한 과학 연구진은 그날 미국인들 안에 형성된 스키마와 생각의 보존에 대해 연구했다. 시간이 흐르면서 현저하지 않은 특성들은 잊혔지만 대부분의 성인은 그날 자기가 어디에 있었는지, 무엇을 했는지, 누구와 함께 있었는지, 그리고 무너지는 건물의 다른 자세한 장면들에 대해 무려 10년 동안 놀라울 정도로 정확하게 기억했다. 이렇게 충실한 표상들을 '섬광 기억'이라고 한다.

예상치 못했던 사건이 일어났는데 그것을 이해하지 못한 경우 유아에게서는 불안정한 상태가 촉발된다. 이런 일은 뱀이나 거미를 보고 불안정한 상태가 만들어지기 오래전부터 일어난다. 생후 4개월 된 아기는 사람이 보이지 않는데 녹음된 여자 목소리로 "안녕, 아가. 오늘 어땠어?"라는 문장을 들으리라고 예상하지 못한다. 그럼 예민해진 유아는 어리둥절한 얼굴 표정으로 소리가 흘러나오는 작은 스피커를 쳐다본다. 몇몇 아기는 울기도 한다. 아이는 예상치 못했던 사건을 자기가 알고 있는 내용과 연관 짓는 능력, 즉 그 사건을 이해하는 능력이 결여되어 있음이 신체적으로 해를 입으리라 예상하는 것보다 더 큰 두려움과 불안을 야기하는 경우가 많다. 4세부터 아동의 어휘에서 누가, 뭐가, 언제, 왜 등의 단어가 나타나는 이유도 어쩌면 이것 때문인지도 모른다.

어린아이를 예상치 못한 사건에 노출시킬 필요가 있는지도 모른다. 그래야 이런 경험에 어떻게 반응해야 하는지 배울 수 있기 때문이다. 극도로 열악한 루마니아 보육원에서 생후 첫 1년을 대부분 아기 침대에 누워서 보낸 아동은 놀라는 경험을 거의 해본 적이 없다. 이런 아동들은 5세가 됐을 때 낯선 사람이 문을 두드리고 자기와 함께 선물을 받으러 가자고 했을 때 가족이 있는 환경에서 사는 다른 5세 아동에게서 보이는 적절한 조심성을 보이지 않았다. 가족과 함께 자란 아동은 낯선 사람이 그런 요청을 했을 때 쉽게 신뢰하지 않았다.

보상을 주는 사건의 상당수가 예상치 못했던 경험이다. 동물은 새로운 운동 반응 이후에 자기가 보고, 듣고, 촉감을 느끼고, 맛을 보는 것에서 예상치 못했던, 혐오스럽지 않은 반응이 뒤따르면 그 새로운 운동 반응을 학습한다. 아무것도 없는 황량한 방 안에 들어 있는 원숭이는 레버를 눌렀을 때 5초 동안 방 바깥에 있는 낯선 물체들을 볼 수 있는 구멍이 열리면, 레버 누르는 행동을 학습한다. 신경과학자들은 인간의 본성을 설명하는 사람들이 오랫동안 알고 있었던 내용을 다시금 확인했다. 사람은 깜짝 놀라는 경험에 더 큰 호감을 느낀다는 것이다. 아이가 좋은 점수를 받아왔을 때 예상했던 칭찬을 하는 것보다는 예상치 못했던 칭찬을 하는 것이 아이의 동기를 강화하는 데 더욱 효과적이다.

예상치 못했던 사건에 대한 반응으로 도파민이라는 분자가 분비되면 가끔 즐거운 기분이 동반된다. 사람은 나이가 들면서 도파민을 분비하는 신경세포를 일부 잃는다. 그래서 70세가 된 사람은 20세 청년보다 새로운 장소를 찾아가고, 새로운 사람을 만나고, 새로운 예술품을 관람하고자 하는 동기가 떨어진다. 즐거움의 강도가 약화되기 때문이다. 당연한 얘기지만 아동과 성인은 새로운 경험에 이끌리는 정도가 다른데, 여기에는 도파민의 급증을 담당하는 유전자가 각자 다르다는 점도 한몫한다.

'예상치 못했다'는 것과 '새롭다'는 것은 동의어가 아니다. 사람들은 익숙하지 않은 지역을 방문할 때는 새로운 사건을 보리라 예상하고, 익숙한 사건이라도 그것이 익숙하지 않은 시간대나 익숙하지 않은 장소에서 일어난다면 예상치 못했던 사건이 된다. 예를 들면, 새벽 3시에 울리는 전화벨 소리라든가, 버스에 올라타서 이를 닦는 남자 같은 것이 여기에 해당한다. 예상치 못한 사건을 정의하는 특성들을 완전히 나열하기는 불가능하다. 이런 속성은 항상 그 사람이 축적해온 지식과 그 사건이 일어나는 배경에 좌우되기 때문이다. 미국인들은 이제 폭탄에 파괴되는 집, 대규모 난민 캠프, 화산 분출 등을 텔레비전 화면에서 봐도 더 이상 놀라지 않는다.

이해하려는 욕구

예상치 못했던 사건이 일어나면 자동으로 그 사건의 기원을 이해하고 그 사건을 한 범주로 엮으려는 시도가 이루어진다. 대부분의 경우처럼 양쪽 의문 모두 해소되면 뇌와 정신은 그 일이 있기 전에 하고 있었던 일로 되돌아간다. 하지만 두 의문 중 어느 한쪽이라도 해소되지 않을 때는 불안정한 상태가 의식으로 뚫고 올라올 수 있다. 인간을 독특하게 만드는 특성이 무엇일까 고민하는 머리 희끗희끗한 학자들 대부분은 그 특성으로 기호 언어와 도덕관념을 꼽는다. 하지만 이해하려는 욕구도 그만큼이나 중요한 세 번째 속성이라고 주장하는 사람은 거의 없다. 심리학자들은 신체적 피해의 예상에는 너무 많은 힘을 부여하는 반면, 상황이 현재의 상황으로 존재하는 이유를 이해하지 못할 때 동반되는 불쾌한 느낌에는 별로 관심을 기울이지 않았다.

부모, 배우자, 친구를 향한 감정은 그들의 행동이 예상을 깰 경우 극적으로 변할 수 있다. 아서 밀러는 이런 현상을 《세일즈맨의 죽음》에 잘 담아냈다. 비프는 자신의 롤모델이었던 아버지가 호텔방에 창녀와 함께 있는 것을 발견한다. 행복한 결혼이라면 심한 부부 싸움은 없어야 한다고 믿는 부부의 경우 이렇게 지속적인 조화를 예상했다가 그 예상이 깨지면 한바탕 분노와 슬픔에 빠져들 수 있다. 중매로 결혼한 부부는 이런 실망으로부터 보호받을 수 있다. 결혼 생활에 비현실적인 기대를 품지 않기 때문이다.

예상치 못했던 사건으로 인해 만들어진 뇌와 심리의 상태인 사건 불확실성은 대안이 존재할 때 어떤 것이 최고의 행동인지 확실하지 않아 유발되는 상태인 반응 불확실성과 동일하지 않다. 사건 불확실성은 경계심과 함께 "저게 뭐지?"라는 암묵적인 질문이 따라오는 반면, 반응 불확실성은 잘못된 반응을 선택하면 어쩌나, 하는 염려와 함께 "내가 뭘 해야 할까?"라는 질문이 따라온다.

의식의 이로운 속성

원숭이 무리에서 보이는 지위의 계층구조는 각각의 구성원이 무리 내의 다른 모든 구성원에게 어떤 행동을 보여야 하는지 범위를 한정하기 때문에 반응 불확실성을 줄여준다. 로마제국의 몰락으로 제국의 수많은 구성원은 신흥 종교인 기독교에 이끌렸다. 기독교의 믿음과 의식을 받아들이면 제국의 정부가 제공해주었던 질서의 부재로 인해 발생하는 반응 불확실성을 완화할 수 있었기 때문이다. 인간은 오른쪽으로는 완벽에 가까운 예측 가능성의 지겨움, 왼쪽으로는 완전한 예측 불가능성의 두려움으로 나뉜 좁은 복도에서 하루하루를 보낸다.

이로울 것으로 예상되는 익숙하지 않은 의식에 참여하면 이완된 기분을 만들어주는 오피오이드가 급증한다. 이는 익숙한 사물로 수행되는 익숙하지 않은 행동으로 구성된 무당의 마법 의식 속에 힘이 스며 있는 이유를 설명하는 데 도움이 된다. 고대 이집트에서 행해지던 인기 있는 의식에서는 무당이 갈색 소에서 짠 우유를 담은 사발에 매를 익사시킨 뒤 그 매의 시체를 염색하지 않은 천으로 싸서, 그 천을 손가락과 사람의 머리카락 옆에 놓았다.

모든 성공적인 심리치료는 어느 정도의 예상치 못한 특성을 갖고 있다. 치료가 가진 치유의 힘을 믿는 사람들은 그 치료에 담긴 익숙하지 않은 의식이 도움이 되었다고 평가할 가능성이 더 크다. 지난 세기 초에 미국과 유럽에 도입된 심리분석에서는 환자에게 치료사를 바라보지 말고 긴 의자 위에 누워 자유연상을 하게 했다. 이런 치료는 그 행동이 자신의 고통을 덜어주리라 믿는 환자에게는 어느 정도의 치유력을 가진다. 심리분석은 약 50년 정도는 성공을 거두었지만 그 의식들이 새로움을 잃자 환자들은 더 이상 이 치료 방법이 독특한 치유적 속성이 있다고 믿지 않았다. 일부 심리분석가 역시 자신에게 강한 치유력이 있는지에 대해 자신감이 떨어졌다. 한편 심리분석이 다른 곳에서 한창 인기를 끌 중국인은 심리분석을 받아들이지 않았다. 중국인은 개인적인 문제를 낯선 사람과 함께 나누는 데 익숙하지 않았기 때문이다. 하지만 프로이트의 개념에 친숙하고 심리분석가와의 치료비를 감당할 여력이 있는 현대의 중국인은 심리분석가를 찾아가고 있다. 이들에게는 이 치료법이 새롭게 다가오기 때문이다.

미국과 유럽의 많은 심리치료사가 불안증이나 우울증 환자에게 인지행동치료를 적용하고 있다. 인지행동치료의 의식 중에는 불안을 촉발하는 사물이나 상황에 노출시키는 것도 포함된다. 예를 들면, 심리치료사가 하늘을 나는 것을 겁내는 환자와 몇 번에 걸쳐 비행기를 같이 타곤 한다. 이런 치료 접근법도 50주년에 가까워졌는데, 심리분석과 마찬가지로 처음만큼 치유 효과가 나지 않고 있다.

요가, 명상, 호흡 운동 등의 새로운 의식을 실천하는 환자들이 증상이 완화되었다고 보고하는 이유는 그들이 이런 활동이 도움이 되리라 예상했기 때문이다. 어떤 우울증 환자는 농장에서 시간을 보내고서 더 행복한 기분을 느꼈다고 보고했다. 주택에 살면서 정원을 흉내 낸 텃밭 같은 것을 만든 노인들 역시 마찬가지였다. 심리치료와 약물치료를 결합해서 받는 환자들 중에는 이런 치료를 하나만 받는 사람보다 좋아졌다고 보고하는 사람이 많다. 이들은 두 가지 치료를 받는 것이 하나만 받는 것보다 분명 더 좋을 거라 가정하기 때문이다.

루르드의 성지를 방문한 수만 명의 19세기 유럽인은 그곳을 찾아가면 자기 병이 나을 거라 믿었다. 심지어 모든 히스테리는 비정상적인 뇌 때문에 생긴다고 고집했던 피티에-살페트리에 병원의 유명한 원장 장 마르탱 샤르코조차도 죽기 1년 전인 1892년에 신앙 요법이 가능함을 인정했다.

자신이 받는 치료에 확신이 없거나 빨리 치료될 것이라고 비현실적으로 높은 기대감을 품고 있는 환자는 대개 실망한다. 퀼른대학교의 연구자들은, 뇌심부자극술의 효과를 지나치게 크게 기대했던 파킨슨병 환자들의 증상이 향상되었다는 객관적인 증거가 나오고 있음에도 정작 본인은 개선을 거의 느끼지 못했다. 실망하리라 예상하는 완고한 완벽주의자는 일반적으로 자기가 예언한 대로 된다. 증상 개선에 대한 희망이 없는 경우에는 대부분의 치료가 그 치유력이 급속히 사라지고 만다. 실제로 질병에 효과가 있는 것이 입증된 약을 그 약에 대해 아무것도 모르는 환자에게 복용시키면 증상이 덜 개선되는 것으로 나온다.

심리치료를 시작하고 5년 후 환자를 평가했을 때 다른 치료법보다 명확하게 우월하다고 입증된 심리치료 형태는 없다. 치료사가 어떤 구체적인 의식을 따르느냐, 하는 것보다는 치료사와 환자 사이의 관계가 증상 개선에 훨씬 더 크게 기여한다. 모든 환자에게 도움 되는 치료법은 존재하지 않지만 어떤 환자에게 도움이 될 치료법이 하나 정도는 존재할 것이다. 만인에게 사랑의 감정을 느끼게 해줄 수 있는 사람은 없지만, 간절히 사랑을 찾아 나선 사람에게는 자기와 맞는 짝이 아마 적어도 한 명은 존재할지 모른다.

개입의 효과

아동이나 청소년이 적응에 좀 더 유리한 특성을 습득할 수 있게 돕도록 설계된 개입 프로그램에서는 개입을 받은 사람과 그렇지 않은 대조군 집단을 비교하는 경우가 많다. 만약 전자의 사람들이 개선되는 효과를 보면 연구자들은 개입이 효과적이었다고 결론 내린다. 이들은 개선이 이루어진 이유가 참가자들이 도움을 받으리라 예상했다는 사실 때문일 가능성은 좀처럼 생각하지 않는다. 대조군 사이에서는 이런 기대감이 없었다.

고졸 이하의 학력을 가진 엄마의 육아방식을 바꾸기 위해 설계된 많은 개선안이 실패하는 이유는 이런 부모들 대부분이 자기에게 아이를 바꿔놓을 능력이 있다고도, 이런 개입 의식이 효과가 있다고도 믿지 않기 때문이다. 이런 것이 효과를 보려면 사람이나 집단 혹은 사회가 그런 치료 경험을 활용할 수 있도록 심리적으로 준비가 되어 있고, 동기 부여가 돼 있어야 한다. 뉴저지 뉴어크의 공립학교 체제에 막대한 돈을 쏟아부었음에도 불구하고 그곳에 사는 가난한 가정 출신의 아프리카계 미국인 아동의 학업성취가 최소에 그쳤던 이유는 이것으로 설명할 수 있다.

변화에 준비가 되어 있느냐, 안 되어 있느냐, 하는 문제는 국가에도 적용된다. 유럽의 지도자들은 자기네 나라가 유럽연합의 여러 국가에 도입하는 규칙들이 환영받으리라 생각했다. 모두에게 더욱 큰 번영을 누릴 것이라 약속하는 것들이었기 때문이다. 하지만 2014년 5월에 유럽의 투표권자들은 그런 전제를 거부하고, 이런 규칙에 반대했던 유럽의회의 대표자들을 다수 선출했다. 가려움 증상을 줄이기 위해 피부에 바르는 연고와 달리 고객이 추천받은 개념이나 관습에 호의적인 마음이 없으면 인간의 신념, 가치관, 행동을 바꾸어놓으려는 시도는 성공하기 힘들다. 《뉴요커》의

한 만화에서는 왕나비가 심리치료사 같은 자세를 하고 긴 의자에 누워 있는 애벌레 환자에게 이렇게 말한다. "중요한 것은 말이죠, 당신이 정말 변화를 원해야 한다는 것입니다."

스탠퍼드대학교의 과학자들은 젊은이들을 위해 자신의 얼굴이 은퇴를 준비하는 65세의 얼굴로 변해가는 모습을 보게 해주는 가상현실 고글을 개발했다. 이 새로운 경험이 젊은이들에게 은퇴를 대비해 저축하도록 동기 부여를 하기 위해 개발한 것이다. 대다수의 젊은이가 이 고글의 목적을 파악하고 나면 그 이점이 사라지지 않을까 싶다. 새로운 기계, 약물, 학사과정, 발명품을 위한 낙관적인 이야기를 그럴듯하게 지어내기는 너무도 쉽다.

자아의 평가

예상치 못했던 사건은 정의상 어떤 표준으로부터의 일탈을 의미한다. 그 표준이 자신의 신체적·심리적 속성에 대한 이해인 경우, 심각한 일탈은 불쾌한 상태를 유발할 수 있다. 대부분의 20세 성인은 자기가 인기, 부유함, 능력, 매력, 지위의 측면에서 또래 중 어디쯤 위치하는지 꽤 정확하게 파악하고 있다. 그런데 자신이 이해하고 있는 내용에서 일탈하는 경우에는 사건 불확실성과 반응 불확실성이 모두 야기된다. 유치원에서 박사학위를 딸 때까지 항상 자기 반에서 상위 5퍼센트 안에 들었던 과학자가 45세에 그보다 훨씬 낮은 등수로 예상치 못하게 떨어진다면 큰 충격을 받을 것이다. 그리고 초등학교에서 대학교까지 성적이 항상 밑바닥이었던 사람이 40세가 되었을 때 자기 동료들보다 돈도 더 많고, 존경도 많이 받으면 자신의 성공이 부당하다고 느낄 수 있다.

뇌와 정신은 평소 상태에서 어느 정도 일탈한 것은 받아들인다. 이런 사건들은 잘 이해되기 때문이다. 하지만 일탈 사건이 어떤 한계치를 넘어서면 세 가지 전략 중 하나를 선택할 수 있다. 기존의 낡은 이해를 고수하고 사건을 무시해버리거나, 사건을 인정하고 그 결과로부터 자신을 보호할 방법을 강구하거나, 일탈을 인정하고 자신의 이해를 거기에 맞추어 조정하는 것이다. 젊은이는 보통 세 번째 방식을 선택하는 반면, 나이가 있는 사람들은 앞에 나온 두 가지 방식을 선호한다. 휴대전화가 양말이나 신발처럼 늘 착용하고 다니는 의상의 일부로 자리 잡았을 때 나는 50대 후반이었다. 나는 집을 나설 때도 휴대전화를 좀처럼 가지고 다니지 않고, 페이스북이나 트위터 계정도 없다. 그래서 내 눈에는 스마트폰 중독에 따라오는 잠재적 문제점들이 보인다. 하지만 24세인 손녀의 눈에는 스마트폰의 장점과 즐거움만 보인다.

역사는 대중의 예상으로부터 일탈하는 경우들로 가득하다. 이런 일탈은 전쟁, 사회불안, 자연재해, 유행병, 새로운 기계, 새로운 이데올로기 등의 형태를 취하고 찾아온다. 프랑스 대혁명은 귀족들의 특혜를 빼앗았다. 제1차 세계대전은 진보라는 환상을 파괴했다. 베트남, 이라크, 아프가니스탄에서 일어난 전쟁은 미국인을 전쟁에 반대하게 만들었다. 미래는 해안 도시들이 물속에 잠기거나, 새로운 바이러스가 등장해서 유행병을 일으키거나, 정부나 은행의 컴퓨터가 해킹당하거나, 과격집단이 도시에 폭탄을 터뜨리거나 하는 등의 가능성을 품고 있다. 이런 사건이 일어날 가능성에 대해 곰곰이 생각하는 사람들은 뇌와 몸에 변화를 경험한다. 그럼 이들은 일상적인 한 주 동안 여기저기서 일어나는 작은 일탈에도 과장된 반응을 보인다. 활력이 넘치는 느낌은 적절한 불확실성의 좁은 공간 안에서 왔다 갔다 한다. 만약 이 상태가 완벽한 확실성이나 만성적인 불확실성으로 대체되면 활력 대신 지겨움이나 경계심이 자리를 잡는다.

기초 연구의 중요성

실용적인 성과가 바로 나오지 않는 기초과학 연구 분야를 대중이 지원할 수 있으려면 대다수의 구성원이 새로운 과학적 사실을 알았을때 즐거움을 느낄 수 있는 사회 분위기가 조성되어야 한다. 미국은 보수가 필요한 다리, 학교, 터널, 고속도로도 많고, 주린 배를 움켜쥐고 잠자리에 드는 미국인도 1700만 명이 넘으며, 나라의 빚도 18조 달러가 넘는다. 하지만 그럼에도 연방정부에서는 2015년에만 200억 달러의 돈을 우주에 대한 지식 탐구를 주목적으로 하는 연구에 투자했다. 이런 연구로 밝혀질 사실들은 대다수 미국인의 일상에 체감할 수 있는 영향을 미치지 않지만, 그래도 대부분의 사람이 이런 연구를 지지하는 이유는 이런 발견에서 즐거움을 느끼기 때문이다. 아테네 젊은이들은 여기저기 돌아다니는 소크라테스의 뒤를 따라다녔고, 16세기 유럽인들은 돈을 내고 커다란 홀에 앉아 학자가 윤리학, 신학, 수학, 철학 등의 책을 낭독하는 것을 귀 기울여 들었다.

새로운 사실을 깨달을 때 찾아오는 즐거움의 밑바탕은 무엇일까? 여기서는 그런 발견을 이루는 과학자의 즐거움은 빼고 얘기하고 있다. 과학자가 즐거워하는 이유는 쉽게 이해할 수 있기 때문이다. 새로운 사실을 발견하면 그 고유의 즐거움을 느낄 수도 있고, 승진, 포상, 명성을 얻을 때도 있다. 여기서는 사람의 질병 연구에 들어가는 연구비도 빼고 얘기한다. 건강 증진은 너 나 할 것 없이 모두 관심을 쏟는 부분이기 때문이다.

지구의 나이가 45억 년이라는 것을 알고 잠시나마 즐거움을 느낀 이유가 무엇이었을까? 나는 새로 밝혀진 사실이 먼 미래에 바람직하지 못한 사건이 일어나리라는 것을 암시하는 경우에도 그와 비슷한 느낌을 받았다. 달은 처음 만들어진 이후로 지금까지 계속 지구로부터 천천히 멀어지고 있다. 과학자들은 언젠가 아주 먼 미래에 달이 지구와 너무 멀어지면서 중력도 함께 약해져서 지구가 궤도에서 흔들리는 것을 막아주지 못할 때가 오리라 믿는다. 이것은 지구의 기후에 잠재적으로 재앙과도 같은 결과를 미칠 것이지만 솔직히 고백하면, 나는 그 사실에 걱정이 늘기보다는 오히려 그런 사실을 안 즐거움이 더 컸다.

지식 중독의 이유에 대한 설명으로는 두 가지가 타당해 보인다. 일반적인 설명에서는 새로운 사실을 아는 것이 새로운 기술을 통달하는 것처럼 내재적인 즐거움이 있다고 한다. 세 살배기 아기는 사물의 이름을 배우고 싶어 아주 열심이고, 자기가 낯선 사물을 손가락으로 가리켰을 때 부모가 그 이름을 말해주면 미소를 지을 때도 많다. 큰 강의실에서 강사가 설명하는 핵심을 학생들이 이해하는 순간에도 학생들의 얼굴에서 그런 미소를 가끔 볼 수 있다.

이 미소는 이해의 순간을 나타낸다. '알지 못하는' 불쾌한 상태가 소멸되면 보통은 기분 좋은 느낌이 뒤따른다.

두 번째 설명에서는 아는 즐거움이 새로운 사실의 습득으로 불쾌한 느낌을 떨쳐낼 수 있었던 과거의 수많은 사례에 좌우된다고 가정한다. 골프채를 바라보며 어머니에게 "저건 뭐예요?"라고 묻는 세 살배기 아이는 불확실한 상태에 놓여 있다. 그런데 어머니가 "그건 엄마가 새로 산 골프채야"라고 말하면 불확실성이 해소되면서 우리가 호기심이라 부르는 상태가 강화된다.

방 안에 어른이 없을 때 값비싼 유리 장식품을 깨뜨린 아이는 얼마나 심한 벌을 받을지 몰라 걱정한다. 그러다 막상 처벌을 받고 나면 걱정이 소멸된다. 한번은 어떤 아이 어머니가 알지 못하는 데 따르는 불쾌함과 불확실성을 떨쳐내고 뒤따라오는 만족을 잘 담고 있는 두 가지 경우에 대해 내게 이야기해준 적이 있다. 그의 두 살 난 아들이 갓 다려놓은 옷 몇 개를 변기에 집어넣었다. 어머니는 그 사실을 알고 화가 나서 아들을 심하게 매질했다. 며칠 후에 아들은 똑같은 행동을 반복했는데, 이번에는 곧바로 엄마한테 달려가서 자기가 무슨 짓을 했는지 알리고는 벌을 받기 좋은 자세를 취했다. 이 아들은 왜 그런 짓을 했을까? 한 가지 해답은 아들이 처음 벌을 받았을 때는 처벌받는 이유를 이해하지 못했고, 그래서 다림질한 옷을 변기에 집어넣은 것이 그 원인이었는지 알아내고 싶었다는 것이다. 이 아들의 두 번째 행동은 그 해답을 찾기 위한 시도였고, 그 해답을 발견하고 난 아들은 두 번 다시 그 행동을 반복하지 않았다.

한 48세 여성이 정신과 의사를 찾아갔다. 자기가 왜 남자처럼 느껴지는지 이해하지 못해 크게 괴로웠기 때문이다. 정신과 의사는 유전체 분석을 한 후에 이 여성이 비정상적인 성염색체를 가지고 태어났다고 말해주었다. 그러자 이 여성은 자기가 그런 기분을 느낀 이유를 알아냈다는 것만으로도 기분이 훨씬 나아졌다. 타고난 생물학적 요인이 아니라 어린 시절의 경험 때문에 여자들과 있을 때 긴장감과 불안을 느끼는 많은 남성 청소년은 여성과 만나는 것이 너무 괴로워서 데이트를 그만둔다. 시간이 지나고 나면 이 젊은 남성 중 일부는 이성 교제에 흥미를 잃고 자기가 왜 이런 식으로 느끼는지 궁금해하기 시작한다. 현대 사회는 여기에 대한 해답을 제공해주고 있다. 이들은 동성애자인 것이다. 이들은 일단 이 사실을 받아들이고 나면 안도감을 느끼고, 새로 발견한 자신의 소속 범주를 확인하기 위해 다른 남성들과 성관계를 가지기도 한다.

지식에 대한 갈망이 생물학적으로 준비되어 있는 욕구인지, 아니면 새로운 사실을 통해 불확실성을 해소했던 과거의 경험을 통해 습득한 동기인지는 분명하지 않다. 어느 쪽이든 불확실성과 그 해소는 양쪽 설명 모두에서 핵심적인 과정이다. 나는 모든 지식은 인간을 자유롭게 한다는 것에 대한 확신이 40년 전보다 줄어들었다. 하지만 아동기를 거치는 동안 안다는 것은 바람직한 상태로 등장하고, 사람을 만족시키는 그 힘을 무한히 유지한다는 것은 더욱 확신했다. 우주에는 수십억 개의 은하계가 있다거나, 신생아는 사람의 목소리에 특별한 방식으로 반응한다는 글을 읽은 후에

찾아오는 심리상태가 다리, 학교, 고속도로를 수리할 때 얻는 실
용적인 이점과 경쟁할 수 있는 것이다.

생물학자들은 진화를 이해하지 않고는 살아 있는 것에 대한 그 무엇도 의미가 통하지 않는다고 말하곤 한다. 그와 마찬가지로 사람의 수많은 심리적 속성도 느낌을 이해하지 않고는 의미가 통하지 않는다. 이런 주장은 서구 과학자들 사이에서는 인기가 없었다. 이들은 시민 질서에 위협을 가하는 감정의 오염으로부터 자유로운 냉정하고 합리적 생각을 찬양한다. 반면 중국과 일본을 비롯한 여러 사회에서는 느낌을 위험한 악마라 여기지 않는다.

느낌은 감정과 기분의 토대

서로 관련된 단어인 느낌feeling과 감정emotion의 의미에 대해서는 여전히 논란이 있다. 느낌이라는 용어는 몸과 뇌에서 기원한 감각에 대한 의식적 지각을 지칭하는 의미로 사용해야 한다고 생각한다. 하지만 이것이 느낌에 대한 최고의 정의라거나, 과학자들이 가장 선호하는 정의라고는 할 수 없다. 외부 사건, 몸 안에서 일어나는 자발적 변화, 혹은 생각이 심장, 위장관, 폐, 근육, 혹은 맛, 냄새, 촉감, 열, 통증, 시각, 청각 등을 담당하는 감각수용체를 활성화할 때 느낌은 의식으로 뚫고 올라올 수 있다. 두근거리는 심장, 화끈거리는 얼굴, 이완된 근육, 달콤한 맛, 통증 등을 감지하면 느낌이 만들어진다. 사건, 체감각, 생각은 기존의 뇌 상태를 변화시키기는 하지만 그렇다고 그런 변화에 모두 의식적인 느낌이 동반되는 것은 아니다. 스트레스 호르몬인 코르티솔을 대량으로 주입받고도 그 사실을 모르는 사람은, 그 호르몬이 뇌의 상태를 바꾸어놓았음에도 불구하고 느낌에 아무런 변화가 없다고 말한다.

작가 네이선 맥콜은 일부 느낌이 주제 넘는 참견을 하는 것을 이렇게 포착했다. "심장은 참 고집스러운 녀석이다. 이래라 저래라 말해봐도 아랑곳하지도 않는다. 심장은 자기가 하고 싶은 일만 할 뿐, 다른 일을 하라고 훈련시킬 수도 없다."

뇌섬엽과 대상회라고 하는 뇌의 앞부분에 있는 피질 두 줄이 느낌에 크게 기여한다. 뇌 양쪽 영역 모두 본 에코노모 신경세포라는 독특한 형태의 세포가 많이 들어 있다. 이 신경세포는 영장류, 고래, 코끼리 그리고 사람의 피질에서 발견된다. 사람의 뇌는 이 독특한 신경세포가 제일 많이 들어 있기 때문에 느낌에 대한 자각을 만들어내는 데 중요한 기능을 담당한다고 주장하고 싶은 유혹을 느낀다.

기분의 기원

각각의 사람들은 대부분의 날에 대부분의 시간 동안 유지되는 지배적인 기분이 있다. 이런 느낌은 주제넘게 의식으로 끼어들지 않기 때문에 보통은 무시되지만, 그 기분이 어떤 것인지 말해보라고 하면 대부분의 사람들은 영단어 'relaxed긴장이 풀린', 'vital활력이 넘치는', 'tense긴장한', 'irritable짜증난', 'apathetic심드렁한', 'down기분이 축 처진', 'apprehensive걱정되는', 'vigilant바짝 경계하는'와 비슷한 동의어를 선택할 것이다. 이런 해석이 바로 기분이다.

고대 그리스의 용어 'sanguine다혈질, 낙천적인', 'choleric담즙질, 화를 잘 내는', 'phlegmatic점액질, 침착한', 'melancholic우울질, 우울한'은 기분을 기술하는 것이었다. 우리가 지배적인 기분을 만들어내는 모든 과정을 알지는 못하지만, 균형이 교감신경 쪽으로 기울면 심장박동이 빨라지면서 박동과 박동 사이의 시간 간격이 고르게 변하고, 긴장되고 경계심이 높아지는 기분이 느껴진다. 반면 균형이 부교감신경 쪽으로 기울면 심장박동이 느려지면서 박동 사이 시간 간격의 변동성이 높아지고, 긴장이 풀린 기분이 든다. 이 두 신경 사이의 균형은 유전적 통제 아래 놓여 있고, 본 에코노모 신경세포가 들어 있는 뇌 영역의 영향을 받는다. 긴장이 풀려 있고, 사회성이 좋으며, 겁이 없는 사람은 긴장하고, 부끄러움 많으며, 조심성 있는 사람보다 보통 심장박동이 느리고, 심장박동 속도에 변동성이 크다.

삶의 경험도 기분에 크게 기여한다. 잦은 상실, 상해 위협, 가난, 어린 시절의 수많은 좌절 등은 우울한 기분을 만들어낼 때가 많다. 안전, 성취, 바람직한 속성을 가진 가족 구성원과의 동일시 등으로 특징 지워지는 삶은 긴장이 풀린 기분을 만들어낼 가능성이 크다.

5장에서 지속적인 가난, 학대, 잦은 질병은 사이토카인이라는 단백질의 생산을 자극한다고 지적한 바 있다. 사이토카인은 질병과 함께 찾아오는 피로감이나 무관심함을 만들어내는 뇌 영역을 활성화한다. 이런 느낌을 감지했지만, 자신이 아프다고 믿지 않는 사람은 다른 해석을 찾아내려 한다. 자기가 우울증에 빠져 있다고 결론내리는 것도 하나의 흔한 해석이다. 사이토카인 단백질은 우울한 기분을 직접 야기하지 않는다. 이 단백질이 만들어낸 느낌이 우울증으로 해석됐을 뿐이다. 미국의 여성들은 가까운 친구가 없기 때문에 이런 느낌을 받을 가능성이 더 높다. 반면 이와 비슷한 느낌을 받는 남성은 직장 문제, 금전적 손실, 과제 완수 실패 등을 원인으로 탓하는 경향이 있다.

큰 성공을 거둔 사람들 중에서는 무언가 유용한 일을 하고 있지 않을 때 찾아오는 불쾌한 느낌을 긴장감이나 우울증으로 해석하는 사람도 있다. 이들은 보통 초등학교 1학년이 될 때부터 시작된 노동윤리의 지속적인 실천을 통해 현재의 부, 명성, 사회적 지위를 거머쥔 사람들이다. 좋은 성적, 칭찬, 돈, 승진, 지도자 역할 등을 부여받을 때마다 이들은 그 기쁨이 모두 잘 훈련된 근무 습관 덕분이라 생각해왔다. 그 결과 도전적인 임무를 맡아 일을 할 때 찾아오는 느낌을 이들은 즐거움으로 해석한다. 이런 일 중독자들은 자기가 중요하다고 여기는 일을 하고 있지 않을 때는 긴장감이나 우울증을 느낀다. 반면 어떤 사람들은 다른 누군가가 지켜보고 판단할지 모를 과제를 완벽하게 수행하지 못할지 모른다는 두

려움에 휩싸여 산다. 그래서 이런 사람들은 아주 매력적인 일을
제안받아도 실패할 위험이 있는 일이면 거부하는 경향이 있다.

감정의 종류

감정도 마찬가지로 느낌의 해석이지만 기분과 달리 보통 몇 초 정
도만 지속된다. 하지만 계속 생각하고 있으면 몇 분, 몇 시간, 며
칠 동안 지속될 수도 있다. 사람은 이런 느낌의 기원을 생각, 외부
사건, 질병, 약물, 신체의 자발적인 변화 때문이라 생각할 수도 있
다. 어떤 것을 원인으로 선택할지는 항상 배경에 따라 좌우되는
데, 이렇게 선택된 원인은 그 사람이 그 느낌을 기술할 때 어떤 감
정 단어를 선택할지에 영향을 미친다. '두려운fearful', '불안한anx-
ious', '들뜬excited', '슬픈sad', '우울한depressed', '행복한happy', '화
난angry', '뿌듯한proud', '다정한loving', '부끄러운ashamed', '죄책감
을 느끼는guilty', '향수를 느끼는nostalgic', '질투하는jealous', '역겨
운disgusted' 등은 느낌의 해석으로 자주 등장하는 단어다.

　모욕을 당하거나, 사람들이 보는 앞에서 음식을 엎지르거나, 예
상치 못했던 칭찬을 받는 경우에는 얼굴이 화끈거리고 심장이 빨
리 뛰는 것을 인지할 수 있다. 이때 그 느낌에 대한 해석으로 분노
나 수치심을 선택할지, 혹은 뿌듯함을 선택할지는 맥락과 그에 동
반되는 생각이 결정한다. 중요한 일자리에 지원해서 입사 면접을
앞두고 심장이 빨리 뛰고 가슴의 근육이 긴장되는 것을 느끼는 사
람은 자신이 불안하다고 판단한다. 반면 어떤 사람은 똑같은 느낌
을 경험하면서도 자신이 흥분한다고 결론 내린다. 천식을 치료하

기 위해 프레드니손을 복용하면서도 그 약이 살짝 불쾌한 느낌을 유발할 수 있다는 것을 모르는 사람은 그 느낌을 자기가 아이나 배우자에게 짜증이 나 있다거나, 당면한 과제 때문에 불안을 느끼고 있다고 해석하는 경향이 있다. 한 연구에서는 섬엽 주변 한쪽 뇌 영역의 신경세포를 전기 자극해보았더니, 거기서 발생되는 느낌을 남성들이 서로 다른 방식으로 해석했다. 한 사람은 그 느낌이 '당장 달려 나가 자신의 첫 터치다운을 하려고 벼르는 미식축구 선수'처럼 느껴진다고 했고, 다른 사람은 슬픈 느낌이 든다고 했다.

토니 파커는 폭력 범죄를 자백하고 유죄 판결을 받은 죄수들을 만나 인터뷰해보았다. 자기 애인을 권총으로 쏜 후에 그 시신을 절벽 너머로 밀어버린 한 여성은 어렸을 때 자기는 가족이나 공동체의 기준을 위반했을 때도 어떤 느낌을 경험하는 경우가 드물었다고 했다. 이 여성은 느낌이 결여된 것을 자기는 죄책감을 느낄 수 없다는 의미로 해석했다. "나는 죄를 지었다는 느낌을 강하게 느껴본 적이 없어요. 제게는 죄책감이 없어요."

생각에서 기원한 느낌은 그와 비슷한 사건을 경험해서 발생하는 느낌과 다르다. 파티에서 손님에게 우연히 와인을 쏟았을 때 뒤따르는 느낌은 그다음 날 그 일을 다시 생각할 때 따라오는 느낌보다 더 강렬하다. 분노는 더 설득력 있는 사례를 보여준다. 친구에게 얼굴을 한 대 맞았을 때 뒤따르는 느낌의 질과 강도는 맞은 사람이 일주일 후에 그 일에 대해 생각할 때 찾아오는 느낌과는 비교할 수 없을 정도로 강하다. 그 일을 설명할 때 쓰는 감정 단어는 같을지 몰라도 그 느낌은 아주 다르다.

느낌을 지칭하기 위해 고르는 단어는 시간이 지나면 바뀔 수 있다. 19세기의 작가 토머스 하디는 'temerity무분별한', 'mud-dled혼란스러워하는', 'equanimity침착함' 등의 용어를 좋아했다. 반면 현대의 작가들은 똑같은 느낌에 대해서 'apprehensive걱정스러운', 'confused혼란스러운', 'serenity평온' 같은 단어를 쓸 때가 많다. 일부 감정 단어는 언어에 새로 추가되기도 한다. 'anomie사회적 무질서'라는 영어 단어는 1960년대까지 책에 등장하지 않았다. 유명한 폴란드 시인 체슬라브 밀로시는 캘리포니아대학교에 객원교수로 가 있는 동안 불편한 느낌을 억누를 수가 없었다. 그는 유럽으로 돌아오고 여러 해가 지난 후에 토머스 머튼에게 보낸 편지에서 이 느낌에 대해 설명했다. "10년 전 나는 아무런 목적도 없는 삶을 살까 두려워, 그리고 영적 무기력acedia이 두려워서 미국을 그냥 빠져나왔네." 밀로시는 미국인이었다면 '영적인 공허함'이라고 표현했을 느낌을 기술하면서 'acedia'라는 단어를 선택했다. 여기서 중요한 부분은 느낌을 어떻게 해석하느냐가 감정 단어의 선택에서 밑바탕이 된다는 것이다.

역사는 느낌을 바꾼다. 따라서 그로부터 나옴직한 감정도 바꾼다. 지난 10만 년 동안 대다수의 사람은 어린 자녀나 배우자를 잃고, 질병에 걸리며, 재산을 잃고, 등골이 휘는 육체적 노동에 시달리는 삶을 살아야 했다. 토머스 홉스가 삶을 끔찍하고, 야비하며, 짧다고 묘사했던 것은 유명하다. 대다수는 자신이 불확실성, 고통, 좌절, 상실을 경험하리라 예상했다. 이들에게는 불쾌한 느낌으로부터 자유롭다는 것 자체가 즐거움의 원천이 되었다.

지난 세기 초반에는 마실 수 있는 상수도와 전기의 도입, 의학의 발전, 그리고 기계의 등장으로 말미암아 질병의 빈도가 줄어들고, 수명이 늘어나고, 육체적으로 힘든 일을 기계가 대체하면서 예상되는 기분도 바뀌기 시작했다. 이런 새로운 현상들이 일반적인 사람의 예상을 바꾸어놓기 시작한 것이다. 일부 저명한 사회과학자가 행복이야말로 자연이 의도했던 감정 상태라 주장하자 많은 사람은 자기가 대부분의 시간을 행복하지 않게 지낸다면 그것은 자연의 법칙을 거스르는 일이기 때문에 자신이나 자신이 속한 사회가 무언가 잘못되었다고 생각했다.

각각의 사람이 경험해야 할 것으로 보이는 지배적인 기분이 이렇게 바뀌면서 스트레스의 개념에 대한 과학과 언론의 관심도 늘어났다. 스트레스는 질병, 상실, 가난, 소외, 피해자 의식, 과도한 경쟁, 업무 압박, 전쟁 등으로 야기되는 상태라 정의된다. 현대인은 지속적인 긴장감, 피로, 각성을 일상생활의 스트레스가 만들어낸 결과라 해석하는 선입견이 있다. 예전 세대는 '아기가 아파서 걱정이야', '가난 때문에 창피해', '신앙심을 잃어서 죄책감을 느껴', '편하게 사는 이웃을 보면 질투가 나', '남편이 바람을 피워서 정말 화가 나', '내 가족을 부양할 능력이 없어서 걱정이야', '내 책임을 모두 다하지 못해서 좌절감을 느껴' 등 자신에게 찾아온 느낌의 원인을 구체적으로 지목했다면, 요즘 사람들은 그냥 '나 스트레스 받았어'라는 말로 이 모든 것을 대체해버린다. 이 각각의 감정 상태에는 고유의 뇌 프로필이 함께 따라오는 경향이 있다. 이런 다양한 감정 상태를 스트레스라는 하나의 범주로 뭉뚱그리는 것은 이런 차이를 무시하는 결과를 낳는다.

동물도 두려움, 분노, 행복을 느낄까?

동물이 사람과 비슷한 감정을 느낀다고 추측하는 과학자들은 원숭이, 쥐 등의 심리 상태를 기술할 때 '두려운', '불안한', '슬픈', '화가 난', '행복한' 등의 용어를 쓰는 것이 적절하다고 믿는다. 하지만 이는 의심스러운 면이 있다. 동물은 자신의 신체감각을 해석하지 않기 때문이다. 원숭이와 침팬지가 사람이 행복, 슬픔, 분노, 놀람 등의 기분을 느낀다고 할 때와 비슷한 얼굴 표정을 짓는다는 사실은 쉽게 이런 믿음을 갖게 만들어준다. 하지만 미소에 이용되는 근육 패턴이 항상 행복을 반영하지는 않는다. 사람은 자기가 공격적으로 변하려는 것이 아님을 타인에게 알리고 싶을 때도 미소를 짓는다. 침팬지도 같은 조건에서 비슷한 얼굴 표정을 짓는다.

과학자들은 동물과 사람이 비슷한 감정 상태를 경험한다고 주장하기 위해 옥시토신이라는 분자가 일으키는 행동학적 결과를 이용해왔다. 옥시토신은 프레리들쥐라는 설치류 종의 암수 쌍에서 유대감을 촉진해주기 때문에 연구자들은 이 분자가 사람 사이, 그리고 사람과 그의 반려견 사이의 정서적 유대감의 밑바탕이라 분류했다. 하지만 옥시토신이 할 수 있는 것이라고는 뇌나 몸의 상태를 바꾸는 것밖에 없다. 이때의 상태 변화에는 근육의 이완, 심장박동수와 혈압의 저하 등이 해당된다. 이런 신체적인 변화는 보통 사랑을 나누는 것이든, 친구와 함께 저녁 식사를 하는 것이든, 영화를 관람하는 것이든 한 경험에서 오는 즐거움의 강도를 증가시켜준다. 이런 느낌을 어떻게 해석하고, 또 그에 따라 어떤 행동이 나올 것인지는 배경에 달려 있다. 꽃이 만개한 봄의 숲속을 혼자 걷는 사람, 사랑을 나누는 사람, 강아지를 쓰다듬는 사람, 미술 박물관을 거니는 사람, 운동 후에 샤워를 하는 사람, 재미있는 영화를 보는 사람은 모두 높아진 옥시토신 수치의 영향을 받고 있는 것일까? 옥시토신은 유대감 분자가 아니라 긴장 완화 분자라고 이름 붙여야 옳다.

나는 먹이 한 조각을 더 큰 동물에게 빼앗긴 원숭이의 심리 상태가 방금 어깨에 둘러메고 있던 핸드백을 소매치기에게 날치기당한 여성의 심리 상태와 비슷하다고 믿지 않는다. 이 여성의 느낌은 상실의 슬픔, 소매치기에 대한 분노로 해석될 수도 있고, 그 핸드백이 쓰다 만 휴대용 화장지와 부러진 빗밖에 들어 있지 않은 낡은 것이었기 때문에 오히려 헛수고한 소매치기를 향한 통쾌한 복수심으로 해석될 수도 있다. 먹이를 빼앗긴 원숭이의 반응은 좀 더 예측 가능하다. 생각이 개입할 여지없이 뇌의 반응이 만들어낸 직접적인 산물이기 때문이다. 이 단어들은 느낌에 대한 해석이기 때문에 분노하고, 슬퍼하고, 불안할 수 있는 존재는 인간뿐이다.

즐거움과 불쾌감

심리학자들은 감정의 토대로 추정되는 느낌이 즐거운 것이냐 불쾌한 것이냐에 따라 감정 단어가 긍정적 혹은 부정적 유의성을 갖는다고 분류한다. 뇌는 즐거운 감각과 불쾌한 감각을 담당하는 별개의 회로를 통해 이런 차이를 존중한다. 감정은 유효성에서도 차이가 난다. 유효성이란 밑바탕 감정의 강도나 침입성으로 정의된다. '슬프다'라는 단어는 불쾌한 유의성과 낮은 유효성을 갖고 있다. '분노'는 불쾌한 유의성과 높은 유효성을 갖고 있다. 영어에는 즐거운 감정을 나타내는 단어보다는 불쾌한 감정을 나타내는 단어가 더 많다. 불쾌한 감정에 동반되는 느낌이 보통 더 강력하고, 더 침입적이기 때문이다. 통증, 쓴맛, 매캐한 냄새를 느끼거나, 잔인한 행동을 목격하는 등의 가장 불쾌한 감정은 가장 즐거운 감정보다 더 큰 뇌 반응을 촉발한다.

어떤 사회에서는 각각의 사람이 한정된 양의 생명력을 갖고 태어난다고 믿는다. 이런 사회의 남성들은 성행위를 할 때 즐거움과 불쾌함이 뒤섞인 느낌을 받기 쉽다. 사정을 할 때마다 생명력을 잃는다고 믿기 때문이다. 미국인과 아시아인은 대개 불쾌한 느낌에 대해 다른 관점을 갖고 있다. 미국인은 그런 느낌을 억누르려 한다. 아시아인은 불쾌한 느낌도 일부 바람직한 속성을 갖고 있다고 해석한다. 사람들이 좋아하는 한 중국의 시는 이렇게 말한다. "즐거움은 고통의 씨앗이요, 고통은 즐거움의 씨앗이다."

느낌의 해석

세상의 언어에는 느낌의 밑바탕인 감각을 지칭하는 이름보다 그 느낌을 해석한 단어가 더 많다. 신체감각이 기술하기 어려운 애매한 속성을 갖고 있는 데는 몇 가지 이유가 있다. 심장, 위, 폐, 근육은 눈이나 귀보다 감각수용기의 수가 적고, 그 정보가 눈, 귀, 코,

혀, 피부에서 오는 정보에 비해 뇌로 전달되는 데 더 오랜 시간이 걸린다. 거기에 더해서 심장, 위, 근육으로부터 오는 감각은 우뇌에서 좀 더 정교하게 다듬어지는데, 우뇌는 구체적인 특성보다는 전체적인 패턴을 표상한다. 언어들은 '날카롭다', '둔하다', '강렬하다' 등 한 느낌의 단일 특성을 표현하는 단어들이 모든 특성들이 취하는 패턴을 지칭하는 용어들보다 더 많다.

대부분의 느낌은 초점이 흐린 사진처럼 몇 가지 해석을 불러온다. 하루 일과를 마치고 와인을 한 잔 마신 후에 뒤따라오는 감각에 대한 해석은 보통 정확하다. 하지만 의자에 앉아 있는데 갑자기 삼장박동수가 늘어난 것에 대한 합리적인 해석은 한 가지 이상 존재한다. 미국인과 유럽인은 이런 느낌이 어디 몸이 아파서라거나, 뭘 먹어서 그런 것이라 생각할 수 없는 경우에는 불안 때문이라고 해석하는 선입견이 있다. 하지만 다른 문화권 사람들은 똑같은 느낌을 피로감으로 해석할 수도 있다. 호주 퍼스에서 북쪽으로 420킬로미터 떨어진 고립된 공동체에서 살고 있는 중년의 야마티 여성들은 폐경기에 찾아오는 안면홍조와 발한 증상을 생의 단계에 따른 결과물이 아닌 질병으로 해석한다.

프로이트는 성인들이 수치심이나 죄책감의 해석은 피하려 한다고 인정했다. 친구에게 빌린 돈을 갚지 못한 데 대한 죄책감을 인정하고 싶지 않은 사람은 그 불편한 느낌을 돈을 너무 빨리 되돌려 받으려고 기대하는 친구에 대한 분노로 해석할 수도 있다. 학교 구내식당 탁자에 앉아 있던 남성 청소년이 갑자기 심장이 두근거리고 가슴이 답답해지는 것을 느꼈을 때, 감기 기운이 찾아왔다는 판단이 들면 그 자리를 떠날 수도 있다. 하지만 이런 느낌이 생긴 것이 맞은편에 앉은 남학생의 얼굴에 조롱하는 표정이 스쳐서 그런 것이라 결론을 내리면 입에서 공격적인 말이 튀어나올 가능성이 높다. 그리고 그날 오후에 있을 시험을 준비하지 못했다는 생각이 들어서 이런 느낌이 나타난 것이라 해석하면 점심을 후딱 해치우고 공부할 조용한 장소를 찾아갈 것이다.

단어의 한계

느낌의 질과 강도를 민감하게 측정할 수 있는 방법이 없기 때문에 과학자들은 사람들이 사용하는 감정 단어가 의식적 느낌의 정확한 지표라고 가정할 수밖에 없었다. 그런데 이런 전제에는 심각한 오류가 있다. 미국인은 아무런 느낌 없이 "사랑해"라는 말을 습관적으로 한다. 만약 단어가 느낌을 그대로 반영하는 것이라면 영단어 'anxious불안한', 'happy행복한', 'angry화가 난', 'lonely외로운'에 해당하는 동의어를 사용하는 비영어권 화자는 그와 똑같은 느낌을 경험해야 한다. 하지만 사실은 그렇지 않다. 허드슨만의 우트쿠 에스키모는 영어 화자가 외로움이라 부르는 느낌이 일어날 수 있는 배경을 구체적으로 명시하는 단어가 넷 있다. 영어 화자는 열쇠를 잃어버렸을 때, 시험에서 저지른 명청한 실수를 생각할 때, 중상모략의 대상이 되었을 때, 교통체증에 막혔을 때, 친구에게 배신을 당했을 때, 이웃이 자기네 잔디밭에 쓰레기 던지는 것을 보았을 때 유발되는 서로 다른 감정을 기술할 때 'angry화가 난'나 'mad미친 듯이 화가 난' 같은 단어를 사용한다. 반면 다른 언어에서는 이런 다양한 경험에 동반되는 느낌을 구분하기 위한 단어들을 발명했다.

수많은 유대인을 살해한 책임이 있는 나치 당원 아돌프 아이히만의 1961년 재판을 요약한 한나 아렌트의 책을 다 읽은 후에 거의 30분 동안이나 마음속에 남아 있었던 새로운 느낌을 표현할 단어가 내게는 없다. 슬프다, 화가 난다, 역겹다는 말로는 내 몸을 무겁게 짓누르는 느낌과 글을 쓰고자 하는 의지를 잃어버린 느낌이 뒤섞인 그 느낌을 담을 수 없었다. 일본어에는 자기가 싫어하는 사람이 안 좋은 일을 당했다는 것을 알았을 때 찾아드는 느낌을 기술하는 단어가 없다. 이런 느낌에 해당하는 독일어 단어는 'schadenfreude남의 불행에 대해 갖는 쾌감'다.

마야 인디언의 한 종족인 유카테크족의 언어는 영어 화자들이 '분노anger'와 '역겨움disgust'으로 부르는 느낌을 구분하는 단어가 없지만 이 인디언들도 모욕을 당했을 때와 더렵혀진 음식을 봤을 때 서로 다른 느낌을 경험했을 가능성이 크다. 수마트라섬의 거주민들은 실수를 저질렀을 때와 사회적 지위가 훨씬 높은 사람과 함께 있을 때의 느낌이 서로 다를 텐데도, 이 두 상황에서의 느낌을 '말루malu'라는 단어로 표현한다.

이런 증거들을 보면 언어는 느낌을 기술하기에는 부적절한 수단이라는 결론을 자연스럽게 이끌어낼 수 있다. 느낌을 표현할 단어가 부족한 상황을 5월의 커다란 정원에 핀 꽃들을 모두 화폭에 담아보려는 화가의 팔레트에 물감이 여섯 종류밖에 들어 있지 않은 것에 비유할 수 있다. 인간은 환경에 대한 사실을 소통하고, 따라야 할 규칙을 전달하고, 기술을 가르치기 위해 언어를 발명했다. 단어는 느낌을 기술할 목적으로 만들어진 것이 아니다. 타인이 분노, 수치심, 죄책감, 질투, 육욕으로 해석할 수도 있는 느낌을 드러내는 것이 항상 적응에 유리하지는 않기 때문이다.

언어에는 느낌의 집합에 부과된 혼합된 해석을 기술할 수 있는 단어가 거의 없다. 갓 태어난 자기 아기를 익사시키려는 비혼모 여성 청소년은 피임을 하지 않은 데 대한 후회, 자기를 버리고 떠나간 남자에 대한 분노, 그리고 자기가 저지르려고 하는 살인에 대한 죄책감이 뒤엉킨 복잡한 느낌을 경험한다. 미국인은 지난 세기에 일어났던 사건들을 생각할 때 이방인에 대한 의심, 자기 삶의 의미에 대한 혼란, 의심 없는 충성을 요구하는 도덕적 가치관 등이 만들어내는 느낌에 대해 여러 가지가 혼합된 해석을 내리기 쉽다. 영어는 이런 감정을 표현할 이름을 아직 발명하지 못했다. 하지만 밀로시의 'acedia영적 무기력'가 그 후보가 될 수도 있겠다. 정신은 하나의 느낌에 대해 가장 좋은 단어 하나만을 선호한다. 혼합되면 개념의 아름다움이 망가지기 때문에 기본적인 감정의 숫자도 많지 않고, 그 각각의 감정은 제일 좋은 이름 하나만을 갖는다.

행복

대부분의 미국인은 행복해지기 원하고, 또 자기 자녀들도 행복하기를 바란다고 말한다. 이것은 배고플 때 맛있는 음식을 먹을 때, 추운 날 따뜻한 집으로 들어올 때, 오르가슴을 느낄 때 찾아오는 잠깐의 감각을 말하는 것이 아니다. 행복의 조건에 대해 더 물어보면 대부분은 자기가 지금까지 살아온 삶에 만족을 느끼고 싶다고 말할 것이다. 이런 상태에 도달하기 위해 반드시 해야 할 일이 무엇이겠느냐고 사람들에게 물어보면 한동안 침묵이 이어질 때가 많다. 이런 행복을 보장해줄 행동이 무엇인지 확실치 않기 때문이다. 어떻게 얻을 수 있는지 알지도 못하는 심리 상태를 갈망하는 사람이 그렇게도 많다니, 정말로 이상한 일이다.

서로 다른 뇌 프로필이 동반되는 두 가지 다른 연쇄적 사건 덕분에 사람들은 우연히도 똑같이 'happiness행복'라는 영어 이름을 갖게 된 두 가지 느낌에 더 가까이 다가설 수 있다. 한 경로는 좌절, 위험, 모욕, 상실, 개인적 도덕규범의 위반 등에 동반되는 느낌의 강도를 줄여주는 기질적 편향을 갖고 있어야 가능하다. 이런 생물학적 특성을 갖고 태어난 사람은 모욕을 당하거나, 암 진단을 받거나, 돈을 잃거나, 친구와의 약속을 깜박하더라도 분노, 불안, 슬픔, 죄책감을 과도하게 느끼지 않을 수 있어서 행복하다고 말한다.

이와 조금 다른 행복으로 이어지는 두 번째 경로는 사람이 조금 더 통제할 수 있는 것이다. 이는 그 사람이 앞서서 좋은 삶을 살았다는 흔적으로 발명해놓은 중요한 목표를 완수했을 때 따라오는 느낌이다. 이런 목표는 다양하지만, 가장 흔한 것으로는 타인의 안녕에 기여하는 행동을 취한 것, 재능을 완벽하게 갈고닦은 것, 자녀를 행복한 아이로 키운 것, 서로 감사하는 결혼 생활을 유지하는 것, 사회의 존경을 받는 자원을 습득한 것 등이 있다.

2012년 퓨재단의 한 여론조사 결과를 보면, 열심히 일하면 자기가 살아온 방식에 만족을 느낄 수 있는 성공으로 이어진다고 믿는 경우가 유럽인보다 미국인이 더 많다고 나타났다. 사회과학자들은 이런 상태를 '주관적 안녕'이라고 부른다.

시인 월리스 스티븐스는 각각의 사람은 자기가 추구할 가치가 있다고 판단하는 목표를 발명해야만 한다는 것을 이해했다. "다른 것이 아무것도 남지 않았을 때 마지막 믿음은 허구를 믿는 것이다. 고상한 진실은 그것이 허구라는 것, 그리고 자신이 그것을 기꺼이 믿고 있음을 아는 것이다." 스티븐스는 볼테르의 애인이었던 샤틀레 후작 부인이 쓴 글을 읽었는지도 모르겠다. 그녀는 이렇게 적었다. "행복해지려면 환상에 빠져들 줄 알아야 한다. 우리는 기쁨의 대부분을 환상에 빚지고 있기 때문이다. 그런 환상을 잃어버린 사람은 불행하다."

안녕에 대한 판단은 필연적으로 비교를 바탕으로 이루어진다. 정보기술 덕분에 아이티, 소말리아와 같이 가난, 질병, 부패, 범죄 수준이 높은 사회에 사는 사람들은 자신이 처한 상황을 좀 더 발전된 국가의 상황과 비교할 수 있다. 이런 비교 때문에 가난하고, 부패한 사회에 사는 성공한 사람들의 주관적 안녕이 희석될 수 있다. 더 가난한 나라에서 부유한 나라로 이사해 온 사람은 자신의 새로운 환경을 자신이 뒤로 남겨두고 온 가난한 친구들의 환경이나 새로 만난 부유한 지인들의 환경과 비교할 수 있다. 11세기 중국의 철학자 소옹은 자신이 행복을 느끼는 이유를 이렇게 설명했다. "내가 행복한 이유는 내가 동물이 아니라 사람이고, 여자가 아니라 남자고, 야만족이 아니라 중국인이어서다. 그리고 나는 세계에서 가장 멋진 도시인 뤄양에 살기 때문이다."

내가 의심하면서도 증명하지는 못하는 것이 하나 있다. 1950~1980년에 태어난 백인 중산층 미국인은 1880년부터 제1차 세계대전이 발발하기 전까지 태어난 사람보다 덜 행복하다는 것이다. 그 이유는 앞선 세대의 미국이 세계에서 가장 도덕적이고 민주적이고 평등하고 낙관적이고 생산적인 국가라는 정치 후보자들의 주장을 의심하는 경우가 더 많았기 때문이다. 이전 세대 사람들은 미국독립혁명, 노예해방선언, 용감했던 알라모전투, 미국이 1945년에 나치와 일본을 패망시키는 데 기여한 점 등을 떠올릴 때면 대리 자부심을 느끼기 쉬웠다. 하지만 1950~1980년에 태어난 미국인은 이와 다른 미국의 실상을 접했다. 남북전쟁 이전의 남부에서 이루어진 노예들에 대한 가혹한 대우, 아메리카 원주민 학살, 공동주택에 모여 사는 유럽 이민자를 착취한 탐욕스러운 악덕 자본가, 베트남전쟁, 이라크전쟁, 아프간전쟁에서 일어난 무고한 시민 살해, 신문도 읽지 못하는 수백만 명의 고등학교 졸업자, 방금 만난 남자에게 구강성교를 해주는 10대 소녀, 학교에서 일어난 대학살, 아동을 성적으로 학대하는 목사, 제약회사에서 판매하는 약을 광고해주는 대가로 돈을 받는 의사, 감당도 못할 집을 사는 어리석은 결정으로 집을 잃은 수백만 명의 시민을 도울 생각은 하지도 않고 지나치게 위험한 투자 결정으로 곤란에 빠진 은행, 보험회사, 자동차 회사를 구한다고 수십억 달러의 돈을 쏟아붓는 정부 등등.

대부분의 사람들은 마치 행복이라는 뜬구름 같은 상태가 어느 날 아침 생각지도 않게 불쑥 의식으로 파고 들어오리라는 희망을 간직한 채 칭찬받을 만한 목표를 추구하는 것이 가장 현명한 전략이라도 되는 것처럼 행동한다. 주당 70시간씩 연구하는 수천 명의 과학자는 자기가 중요한 발견을 이룰 가능성이 대단히 낮다는 것을 인정한다. 하지만 이들은 알베르 카뮈가 《시시포스의 신화》에서 전하려 했던 의미도 이해하고 있다. 이들이 만약 연구를 멈춰버린다면 모든 소중한 목표를 추구할 때 함께 따라오는 파트너인 행복도 놓칠 것이다. 장폴 사르트르, 사뮈엘 베케트, 알베르 카뮈는 삶은 부조리하며 특별한 의미도 없다는 것을 인정했다. 하지만 이들은 모든 것을 포기하고 술에 취해 널브러지는 대신 스스로 의미를 찾고, 그 안에 함축된 목표를 추구하는 것이 인간의 존재라는 수수께끼에 대처하는 가장 훌륭한 반응이라 충고했다.

남녀의 느낌 차이

기분과 예민한 감정에 성차가 존재한다는 증거는 너무 약해서 어떤 강력한 결론을 이끌어낼 수는 없지만, 남성과 여성의 살짝 다른 유전체, 생리학적 특성, 뇌의 해부학 때문에 몸의 특정 감각을 느낄 가능성이 미묘하게 달라질 수 있다. 서로 다른 문화권의 어린 남자아이와 여자아이들을 관찰한 바에 따르면 높은 에너지, 움직임을 제한했을 때 느끼는 좌절감, 새로운 환경에 접근하려는 자동적인 욕구는 남자에게서 조금 더 흔히 나타나는 것으로 보인다. 남자아이는 종종 작은 캐비닛 위로 기어오르고, 높은 데서 뛰어내리고, 낯선 사물이나 장소에 접근할 때도 조심성이 별로 없다. 반면 여자아이는 다른 아이들과 조용한 놀이를 하는 것을 좋아하고, 보통 위험한 환경이나 새로운 환경에서는 조심성이 더 크다. 전 세계 어디든 어린이집이나 유치원에 가보면 이런 주장을 어렵지 않게 확인할 수 있다. 청소년기에 해당하는 수컷 원숭이는 자기가 조작해서 움직일 수 있는 물체를 가지고 놀기를 좋아한다. 반면 암컷 원숭이는 표면이 부드러운 물체를 가지고 노는 것을 좋아한다.

대부분 문화권의 부모들은 아들이 격렬한 활동을 하고, 다른 아이들한테 대장 노릇을 하려 하고, 공격성을 보이는 것에는 좀 더 관대한 경향이 있다. 이런 경험 때문에 남자아이와 남성 어른들은 자기가 종속적인 위치에 있다는 생각이 들면 쉽게 불쾌감을 느낀다. 남자가 여자보다 살인을 훨씬 많이 저지른다는 확고부동한 사실을 생각하면 셰익스피어가 맥베스 부인이 자기 남편에게 왕을 죽이라고 부추기기로 계획한 날 저녁에 "내게서 여자를 지워달라"고 애원하게 만든 것이 합리적인 설정으로 보인다.

반면, 여성은 타인과의 관계가 위협을 받았을 때 불쾌감을 느끼기가 더 쉽다. 케네스 켄들러는 여러 연구의 결과들을 검토한 뒤에 가까운 인간관계를 상실한 경우, 여성이 남성보다 더 괴로워한다는 사실을 확인했다. 남자와 여자 형제 쌍둥이 중 한 명만 심각한 우울증이 생긴 경우, 여자 쌍둥이는 만족스럽지 않은 결혼 생활, 불충분한 부모의 애정, 혹은 친구의 사회적 지지가 부족한 것을 문제 삼는 경향이 있었다. 반면 남자 쌍둥이는 직장에서의 실패나 경제적 문제를 문제 삼는 경우가 많았다.

스스로 자해를 했던 홍콩의 여자 청소년들은 무감정한 느낌을 완화시키고 싶었다고 말했다. 반면 자해를 했던 남자 청소년들은 자기가 자기 피부를 칼로 그을 수 있는 자제력을 갖고 있음을 입증하고 싶었다고 말했다. 20세기에 노벨생리학상 수상자인 프랑수아 자코브와 리타 레비몬탈치니는 둘 다 회고록을 썼다. 그런데 남자인 자코브의 글은 고독하고, 경쟁이 치열한 연구 분위기를 강조했다. 반면 여성인 레비몬탈치니의 자서전에서는 다른 과학자들과의 동료애와 협조적 관계를 자세히 설명했다.

성별과 직업 선택

프린스턴대학교의 사라제인 레슬리는 동료들의 도움을 받아 2011년에 미국 대학교의 박사학위 수여자들을 조사해보았다. 여성들은 대부분의 연구자가 생물학, 심리학, 교육학 등 다른 사람들과 공동으로 인간 복지와 관련된 문제를 연구하는 분야에서 박사학위를 받는 경우가 많았다. 반면 물리학, 수학, 철학 등 인간 복지와는 뚜렷한 관련이 없는 문제를 연구자가 혼자 연구하는 분야에서는 여성 박사학위 수여자의 수가 적었다. 2011년에 분자생물학 박사학위의 거의 60퍼센트 정도가 여성에게 수여된 반면, 물리학에서는 15퍼센트, 철학에서는 30퍼센트에 불과했다. 대부분의 여성은 언어 능력이 탁월하기 때문에 철학 연구를 평생 직업으로 선택하는 여성이 더 많으리라 예상할 수 있다. 하지만 실상은 그렇지 않은 것을 보면 여성들이 논리나 의미론 같은 불가사의한 문제를 혼자 연구하기를 좋아하지 않았다는 의미가 된다. 남성들은 혼자서 하는 연구 환경은 타인의 지배나 위협으로부터 보호해주는 역할을 하기 때문에 이런 분야를 선택할 가능성이 더 높다.

현명한 사회는 개인의 선호에 적응한다. 특정 직업에서 남성과 여성의 비율이 고르지 않을 때 그 분야에 성에 대한 편견이 존재한다는 공격적인 주장이 나오고는 하는데, 이런 주장은 남성과 여성의 동기가 서로 다르다는 점을 무시한 것이다. 나는 남성만큼이나 똑똑한 물리학자나 철학자가 될 능력을 갖춘 여성이 수백만 명은 있을 거라 확신한다. 다만 여성이 그런 전문 분야를 선호하지 않을 뿐이다. 50년 전만 해도 미국 대학의 발달심리학 분야에서 고위 교수직은 여성보다 남성이 많았지만, 2015년에는 여성이 더 많았다. 하지만 그 이유를 성에 대한 편견 때문이라고 주장하는 사람은 없다. 한 직업에서 남녀 성비가 같지 않다고 해서 그것이 언제나 성에 대한 편견을 암시하는 것은 아니다.

성차에 대한 생물학적 기여

Y 염색체의 특정 유전자는 성 호르몬과 그 수용체의 균형과 함께 작용해서 기분과 감정에서 나타나는 성차를 만들어낼 가능성이 크다. 남자 태아만이 수정 후 3~5개월 정도, 그리고 출생 직후 잠깐 동안에 테스토스테론을 분비한다. 이 호르몬은 두 종류의 테스토스테론 수용체를 활성화시킨다. 하나는 뇌를 남성화하는 역할을 한다. 그리고 다른 하나는 둥근 얼굴, 두터운 입술 등 일부 여성적인 특성이 형성되는 것을 막는 역할을 한다.

남성 호르몬이 급증하면 좌뇌의 성장이 느려지기 때문에 남성에게서는 우뇌가 우세해지고, 왼손잡이가 되는 경우가 더 흔하다. 우뇌의 두정엽피질의 한쪽 뇌 영역은 복잡한 도형을 머릿속으로 조작하는 능력을 키워준다. 이것은 '공간 추론'이라는 능력이다. 공간 추론 능력 검사를 해보면 남자와 여자의 평균 점수는 같게 나오지만 분포에서 상위 1퍼센트에 속하는 사람은 남성이 더 많다.

남성 호르몬의 급증은 다양하고 미묘한 해부학적 차이를 만들어낸다. 항문과 성기 사이의 거리도 한 예다. 남자의 경우 태어날 때 이 거리가 여자보다 조금 더 길다. 검지와 약지의 길이 비율도 다르다. 남성은 검지가 약지보다 살짝 짧은 반면, 여성은 이 두 손가락의 길이가 대략 같다. 손가락 길이 비율2d:4d ratio이라고 하는 약지 대비 검지의 길이 비율은 보통 남성은 0.95~0.97이지만, 여성은 0.98~1.00이다. 이 비율은 몇 가지 요인이 작용한 결과이기는 하지만 태아기의 테스토스테론 급증이 그 요인 중 하나다.

손가락 길이 비율은 항문과 성기 사이의 거리보다는 측정도 쉽고 측정하기도 덜 민망하기 때문에 대부분의 연구는 이 특성을 이용해왔다. 손가락 길이 비율은 다양한 신체적, 심리적 속성과 관련되어 있다. 예를 들면, 0.97 이하의 대단히 남성적인 비율을 갖고 있는 남성은 0.97보다 높은 값을 갖고 있는 남성보다 더 근육질의 체구, 두드러지는 턱, 폭이 넓은 얼굴을 가지고, 고위험군의 활동에 참여하며, 체육 활동에서 더 뛰어난 체력과 스피드, 그리고 경쟁력을 보여줄 가능성이 높다.

케임브리지대학교의 사회과학자들은 투자회사에서 초단타 트레이더로 일하는 43명의 남성을 연구해보았다. 그 결과 고객에게 가장 많은 돈을 벌어준 세 명은 가장 적은 돈을 벌어준 여성적 비율을 가진 남성에 비해 남성적인 비율이 더 높았다. 전자의 남성들의 경우 하루 일과 중에도 여러 번에 걸쳐 고액의 돈이 오가는 판단을 수백 번 내려야 하는 압박에 좀 더 잘 대처할 수 있었던 것으로 보인다.

얼굴 폭이 넓은 남성은 남성적인 손가락 길이 비율을 가질 가능성도 더 높은데, 이들은 경영진 자리를 차지하고 있는 경우도 많다. 서식스대학교의 심리학자들은 영국의 선도적 기업의 최고경영자인 남성들, 그리고 나이는 같지만 그런 자리를 차지하지 않은 남성들의 얼굴 폭의 넓이(광대뼈 사이의 폭을 윗입술과 눈꺼풀 맨 위쪽 사이의 거리로 나눈 비율)를 측정해보았다. 그랬더니 최고경영자들은 유의미하게 넓은 얼굴을 갖고 있었을 뿐만 아니라, 그 사람을 개인적으로 알지 못하는 학생들에게 그 사진을 보여주었더니 얼굴 폭이 좁은 사람보다 이런 사람을 더 성공한 사람 같다고 점수를 매겼다. 단순한 지도체제를 가진 회사를 연구하는 위스콘신대학교의 한 연구진은 얼굴 폭이 넓은 최고경영자가 얼굴이 좁은 최고경영자보다 돈을 더 잘 번다는 것을 알아냈다. 서로 다른 세 장소에서 꼬리감는원숭이의 행동을 관찰해본 영국 리즈대학교의 과학자들은 얼굴 폭이 제일 넓은 수컷이 가장 적극적이고, 무리에서 우두머리 수컷이 될 가능성도 크다는 것을 밝혀냈다.

남성적인 손가락 길이 비율을 갖고 있는 소수의 여성들은 경쟁하는 스포츠 활동을 하고, '남성적인' 직업을 선택하며, 방향 감각이 더 뛰어나고, 문제를 해결할 때 깊은 생각에 잠길 경우가 많으며, 자궁경부암이나 섭식장애가 생길 확률은 낮다. 우메오대학교의 심리학자들은 스웨덴의 페미니스트 회의에 참가하는 여성들은 평균적인 스웨덴 여성보다 더 남성적인 비율을 갖고 있음을 알아냈다.

비율은 작지만 신생아 중 일부는 유전적으로는 남성이지만(X 염색체 하나, Y 염색체 하나를 갖고 태어난다) 남성 호르몬 수용체의 기능 이상으로 여성의 성기를 갖고 있다. 이런 아동들은 여자로 자라지만, 청소년기에 도달했을 때 테스토스테론 주사를 주면 신속하게 남성적인 관심사가 발달한다. 10년이 넘는 시간 동안 여자로 사회화 과정을 거쳤음에도 남성의 심리적 특성을 빠른 속도로 습득하는 것을 보면 남성과 여성의 기분에서 드러나는 차이가 생물학적인 토대를 갖고 있음을 확인할 수 있다.

신생아가 엄마로부터 물려받는 유전자는 생각을 담당하는 뇌 영역의 성장에 중요한 기여를 한다. 이것을 보면 여성스러움의 상징으로는 미의 여신 비너스보다는 지혜의 여신 아테나가 더 적절할지도 모르겠다. 아이가 아빠로부터 물려받는 유전자는 시상하부의 형성에 더 중요한 기여를 한다. 시상하부는 느낌, 기분, 특히 성적 흥분의 용이성을 조절한다. 2015년 현재 미국에서는 비혼 여성의 성생활을 관대하게 바라보는 분위기가 조성되어 있지만 대학생 연령의 여성들은 여러 남자와 잠자리를 하는 여성을 표현할 때 'slut난잡하고 음탕한 계집'이라는 모멸적인 용어를 계속 사용하고 있다. 반면 여러 여성과 자주 섹스하는 남성에 대해서는 이에

견줄 만한 모욕적인 용어가 없다.

어쩌면 펜실베이니아대학교의 한 연구진이 느낌, 기분, 특정 능력에서 나타나는 성차의 토대를 발견했는지도 모르겠다. 남성은 좌뇌나 우뇌 안에서 뇌 영역들을 연결해주는 신경로가 더 많다. 우뇌는 이미지를 정교하게 다루는 역할을 하기 때문에 남성은 의미론적 네트워크로부터 자유로운 이미지를 조작하는 데 더 능할 것이다. 반면 여성의 경우 뇌의 양쪽 반구를 서로 연결하는 신경로가 더 많다. 이런 해부학적 구조 덕분에 여성은 좌뇌의 의미론적 네트워크와 우뇌에서 정교하게 다듬어진 느낌과 이미지를 결합하는 데 더 능할 것이다. 운동을 조정하는, 뇌 뒤쪽의 큰 구조물인 소뇌는 이런 법칙이 적용되지 않는 예외다. 남성이 소뇌의 좌뇌와 우뇌를 연결하는 신경로가 더 많기 때문이다. 이런 해부학적 구조를 갖고 있으면 대근육의 운동을 더 잘 조절할 수 있을 것이다.

나는 어린 남자아이들은 여자아이들보다 해를 입을 위험이 있는 새로운 경험에 더 강하게 끌리는 속성이 있음을 지적한 바 있다. 실현 가능할 것 같지는 않지만 탐나는 목표를 고대하거나 달성했을 때는 도파민 분비가 급증한다. 그리고 이것은 젊은이와 성인들이 즐거움으로 해석하는 느낌에 기여한다. 남성이 위험한 행동에 더 끌리는 데는 도파민 분자의 뇌 속 농도에서 나타나는 성차가 기여하고 있는지도 모른다. 새로운 경험 이후에는 전전두엽 피질에서 도파민 수치가 사건 발생 이전의 평소 수치보다 크게 증가하는데 이를 통해 뇌 반응이 강화된다. 여러 뇌 영역에서 관찰되는 평소의 도파민 활성 수준은 여성보다 남성에게서 살짝 낮다. 여기에는 여성의 성 호르몬인 에스트라디올이 도파민의 분비를 용이하게 만들고, 뇌의 시냅스에서 과도한 도파민을 흡수하는 분자의 활동을 저해하는 것도 한몫하고 있다.

대부분의 남성의 뇌는 낮은 도파민 활성 수준에서 작동하고 있기 때문에 있을 법하지 않은 일을 경험했을 때 도파민의 절대적 증가량이 아닌 상대적 증가량은 남성에게서 더 클 것이고, 따라서 즐거운 느낌도 더 강력할 것이다. 예를 들어보자. 평소에는 5였던 도파민 수치가 8로 증가한다면 도파민 활성이 60퍼센트 증가한 것에 해당한다. 반면 8에서 절대 수치로 3이 올라가 11이 되었다면 이것은 겨우 37퍼센트 증가에 해당한다. 초콜릿 같은 달콤한 음식은 방금 저녁식사를 마치고 먹는 경우보다 배가 고프고 혈당 수치가 낮을 때 먹는 경우가 더 즐거운 느낌이 크다.

이런 사실이 암시하는 바는 원하기는 하지만 실현 가능할 것 같지 않은 목표를 달성할 때 남성이 여성보다 더 강렬한 희열을 맛본다는 것이다. 남성들이 위험이 큰 도박이나 위험한 사업에 큰 돈을 투자하고, 낙하산을 타며, 빙하로 뒤덮인 산을 오르고, 드래그 자동차 경주를 즐기며, 수많은 새로운 여성과 섹스를 즐기는 등의 고위험 활동에 끌리는 이유도 이것으로 설명할 수 있다.

이와 관련이 있는 관찰 내용이 두 가지 더 있다. 메간 풀리아가 이끄는 버지니아대학교의 한 연구진은 백인 사이에서는 옥시토신 수용체 유전자에 그 유전자를 침묵하게 만들어 옥시토신 활성을 감소시키는 후성적 표지가 붙어 있는 경우가 남성보다 여성에게 많다는 것을 발견했다. 옥시토신은 낮아진 긴장감을 특징으로 하는 느긋한 느낌을 만들어내기 때문에 이 관찰이 의미하는 바는 남성이 느긋한 기분을 경험하기가 더 쉽다는 것이다. 이런 추측을 뒷받침하는 사실이 있다. 에스트라디올은 여러 뇌 영역에서 신경 세포 흥분성을 떨어뜨리는 GABA 분자를 억제하는 반면, 신경흥분성을 높이는 글루타메이트 분자의 활성을 강화한다는 것이다. 반면 테스토스테론은 GABA 활성을 강화하기 때문에 그 결과로 뇌가 살짝 덜 흥분된 상태가 된다.

이 모든 증거를 종합해보면 사춘기에서 폐경기에 이를 때까지 여성의 뇌는 남성의 뇌보다 성인들이 맥락에 따라 긴장감, 걱정, 슬픔 등으로 해석할 느낌을 만들어내는 경향이 살짝 더 높다는 주장이 나올 만하다. 따라서 사춘기가 지나고 얼마 지나지 않아 불안과 우울의 수준이 높아지는 경우가 남성보다 여성에게서 더 많다는 것은 우연이 아닐지도 모른다. 청소년기는 불확실성을 야기하는 새로운 도전 과제를 가져다준다. 만약 여성의 뇌 특정 영역이 그런 경험에 의해 쉽게 자극을 받는다면 그 느낌이 걱정이나 슬픔으로 해석될 가능성이 높다.

다양한 문화권에서 남성과 여성은 다음의 질문에 서로 다른 대답을 내놓는다. '나는 다른 사람들과 어떻게 관계를 맺을까?' 여성은 남성보다 정서적으로 친밀하고 좀 더 평등한 관계를 확립하려는 경향이 많다. 남성의 경우는 자기가 지배적인 위치에 서는 관계를 선호하는 사람이 많다. 여성들은 가까운 관계를 잃을까 걱정한다. 남성들은 심리적 효능을 잃을까 두려워한다. 여성 갱단보다 남성 갱단이 훨씬 많은 이유는 집단에 소속되면 그 구성원의 효능이 강화되기 때문이다. 전문가들은 미국이나 유럽에서 소외감을 느끼는 젊은 이슬람교도가 IS에 쉽게 가담하는 이유는 막강한 집단의 구성원이 됨으로써 자신의 효능이 강화되는 느낌을 받기 때문이라고 주장한다.

지그문트 프로이트와 알프레트 아들러는 자신이 속한 반유대주의 기독교 사회 대다수 사람들이 누리는 존중을 자신도 누리고 싶어 굶주려 있던 유대인이었다. 두 사람 모두 권력을 가진 자에 대한 질투가 불안의 주요 원인이라 주장했다. 프로이트는 남자아이는 엄마의 사랑을 차지하고 있는 아빠를 질투한다고 믿었다. 아들러는 둘째 형제가 첫째 형제의 특권적 위치를 질투한다고 적었다. 카를 융은 당시 활동하는 대부분의 기독교 정신과 의사와 심리학자 들과 마찬가지로 프로이트의 주장에 반대했다.

지난 세기 초반에 심리분석이론에 끌렸던 여성 중 권력에 대한 소망이 좌절된 것이 사람의 불안을 만들어내는 중요한 원인이라 생각했던 사람은 없었다. 헬레네 도이치는 정체성의 중요성을 강조했다. 멜라니 클라인은 공격성에 중요성을 부여했다. 그리고 프로이트의 딸 안나 프로이트는 효능감에 문제가 생긴 것으로 해석되는 느낌보다는 투사, 합리화, 부정의 정신적 메커니즘이 훨씬 더 큰 영향을 미친다고 믿었다.

결정의 토대

논리적 근거를 바탕으로 이루어졌다고 주장하는 결론이 사실은 느낌에서 힘을 받아서 나온 것인 경우가 많다. 미국 대법원의 수많은 판결은 판사가 인식하기에 미국인 대다수가 공유하는 느낌을 적법화하기 위해 구성된 일관되고 의미론적인 논거다. 학교의 인종분리정책을 폐지하고, 낙태와 동성결혼을 합법화한 것이 그 예다. 1945년에서 1980년대까지 냉전 기간에 영향력 있는 학자들은 소련과 미국의 지도자들이 가장 합리적인 반응을 하게 만들 일련의 논리적 규칙을 만들어낼 수 있을 거라며 미국의 정치지도자들을 설득했다. 이들은 지도자들의 느낌은 무시해버렸다. 결국 이 논리적 분석은 베를린장벽의 붕괴도 예상 못 하고, 뜻하지 않았던 소련의 종말도 예상 못 했다. 그 어떤 논리적 분석으로도 2011년 튀니지 정권의 몰락과 거기에 뒤따른 아랍의 봄을 예측하지는 못했을 것이다. 시인 E. E. 커밍스의 세 줄짜리 시에는 느낌이 이성을 얼마나 쉽게 물리치는지 보며 그가 느낀 즐거움이 담겨있다.

　　문법이나 따지는 사람이면
　　절대 마음을 다해
　　키스하지도 않을걸?

느낌을 구체적으로 표현하기
심리학자들은 감정에 대한 매력적인 이론을 못 내놓고 있는데 그 이유는 사람들이 사용하는 단어는 감정의 본질적 속성인 느낌을 정확하게 해석한 것이 아님에도 불구하고 주로 단어를 증거로 이용하고 있기 때문이다. 사람들에게 자기가 어떤 것을 느끼고 있는 것 같냐고 물어보기보다는 맥락 속에서 느낌의 속성을 조사해보면 훨씬 더 얻는 것이 많을 것이다. 사람들이 자신의 느낌 상태를 지명하기 위해 사용하는 단어들은 동물, 식물, 광물 같은 용어와 달리 그 본질을 파고들지 못한다.

연구자들이 한편으로는 현저함의 정도, 기원, 예상, 익숙함 등에서 다양하게 차이가 나는 느낌 사이의 관계에 대해 연구하고, 또 한편으로는 배경, 행동, 뇌 프로필에 대해서 연구해보면 얻는 결과가 있을 것이다. 뇌 측정이 감정 상태, 특히나 당사자가 느낌에 그 어떠한 변화도 없다고 주장할 때의 감정 상태를 말해주는 예민한 지표라 주장하는 과학자들은 특별한 감정의 정의에 의지하고 있는 것이다. 사람들이 느낌에 가할 수 있는 다양한 해석은 현재 즐겨 사용되는 감정 단어의 목록으로는 포착할 수 없다. 이제 '행복하다', '슬프다', '두렵다', '불안하다', '화가 난다', '역겹다' 같이 맥락이 배제된 벌거숭이 용어는 사용 중지를 선언하고, 그 대신 독자나 청자가 '누가', '누구를', '무엇을', '왜' 등을 알아내려 애쓸 필요가 없는 온전한 문장으로 쓸 시간이 왔다.

우리가 아는 모든 사회는 어떤 행동이 옳고 어떤 행동이 그른지, 공동체에 속한 각각의 구성원들을 좋은 사람과 나쁜 사람으로 어떻게 분류할 것인가 하는 문제에 관심이 깊다. 어떤 공동체는 한두 세대 정도의 기간을 거쳐 이런 부분에서 가까스로 합의에 도달하기도 한다. 하지만 모든 사회가 기꺼이 받아들일 만한 올바른 행동과 좋은 사람의 정의를 하나로 통일해서 정착해보려고 해도, 역사는 그 시도를 번번이 좌절시키고 있다. 그 때문에 몇몇 철학자와 사회과학자는 도덕성의 의미에 대해 계속해서 토론했다. 그중 좀처럼 결론이 나지 않는, 논란이 많은 주제가 두 가지 있다. 도덕적이라는 표현은 행동에 적용해야 할까, 사람에게 적용해야 할까? 행위자, 행위자의 의도, 그리고 행위자가 행동하는 배경을 초월하는 도덕의 정의를 정당화하는 것이 가능할까? 이 장에서는 이런 의문에 답해보려 한다.

행동이냐, 사람이냐

일부 철학자, 그리고 전 세계 성인 대다수는 '도덕'이라는 용어를 한 공동체의 구성원 대다수가 옳고 적절하고 좋다고 여기는 행동에 국한해서 사용하기를 원한다. 정직, 친절, 협동, 책임감, 용기, 충성심 등이 일반적인 후보들이다. 식사를 할 때 냅킨을 사용해야 한다거나 하는 자의적인 의식은, 지키지 않았다고 해서 가혹한 비판을 유발하는 경우는 드물기 때문에 배제된다.

소수의 일부 사회에서는 '도덕적'이라는 표현을 옳고 적절하고 좋은 것에 대한 개인적 정의에 충실한 사람에게 적용하기를 선호한다. 그들의 행동이 가끔 공동체 구성원들이 이해하는 적절한 행동에 어긋나더라도 말이다. 이것이 새로운 개념은 아니다. 기원전 490~430년에 살았던 그리스인인 엘레아의 제논은 개인적 양심에 충실한지 여부가 도덕적 삶의 중요한 기준이라고 주장했다. 현대의 유럽인과 미국인은 토머스 모어를 도덕적 인간의 원형이라 찬양한다. 그가 자신의 종교적 신념을 버릴 것을 요구하는 왕의 명령을 거부했기 때문이다. 엘로이즈와의 정사로 유명한 12세기 이단 가톨릭 성직자 피에르 아벨라르는 인간의 죄는 자신이 도덕적으로 옳다고 믿는 일을 위반하는 것밖에 없다고 적었다. 셰익스피어는 《햄릿》에서 폴로니어스가 자신의 아들 레어티즈에게 다음과 같이 충고하도록 함으로써 이런 도덕의 정의에 찬성했다. "너 자신에게 참되어라."

헨리 데이비드 소로는 1849년에 쓴 일기의 시작 부분에서 아벨라르와 폴로니어스의 말을 조금 바꾸어 적었다. "내가 당연하다 생각할 권리가 있는 단 하나의 의무는 언제라도 내가 옳다고 생각하는 일을 하는 것이다."

히틀러 정권 당시 아이였던 요아힘 페스트는 아버지가 그에게 마태복음에 나오는 라틴어 경구를 암기하라고 말했던 것을 기억한다. "Etiam si omnes, ego non!" 이는 '모든 사람이 그럴지라도, 나는 그러지 않겠다!'는 의미다. 그의 아버지가 아들에게 남긴 마지막 말 중 하나는 이랬다. "나는 실수를 많이 했다. 하지만 잘못된 일은 하지 않았다."

미국은 인종적, 종교적으로 다양하기 때문에 자기 양심이 요구하는 바에 충실한 사람을 존경하는 분위기가 조성됐다. 할리우드는 이런 관점을 장려한다. 1952년 영화 〈하이 눈〉에서 게리 쿠퍼가 은퇴한 지 얼마 안 된 작은 마을의 보안관으로 나온다. 그를 죽이려는 네 명의 범법자 무리가 찾아오고 있고, 그의 새 아내와 시장, 그리고 친구들은 그에게 이제 더 이상은 마을의 안전을 책임져야 할 의무가 없으니 어서 빨리 떠나라고 재촉한다. 하지만 그는 자신의 양심 때문에 차마 마을을 떠나지 못한다. 마을 사람 그 누구도 그를 돕겠다고 나서는 사람이 없어서 쿠퍼는 어쩔 수 없이 네 명의 범법자들을 혼자 상대해야 했다. 그의 도덕규범이 그런 태도를 요구했기 때문이다. 일부 영화 평론가들은 〈하이 눈〉의 시나리오 작가가 1950~1951년에 미국의 작가, 교수, 과학자 들을 공산주의자라는 이유로 닥치는 대로 고발한 상원위원 조지프 매카시에게 겁이 나서 반대하지 못한 국회의원들을 부끄럽게 만들려고 이 시나리오를 쓴 것이라 주장한다.

일본이나 중국처럼 단일 민족 사회에서는 핵심 가치관에 대한 합의가 잘 이루어지고 공동체에서 이해하는 옳고 그름의 기준에 잘 순응하는 사람을 높이 평가한다. 이런 사회는 특정 개인의 자율적 양심보다는 집단의 조화에 더 큰 가치를 둔다. 아프리카 여러 국가의 시골 지역에서 소녀와 젊은 여성의 성기를 절단하는 할례의식이 많이 일어나는 것도 공동체 규범의 힘을 보여준다. 여성 청소년들은 여기에 뒤따르는 통증이나 감염 위험, 그리고 성적 쾌감이 억제되는 것을 피하고 싶은 마음은 있지만 그 지역에서 중요하게 여기는 가치관을 지키지 않았을 때 따라올 사회적 거부의 두려움 때문에 이런 의식을 받아들인다.

대다수가 인정하는 도덕적 기준에 순응하면 편하게 살 수 있지만, 자신의 개인적 가치에 반하는 도덕규범을 따르는 사람은 좌절감과 죄책감이 뒤섞인 상태에 빠져들기 쉽다. 실업자에게 대형 모기지 상품을 파는 것이 윤리적으로 적절하지 않다고 느끼면서도 이런 관행을 막기 위한 조치를 아무것도 하지 않은 일부 모기지 금융회사 직원들은 이런 감정을 경험했을지도 모른다. 크리스 월시는 《비겁》에서 한 세기 전에 비해 요즘은 부정직과 불의에 공개적으로 의문을 제기해야 한다는 도덕적 책무가 약해졌다고 주장했다. 심지어는 영어로 쓰인 책에 등장하는 '겁쟁이'와 '비겁'이라는 단어의 빈도도 1800년 이후로 줄어들고 있다.

소셜 네트워크는 개인의 양심을 좀먹는가?

페이스북이나 트위터 같은 소셜 네트워크의 영향력이 증가하면서 젊은이들이 자신의 개인적 도덕규범을 지키기가 더 어려워지고 있는지도 모르겠다. 미국의 청소년 중 90퍼센트 이상이 하루에 적어도 한 번 이상 또래들과 인터넷 메시지를 주고받는다. 그리고 5퍼센트 정도는 메시지를 보내는 데 너무 많은 시간을 보내고 있어서 전문가들은 중독을 염려하고 있다. 이런 메시지 교환은 성행위, 음주, 기분 전환용 약, 부모님에 대한 충실, 옷차림, 교사를 향한 태도, 학업 성취의 중요성, 직업 선택 등에서 무엇이 적절한 것인지에 대한 집단적 합의에 영향을 미친다. 대부분의 청소년은 자기와 같은 가치관을 가진 또래 친구들과 대화를 나누기 때문에 각각의 네트워크는 그 집단의 모든 구성원들의 신념체계를 정당화해준다.

집단의 합의된 가치관 중 하나를 위반한 10대는 또래들로부터 사이버 집단괴롭힘의 표적이 되는 경우가 많고, 이는 불안과 사회적 고립을 만들어낸다. 2012년 한 해 동안 전체의 3분의 1에 가까운 미국 청소년이 또래에게 사이버 집단괴롭힘을 당했다고 보고했다. 드문 경우기는 하지만 가혹한 공격을 받은 희생자가 자살로 내몰리는 경우도 있다. 사이버 집단괴롭힘의 희생자였던 중학생 청소년 레베카 세드윅은 2013년 9월에 버려진 시멘트 공장 탑 위로 올라가 뛰어내려 삶을 마감했다. 조지 오웰이 1949년에 내놓은 음울한 소설 《1984》도 정부에 의해 감시당하는 사회를 예상했지, 자기 친구들에게 감시당하는 사회를 예상하지는 않았다.

오늘날의 소셜 네트워크에서 보이는 역학은 대부분의 사람이 작은 공동체에 살던 1000년 전 세계 여러 지역의 사회적 네트워크와 닮아 있다. 그런 작은 공동체 안에서는 구성원 중 누군가가 부적절한 행동을 하면 주민들이 그것을 금방 알 수 있었다. 이런 조건 아래서는 사람들이 망신을 당하거나, 평판을 잃지 않으려는 생각을 하기 때문에 바람직하지 않은 행동이 효과적으로 억제된다. 공식적인 법률 체계가 도입된 시점이 공동체가 너무 커져서 누군가가 윤리에 어긋나는 행동을 해도 알아차릴 사람이 거의 없음을 대다수 사람들이 깨달을 때였던 것은 우연이 아니다.

정직한 시도

대중이 서로 다른 도덕 관습에 불만을 느끼고 있음을 눈치챈 일부 사회과학자들은 이런 모호함을 해소해보겠다는 의지를 드러냈다. 《옳고 그름》의 저자 조슈아 그린은 오래된 공리주의적 원리를 옹호한다. 그린은 어떤 행동이 동일한 가치를 가지고 있는 대다수 사람들의 행복을 증진시키는 결과를 가져온다면 그 행동은 도덕적이라 주장한다. 그러나 이 주장은 행복의 질에 대해서는 침묵하고 있을 뿐만 아니라, 그 행동으로 인해 누가 행복해지고 누가 불행해질지 알 수 없다는 사실에 대해서도 아무런 말이 없다. 이런 공리주의적 기준을 진지하게 적용한다면, 토머스 모어에게 부여했던 '도덕적 인간'이라는 이름을 박탈해야 할 것이다. 그는 그의 가족과 그를 지지하는 수많은 가톨릭 신자의 행복을 빼앗았고, 어쩌면 그에게 사형을 내린 왕의 행복 수준마저 감소시켰을지 모르기 때문이다. 토마 피케티는 2015년 1월에 프랑스 최고 훈장인 레지옹 도뇌르 훈장의 수여를 거부해서 수백만 명의 프랑스 애국 시민들을 슬프게 만들었다. 하지만 피케티는 자신이 개인적인 도덕규범을 존중하고 있는 것이라 믿었다.

히브리대학교의 샬롬 슈워츠는 경제적으로 발전한 현대 민주주의 사회의 시민들 대부분이 갖고 있는 도덕규범을 반영하는 행동을 열 가지로 정리할 수 있다고 주장했다. 이 목록에 포함된 행동으로는 더 높은 사회적 지위, 업적, 쾌락, 더 큰 관용, 새로운 경험, 사회적 조화를 위한 행동 등이 포함되어 있다. 민주사회에 살고 있는 현대의 불교 신자, 이슬람교 신자, 유대교 경건주의자들이라면 다른 행동들을 지명할 것이다.

버지니아대학교의 심리학자 조너선 하이트는 타인을 돌보기, 공정함, 충성심, 권위에 대한 존경, 특정 사물과 장소에 대한 신성한 의무 등 다섯 가지 도덕적 의무의 보편성을 옹호한다. 이 각각의 윤리적 요구에 대해 특정 환경에서 행동하는 특정 주체에서 예외적인 상황을 찾아내기는 어렵지 않다. 대부분의 문화에서 대다수의 성인들이 다음의 예시들이 도덕적인 행동이라 동의할 것이라고 생각한다. 자신의 아이를 다치게 만들겠다고 위협하는 남자를 해치는 엄마, 소수 집단 출신의 성실한 학생에게 원래 받아야 할 점수보다 더 높은 점수를 주어 그 학생이 장학금을 계속 받을 수 있게 한 교수, 심각한 범죄를 저지르려는 아버지를 경찰에 신고한 딸, 1938년에 히틀러 치하 제3제국 장교의 권위를 존중하기를 거부한 독일 시민, 유대교 회당에서 사람들의 재산인 물건들을 내동댕이친 예수.

프린스턴대학교 정치학과 교수 필립 페팃은 《왜 다시 자유인가》라는 책의 서두에 자유야말로 모든 사회가 마땅히 존중해야 할 유일한 도덕적 가치라는 깜짝 놀랄 선언을 한다. 페팃이 정의하는 자유는 다른 사람이나 기관의 지배와 개입으로부터 자유로워지는 것을 말한다. 내가 이런 포괄적인 제안에 대한 수많은 반대 이유에 대해 고려하기 시작했을 때 페팃은 결정적인 조건을 덧붙여 내 생각을 멈추게 했다. 필요한 기술, 자원, 혹은 타인의 협조를 확보하지 못한 사람까지도 저절로 자유를 부여받는 것은 아니라는 점이다. 페팃의 과감한 선언은 우리 모두가 가진 자유라고 나와 내 친구들 대부분이 생각하는 일상적 자유로 귀결된다. 나는 내 돈으로 살 수 있는 것은 무엇이든 사 먹고, 형편만 되면 집도 사며, 내게 필요한 재능이 있고, 내가 바라는 일자리만 나와 있으면 더 좋은 일자리로 옮겨갈 수도 있으며, 여가 시간을 내가 원하는 대로 쓸 수도 있다. 히틀러 정권 시절에 나치를 믿고, 나치에 협조했던 부유한 독일 시민과 장교들은 이런 자유를 누렸다.

주체, 행동, 장소, 수혜자

특정 행동의 도덕성을 주장하는 학자들은 그 행위자의 속성은 무시하고 있다. 스탠퍼드대학교의 날리니 암바디Nalini Ambady와 그의 동료들은 관찰자들이 뚱뚱한 성매매 종사자들의 비도덕성을 더 가혹하게 판단한다는 것을 발견했다. 이 여성들은 하나가 아니라 두 가지 도덕규범을 위반하고 있기 때문이다. 미국인들은 로널드 레이건 대통령이 니카라과 정권을 전복하려 애쓰는 니카라과 반군을 지원하기 위해 비밀리에 군대를 보냈을 때보다 닉슨 대통령이 워터게이트 사건에 대해 거짓말을 했을 때 더욱 비판적이었다. 닉슨 대통령이 그에 앞서 속임수를 썼던 것이 탐탁지 않은 상태였기 때문이다. 이들은 레이건 대통령은 애국심에서 그랬을 것이라 생각했다.

장소도 중요하다. 침대 위에서 허용되는 행위라도 공원에서는 비도덕적인 행위가 될 수 있다. 가끔은 범죄 현장에서 수동적으로 서 있던 구경꾼이 그저 그 장소에 있었다는 이유만으로 죄책감에 빠지기도 한다. 2011년 여름 노르웨이 오슬로에서 총기난사 사건이 일어나던 날 그 휴양공원에 있었던 젊은이 중에 20퍼센트는 그날 그 공원에 가기로 마음먹었던 것에 대해 죄책감을 느낀다고 보고했다.

힌두교에서 '다르마'라고 부르는 상태인 선행을 베푼 느낌을 느끼게 해주는 행동 역시 그 행동이 의도했던 수혜자가 누구인가에 달려 있다. 행위자, 행위자의 가족, 그 행위자가 속한 민족 집단이나 종교 집단, 지역 공동체, 국가, 지구 전체가 모두 그 수혜자가 될 수 있다. 승진 가능성을 높이기 위해서 주말에도 일을 할 것이냐, 아니면 자기를 보고 기뻐할, 수술에서 회복 중인 동생을 찾아가볼 것이냐를 결정해야 할 상황이 된 변호사를 생각해보자. 이 변호사는 이 갈등에서 주요 수혜자가 자기가 되어야 할지, 자기 동생이 되어야 할지 결정해야만 한다. 만약 동생을 찾아가기 위해 400킬로미터를 운전해야 한다면 이 변호사는 지구를 수혜자 후보로 추가하기로 결심할지도 모른다. 이 자동차 여행은 대기에 이산화탄소를 보태는 역할을 할 것이기 때문이다. 자신, 동생,

지구, 이 중 누구를 수혜자로 정하는 것이 도덕적으로 적절한 선택인지 결정해줄 논리적으로 설득력 있는 논거를 확립하기가 불가능한 것은 아니지만, 쉬운 것도 아니다.

곤경에 처한 누군가에게 친절하게 대하는 것은 언제나 도덕적인 행동이라는 믿음은 그 돕는 행동을 수혜자가 어떻게 해석하는지는 무시하고 있다. 때때로 수혜자는 타인의 관대함이 도덕적으로 잘난 척하는 것이라 해석하기도 한다. 루이스 부뉴엘의 1961년 영화 〈비리디아나〉에는 자선을 베푸는 한 수녀가 등장한다. 이 수녀는 아버지로부터 물려받은 대저택과 접해 있는 작은 집으로 도시의 누추한 구석에서 살고 있는 거지, 나병 환자, 매춘 알선업자 들을 불러들여 살게 한다. 어느 날 휴일을 보내고 돌아온 수녀는, 자기가 친절하게 대해주었다고 생각했던 그 사람들이 자기 저택으로 침입해 들어와 그녀의 크리스탈 유리잔을 깨뜨리고, 식탁보를 음식과 포도주로 더럽혀놓은 것을 발견한다. 마지막 한 장면에서는 수녀가 거지들 중 한 명에게 강간을 당하기까지 한다. 부뉴엘이 전하려는 메시지는 자기가 보답할 수 없는 친절한 행동에 신세를 지고, 그 친절한 행동을 자신의 종속적 지위를 나타내는 징표라 해석하는 수혜자는 감사의 마음보다는 오히려 분노를 느낄 때가 많다는 것이었다.

아프리카계 미국인 셸비 스틸Shelby Steele은 《수치Shame》에서, 그리고 제이슨 라일리Jason Riley는 《제발 우리를 그만 도와요Please Stop Helping Us》에서 다음과 같이 주장했다. 백인 진보주의자들 중에는 흑인에게는 사회적 지위와 품위를 높일 수 있도록 도와줄 특별법이 필요하다고 하는 사람들이 있는데, 흑인들 중에서는 백인이 그런 법을 주장하는 것을 보며 흑인에게 심각한 결함이 있어서 도움이 필요하다는 개인적 믿음 때문에 저런 주장을 하는 것이라 해석해서 의도치 않았던 상처를 받는 사람이 있다고 했다. 그런 모욕적인 가정에 분노한 흑인들은 그런 백인들이 소중히 여기는 연구나 근무를 거부하는 것으로 조금이나마 복수를 한다. 스틸은 클래런스 토머스의 분노를 예로 들고 있다. 그는 자신이 예일대학교에 입학할 수 있었던 이유가 입학심사위원회가 자신을 장래가 촉망되는 똑똑한 학생이라 여겨서가 아니라 흑인이라는 이유 때문이었음을 알고 분노했다. 수많은 흑인이 투옥되어 있는 이유가 인종차별적 사법제도가 아닌 범죄를 저지르려는 마음 상태라고 주장한 라일리의 말에 흑인 지도자들은 아마도 크게 낙담하지 않을까 싶다.

돈을 받고 몸을 파는 여성에게 붙는 낙인을 보면 어떤 행동이나 사람의 도덕성을 판단할 때는 그 주체의 생각과 맥락을 구체적으로 명시할 필요성이 있음을 확인할 수 있다. 대학 학비를 마련하기 위해 돈을 받고 성적 쾌락을 제공해준 젊은 여성은 누구를 고객으로 받을지 선택할 자유가 자신에게 있기 때문에 매춘부가 아니라고 주장한다. 어떤 성매매 종사자는 자기가 그 어떤 개인적인 도덕적 당위도 위반하지 않는다고 주장한다. 스웨덴의 한 성매매 종사자는 사회과학자 제이 레비Jay Levy에게 "난 사실 착한 여자예요. 좋아서 하는 일이거든요"라고 말했다.

이를 보면 어떤 행동이 본질적으로 도덕적인지 비도덕적인지

논하기가 어렵다는 것을 알 수 있다. 이런 판단을 하기 위해서는 행동의 주체, 그 사람의 의도, 배경, 역사적 환경 등을 구체적으로 명시해야 한다. 프랑스는 모든 종교적 표현의 자유를 보호한 지 200년이 넘었다. 그런데도 프랑스의 입법자들은 대중의 지지를 등에 업고 예외 조항을 만들었다. 공공장소에서의 부르카 착용을 금지한 것이다. 한 절도범은 호주국립대학교의 에멀린 테일러 Emmeline Taylor에게 말하기를 자기는 부자들만 턴다고 했다. 부자들은 자기가 훔친 물건들이 꼭 필요한 것도 아니고, 잃어버린 물건을 쉽게 다시 채워넣을 수 있기 때문이라고 했다. 그는 자기는 가난한 사람이나 노인은 절대로 털지 않을 것이라 주장하며 이렇게 고백했다. "한번은 어느 집에 들어갔더니 할머니가 침대에 누워 있었어요. 내가 정말 몹쓸 놈이 된 기분이더군요. 평생 그렇게 기분이 안 좋았던 적이 없었어요."

무고한 사람에게 의도적으로 해를 가하는 것은 폭넓게 금지되어 있지만 여기에도 예외가 있다. 예전 오스만제국에서는 권좌에 오른 뒤 자기 형제들과 아버지의 하렘에 있는 임신한 여자들을 모두 죽인 새 술탄을 용서했다. 7세기 중앙아메리카의 마야 공동체는 사제가 비의 신을 달래기 위해 무고한 젊은 여성을 제물로 바치는 것을 허용했다.

타인을 해치는 모든 행동은 예외 없이 비도덕적이라 주장하는 수많은 미국인들은 자기네 조부모들이 19세기에는 정당한 살인에 대해 좀 더 관대한 관점을 가지고 있었다는 점을 인식하지 못하고 있는지도 모르겠다. 2012년 영화 〈플레이스 비욘드 더 파인즈)에 나오는 한 경찰관은 무장한 범인을 죽이고 난 다음에 그 사람에게 어린 아들이 있었다는 사실을 알고 죄책감을 느낀다. 내가 알기로는 1950년 이전에는 경찰이 위험한 범인을 죽인 후에 자신의 행동에 죄책감을 느끼는 경우를 다룬 할리우드 영화는 한 편도 없었다. 제임스 캐그니, 에드워드 로빈슨, 조지 래프트와 같이 법을 집행하는 경찰 역할을 맡았던 사람들이 나쁜 사람을 죽일 때, 대체 그 사람이 자식을 몇 명이나 두었을까 고민하는 모습을 상상하기가 어렵다. 무고한 사람에게 고통을 야기하는 행동을 용납하기 어려워하는 사람이 전 세계적으로 이전 세대에 비해 많아지고 있다. 심지어 미국에서는 반 친구의 의상이나 외모, 억양 등을 가지고 놀리는 학생들이 처벌을 받거나 학교에서 쫓겨날 가능성이 커졌다.

1960년대 언론에서 적응에 이로운 행동을 습관 들이도록 도우려고 자폐 아동에게 전기 충격을 가하는 임상현장을 묘사하자 많은 미국인이 분노했다. 이런 치료는 일부 자폐 아동이 청결을 유지하고, 주의를 집중하며, 머리를 흔들거나 머리카락을 뽑는 등의 정형화된 행동을 중단하는 등 좀 더 성숙한 행동을 학습할 수 있도록 도움을 주기는 했다. 하지만 이 치료법은 결코 인기를 끌지 못했다. 아이에게 전기 충격을 가하는 데 대한 대중의 반감이 그로부터 이어지는 바람직한 결과를 덮어버렸기 때문이다. 도덕과 관련된 문제에서는 결과보다 수단이 우선한다. 도덕적 행동을 판단하는 공리주의적 기준이 오랫동안 인기를 끌었던 적이 한 번도 없는 이유도 이 때문이다.

이런 사례들은 이것 말고도 더 많이 찾아볼 수 있다. 이 사례들은 서로 다른 문화권과 역사적 시대의 사람 모두가 어떤 상황에서도 존중되어야 할 도덕적 당위라 인정할 특정 행동을 지명하기가 불가능함을 보여준다. 1장에서 지적했듯이 어떤 공동체가 도덕의 정의에 대해 합의에 도달하려면 완전한 문장이 필요하다. 알래스데어 매킨타이어는《덕의 상실》에서 이 결론을 좀 더 우아하게 표현하고 있다. "'내가 무엇을 해야 할까?'라는 질문에 대답하려면, 그전에 '나는 어떤 이야기 속에 들어와 있는가?'라는 질문에 먼저 대답할 수 있어야만 한다."

다시 역사

역사적 사건들은 계속해서 기존의 도덕적 신념을 변경하거나, 더이상 유용하지 않은 신념을 제거하거나, 새로운 가치를 발명해낸다. 모든 사람은 생명, 자유, 행복의 추구권을 부여받았다고 선언한 미국독립선언에 담긴 윤리적 개념은 그리스 도시국가부터 시작된 일련의 역사적 사건에서 하나의 분수령이 됐다. 1500년 이전에는 부의 큰 불평등이 도덕규범에 위반된다고 주장하는 학자가 거의 없었다. 대부분의 사회에서는 부유한 가정에 비해 가난한 가정의 비율이 훨씬 컸기 때문에 대부분의 시민은 경제적 평등이 불가능한 것이라 생각했다. 하지만 한 공동체에서 질적으로 다른 모든 사람보다 궁핍한 사람이 3분의 1 이하로 줄면서 임계점을 넘어선 것으로 보인다. 이런 조건 아래서는 사회가 혜택에서 소외된 사람들을 염려하는 것이 윤리적인 요구사항이라 판단할 가능성이 커진다.

철학자 존 롤스는 1960년대에 미국의 경제적·사회적 불평등이 커지는 것에 대한 분노가 만연해 있는 것을 인식하고, 1971년 《정의론》을 통해 자신의 목소리를 내고 싶어 하는 대중의 욕구를 충족시켰다. 이 책은 토머스 모어의 16세기 판타지 소설 《유토피아》처럼 사회의 모든 구성원에게 자원을 공평하게 분배하는 것이 도덕적 당위라 주장했다.

《21세기 자본》의 저자 토마 피케티는 심각한 소득 불평등은 부당한 것이기 때문에 정부가 부자들에게 무거운 세금을 부과해야 한다고 적었는데 이는 경제적 사실로부터 연역해낸 결론이 아니라 그의 도덕적 신념에서 나온 것이다. 불평등 수준이 높은 민주사회의 시민들이 현재 수준이 도덕적 당위를 위반하는 것이라 생각하면, 그들은 이런 조건을 개선하겠다고 약속하는 대표자를 선출할 것이다. 하지만 미국과 유럽 몇몇 국가의 2014년 선거 결과를 보면 대부분의 유권자들은 피케티의 의견에 동의하지 않고 있음을 알 수 있다.

롤스 이후 40년 후에 경제학자 아마르티아 센은 《정의의 아이디어》에서 모든 사회는 시민이 어떤 활동을 추구하기로 선택하든, 그 활동에서 성공을 거둘 수 있는 조건을 확립해야 한다고 주장함으로써 롤스의 메시지를 살짝 바꿔놓았다. 센이 선택한 '성공'이라는 단어는 모든 사회 구성원이 명령을 내리는 경영진이나 공연을 하는 연예인이 되고, 그 명령을 받는 사람이나 그 공연을 관람할 관객은 아무도 없다면 사회가 제대로 기능할 수 없다는 냉

444

혹한 현실을 무시하고 있다. 회사에는 한 명의 최고경영책임자만 필요하고, 공동체가 원하는 의사의 숫자는 제한되어 있다. 그리고 미국 대법원에 연방 대법관을 500명씩 둘 수도 없고, 오페라 스타, 올림픽 메달리스트, 뉴스 앵커가 되고자 하는 사람을 모두 그런 유명인으로 만들어줄 수도 없는 노릇이다.

플라톤이나 토머스 홉스는 롤스, 피케티, 센의 의견에 동의하지 않았을 것이다. 이들은 다른 시간, 다른 장소에 살았기 때문이다. 현재에 와서 경제적 불평등의 감소가 도덕규범의 계층에서 중요한 위치로 격상된 이유는 이해할 만하다. 교육을 통해 필요한 기술을 완비한 사람과 그런 능력을 습득하기 전에 교육이 중단된 사람들 사이에 커다란 격차를 만들어낸 기술 경제를 특징으로 하고, 다양한 민족이 뒤섞여 사는 민주사회에서 조화를 유지하려면 이런 윤리적 개념이 필요하기 때문이다.

《미네르바의 부엉이》에서 제프리 에이브럼슨Jeffrey Abramson은 정부가 취할 수 있는 최적의 형태에 대한 다양한 근거들을 우아하게 검토해놓았다. 이 책을 보면 한 공동체가 마주하고 있는 특정 위기가 그 공동체의 학자들이 선호하는 해법의 형태에 영향을 미친다는 사실을 이해할 수 있을 것이다. 토머스 홉스는 무정부 상태가 된 17세기 유럽의 사회적 불안 때문에 강력한 군주제를 주장했을 가능성이 크다. 그로부터 한 세기 뒤 영국의 사회적 조건이 완화된 덕분에, 존 로크는 시민들 각각의 생명과 재산을 보호하기 위해 정부의 권력을 제한할 수 있었다. 위기가 지나가고 난 다음에야 공동체의 구성원들은 어떤 특정한 윤리적 주장이 호소력이 있는 이유를 이해할 수 있다. "미네르바의 부엉이는 황혼녘이 되어야 날아오른다"라고 한 게오르크 헤겔의 말 속에는 이런 진리가 담겨 있다.

끈질긴 희망

사람은 모든 상황을 초월하는 도덕규범이 적어도 하나 정도는 있기를 갈망하지만, 자연에는 환경을 초월하는 것이 아무것도 존재하지 않는다. 바닷물의 온도도, 핀치 부리의 크기도, 자식이 해를 입지 않게 보호하겠다는 엄마의 결심도, 경제 원리도 환경을 초월할 수는 없다. 2014년 노벨경제학상 수상자인 프랑스의 경제학자 장 티롤은 수상연설 중간중간에 산업과 관련한 정부 규제 담당자의 공정성에 대해 언급하고, 무엇이 공정하고 무엇이 공정하지 않은지 결정하는 요인은 지역적 환경임을 인정했다. 티롤은 청중에게 이 말을 여러 차례 했다. "한 가지 원칙을 모든 상황에 적용할 수는 없습니다."

공정함을 요구하는 태도는 3세 정도에서부터 나타난다. 이때가 되면 아이들은 사람이 받는 칭찬이나 물질적 보상의 양은 그 사람이 들인 노력의 양과 맞아떨어져야 한다고 믿는 것처럼 행동한다. 현재는 격차가 크게 벌어진 미국의 소득 불평등에 대한 대중의 분노가 만연해 있는데, 부당한 방법으로 부를 축적한 사람이 너무 많다는 믿음이 이런 분노에 기름을 붓고 있다. 사람을 분노하게 만드는 것은 불공정이다. 모든 사람이 똑같은 수준의 물질적 혜택을 누려야 한다고 주장하는 사람은 거의 없다. 사람들은 타고

난 유전자, 행운, 노동으로 인해 생기는 부의 차이는 받아들인다. 미국인들은 유명한 영화배우, 성적이 좋은 운동선수, 텔레비전 유명인사, 블록버스터 소설 작가, 유용한 물건을 만들어낸 발명가 등이 수백만 달러의 봉급을 받고 화려한 생활을 즐기는 것에 대해서는 불평하지 않는다. 오프라 윈프리, 톰 브래디, 빌 게이츠 등은 수백만 명의 사람에게 즐거움과 유용한 자원을 선사해줄 재능을 갈고닦기 위해 열심히 노력한 사람들이기 때문이다.

하지만 통화 거래나 주식 거래를 통해 수백만 달러의 수입을 벌어들여 역외 조세 피난처로 빼돌린 사람들은 자신의 특별한 재능을 갈고닦기 위해 오랫동안 노력하지도 않았고, 다수의 사람들에게 즐거움을 주지도 않았으며, 자신의 이득을 위해 거짓말을 하고 남을 착취하는 경우가 많았다. 따라서 이들이 축적한 부는 대중이 이해하는 공정성을 위반한다.

불공정하게 부를 축적한 사람들이 그에 대해 부끄러움을 모른다는 사실이 불 난 집에 부채질을 하는 격이 됐다. 애덤 스미스는 18세기의 상인들이 이웃의 비난을 피하기 위해 과도한 탐욕을 억누르리라 확신했다. 하지만 그는 틀렸다. 연간 소득이 100만 달러가 넘는 사람들 중 90퍼센트가 척박한 환경에서 시작해서 일주일에 7일, 하루 열두 시간씩 열심히 일해서 부를 축적한 것이었다면 현재 불평등에 대해 불만을 토로하는 목소리가 이렇게 크지는 않았을 것이다.

자신의 도덕적 신념이 절대적인 진리라 믿는 사람은 자신의 윤리 기준에 도전을 받았을 때 자신의 신념을 더욱 엄격하게 옹호하거나 타인의 기준에 좀 더 너그러워지는 둘 중 하나의 방향으로 흘러가기 마련이다. 이라크의 수니파와 이스라엘의 정통 유대교도들은 전자의 전략을 선택했다. 관용을 선택한 이들은 자신이 기꺼이 적법하다 여기는 신념과는 다른 신념을 존중할 때 활력이 희석되는 느낌을 받을 위험이 있다. '무엇이든 상관없어'라고 자유방임적인 관용을 보이면 도덕적 풍경이 너무 평평해져버려서 도덕규범에 충실할 때 뒤따라오는 특별한 즐거움이 사라진다.

공동체의 구성원 중 금지된 행동이 무엇인지 확신하지 못하는 사람이 너무 많아지면 각각의 구성원은 구속을 발명해내려는 욕구를 느낀다. 이 일에 실패한 사람이 사회에서 존중받는 재능도 결여되어 있고, 자기가 공동체의 대다수 사람에게 받아들여지지 않는다 생각하면 융단처럼 촘촘하게 짜여 있던 공동체가 흐트러지기 마련이다. 2014년에는 돈 욕심도 없고 복수심도 없는 가난한 젊은이 두 명이 앨버커키에서 한 노숙자를 그냥 충동적으로 살해했다. 드문 일이기는 하지만 이런 사건이 한 건이라도 일어났다는 사실 자체가 융단같이 촘촘했던 공동체의 와해를 말해주는 징표다.

인간은 이런 상황을 무한정 보고 있지만은 않으려 한다. 도덕규범은 결정의 지침을 제공하고, 사람의 선량함을 확인하는 의식을 제시해주고, 그리고 낯선 사람과의 사회적 접촉이 대부분의 경우 공손하고 정직하게 이루어지리라는 안심을 제공해주기 때문이다. 〈오즈의 마법사〉와 〈카사블랑카〉가 아직까지도 케이블 채널에서 방송되는 이유도 공동체의 구성원 모두가 존중해야 할 도덕적 의무에 대한 명확한 규정을 갈망하는 것에서 찾을 수 있다. 용기와 공감, 그리고 더 고귀한 목적을 위해서라면 자신의 즐거움도 기꺼이 포기하려는 의지는 아직까지도 미국의 이상으로 남아 있다. 만든 지 70년이 넘게 지난 이 영화들을 사람들은 수십 번이나 반복해서 봤다. 이 영화가 그런 가치관이 아직도 살아 있다고 믿고 싶은 욕구를 충족해주기 때문이다. 비록 화면 속에서만이라도 말이다.

도덕적 행동의 의도

도덕적이라는 말은 행동을 기술하는 것이든, 사람을 기술하는 것이든 양쪽 다 호의적인 의도를 가정하고 있다. 13세기의 성직자 둔스 스코투스와 재판관 모리스 호프먼은 행동의 도덕성을 판단할 때는 행동의 결과가 아니라 그 행동을 하는 사람의 의도가 판단의 기준이 되어야 한다는 데 뜻을 같이했다. 대부분의 사람은 타인을 돕기 위해 한 거짓말이 자기가 이득을 보려고 한 거짓말보다 더 도덕적이라 여긴다. 로버트 오펜하이머가 수소폭탄 개발을 반대한 것이 그의 도덕적 신념을 반영한 것이라 믿는 미국인들은, 그가 소련에 협력하려 한 것이 아니라 수백만 명의 목숨을 구하고 싶어 했기 때문이라 생각한다. 물에 빠진 아이를 구하기 위해 호수에 뛰어들었지만 수영을 제대로 못해서 자신과 아이를 둘 다 익사시킨 사람은 행동이나 사람의 도덕성을 판단할 때 의도가 중요함을 말해주는 전형적인 방어 논리를 제공해준다.

나는 진화생물학자 데이비드 슬론 윌슨이 《이타주의는 존재하는가?》라는 책에서, 인간의 의도는 측정하기가 너무 어렵기 때문에 동물뿐만 아니라 사람에게서도 행동의 결과를 이타주의의 정의로 취급해도 문제가 없지 않겠느냐고 주장하는 것을 보고 놀랐다. 물리학자라면 증거를 설명해주는 가설적 개념이 가진 중요성을 측정하기 어렵다는 이유만으로 무시하는 일은 결코 없었을 것이다. 물리학자들이 힉스입자를 감지하기 위해 엄청난 수고를 하면서 강입자충돌기를 만든 이유도 이 때문이다. 사람들이 자신이 베푼 친절을 나중에 되돌려 받기 힘들다는 것을 알고, 누구 하나 알아주는 사람이 없을 텐데도 난처한 상황에 빠진 사람을 돕는 이유는 스스로를 좋은 사람이라 여기고 싶은 소망 때문이라 설명할 수 있다. 1998년 1월에는 4주 동안 눈보라와 폭풍이 몰아쳐서 수백만 명의 퀘벡 시민들에게 전기공급이 끊겨버렸다. 그러자 폭풍의 피해를 받지 않은 지역의 사람들은 피해자들을 위해 돈을 모금해서 보냈다. 돈을 받는 사람들이 돈을 보낸 사람이 누군지도 모를 것을 알면서도 말이다. 나폴리에서 시작된 어떤 관습을 받아들인 유럽인들이 많다. 커피 두 잔 값을 지불하면서 자기는 한 잔만 마시고, 종업원에게 나머지 한 잔을 사정이 어려워 보이는 사람이 오면 그 사람한테 주라고 하는 것이다. 이런 사실들이 버젓이 존재함에도 불구하고 일부 생물학자와 심리학자 들은 자비를 베푸는 주체가 자기가 베푼 호의가 자신에게 되돌아오거나, 공동체 안에서 자신의 평판이 좋아지리라 기대함으로 해서 이타심이 사람의 적응도에 기여하지 않았더라면 사람이라는 종에서 이타주의가 진화해 나올 수 없었으리라고 주장한다.

애덤 스미스는 18세기의 소규모 사업체 소유주들은 이기적으로 행동함으로써 사회를 이롭게 하리라 선언했다. 이것이 한 세기 후 종의 생존에 기여하는 메커니즘에 관한 다윈의 추론과 결합되고 나니, 자연과학자들은 너그러운 행위 주체가 어느 정도의 실질적인 보상을 받는다는 내용을 포함시키지 않고는 이타주의를 설명하기가 거의 불가능해졌다. 내가 1950년대에 예일대학교 대학원생이었을 때 그와 비슷한 원리를 추종했던 행동주의 심리학자들은 동물이나 사람 모두 행동에 대해 보상(실질적인 보상)이 없으면 아무것도 하지 않는다고 주장했다. 나는 1951년 어느 오후를 아직도 기억한다. 실질적인 보상이 기대되지 않으면 사람은 아무것도 하지 않는다는 신념을 가진 존경받는 행동주의 심리학자 닐 밀러가 탁자에 앉아 있는 우리 열두 명에게 얘기하기를 자기 세 살배기 아들이 정원용 호스를 틀어놓은 이유를 이해할 수 없어서 오전 내내 당혹스러워하고 있다고 말했다.

수많은 사람이 얼굴도 모르는 사람을 위해 헌혈을 하고, 자선단체에 익명으로 돈을 기부하며, 버스에서 나이 든 노인에게 자리를 양보하고, 타이어를 교체하는 운전자를 돕기 위해 가던 길을 멈추는 이유를 다윈주의의 전제를 충실히 따르는 논거를 가지고 억지로 설명하려 든다. 이러한 시도는 태양이 지구 주위를 돈다는 도그마적인 전제를 위배하지 않으면서 지구와 근처 행성들의 궤도를 설명하려 했던 프톨레마이오스의 시도와 비슷하다 할 것이다. 사람이 타인에게 친절한 이유는 그런 행동을 통해 잠시나마 자기가 좋은 사람이라 생각할 수 있기 때문이다. 실질적인 보상이니 어쩌니 하며 거추장스러운 설명을 할 필요가 없다. 여기서 필요한 것이라고는 아마도 우리 종에게 고유한 것으로 보이는 두 가지 분명한 속성을 인정하는 것뿐이다. 바로 사람은 생각을 한다는 것, 그리고 그런 생각 중 일부는 자신과 자신의 행동이 좋은지, 나쁜지를 평가하는 생각이라는 점이다.

도덕을 과학으로 설명할 수 있을까?

교육 수준이 높은 시민 중에는 과학 연구가 도덕성의 의미를 둘러싼 모호함을 일부라도 해소해줄지 모른다고 믿는 사람이 많다. 나는 여기에 대해서 철학자 스튜어트 햄프셔와 비슷하게 회의적인 시각을 갖고 있다. 그 이유는 그 어떤 자연현상도 도덕적으로 옳거나 그르다는 판단을 불러일으키지 않는다는 사실 때문이다. 공룡이 멸종한 것이나 그 이후로 설치류가 번성한 것 모두 도덕적이지도 비도덕적이지도 않다. 한 개인과 그 사람의 모든 친족의 생식 성공으로 정의되는 포괄 적합도라는 개념 덕분에 생물학자들은 돌연변이, 행동, 생태학적 변화가 적합도를 높이는지 줄이는지 평가할 수 있다. 하지만 적합도가 더 높은 동물이 더 도덕적이라 주장하는 생물학자는 없다.

사회과학자들은 행동, 사회적 조건, 법률 등을 좋은 것인지 나쁜 것인지 평가할 수 있게 해줄 기준에 대해 계속해서 옥신각신하고 있다. 만약 3000만 명의 미국인들이 오염된 상수도 공급 때문에 당뇨병, 뇌졸중, 심장마비, 수명단축 등의 위험이 더 높아졌다면 미국인 대다수는 이 상황을 비도덕적이라 여기고 의회에 이런

452

상황을 가급적 빨리 타개해달라고 요구할 것이다. 2015년 현재 가난한 3000만 명의 미국인들이 이와 비슷한 장애를 유발할 수 있는 위험한 의학적 상태에 놓여 있다. 하지만 적어도 미국인의 3분의 1 정도는 이런 상황이 자신의 도덕규범을 심각하게 위반하는 것이 아니라 여긴다. 가난한 사람들이 불행한 상황에 빠진 것은 대부분 그들 자신의 탓이라 믿기 때문이다. 그래서 정부는 이런 상황을 완화시켜야 할 도덕적 의무가 없다.

국소적인 상황과 관련 없이 사실만을 바탕으로 어떤 행동의 도덕성을 결정할 수 있는 경우는 드물다. 여러 사실들을 통해 흑인 아동들이 인종분리정책 학교에서 적절한 교육을 받지 못하고 있다는 결론이 내려지자 1954년에 미국 대법원에서는 이런 정책이 위헌이라 판결했다. 1896년에도 법원에서는 똑같은 사실에 대해 인식하고 있었지만, 그때는 인종분리정책 학교가 합헌이라 판단했다. 결국 결론을 내리기 위해서는 이런 증거에 대중의 믿음이 추가되어야만 한다. 사실은 도덕적 신념의 토대가 부당함을 증명해 보일 수는 있지만 도덕적 태도를 키워내는 온실이 될 수는 없다. 시간의 흐름과 함께 변화하는 공동체의 정서가 항상 중요하게 작용하기 때문이다.

과학에만 의존해서 윤리적 신념을 지지하거나 반박하는 것은 이 중요한 지식의 원천을 심각하게 오용하는 것이다. 남성과 여성의 적절한 역할에 대한 공동체의 태도가 이런 오류를 보여주는 한 가지 사례다. 11장에서 남성과 여성의 생물학적 차이를 일부 요약해서 다루었다. 현재는 성평등이라는 도덕적 이상을 강조하다 보니 유럽과 북미 지역 사람들은 생물학적 차이와 상관없이 남성과 여성이 모든 직업 분야와 사회적 지위에서 같은 비율을 차지해야 한다고 주장하기에 이르렀다.

강간과 자살의 빈도에서 나타나는 성차는 부분적으로 생물학적 차이에서 비롯된 것으로 보이지만 한 사회가 선호하는 윤리적 신념을 존중하기 위해 과학적 증거를 무시하기로 했다고 해서 그 사회를 바보 같은 사회라고 낙인 찍어서는 안 된다. 미국인들은 공격적인 행동을 보이는 학생은 남학생과 여학생 모두 교사들이 똑같은 방식으로 대할 것을 요구하고, 법원에서도 똑같은 폭력적 행동에 대해서는 남녀에게 모두 비슷한 벌을 내리고 있다. 펜타곤에서 여성도 전투에 참여할 수 있도록 허가한 것은 윤리적인 선호가 과학적 사실을 이긴 것인지도 모른다. 성평등을 주장하지만 과학이 법의 결정권자가 되기를 바라는 미국인은 남성과 여성 사이의 미묘한 생물학적 차이를 가리키는 과학적 증거의 정당성에 의문을 제기하기보다는 도덕적 논거의 힘을 인정해야 할 것이다. 자연에 적용되는 진리가 사회의 구성원들이 자신의 윤리 규범으로 무엇을 채용할지를 결정할 필요는 없다. 민주주의, 다양한 가치체계에 대한 관용, 타인에게 해를 입히지 않는 한 자기가 원하는 만큼 많은 돈을 벌 수 있는 자유 등이 대부분의 미국인이 찬양하는 윤리적 가치관이다. 이 중 인간의 생물학적 특성에 의해 결정된 것은 없다. 인간의 도덕적 이상 만세!

현대 사회에서 과학이 주도적인 역할을 하면서 정부는 윤리적 선호를 바탕으로 무언가 결정을 내리는 것을 주저했다. 정치인들은 경제학자들에게 메디케어*가 심장수술 비용을 감당해 80세 노인의 수명을 6개월 연장시키는 데 따르는 비용-편익 비율을 계산해달라고 한다. 메디케어에서는 노년층 환자의 수명을 6개월 정도 연장시키는 데 2012년에만 900억 달러에 가까운 돈을 지출했다. 경제학자들은 60세 이상의 모든 미국인의 수명을 1년 연장시킬 때마다 1000억 달러 정도의 비용이 들어간다고 판단했다. 이런 지출이 올바른 것인지 확인해줄 객관적인 사실은 존재하지 않는다. 또한 아프가니스탄의 카르자이 정권이 2003년에 미국의 무장 헬기에 가족이 살해된 60가구에게 각각 200달러씩 지급했지만, 미 해군의 제트비행기가 1998년에 공중 케이블카와 충돌했을 때 미국 의회는 거기서 사망한 이탈리아인들의 가족에게 각각 200만 달러를 지급한 이유를 증거로부터 추론해서 설명할 수도 없다.

정부와 민간 자선단체에서는 과학자들이 자연의 진리를 밝혀내 시민들이 환상과 미신으로부터 자유로워지기를 바라는 마음에서 그들에게 수십억 달러의 연구비를 지원해왔다. 여기에 감사하는 마음을 가진 과학자들은 자기들이 요청받은 일을 했다. 그렇게 해서 모든 살아 있는 생명체는 특별한 목적이나 의미가 없는 우연으로 발생한 사건이며, 40억 년 정도가 흘러 태양이 커지고 온도가 올라가면서 지구의 물을 모두 증발시켜버리면 모든 생명체

---

* 미국에서 시행되고 있는 노인의료보험제도.

가 사라질 것이며, 생물학적으로 친족 관계가 아닌 사람으로부터 친절한 행위를 기대하거나 친절로 보답받기를 기대하지 않는 낯선 사람으로부터 도움을 기대해서는 안 되며, 자신의 이해관계를 제일 우선하지 않는 사람은 비이성적인 사람이라는 결론을 내렸다. 이런 것은 대중이 기대했던 대답이 아니었다. 과학자들이 발견한 내용은 "진리가 너희를 자유롭게 하리라"라는 경구에 담긴 지혜에 의문을 제시하고 '일단 저질러!'라는 것 말고 다른 윤리적 지침을 지키는 삶을 살아가기 힘들게 만들었다. 프랑스 최대 은행인 BNP 파리바의 경영진이 '이 은행의 관행은 미국의 법을 어기고 있다'는 미국의 수많은 경고를 무시할 때도 이런 규칙을 따랐던 것으로 보인다. 2014년 6월에 유죄를 인정하고 수백만 달러의 벌금을 물기로 합의했을 때 이들은 주주들에게 은행에 필요한 자금이 확보되어 있으니 걱정할 필요가 없다고 말했다.

선량함 입증하기

인간의 도덕관념은 진화적으로 새로운 속성으로, 대부분의 아이에게는 생후 2년 사이에 나타난다. 이때가 되면 아이들은 좋은 행동과 나쁜 행동, 좋은 사람과 나쁜 사람에 대해 관심이 생긴다. 당연한 이야기지만 아이들은 자기도 좋은 사람이 되고 싶어 하고, 따라서 자신을 좋은 사람이라 부를 수 있게 해줄 방식으로 행동하려 노력한다. 아이의 가족과 문화는 아이들에게 좋은 사람을 정의해주는 행동과 개인적 속성이 무엇인지 알려준다. 정직, 친절, 충성심, 용기가 일반적으로 이런 범주에 속하는 속성임을 앞서 지적한 바 있다. 경쟁이 심한 개인주의적인 사회에 사는 젊은이들은 이런 속성에 불리한 부분이 있음을 감지한 듯하다. 그래서 좋은 사람을 말해주는 다른 징표를 찾아 나서고 있다. 현대의 많은 청소년은 많은 사람과 가까운 친구 관계를 맺고 유지하는 능력이 그런 소중한 징표 중 하나라 믿는 듯하다.

기업체, 고등학교, 대학교 등의 거대한 관료주의적 기관과 인구가 밀집된 도시에서 느끼는 익명성 때문에 우정을 좋은 사람의 특성으로 고르기가 더 쉬워졌다. 가족의 규모가 작아지고 여성의 직업 활동이 활발해지면서 가족 모임이 줄어들었다는 점도 역시 중요하게 작용한다. 이런 요소들 때문에 가까운 친구가 많다는 것을 자신의 가치를 말해주는 징표로 여기고, 친구가 없는 것이 도덕규범을 위반하는 것이라 여기기가 쉬워졌다.

나는 사람 없는 시골길 위를 걷는 남자의 모습으로 시작하는 20분짜리 무성영화를 생생하게 기억한다. 이 사람은 여행을 하다가 다리 하나가 싱크홀에 빠져 꼼짝 못 하게 된다. 그 남자는 차가 지나갈 때마다 손을 흔들어 도움을 요청했지만 멈추는 사람이 없었다. 다리, 팔, 몸통이 구멍 속으로 빠져든 다음에는 지나던 사람 하나가 싱크홀 밖에 놓여 있던 그 사람의 옷가지를 훔쳐간다. 그리고 그 남자의 머리만 보이는 마지막 장면에서는 또 다른 지나던 사람이 그 머리를 밟고 지나가고 그 남자는 사라져버린다. 머릿속에 자꾸 맴도는 2007년 중국 영화 〈작은 나방Little Moth〉에서는 사람이 사고파는 상품으로 그려진다. 마지막 장면에서는 아버지 때문에 낯선 사람에게 팔려와 길거리에서 구걸을 하는 열한 살의 불구 소녀가 어둠이 내리는 고속도로 옆 인도에 혼자 앉아 있는 모습이 나온다.

이 소름 끼치는 두 대본의 저자는 관람객들에게 싱크홀 속의 남자와 불구 소녀에게 친구가 없었음을 말하려는 것이 아니었다. 이 안에 담긴 메시지는 불쾌한 기분에 휩싸인 역사의 여신이 사람의 이야기 중 한 챕터를 써서 대부분의 사람은 충실하고 친절하고 정직하며 세상에 적어도 한 명은 자기를 깊이 염려해주는 사람이 있다는 안심을 주는 믿음을 수많은 사람들로부터 빼앗아가버렸다는 것이다.

좋은 사람이고 싶은 마음

안타까운 일이지만 살다 보면 필연적으로 비판, 질책, 실패를 경험하거나 배신, 거짓말, 공격성 등을 통해 타인을 아프게 만드는 행동을 저지르는 경우가 생기기 마련이다. 이런 사건들은 보통 수치심이나 죄책감으로 해석되는 느낌을 만들어낸다. 이런 감정을 불러일으키는 사건을 완전히 피하기는 불가능하기에 이런 감정을 쉽게 줄일 수 있는 방법을 제공하는 문화권에 사는 사람들의 삶이 가장 만족스럽다.

많은 사회에서는 수치심과 죄책감을 느끼는 사람이 약간의 노력으로도 고통을 더는 데 도움이 될 수 있는 삶의 과제와 종교적·사회적 의식들을 발명해냈다. 18세기 유럽인들은 성욕, 탐욕, 분노, 질투심에 의해 불붙는 행위에 달려들고 싶은 욕구를 억누름으로써 자신이 도덕적이라는 증거를 찾을 수 있었다. 이런 과제에는 다른 사람의 도움이 필요하지 않았다. 오늘날에는 똑같은 행동을 억제함으로써 자신의 도덕성에 대한 안심을 얻기가 더 어려워졌다. 성생활을 즐겁게 누리고, 돈이 많으며, 개인의 자유를 누리고, 내면의 공격성을 표출하는 것이 건강에 이롭다고 전문가와 언론이 모든 사람에게 상기시키고 있기 때문이다. 덴마크의 연구자 두 명은 저녁 시간을 술집에서 사람들과 어울리며 보내는 젊은 사람들에게 밖에 나와 친구들과 술을 마시기 전에 집에서 맥주, 와인, 위스키를 마시고 왔는지 물어봤다. 그렇다고 대답한 많은 여성들은 파티나 술집에 나와서 첫 잔에 바로 술에 취해 자제력을 잃고 싶어서 그랬다고 설명했다. 이 여성들은 다음에 나오는 존 업다이크의 충고를 따르고 있었다. "의심스러운 상황에서 행동해야 할 때는 원숭이처럼은 아니라도 야만인처럼 행동해야 한다. … 다른 사람의 충고보다는 우리의 본능과 욕구가 건강한 삶을 위한 더 나은 지침이다."

다른 사람의 행복에 자신이 필요하다는 믿음은 자기가 선한 사람이라는 느낌을 만들어주는 중요한 원천이다. 하지만 역사적 사건 때문에 이런 믿음을 유지하기가 힘들어졌다. 배우자나 동반자의 지속적인 도움 없이도 살아갈 수 있는 사람이 많아졌기 때문이다. 어린이집에서는 어린아이들을 돌봐주고, 냉동식품과 포장식품이 널리 퍼지면서 가족 중에 요리를 담당하는 사람의 재능이 불필요해졌으며, 남녀 모두 애인을 몇 명 거느릴 수 있게 돼서 익숙한 파트너가 충족해주지 못하는 성적 필요에 만족할 수도 있고, 대부분의 지역에는 문제가 생겼을 때 도움을 요청할 수 있는 변호사, 의사, 치과 의사, 회계사, 은행원, 정육점 주인, 제빵사, 배관공, 목수, 정비공이 적어도 한 명씩은 있다.

늘어난 수명, 감염성 질병의 감소, 전기, 식수, 컴퓨터, 애플리케이션, 그리고 어느 곳이든 여행할 수 있는 기회를 제공해준 놀라운 물질적 발전이 이루어지자 그 대가로 대부분의 사람은 소모성 존재로 전락해버렸다. 그 바람에 어떤 사람이 필요로 하는 것을 만족시켜줄 수 있는 사람이 자기밖에 없음을 알 때 찾아오는 마음 따뜻해지는 느낌을 박탈당하고 말았다.

상당한 노력 이후에 목적을 달성하는 것은 자기가 선한 사람이라 느낄 수 있는 또 다른 수단이다. 이제는 대부분의 장소에 침투해 있는 기계와 디지털 장비를 활용해서, 예전에는 몇 시간, 며칠씩 고되게 노력해야 얻을 수 있었던 것을 쉽게 발견할 수 있다. 많은 평론가는 목적을 추구할 때 뒤따라오는 즐거움은 더 오래 지속되고, 목적이 달성되는 순간에 끓어오르는 느낌보다 더 강력할 때가 많다고 지적한다. 졸업장을 받기 전에 학교생활에 쏟아부은 노력이 없었다면, 졸업식 날에 학생의 얼굴에 번지는 미소는 없었을 것이다. 활발하게 연구 활동을 진행하고 있는 수천 명의 과학자 중 누군가가 수십 년 동안 정당한 발견으로 남아 있을 중요한 발견을 이룰 확률은 극히 작다. 하지만 그들은 도저히 불가능할 것 같은 이 목적을 이루기 위해 계속해서 공을 들인다. 그렇게 노력하는 과정에서 찾아오는 즐거움 때문이다. 네덜란드의 한 속담이 이 진리를 담고 있다. "구슬치기에서 중요한 것은 구슬이 아니라 놀이 그 자체다."

자신의 선량함에 의문이 제기됐을 때 그것을 재확인할 방법을 찾으려는 사람들이 새로운 사회조건 때문에 많이들 좌절을 맛보고 있다. 한 세기 전에 프로이트는 초자아의 가혹한 요구가 불안의 주요 원천이라 확신했다. 현대인들은 자신의 초자아가 무엇을 속삭이고 있는지 듣지 못해 곤란에 처해 있다. 잡지 〈뉴요커〉에 실린 한 만화에서 한 남자가 또 다른 남자에게 이렇게 말했다. "내 할 일을 하고 돈도 벌 만큼 벌었는데 저녁이면 '잘했어'라고 소리쳐주는 목소리가 없어."

일상적인 활동을 초월할 때 찾아오는 아가페적 느낌을 만들어주는 신성한 목적, 행동, 의식, 의무를 박탈당한 현대 서구 민주사회의 구성원 사이에서는 이런 실망감이 더 흔해졌다. 철학자 로저 스크루턴은 《세상의 영혼The Soul of the World》에서 주장하기를 사람은 몇몇 개념, 행동, 장소, 사물에는 어느 정도의 성스러움이 스며들어 있다고 믿을 필요가 있다고 했다.

성직자, 과학자, 예술가, 작가, 의사 등 이런 신비로운 속성을 조금이나마 품고 있는 역할이 있었지만, 그들도 신비로운 속성을 잃어버렸다. 몇몇은 이타심, 정직, 겸손 등 대중이 기대했던 이상적인 속성을 배신해버렸기 때문이다. 최근에는 일부 과학자들의 윤리에 의문이 제기되면서 2014년 7월 4일자 《사이언스》에서는 섹션 하나를 할애해서 젊은 과학자들이 자신의 경력을 시작하면서 마주하는 윤리적 쟁점에 대한 의견을 실었다. 중국에서는 승진을 꿈꾸는 젊은 과학자들이 연구 논문의 저자 자격을 돈을 주고 사는 관행이 밝혀져 과학의 신성한 사명에 오점을 남겼다.

아동학대와 불륜 사건 들은 모성애와 결혼이 몇 세기 전까지 간직하고 있던 신성함을 앗아가버렸다. 사람이 달에 가고 에베레스트산을 오르는 등 기존에는 탐험할 수 없었던 곳에 갈 수 있게 되면서 그런 장소가 가지고 있던 상징적 순수성이 오염되고 말았다. 예술가는 아름다운 물건을 만들 수 있고, 공학자는 쓸모 있는 물건을 만들 수 있지만, 둘 다 신성한 물건을 만들지는 못한다. 신성함을 품으려면 사람이 평범한 물체에 상상의 속성을 불어넣어야 하기 때문이다.

현대의 수많은 젊은이는 아브라함이 신의 명령을 받들어 자신의 사랑하는 아들을 죽였을 때 보여준 절대적인 복종을 이끌어낼 수 있는 도덕적 당위를 적어도 하나는 찾아내려 애쓰고 있다. 2015년에 오스카 외국어영화상을 수상한 폴란드 영화 〈이다〉의 여주인공은 그런 당위를 찾아냈다. 반면 호평을 받은 2014년 영화 〈보이후드〉의 주요 등장인물인 메이슨 에반스는 어떤 행동과 생각이 내재적인 가치를 갖고 있는가를 두고 다른 젊은이들처럼 혼란과 싸운다. 메이슨은 소원해진 아빠가 내린 결론에 만족하지 못한다. "우린 그저 그때그때 맞춰서 살아갈 뿐이야." 이 영화는 메이슨의 질문에 대한 결론 없이 끝나고 메이슨의 수동성은 그가 옆에 있는 소녀에게 하는 말 속에 반영된다. "우리가 순간을 포착하는 것이 아니라, 순간이 우리를 포착하는 거야." 얀 게르슈터의 2012년 영화 〈커피 인 베를린〉은 독일 관람객들을 위해 똑같은 메시지를 담고 있다. 양쪽 대본 모두 과거의 모든 이데올로기가 결점을 드러낸 현대의 평등주의 사회에서 젊은이들이 보여주는 무관심을 포착하고 있다. 풀밭을 콘크리트가 대신하고, 부드러움을 가혹함이 대신하며, 아름다움을 실용주의가 대신하고, 사랑을 섹스가 대신하며, 위계질서는 더러운 단어가 되어가고 있다. 제롬 데이비드 샐린저의 소설《호밀밭의 파수꾼》과 윌리엄 화이트가 현대 사회를 분석한《조직인》이 발표되면서 1950년대부터 이런 분위기가 시작됐다.

신성한 것이 존재하지 않는다면 애초에 신성모독이란 것도 존재할 수 없다. 목숨을 바치거나 지키는 행동은 비록 누더기가 되었을지언정 신성함의 후광을 유지하고 있기 때문에 화가 날 이유도 없는데 다른 사람을 해치는 일은 모든 사람이 심각한 도덕적 범죄라 여기는 하나 남은 행동이 됐다. 심지어는 콜롬비아공화국 보고타의 가장 가난한 슬럼가에서 하루가 멀다 하고 범죄를 목격하며 사는 만 7세 고아조차 한 인터뷰에서 다른 사람의 물건을 훔치거나 다른 사람을 해치는 것은 나쁜 일이라고 말했다. 신성한 개념이 적어도 하나는 남아 있기를 바라는 갈망 때문에 낙태를 허용하거나 살날이 몇 달밖에 남지 않은 90세 노인이 값비싼 의학 치료를 받는 것을 막는 법에 반대하는 미국인들이 아직까지 남아 있는 것이다.

현재의 역사적 설정에서 스스로 '될 수 있는 것은 무엇이든 되도록' 사회화된 다수의 성인은 우울한 기분에 쉽게 빠져들 수밖에 없다. 과제에 실패했을 때, 거부당했을 때, 인간관계를 상실했을 때, 친구를 배신했을 때, 혹은 타인을 해쳤을 때 치유가 될 의식이나 행동이 모자라기 때문이다. 역사적 사건들 때문에 일부 사람들이 '자기도취의 시대'라 부르는 조건이 형성됐다. '영적으로 공허하다'는 표현이 더 정확하다고 느끼는 사람도 있다. 대형 은행이나 기업에서 일하기로 한 사람들이 일자리 불안감, 과도한 경쟁, 탐욕, 100시간에 이르는 주당 근무 시간에 시달리는 모습을 묘사한 책과 기사, 영화들이 나와 있는데도 미국의 대학생들 사이에서 가장 인기 있는 학과가 경영학이라는 사실을 달리 어떻게 설명할 수 있을까? 최고의 대학을 졸업한 사람들은 의사, 간호사, 생물학자, 교직, 또는 자신의 노력이 타인에게 도움이 될 수 있는 사회복지사 같은 직업을 택하는 대신 월스트리트에서 일자리를 찾고 있다.

보아하니 재능 있는 수많은 미국 젊은이들은 돈을 버는 것이 현대 사회에서 유일하게 합리적인 목표라 판단한 듯하다. 혜택을 받는 젊은이들 중 상당수가 사회 구성원 대다수가 도덕성이 결여되어 있다고 여기는 직업을 선택하는 것이 어쩌면 지금까지 기록으로 남아 있는 인류의 역사 중 최초인지도 모르겠다. 셰익스피어는 자신의 소설 《베니스의 상인》에 등장하는 고리대금업자 샤일록이 2015년에는 상당수 기독교인들의 롤 모델이 되리라고는 예상하지 못했을 것이다.

종교, 과학, 자본주의, 사회주의, 공산주의, 파시즘 등이 공동체가 추구하는 조화를 부여하는 데 실패함에 따라 그 수를 알 수 없는 수많은 젊은 사람이 모든 공격으로부터 자신을 보호할 수 있는 이데올로기가 없는 상태로 방치되고 있다. 작가 알프레드 카진은 1955년에 이렇게 적었다. "나를 고통스럽게 만드는 것은 실제로 도움이 되는 철학이 결여되어 있는 것이고, 나 자신 외부의 무언가, 내가 붙잡을 수 있고, 이번만은 나 자신을 잊게 해줄 무언가에 대한 강력한 핵심 믿음이 결여되어 있는 것이다." 이런 빈틈 때문에 물질적 쾌락을 추구하는 것이 유일한 합리적 목표가 되고 말았다. 현재의 시대정신이 《뉴욕타임스》의 칼럼니스트 데이비드 브룩스를 괴롭히고 있다. 그는 2015년 4월 12일자 《뉴욕타임스》에서 독자들에게 자기도취를 억누르고 자신을 선한 쪽으로 밀고 가줄 이상에 헌신할 것을 촉구했다.

스무 살이 된 사람들이 자신의 성별, 종교, 민족, 교육 수준, 재능이나, 혹은 가족 중에 큰 업적을 이룬 사람을 대며 자신의 도덕성을 확인하고 싶어도, 이런 속성들이 가난한 사람들과 소수 집단의 사람들에게 불공평한 짐을 지우기 때문에 그럴 수 없다면 은행 계좌에 찍힌 돈의 액수가 그 사람의 가치를 말해주는 상징으로 자리 잡는다. 이런 자격을 박탈당한 사람은 없기 때문이다. 그럼에도 대다수의 사람들은 자기가 해야 할 일을 공을 들여 열심히 하고, 칭찬받을 만한 특성이나 능력을 완벽하게 갈고닦은 사람들을 찬양할 마음의 준비가 되어 있다.

1등에 대한 강박

어떤 대가를 치러서라도 승리하는 것을 찬양하는 분위기에서는 정말 존중받아야 할 윤리적 당위란 무엇인지 혼란이 일어났다. 정직, 공정, 충성심에 관한 전통적 기준을 위반한 수많은 사람이 부자이거나, 권력을 잡거나, 언론의 찬양을 받고 있다는 사실 때문에 많은 미국인이 난처해하고 있다. 시카고에 있는 투자자가 한 회사의 주식을 대량으로 주문한 것을 알아챌 수 있는 월스트리트의 전자 트레이더는, 거래가 마무리되기 전에 그 거래를 차단하고, 주문이 걸린 주식을 구입한 다음 몇 밀리초 이후에는 그 주식을 원래의 구매자에게 높은 가격으로 되팔아서 그 차액을 벌어들일 수 있다. 많은 미국인의 눈에 이런 관행은 비도덕적인 것으로 보이겠지만 미국 증권거래위원회의 젊은 직원들과 이런 관행에 참여하는 사람들은 이런 활동이 잘못되었다고 느끼지 않는다. 이들이 보기에 이것은 그저 영리한 행동이다.

학생들은 졸업생 대표가 되는 명예를 얻기 위해 경쟁한다. 성인들은 임금, 포상, 명성의 크기를 두고 경쟁한다. 기업들은 누가 제일 많은 이윤을 남기고, 주가가 제일 높은가를 두고 경쟁한다. 국가들은 누가 GDP가 높고, 노벨상 수상자가 많으며, 좋은 대학이 많고, 올림픽 금메달을 많이 땄느냐를 두고 경쟁한다. 미국 언론은 중국의 강, 대기, 육지가 오염되어 있고, 지방정부가 부패해 있으며, 베이징의 중앙정부가 개인의 자유를 제한하는 것에 대해 이야기하기보다는 중국의 GDP가 곧 미국을 제치고 1등을 차지할 수 있음을 미국인들에게 경고하는 데 더 많은 지면을 할애한다.

1등이 되어야 한다는 강박관념이 자리 잡은 데는 세 가지 역사적 사건이 종합적으로 작용했다. 돈, 권력, 명성으로 측정 가능한 성취 외에 다른 가치에 대해서는 신념이 약화된 것, 이윤이 성공의 주요 척도인 대형 기관과 기업이 성장한 것, 그리고 성공을 가능하게 만들어준 노동자의 심리를 희생하는 대가로 기관의 효율

466

을 극대화하는 기술이 발달한 것이다. 지난 몇 년간 애플리케이션과 스마트폰을 이용해서, 고객들이 변호사, 의사, 운전사, 심지어는 실험 참가대상자까지도 빌릴 수 있게 해주는 새로운 사업이 등장했다. 노동자들은 고용 보장도 없고, 자신의 고용주나 고객에 대한 충성심도 전혀 없다. 이들은 종류에 상관없이 추수할 작물이 생기면 이 농장, 저 농장 떠돌아다니며 일하던 농민들과 여러 가지 면에서 비슷하다.

사이먼 헤드는 자신의 책 《마인드리스》에서 아마존의 경영자들은 CCTV로 각 노동자의 활동을 감시한다고 지적했다. 월마트의 관리자는 각각의 매장이 직원을 필요한 숫자보다 적게 유지하도록 관리한다. 영국 정부는 각 대학 교수진의 연간 학술 연구 성과를 평가해서 임금과 고용 보장 여부를 결정한다. 그리고 워싱턴의 연방 관료들은 똑같은 환자를 너무 여러 번 받아준다는 이유로 가난한 사람들을 위해 봉사하는 병원들을 처벌한다. 윌리엄 제닝스 브라이언은 19세기 말 의회에서 미국을 황금 십자가 위에 못박는 것을 막아야 한다고 간청했다. 오늘날이었다면 그는 금본위제의 부담을 최고로 효율적인 방식으로 최대의 산출량을 유지해야 한다는 더 무거운 부담으로 대체해놓았을 것이다. 어쩌면 모든 사람이 그리스 신화의 미다스 왕 이야기를 다시 읽어봐야 하는 것 아닌가 싶다. 그는 손으로 만지는 모든 것을 황금으로 바꿀 수 있는 재주를 부여받았고, 결국은 자신의 딸까지도 황금으로 바꾸어놓았다.

무의식적 책임감

내가 직관적으로 느끼기에, 부유하고 산업화된 민주사회에 사는 교육 수준이 높은 상당수의 사람은 땅, 바다, 강, 대기를 오염시키고, 숲을 파괴하며, 약하고 힘이 없는 사람들을 착취했던 이전 세대 사람들에 대해 미약하나마 책임감을 가지고 사는 것 같다. 마거릿 맥밀런은 《평화를 종식시킨 전쟁The War That Ended Peace》에서 제1차 세계대전이 발발하기 전 20년 동안 유럽인들 사이에서 어느 만큼 비슷한 분위기가 퍼져 있었던 것에 대해 기술했다. 영향력 있는 많은 논평가는 산업화, 그리고 그 산업화가 낳은 경쟁적 자본주의가 소규모 농업 공동체에 확립되어 있던 협동정신과 독실한 종교정신을 살벌한 경쟁, 세속적인 마음가짐, 외로운 거주자들이 사는 빽빽한 도심지로 대체함으로써 도덕적이었던 사회를 타락해놓았다고 주장했다. 사람들은 이런 죄악을 인식할 때 뒤따라오는 느낌을 어떻게든 씻어내야 했고, 사회의 순결성을 회복하는 방법은 전쟁밖에 없었다는 주장이 나왔다.

제프리 파커는 《글로벌 위기Global Crisis》에서, 유럽인들 중에는 17세기 중반에 평소와 다른 추위가 여러 해 이어지면서 흉년이 들고, 수많은 사람들이 굶주리며, 많은 아기가 죽음을 맞이한 것은 죄 많은 인간에 대한 신의 벌이라고 생각하는 사람이 꽤 많았다고 지적한다. 1640년대 영국 의회는 크리스마스 기념행사를 금지하고, 극장을 모두 철거하며, 공공장소에서 배우들을 채찍질했다. 즐거움의 원천을 제거해서 신의 분노를 달래려 한 것이었다.

못된 짓을 저지르고도 들키지 않은 어린아이에게서도 비슷한 모습을 볼 수 있다. 아이들은 벌을 받으려고 부모 앞에서 일부러 두 번째 잘못을 저지를 때가 많다. 이렇게 벌을 받으면 처음에 저질렀던 도덕적 오류에 따라오는 죄책감도 용서받을 수 있기 때문이다. 도스토옙스키의 위대한 소설 《죄와 벌》에서 학생 로디온 라스콜니코프는 전당포 주인을 죽인 것에 대한 벌을 받으려고 한다. 그는 돈을 노리고 사람을 죽이지만, 대부분의 현금을 그냥 놔두고 그 집을 나온다. 그리고 그 후로 몇 주 동안 계속 죄책감이 쌓여간다. 아무도 그를 의심하지 않는 것도 죄책감을 더욱 부채질했다. 라스콜니코프는 일부러 자기 죄를 밝혀줄 단서들을 흘리고 다니기 시작한다. 소설의 말미에서 그는 결국 자신이 사랑한 여인 소냐에게 자신의 죄를 고백하고, 마침내 체포되어 투옥된다.

《연을 쫓는 아이》에 나오는 소년 아미르는 괴롭힘을 당하는 친구 핫산을 구하지 못해서 생긴 죄책감이 자신을 좀먹고 들어오는 것을 극복하기 위해 핫산에게 과일을 던지며 괴롭힌다. 핫산으로부터 복수 행동을 유발해 그전에 저질렀던 자신의 도덕적 오류에 대한 벌을 받고 싶은 것이다. 《구약성서》에서는 전투를 치르고 돌아온 전사가 7일 동안 야영지에 들어오지 못하게 막음으로써, 사람을 죽인 행위에 대해 속죄할 수 있게 했다. 중세 기독교 공동체에서도 전쟁에서 돌아온 병사들이 자신의 행동에 따른 죄책감을 용서받을 수 있는 어떤 형태의 벌을 요구했다.

몇몇 여성은 자신의 품위를 떨어뜨리려고 창녀가 된다. 이들은 자기가 역기능 가정의 구성원이었거나, 신체적·성적 학대를 수동적으로 받아들인 희생자였기 때문에 마땅히 벌을 받아야 한다고 생각하고, 창녀로서 겪는 성적 경험을 그 벌이라 해석한다. 병을 앓던 배우자에게 더 잘해줬어야 했다고 믿는 홀아비나 과부, 강간을 당한 것이 자신의 어떤 행동 때문이었나 괴로워하는 강간 피해자, 부모의 이혼이 자기 책임이라 생각하는 어린이, 성적이 낮고, 인기도 없고, 매력도 없는 것이 자신의 행동 때문이라 의심하는 청소년들에게서도 자책과 죄책감이 일어난다.

미네소타대학교의 켈리 버그Kelly Berg와 그 동료들은 과체중 여성들이 도덕을 위반한 후에 폭식을 하기가 특히나 더 쉽다는 것을 발견했다. 폭식이 부적절한 행동에 대해 스스로에게 벌을 내리는 방법이라는 해석이 가능하다. 배우자에게 조금 이기적으로 굴었거나 무심했다고 생각한 사람은 외출을 제안하거나 선물을 사주어 죄책감을 줄이려 한다.

요엘 인바Yoel Inbar와 그 동료들의 기발한 실험은 이런 과정을 실험실로 끌고 들어왔다. 본격적인 실험을 진행하기 전에 과거의 사건 중 죄책감이 느껴지는 사건에 대해 먼저 글을 써보게 했던 대학생들은 슬픈 사건이나 중립적인 사건에 대해 쓰게 했던 학생들보다 더 강한 전기 자극도 기꺼이 받아들였다.

이런 사실들을 보면 사람들은, 큰 책임은 다른 사람에게 있고 자기에게는 부분적인 책임만 있는 상황에 대해서도 일정 정도의 책임감을 받아들이려는 경향이 있음을 알 수 있다. 이런 주장이 타당하다 생각하는, 생각이 깊은 사람들이라면 지난 세기에 일어났던 사건에 대해 떠올릴 때 약간의 책임감, 어쩌면 조금의 죄책감을 느낄지도 모른다는 추측에 고개를 끄덕일 것이다. 지구를 강간하고, 무고한 수백만 명의 사람을 죽이며, 핵폐기물과 생분해되지 않는 쓰레기를 가득 축적하고, 힘들게 살아가는 대다수 시민과 특혜를 받은 소수의 시민 사이에 경제적 불평등이 커지는 것을 수동적으로 지켜보기만 한 것에 대한 죄책감 말이다. 이런 사람들은 자신을 비롯해서 같은 세대를 살아가는 사람들은 이런 죄악이 저질러지도록 그냥 놔둔 벌로 홍수, 가뭄, 파괴적인 폭풍 등으로 벌을 받아도 싸다고 무의식적으로 생각하고 있을지도 모른다.

일부 할리우드 영화제작사에서는, 안락한 삶을 누리는 백인 미국인 중 상당수가 지난 두 세기 동안의 불경스러운 일들에 자신도 공범이었다는 무언의 죄책감과 함께 살고 있음을 감지하고 한 사람이나 집단이 다른 사람이나 집단에게 가한 잔악한 행동과 배신을 묘사하는 수상작들을 만들어냄으로써 영화극장 스크린을 일종의 고해소로 바꾸어놓았다. 그렇지 않고서야 백인 노예주가 힘없는 흑인 희생자를 채찍질하는 장면이 반복적으로 나오는 영화 〈노예 12년〉을 뭐 하러 돈 주고 보겠는가? 한 가지 가능성은 이 비도덕적인 반영웅과 자기를 동일시하는 백인 미국인들이 이를 순간적으로나마 자신의 양심을 씻어 내려주는 상징적인 처벌로 여긴다는 것이다. 중세 유럽인들이 자학으로 그랬던 것처럼 말이다.

제2차 세계대전이 끝나고 한참 후에 태어난 독일인은 자기 할아버지뻘인 나치의 군대와 장교들의 야만적인 행동을 담은 영화를 보고, 이스라엘인은 자기네 정부가 팔레스타인을 상대로 벌인 부당한 행동을 그린 영화를 돈 주고 관람하며, 호주인은 지난 세기 초반에 자기네 정부가 호주 원주민 가족들을 잔인하게 다루었던 모습을 그린 영화를 찾는다. 내 생각에는 이런 잔인한 장면을 통해 유발되는 불쾌한 느낌이 관람객들에게 자기 사회의 과거 구성원들이 저질렀던 범죄를 인정하고, 거기서 생기는 자책감을 자기네가 받아 마땅한 벌이라 여기고 받아들일 기회를 부여해주는 것이 아닌가 싶다.

《수치》의 저자인 정치학자 셸비 스틸은 미국의 일부 백인 진보주의자들이 소수민족 집단의 가난한 구성원을 상대로 소수 집단 우대정책을 취하고, 공공 자원을 좀 더 넉넉하게 보급할 것을 외치는 데는, 시작하지 말았어야 할 전쟁, 계속해서 이어지는 인종차별적 태도, 기업의 탐욕, 커지는 소득 불평등 등이 불러온 수치심을 면제받으려는 욕구도 한몫 거들고 있다고 주장한다. 스틸의 책은 이런 진보주의자들을 분노하게 만들 것이다. 그들의 수치심이 불필요한 것일 뿐만 아니라 그런 동정적 시선의 표적이 된 수많은 흑인의 마음에 상처를 입히고 있다고 주장함으로써 정치적 모범답안을 비켜나가고 있기 때문이다.

더 큰 평등의 요구

내가 느끼기에는 불평등은 그 기원이 무엇이든 상관없이 무조건 비난하는 새로운 윤리적 가치가 도입된 것 같다. 보수적인 잡지인 《이코노미스트》에서는 2015년 1월에 장편의 에세이를 실었다. 대학 교육을 받은 미국인의 자녀들이 최고의 대학교에 다니고 최고의 일자리를 구하고 있다는 사실을 한탄하는 내용이었다. 이 에세이의 저자는 대학 교육을 받은 부모가 자녀에게 책을 읽어주고, 함께 대화하며, 아이들을 박물관에 데려가고, 열심히 공부하도록 북돋는 데 더 많은 시간을 투자하고 있다는 사실을 놓치고 있다. 그럼 이 자녀는 부모의 가치관을 받아들인다. 안타까운 일이지만 대학에 다니지 못한 부모 중에서는 이렇게 못해주는 사람이 너무 많다.

미국인들은 이 대학 교육을 받은 부모가 하는 것과 같은 행동을 늘 찬양해왔다. 대다수의 사람이 항상 도덕적이라 여겨왔던 행동에 필연적으로 따라올 수밖에 없는 결과를 비판하는 것은 공정하지 않아 보인다. 도덕규범은 그 요구사항을 존중해야 할 타당한 이유가 함께 따라올 때 설득력을 가진다. 금융 부문에서 일하는 많은 사람이 수백만 달러씩 수입을 올리는 것은 공정성이라는 윤리를 위반한다는 주장에 타당한 이유가 존재한다. 하지만 기원은 따지지도 않고 교육 정도의 불평등이 도덕을 위반한 것이라는 주장은 그런 설득력 있는 근거를 제시하지 못하고 있다. 더군다나 이런 주장은 자녀에게 학업 성취에 관한 가치관을 심어주지 못한 부모보다는 성실하게 그런 가치관을 심어준 부모가 오히려 도덕을 위반한 것이라는 암시를 미묘하게나마 담고 있다. 이런 논리를 적용하면 젊은이들이 마약성 진통제를 과복용해서 죽음에 이른 것도 그런 진통제를 발명한 사람의 책임이 된다.

이제 이 에세이는 도덕성이라는 개념을 관통하고 있는 모호함을 인정하면서 다시 출발점으로 되돌아왔다. 바라건대 독자 여러

분은 도덕성이란 것이 모호한 이유에 대해 더 풍부하게 이해했으면 한다. 도덕적 지위를 유지하는 행동을 지명하기 어렵다는 것이 꼭 나쁘기만 한 것은 아니다. 여기에도 한 가지 장점이 있다. 사회적 조건은 시간의 흐름과 함께 변하기 때문에 그 사회의 윤리규범도 그런 새로운 상황에 적응해서 변화해야만 한다. 자기 시대에 도덕적 귀감이 되었던 사람은 많지만, 모든 시대를 통틀어 귀감으로 남아 있는 사람은 거의 없다.

생물학자와 언론에서 생각, 느낌, 배경 등을 거의 중요하지 않게 다루는 관행을 바로잡기 위해서 이 책에 그 중요성을 짜깁기해 넣었다. 언론에서는 하루가 멀다 하고 대중에게 기후변화, 새로운 바이러스, 테러 집단, 쌓여만 가는 핵폐기물이 전 세계적인 문제고, 그것을 해결하려면 자신의 역사적 맥락 안에서 행동하고 있는 사람들의 생각을 깊이 이해하는 것보다는 새로운 기계, 화학물질, 유전자, 무기가 필요하다고 말한다. 이런 걱정스러운 상황은 생각에서 비롯된 것이다. 그렇다면 새로운 생각이 문제 해결에 기여할 수 있다. 만약 오사마 빈 라덴이 자신의 아버지가 어머니를 거부해서 생긴 어린 시절의 수치심을 억누를 필요가 없었다면, 세계무역센터 건물의 공격을 배후 조종하는 일도 없었을 것이고, 그럼 이라크, 시리아, 아프가니스탄에서 벌어진 위기는 피할 수 있었을지도 모른다.

유전학과 신경과학에서 이루어진 놀라운 발견으로 아동과 성인이 자신의 두뇌가 만들어낸 의식적 심리 상태에 부여하는 해석보다는 유전자와 뇌에 더 많은 힘을 부여했다. 물질을 이렇게 과도하게 강조하는 바람에 과학적 사실의 정당성을 평가할 능력이 없는 대다수의 사람은 자기가 생물학적 특성에 속수무책으로 끌려갈 수밖에 없는 존재라는 말에 설득되고 말았다. 여기에 한술 더 떠서 경제학자들은 대개 실질적인 자원의 획득을 의미하는 사리사욕의 추구가 유일하게 합리적인 삶의 전략이라고 선언했다. 이 책의 각 장에서는 이런 가정에 의문을 제기했다. 부디 이 책이 우리가 친절한 사람이 될지, 가혹한 사람이 될지, 성실한 사람이 될지, 부주의한 사람이 될지, 충성스러운 사람이 될지, 기만적인 사람이 될지, 혹은 가솔린차보다 가격은 비싸지만 오염이 덜한 전기차를 구매할지 결정할 수 있는 자유가 우리 각자에게 있다는 보편적 직관을 강화해주었기를 바란다. 만약 생각이 페리클레스의 아테네 시절에 누리던 특권적 위치로 돌아간다면 사람들은 전문가들 때문에 믿었던 것보다 자신의 미래를 더 많이 좌우할 수 있음을 이해할지도 모르겠다.

생각을 문장과 동일한 것으로 볼 수는 없다. 심리학자들은 단어가 본질을 그 안에 새기고 있는 것처럼 취급하는 관행이 있는데, 이는 먼저 수수께끼 같은 현상을 찾아보고 그것을 어느 정도 이해한 다음에야 단어를 발명하는 생물학자들의 습관과 대조된다. 프리온이라는 용어를 발명한 과학자는 광우병 증상의 원인을 이해하기를 바랐다. 그리고 여러 해에 걸쳐 연구하고 이상한 형태의 단백질이 그 원인임이 밝혀진 후에야 그 원인으로 추정되는 이 단백질에 이름을 붙이기 위해 이 단어를 만들어냈다.

자부심과 조절장애가 눈 색깔처럼 실질적인 속성을 지명하고 있는 것이라 가정한 심리학자들은 증거도 충분히 확보하지 못했으면서, 맥락이 배제된 이 용어가 일부 청소년이 학교생활에 적응하지 못하고 법을 위반하는 이유를 설명해준다고 선언하는 오류를 저질렀다. 이들이 먼저 이런 행동을 보이는 청소년의 경험 패턴과 생물학적 속성을 연구했다면 기질적 편향, 사회계층, 문화적 배경, 정체성 프로필이 이런 행동에 대해서는 훨씬 나은 예측 변수라는 것을 알았을지도 모른다.

설명에 이런 조건들을 포함시키려면 더 긴 문장이 필요할 것이다. "반사회적인 청소년들은 자부심에 문제가 생기고 자신의 충동을 조절하지 못하기 때문에 학교를 도중에 그만두기 마련이다"라고 쓰는 대신 "공동체 가치관의 위반에 대한 뇌 반응이 억제되는 기질을 갖고 있고, 희생자의 역할과 자기를 동일시하는 사회에서 자라는 청소년들은 사회의 윤리적 가치관을 거부할 위험이 대단히 높다"라고 쓸 것이다. 모든 결과는 특정 배경 안에서 일어난다. 대상, 배경, 표적을 배제하고 심리적 속성만을 지칭하는 단어는 애매한 의미를 갖는다.

자연은 세부사항에 집착한다. 후성유전학 인자는 백혈구에서 하나의 유전자만 침묵시킬 수 있다. 질문을 던지는 순서가 대답에 영향을 미칠 수 있다. 중국어와 영어를 자유롭게 구사하는 중국계 미국인은 각각의 언어로 대답할 때 자기가 다른 특성을 갖고 있는 것으로 표현한다. 사회과학자는 생물학자에 비해 모든

478

결론을 내릴 때 증거의 출처가 중요하다는 것을 인정하기를 망설여왔다. 이들은 연못의 진흙탕에서 뒹구는 개구리처럼 세부적인 것에 매달리기보다는 높이 하늘을 나는 매처럼 큰 그림을 그리기를 좋아한다.

수수께끼 같은 현상을 밝히는 연구자들은 가장 생산적인 분석 수준을 고르는 것이 중요하다는 것을 잘 이해하고 있다. 단백질의 구조를 이해하기 위한 최적의 수준은 탄소의 화학적 속성이 아니라 유전자다. 알츠하이머를 이해하고 싶은 사람에게는 단일 신경 세포가 아니라 뇌의 조직학이 가장 적당하다. 사람들이 도전적 과제에 대처할 때 선택하는 전략의 다양성을 설명하고자 하는 연구자에게는 생각이 가장 생산적인 수준이다.

여러 사회에서 지배적인 가치로 자리 잡은 평등주의 정신은 모든 집단과 그 신념에 대해 관용의 자세를 가질 것을 주장한다. 이런 개념 덕분에 가능해진 일련의 자비로운 변화는 그 대가가 따라왔다. 비윤리적이라 배운 가치관을 따르는 사람들을 존중하도록 사회화된 젊은이들은 이유 없이 남을 해치는 경우를 제외하면 모든 윤리적 개념이 작위적이라는 결론을 피하기가 어려워진다. 도덕적 신념은 모든 것을 알고 있는 신탁자가 만들어낸 당위성이 아니라, 사람의 발명품에 불과하다는 인식을 누군가 가지면 일부 젊은이는 그 어떤 윤리적 당위에도 헌신할 수 없다. 객관적 사실을 찬양하도록 교육받은 현재 세대는 "행복해지려면 환상에 빠져들 줄 알아야 한다. 우리는 기쁨의 대부분을 환상에 빚지고 있기 때문이다"라고 한 샤틀레 후작 부인의 조언을 받아들이기가 어렵다.

산업화 사회의 많은 사람은 일상에서 물질적 풍요를 누리고 있음에도 지속적인 불안 속에 살아간다. 대중소설 속 영웅들이 걱정하는 건, 사람들이 더 깊고 신뢰할 만한 인간관계를 갈망하고, 어떻게 행동할지 결정할 때 상황에 좌우되지 않게 해줄 도덕적 당위를 받아들이기를 원하지만 그것이 좌절되기 때문임을 알 수 있다. 체슬라브 밀로시는 사람을 의기소침하게 만드는 현대사회의 무의미함에 굴복하려는 욕구에 저항하라고 촉구한다. 그런 태도는 우울한 기분을 막아주는 존엄성을 갉아먹기 때문이다. 어떤 당위, 이왕이면 타인의 행복을 자신의 적법한 경쟁자로 받아들이는 당위에 헌신하는 것은 그런 불안감과 싸워 이길 수 있는 효과적인 방법이다.

어느 날 오후 밀로시는 오리들이 바로 곁에서 흐르고 있는 맑은 개울물을 놔두고 흙탕물 속에서 목욕하는 것을 보고 놀라고 말았다. 그래서 그는 의자에 앉아 있는 늙은 소작농에게 오리들이 맑은 개울물을 왜 무시하는 것인지 물어보았다. 그러자 그 노인이 대답했다. "몰라서 그렇죠." 자신과 자녀들의 세대를 책임지려는 사람에게는 이 대답이 활력을 불어넣어 주는 주문이 될지도 모르겠다. 밀로시의 글을 읽었다면 몽테뉴도 미소를 지었을 것이다. 그 또한 이렇게 믿었기 때문이다. "공부를 해서 얻는 것은 더 현명하고 나은 사람이 되는 것이다."

480

참고문헌

1장

Barger, B., R. Nabi and L. Y. Hong. "Standard Back-Translation May Not Capture Proper Emotion Concepts." *Emotion* 10 (2010): 703-711.

Bergen, B. K. *Louder Than Words.* New York: Basic Books, 2012.

Caramazza, A. S. Anzellotti, L. Strnad and A. Lingnau. "Embodied Cognition and Mirror Neurons." *Annual Review of Psychology* 37 (2014): 1-15.

Donoghue, D. *Metaphor.* Cambridge, MA: Harvard University Press, 2014.

Fodor, J. A. and Z. W. Pylyshyn. *Minds without Meaning.* Cambridge, MA: MIT Press, 2015.

Friederici, A. D. "The Brain Basis of Language Processing." *Physiological Reviews* 91 (2011): 1357-1392.

Gallace, A., E. Boschin and C. Spence. "On the Taste of 'Bouba' and 'Kiki.'" *Cognitive Neuroscience* 2 (2011): 34-46.

Lakoff, G. and M. Turner. *More Than Cool Reason.* Chicago: University of Chicago Press, 1989.

Mahon, B. Z. and A. Caramazza. "Concepts and Categories." *Annual Review of Psychology* 60 (2009): 27-51.

Miller, G. A. and P. N. Johnson-Laird. *Language and Perception.* Cambridge, MA: Harvard University Press, 1976.

Ogden, C. K. *Opposition.* Bloomington: Indiana University Press, 1967.

Pinker, S. *The Language Instinct*. New York: Harper Perennial, 2007.

Quine, W. V. *Word and Object*. Cambridge, MA: MIT Press, 2013.

Samsonovich, A. V. and G. A. Ascoli. "Principal Semantic Components of Language and the Measurement of Meaning." *PLoS One* 11 (2010): e10921.

Searle, J. *Mind, Language and Society*. London: Weidenfeld-Nicolson, 1999.

Wierzbicka, A. *Semantics*. New York: Oxford University Press, 1996.

2장

Bartoshuk, L. M. "Compariong Sensory Experiences Across Individuals." *Chemical Senses* 25(2000): 447-460.

Brendgen, M. and W. Troop-Gordon. "School-Related Factors in the Development of Bullying Perpetration and Victimization." *Journal of Abnormal Child Psychology* 43 (2015): 1-4.

Frances, A. *Saving Normal*. New York: William Morrow, 2013.

Kagan, J. *The Human Spark*. New York: Basic Books, 2014.

_____. *The Second Year*. Cambridge, MA: Harvard University Press, 1981.

Kagan, J. and H. A. Moss. *Birth to Maturity*. New York: John Wiley, 1962.

Monod, J. *Chance and Necessity*. New York: Knopf, 1971.

Rottman, B. M., D. Gentner and M. B. Goldwater. "Causal Systems Categories." *Cognitive Science* 36 (2012): 919-932.

Schacter, D. *The Seven Sins of Memory*. Boston: Houghton Mifflin, 2001.

Shallice, T. and R. P. Cooper. *The Organisation of Mind*. New York: Oxford University Press, 2011.

Widom, C. S. and C. Massey. "A Prospective Examination of Whether Childhood Sexual Abuse Predicts Subsequent Sexual Offending." *JAMA Pediatrics* 169 (2015): e143357.

Woodwell, D. *Research Foundations: How Do We Know What We Know?* Thousand Oaks, CA: Sage, 2014.

3장

Colander, D. C. and R. Kupers. *Complexity and the Art of Public Policy*. Princeton, NJ: Princeton University Press, 2014.

Danto, A. C. *Andy Warhol*. New Haven, CT: Yale University Press, 2009.

482

Dodge, K. A., K. L. Bierman, J. D. Coie, M. T. Greenberg, J. E. Lochman, R. J. McMahon, et al. "Impact of Early Intervention on Psychopathology, Crime and Well-being at Age 25." *American Journal of Psychiatry* 172 (2015): 59-70.

Erikson, E. H. *Childhood and Society*. New York: Norton, 1993.

Herdt, G. H. *Guardians of the Flutes*. Chicago: University of Chicago Press, 1994.

Kagan, J. *Psychology's Ghosts*. New Haven, CT: Yale University Press, 2012.

_____. *Three Seductive Ideas*. Cambridge, MA: Harvard University Press, 1998.

Levin, Y. *The Great Debate*. New York: Basic Books, 2014.

Matsubayashi, T., Y. Sawada and M. Ueda. "Does the Installation of Blue Lights on Train Platforms Shift Suicide to Another Station?" *Journal of Affective Disorders* 169 (2014): 57-60.

Milgram, S. *Obedience to Authority*. London: Pinter & Martin, 1974.

Pleskac, T. J. and R. Hertwig. "Ecologically Rational Choice and the Structure of the Environment." *Journal of Experimental Psychology: General* 143 (2014): 2000-2019.

Venkatesh, S. A. *Floating City*. New York: Penguin, 2013.

Vyssoki, B., N. D. Kapusta, N. Praschak-Rieder, G. Dorffner and M. Willeit. "Direct Effect of Sunshine of Suicide." *JAMA Psychiatry* 71 (2014): 1231-1237.

4장

Chin, G and E. Culotta. "The *Science* of Inequality." *Science* 344 (2014): 819-867.

Fernald, A., V. A. Marchman and A. Weisleder. "SES Differences in Language Processing Skill and Vocabulary Are Evident at 18 Months." *Developmental Science* 16 (2013): 234-248.

Fiske, S. T. and H. R. Markus, eds. *Facing Social Class*. New York: Russell Sage Foundation, 2012.

Goffman, A. *On the Run*. Chicago: University of Chicago Press, 2014.

Hotez, P. J. "Neglected Infections of Poverty in the United States and Their Effects on the Brain." *JAMA Psychiatry* 71 (2014): 1099-1100.

Kraus, M. W., P. K. Piff and D. Keltner. "Social Class as Culture." *Current Directions in Psychological Science* 20 (2011): 246-250.

Leonhardt, D. "In Climbing Income Ladder, Location Matters." *New York Times*, July 22, 2013.

Miller, G., E. Chen and S. W. Cole. "Health Psychology." *Annual Review of Psychology* 60 (2009): 5-24.

Rosenvallon, P. *The Society of Equals.* Cambridge, MA: Harvard University Press, 2013.

Rumberger, R. W. *Dropping Out.* Cambridge, MA: Harvard University Press, 2011.

Schiff, M., M. Duyme, A. Dumaret, J. Stewart, S. Tomkiewicz and J. Feingold. "Intellectual Status of Working-Class Children Adopted Early into Upper-Middle-Class Families." *Science* 200 (1978): 1503-1504.

Wildavsky, A. *The Rise of Radical Egalitarianism.* Washington, DC: American University Press, 1991.

5장

Bonner, J. T. *Randomness in Evolution.* Princeton, NJ: Princeton University Press, 2013.

Champagne, F. A. and M. J. Meaney. "Transgenerational Effects of Social Environment on Variations in Maternal Care and Behavioral Response to Novelty." *Behavioral Neuroscience* 121 (2007): 1353-1363.

Comfort, N. *The Science of Human Perfection.* New Haven, CT: Yale University Press, 2012.

Dick, D. M., A. Agrawal, M. C. Keller, A. Adikins, F. Aliev, S. Monroe, et al. "Candidate Gene - Environment Interaction research." *Perspectives on Psychological Science* 10 (2015): 37-59.

Grant, P. R. and B. R. Grant. "Unpredictable Evolution in a 30-Year Study of Darwin's Finches." *Science* 296 (2002): 707-771.

Kagan, J. *The Long Shadow of Temperament.* Cambridge, MA: Harvard University Press, 2004.

Kendler, K. S. "What Psychiatric Genetics Has Taught Us about the Nature of Psychiatric Illness and What Is Left to Learn." *Molecular Psychiatry* 18 (2013): 1058-1066.

Lewis, R. *Human Genetics.* New York: Routledge, 2011.

Moore, D. S. *The Developing Genome.* New York: Norton, 2012.

Richards, J. E. and R. S. Hawley. *The Human Genome.* 3rd ed. New York: Academic Press, 2011.

Wagner, G. P. *Homology, Genes and Evolutionary Innovation.* Princeton, NJ: Princeton University Press, 2014.

6장

Aspinwall, L. G., T. R. Brown and J. Tabery. "The Double - Edged Sword." *Science* 337 (2012): 846-849.

Benedetti, F. "Placebo Effects." *Neuron* 84 (2014): 623-627.

Dunbar, R. I. M. and S. Shultz. "Evolution in the Social Brain." *Science* 317 (2007): 1344-1347.

Floresco, S. B. "The Nucleus Accumbens." *Annual Review of Psychology* 66 (2015): 24-52.

Gazzinaga, M. S. "Shifting Gears." *Annual Review of Psychology* 64 (2013): 1-20.

Glikstein, M. *Neuroscience*. Cambridge, MA: MIT Press, 2014.

Groh, J. M. *Making Space*. Cambridge, MA: Harvard University Press, 2014.

LeDoux, J. "Coming to Terms with Fear." *Proceedings of the National Academy of Sciences* 111 (2014): 2871-2878.

Pessoa, L. "Understanding Brain Networks and Brain Organization." *Physics of Life Reviews* 11 (2014): 462-484.

Satel, S. and S. O. Lilienfeld. *Brainwashed*. New York: Basic Books, 2013.

7장

Baldwin, J. W. *The Language of Sex*. Chicago: University of Chicago Press, 1994.

Bruckner, P. *Has Marriage for Love Failed?* Translated by S. Rendall and L. Neal. Cambridge: Polity, 2013.

Cash, W. J. *The Mind of the South*. New York: Vintage Books, 1991.

Clark, G. *The Son Also Rises*. Princeton, NJ: Princeton University Press, 2014.

Collins, W. A., E. E. Maccoby, L. Steinberg, E. M. Hetherington and M. H. Bornstein. "Contemporary Research on Parenting." *American Psychologist* 55 (2000): 218-232.

Dabashi, H. *Being a Muslim in the World*. Basingstoke, UK: Palgrave Macmillan, 2013.

El Feki, S. *Sex and the Citadel*. New York: Pantheon, 2013.

Kagan, J. *The Human Spark*. New York: Basic Books, 2014.

LeVine, R. A., S. Dixon, S. LeVine, A. Richman, P. H. Leiderman, C. H. Keefer and T. B. Brazelton. *Child Care and Culture*. New York: Cambridge University Press, 1994.

McDonald, M. P. *All Souls*. Boston: Beacon, 1999.

Nuland, S. B. *Lost in America*. New York: Knopf, 2003.

8장

Amici, F., F. Aureli, R. Mundry, A. S. Amaro, A. M. Barroso, J. Ferretti and J. Call. "Calculated Reciprocity? A Comparative Test with Six Primate Species." *Primates* 55 (2014): 447-457.

Bickerton, D. *More Than Nature Needs*. Cambridge, MA: Harvard University Press, 2014.

Booth-LaForce, C., A. M. Groh, M. R. Burchinal, G. I. Roisman, M. T. Owen and M. J. Cox. "Caregiving and Contextual Sources of Continuity and Change in Attachment Security from Infancy to Late Adolescence." Monographs of the Society for Research in Child Development 79 (2014): 67-84.

Bowlby, J. *Attachment and Loss*. 2nd ed. New York: Basic Books, 1999.

Darwin, C. *Origin of Species*. New York: Philosophical Library, 1951.

Kagan, J. *Three Seductive Ideas*. Cambridge, MA: Harvard University Press, 1998.

Meunier, E. "No Attitude, No Standing Around: The Organization of Social and Sexual Interaction at a Gay Male Private Sex Party in New York City." Archives of Sexual Behavior 43 (2014): 685-695.

Preuss, T. M. "Human Brain Evolution." *Proceedings of the National Academy of Sciences* 109, suppl. 1 (2012): 10709-10716.

Tomasello, M. *Why We Cooperate*. Cambridge, MA: MIT Press, 2009.

Zeng, J., G. Konopka, B. G. Hunt, T. M. Preuss, D. Geschwind and S. V. Yi. "Divergent Whole-Genome Methylation Maps of Human and Chimpanzee Brain Reveal Epigenetic Basic of Human Regulatory Evolution." *American Journal of Human Genetics* 91 (2012): 455-465.

9장

Bok, D. C. *Higher Education in America*. Princeton, NJ: Princeton University Press, 2013.

Edmundson, M. *Why Teach?* New York: Bloomsbury, 2013.

Geiger, R. *The History of American Higher Education*. Princeton, NJ: Princeton University Press, 2015.

Kagan, J. *The Three Cultures*. New York: Cambridge University Press, 2009.

Mulcahy, C. M., D. E. Mulcahy and D. G. Mulcahy. *Pedagogy, Praxis and Purpose in Education*. New York: Routledge, 2015.

Phillips, C. J. *The New Math*. Chicago: University of Chicago Press, 2015.

10장

Buhr, K. and M. J. Dugas. "The Intolerance of Uncertainty Scale." *Behaviour Research and Therapy* 40 (2002): 931-945.

Goldstein, A., K. M. Spencer and E. Donchin. "The Influence of Stimulus Deviance and Novelty on the P300 and Novelty P3." *Psychophysiology* 39 (2002): 781-790.

Kagan, J. "Categories of Novelty and States of Uncertainty." *Review of General Psychology* 13 (2009): 290-301.

_____. *Surprise, Uncertainty and Mental Structures.* Cambridge, MA: Harvard University Press, 2002.

Mendes, W. B., J. Blasovich, S. B. Hunter, B. Lickel and J. T. Jost. "Threatened by the Unexpected." *Journal of Personality and Social Psychology* 92 (2007): 698-716.

Nelson, C. A., N. A. Fox and C. H. Zeanah. *Romania's Abandoned Children.* Cambridge, MA: Harvard University Press, 2014.

Rhudy, J. L., A. E. Williams, K. M. McCabe, P. L. Rambo and J. L. Russell. "Emotional Modulation of Spinal Nocioception and Pain." *Pain* 126 (2006): 221-233.

Rolls, E. T., A. S. Browning, K. Inoue and I. Hernadi. "Novel Visual Stimuli Activate a Population of Neurons in the Primate Orbitofrontal Cortex." *Neurobiology of Learning and Memory* 84 (2005): 111-123.

Whalen, P. J. "Fear, Vigilance and Ambiguity." *Current Directions in Psychological Science* 7 (1998): 177-187.

11장

Bedrosian, T. A. and R. J. Nelson. "Influence of the Modern Light Environment on Mood." *Molecular Psychiatry* 18 (2013): 751-757.

Brody, L. *Gender, Emotion and the Family.* Cambridge, MA: Harvard University Press, 1999.

Coates, J. M. and J. Herbert. "Endogenous Steroids and Financial Risk Taking on a London Trading Floor." *Proceedings of the National Academy of Sciences* 105 (2008): 6167-6172.

Ekman, P. and R. J. Davidson, eds. *The Nature of Emotion.* New York: Oxford University Press, 1994.

Federman, D. D. "The Biology of Human Sex Differences." *New England Journal of Medicine* 354 (2006): 1507-1514.

Gendron, M. and L. F. Barrett. "Reconstructing the Past: A Century of Ideas about Emotion in Psychology." *Emotion Review* 1 (2009): 316-339.

Gross, D. M. *The Secret History of Emotion.* Chicago: University of Chicago Press, 2006.

James, W. "What Is Emotion?" *Mind* 9 (1884): 188-205.

Kagan, J. *What Is Emotion?* New Haven, CT: Yale University Press, 2007.

Leslie, S. J., A. Cimpian, M. Meyer and E. Freeland. "Expectations of Brilliance Underlie Gender Distributions Across Academic Disciplines." *Science* 347 (2015): 262-265.

Scherer, K. R. "Profiles of Emotion-Antecedent Appraisal." *Cognition and Emotion* 11 (1997): 113-150.

Tsai, J. L., D. I. Simeonova and J. T. Watanabe. "Somatic and Social." *Personality and Social Psychology Bulletin* 30 (2004): 1226-1238.

12장

Aksan, N. and G. Kochanska. "Conscience in Childhood." *Developmental Psychology* 41 (2005): 506-516.

Fu, G., F. Xu, C. A. Cameron and G. Heyman. "Cross-Cultural Differences in Children's Choices, Categorizations and Evaluations of Truths and Lies." *Developmental Psychology* 43 (2007): 278-293.

Greene, J. *Moral Tribes.* New York: Penquin, 2013.

Haidt, J. and C. Joseph. "The Moral Mind." In *The Innate Mind*, edited by P. Carruthers, S. Laurence and S. Stich, 3:367-391. New York: Oxford University Press, 2007.

Hoffman, M. B. *The Punisher's Brain.* New York: Cambridge University Press, 2014.

Hoffmann, W., D. C. Wisneski, M. J. Brandt and L. J. Skitka. "Morality in Everyday Life." *Science* 345 (2014): 1340-1343.

Kitcher, P. *The Ethical Project.* Cambridge, MA: Harvard University Press, 2011.

Levine, R. V. "The Kindness of Strangers." *American Scientist* 91 (2003): 226-233.

Parfit, D. *On What Matters.* New York: Oxford University Press, 2011.

Scanlon, T. M. *Being Realistic about Reasons.* New York: Oxford University Press, 2014.

Schmidt, M. F. H. and M. Tomasello. "Young Children Enforce Social Norms." *Current Directions in Psychological Science* 21 (2012): 232-236.

Scruton, R. *The Soul of the World.* Princeton, NJ: Princeton University Press, 2014.

Sen, A. *The Idea of Justice.* Cambridge, MA: Harvard University Press, 2009.

Wilson, D. S. *Does Altruism Exist?* New Haven, CT: Yale University Press, 2015.

무엇이 인간을
만드는가

펴낸날 초판 1쇄 2020년 3월 11일
　　　　 초판 5쇄 2020년 9월 21일

지은이 제롬 케이건
옮긴이 김성훈

펴낸이 김현태
펴낸곳 책세상
등록 1975년 5월 21일 제1-517호
주소 서울시 마포구 잔다리로 62-1, 3층(04031)
전화 02-704-1250(영업), 02-3273-1334(편집)
팩스 02-719-1258
이메일 editor@chaeksesang.com
광고·제휴 문의 creator@chaeksesang.com
홈페이지 chaeksesang.com
페이스북 /chaeksesang　　　　**트위터** @chaeksesang
인스타그램 @chaeksesang　　　**네이버포스트** bkworldpub

ISBN 979-11-5931-469-8　03120

이 도서의 국립중앙도서관 출판예정도서목록(CIP)은 서지정보유통지원시스템
홈페이지(http://seoji.nl.go.kr)와 국가자료종합목록 구축시스템(http://kolis-net.nl.go.kr)에서
이용하실 수 있습니다. (CIP제어번호: CIP2020007283)